PUBLIC LAW AND DEMOCRACY IN THE UNITED KINGDOM AND THE UNITED STATES OF AMERICA

当代世界学术名著

法学译丛·公法系列

主编 姜明安 执行主编 李洪雷

英国与美国的公法与民主

[英] 保罗·P·克雷格（Paul P. Craig） 著
毕洪海 译

中国人民大学出版社

本书的翻译出版得到教育部人文社科重点研究基地——北京大学宪法与行政法研究中心的支持，谨致谢忱！

谨以本书献给姜老师明安教授与罗老师豪才教授
两位恩师以其学识与品格指引译者通往学术之路

传说中亚瑟王的宫殿所在地 Camelot

"当代世界学术名著"
出版说明

中华民族历来有海纳百川的宽阔胸怀，她在创造灿烂文明的同时，不断吸纳整个人类文明的精华，滋养、壮大和发展自己。当前，全球化使得人类文明之间的相互交流和影响进一步加强，互动效应更为明显。以世界眼光和开放的视野，引介世界各国的优秀哲学社会科学的前沿成果，服务于我国的社会主义现代化建设，服务于我国的科教兴国战略，是新中国出版工作的优良传统，也是中国当代出版工作者的重要使命。

我社历来注重对国外哲学社会科学成果的译介工作，所出版的"经济科学译丛"、"工商管理经典译丛"等系列译丛受到社会广泛欢迎。这些译丛多侧重于西方经典性教材，本套丛书则旨在迻译国外当代学术名著。所谓"当代"，我们一般指近几十年发表的著作；所谓"名著"，是指这些著作在该领域产生巨大影响并被各类文献反复引用，成为研究者的必读著作。这套丛书拟按学科划分为若干个子系列，经过不断的筛选和积累，将成为当代的"汉译世界学术名著丛书"，成为读书人的精神殿堂。

由于所选著作距今时日较短，未经历史的充分淘洗，加之判断标准的见仁见智，以及我们选择眼光的局限，这项工作肯定难以尽如人意。我们期待着海内外学界积极参与，并对我们的工作提出宝贵的意见和建议。我们深信，经过学界同仁和出版者的共同努力，这套丛书必将日臻完善。

中国人民大学出版社

序　言

本人书房的书架上已有六套公法译丛了：

罗豪才主编，商务印书馆出版的《公法名著译丛》；

梁治平、贺卫方主编，生活·读书·新知三联书店出版的《宪政译丛》；

陈端洪、翟小波主编，法律出版社出版的《宪政古今译丛》；

范亚峰等策划，贵州人民出版社出版的《公法译丛》；

罗豪才、张志坚主编，辽海出版社、春风文艺出版社出版的《法国公法与公共行政名著译丛》；

陈端洪主编，高等教育出版社出版的《法律程序与行政过程译丛》。

此外，中国大百科全书出版社出版的《外国法律文库》、商务印书馆出版的《汉译世界学术名著丛书》、华夏出版社出版的《二十世纪文库》、中国政法大学出版社出版的《当代法学名著译丛》等文库、译丛的选题中，也有为数不少的公法译著选题。

那么，我们为什么还要策划和组织出版这套公法译丛——《法学译丛·公法系列》呢？我们策划和组织的这套“公法译丛”有什么特色呢？

首先，我们策划和组织出版这套“公法译丛”是回应时代的需求。前述现已出版的数套译丛大多是上世纪策划和组织的，而且其选题大多是古典公法名著，如亚里士多德的《雅典政制》、洛克的《政府论》、孟德斯鸠的《论法的精神》、卢梭的《社会契约论》、狄骥的《公法的变迁》、奥托·迈耶的《德国行政法》、莫里斯·奥里乌的《行政法与公法精要》等。这些公法经典著作对于我们今天的时代无疑仍有着重要而不可替代的指导作用，但是，我们今天的时代除了需要这些公法经典著作所提供的经典思想和理论指导外，还需要更多更贴近我们时代，更直接、更具体地反映我们时代特征的新思想、新理论的指导。据此，我们这套译丛的选题基本确定为本世纪出版或上世纪后期出版的国外公法名著。也就是说，收入我们这套译丛的著作基本是国外近二十年面世的新著。例如，《宪法解释：文本含义、原初意图与司法审查》（Constitutional Interpretation：Textual Meaning，Original Intent，and Judicial Review）出版于1999年，《英国与美国的公法与民主》（Public Law and Democracy in the United Kingdom and the United States of America）出版于1990年，《权利革命之后：重塑规制国家》（After the Rights Revolution：Reconceiving the Regulatory State）出版于1990年，《行政法的范围》（The Province of Administrative Law）出版于1997年，《行政法的结构性变革》出版于1996年，《规制：法律形式与经济学理论》（Regulation：Legal Form and Economic Theory）出版于1994年，《法国行政法》（French Administrative Law）出版于1998年，《韩国行政法》出版于2003年。

其次，我们策划和组织出版这套“公法译丛”是适应统一公法学研究的需要。传统公法学研究公法，往往只研究各别的、具体的公法部门，如宪法、行政法、诉讼法等，而很少有人将整个公法当做一个系统、一个整体，对之作全方位的、系统的研究。而自上世纪后期以来，随着人们对部门公法研究的深入，许多学者开始探讨各部门公法调整的整体法律关系——整个公权力主体与公权力相对人的关系，开始研究各部门公法调整整个公权力的统一规律，开始创立统一的公法学。为适应公法研究和公法学发展的这一趋势，我们需要全面介绍国外各领域、各部门公法研究的成果，特别是对公法作整体研究的成果。但是，前述现已出版的数套译丛对公法的介绍大多是部门性的和零散的，或限于宪法，或限于行政法；或限于实体，或限于程序；或限于某一国别（如法国公法），或限于某一法系（如英美法系的宪法与行政法）。而我们这套译丛，其选题既有宪法问题，也有行政法问题，还有统一公法学问题；既有实体问题，也有程序问题；既有一般民主和人权问题，也有具体的行政规制和财产征收、征用问题；既有欧美公法问题，也有亚洲公法问题（如《韩国行政法》，此前我国似乎还没有出过韩国公法学著作的中译本）。由此观之，我们这套译丛无疑将为我国公法学人统一和系统地研究公法提供较全面的素材。

再次，我们策划和组织出版这套“公法译丛”也是适应我国培养高级公法研究人才的需要。在上个世纪即将结束的最后一年（1999年），我国通过宪法修正案，将“依法治国、建设社会主义法治国家”确定为我国的发展目标和治国方略。建设法治国家涉及大量需要研究和解决的公法问题，为此也就需要培养和造就一大批高素质的公法人才。这些人才不仅需要懂得一般的公法理论和我国的公法运作的实践，还特别需要了解国外不同法系、不同制度下公法的基础理论和运作实践，从而能移植、借鉴对我国有用、有益的公法制度和理论，洋为中用。正是出于这种考虑，我们有意识地鼓励一批毕业不久（个别尚未毕业）的公法学博士，担当我们这套丛书的翻译大任。这些博士既有公法学的专业知识，又有良好的外语功底，能较好地保证翻译质量（只懂外语而不懂专业的人，是很难胜任这种高度专业性著作的翻译重任的）。同时，最重要的是，这些年轻的博士们通过翻译这些公法学名著，将更全面、更深入地学习和掌握现代公法学的原理、原则，从而受到现代最前沿公法思想和理论的熏陶，为其成长为我国新一代公法学栋梁之材打好扎实的理念和知识基础。

以上三点，是我们策划和组织出版这套“公法译丛”的初衷，也是我们试图使这套“公法译丛”具有的特色。当然，我们的初衷能否实现，我们欲使这套译丛具有的特色能否最终实际显现，还有待时间的检验。

是为序。

姜明安

2006 年 8 月 1 日于北京八里庄

致谢

本书历数年方成形，此间提出了书中观念并有所改变。我要感谢联合王国与合众国诸多拨冗阅读与评论本书内容的朋友与同行。感谢 Joseph Raz 从头至尾提供了宝贵的支持与指导，感谢 Neil MacCormick 在方法与实体内容方面提出了重要见解。其他贡献了有益建议与批评的朋友与同行有：Greg Alexander，Fred Aman，Jack Beatson，Denis Galligan，Leslie Green，Tony Honoré，Nicola Lacey，Pnina Lahav，Tom Morawetz，Morton Horwitz，Stephen Perry 和 Aviam Soifer。本书部分内容是在 Cornell 大学法学院休假时起草的，该校提供了舒适且具有激励性的工作环境。我还受益于在 Boston University、Cornell、University of Connecticut、McGill 以及 Osgoode Hall 宣读论文时获致的评论。最后，感谢牛津大学出版社参与本书出版过程的诸位。

保罗·P·克雷格

目 录

CONTENTS

第一章
导言

一、两个论题

本书是关于宪法与行政法的，论题有二：“次要”论题是与宪法 1
和行政法两门学科密不可分的内容与取向。“主要”论题是，只有根据某个社会实际信奉或具体评论者认为某个社会应信奉的背景政治理论，方能准确理解宪法与行政法的性质与内容。下面对这两个进行更充分的阐释。

（一）“次要”论题

法律学科之间的区分通常很难确定，或者容易引起争论，抑或兼而有之。学科之间的分界是教育传统、存在疑问的概念分类或陈腐社会假说的产物。这些方面的考虑也曾影响到宪法与行政法在何处划界的问题。不过，这两门学科之难以划分却出于完全不同的原因。无论人们如何归类相关素材，这两个领域在下述意义上是密不可分的。行政法之核心论题具有的含意以及这些核心论题的界定，将随着行政制度所处之宪法与宪法权利框架的不同而有所差异。随后的分析将明确体现这一点，不过这里可以简单举例说明该理念。

参与行政决策是近年来讨论研究颇多的话题。[1] 无论如何，只
有将这种参与权置于更宽泛的宪法框架下方能确定此等参与的目标与
范围。反复重复参与理念本身没有多少意义，因为这种参与权之发展 2
要实现的目标取决于行政制度所处之宪法秩序形式，取决于贯穿该秩
序形式的背景政治学说。因而我们会看到，伴随自由主义、共和主义
与多元主义的背景政治学说，参与的目的和范围也有所不同。在据称

〔1〕 见下文第四章第七节、第六章第二节。

源自参与式民主的、更具体的行政权利领域，类似变化也显而易见，因为这一民主愿景的内容存在大量更具体的解释。〔2〕

集中考察非宪法性司法审查的范围与取向同样可以证明宪法与行政法的相互关联。就司法机关审查裁量性行政行为的适当范围而言，意见相当分歧。某些人赞成明确强制实施司法机关设计的实体原则以限制行政机关的行为；其他人则支持监督行政机关的决定程序，从而确保利害相关人的意见都得以考虑并且给出了充分的理由。尽管就任何审查的适当强度而言意见都相当分歧，但许多司法审查进路采取的就是这两种形式之一。〔3〕

无论如何，这两种进路都建立于而且需要一种更具体的宪法愿景。那些赞成明确承认实体性原则的人必须指明这些原则实际谓何。这需要的不只是泛泛阐述的合理性、比例性等等概念。倘若认真对待对实体性原则的需求，就必须具体描述“实体”实际需要之内容。这要求阐明具体的合理性或比例性概念。只有当论及该社会中的人们认为保护或应保护的宪法权利与原则时，这才有可能。因此，倘若没有关于个体或集团利益之规范意义的预先设想，倘若没有关于何种利益交易方可容忍的某种观念，就不可能确定行政机关的
3 决定是否对其施加了不合理或不成比例的负担。那些持不同政治学说的人，例如以市场为导向的多元主义者或共和主义者，都会采用诸如合理性或比例性这样的概念。但因为其对前述利益评价的不同回应，就哪种交易形式在规范上站得住脚存有分歧，这些概念的适用亦存在很大的分歧。〔4〕

那些支持通过更具程序导向的限制措施控制行政机关裁量权的人，同样要在双重意义上依赖某种背景性宪法视角。一方面，这种视角可以提供此类控制的理论基础。这本身会采取多种依赖支撑宪法秩序之背景政治理论的形式。修正的多元主义可能会支持此等控制措施，即将其视作改进利益集团权力失衡的机制。〔5〕现代共和主义者也会因为其他的原因支持这种控制措施，即据此可以促进以公共福祉

〔2〕见下文第十章、十一章。

〔3〕也可能同时赞同这两种进路。

〔4〕见下文第四、六、七、八、十章。

〔5〕见下文第四章第四节。

(public good)* 为目标的商讨，而公共福祉则是该命题的核心之一。[6] 另一方面，潜在的宪法愿景会影响到因而赋予之程序权利的性质与形式。哪些人能够参与以及以何种方式参与都会体现有关政府应如何对待公民的实体价值判断。[7]

（二）“主要”论题

只有根据某个社会实际信奉或具体评论者认为某个社会应信奉的背景政治理论方能准确理解公法的内容，这一理念并不是特别有争议或实际上并不新颖。毕竟，极权主义社会信奉的公法观念与更民主的政治体采纳的公法观念就有所不同。因此就必须更详尽地阐释这一“主要”论题的确切性质及其寓意。

这一论点的性质如下。不同的宪法与行政法观念本身体现了关于我们生活于其中的民主社会之不同观念这种更深层次的争论。[8] 有 4
时候，这些争议是明确根据不同的民主观念进行阐述的；最近美国共和主义者与多元主义者之争可以证明这一点。[9] 在其他情况下，具体的法律学说传统很明显建立在有关民主性质的某些核心假设之上，因此，正如下文所见，英国传统公法模式的规范基础是以特定的民主秩序愿景为根据的。[10]

民主这一术语的解释为何具有争议性并不难认识。从否定方面来看，很明显独裁政治的形式与民主社会格格不入。但是，当我们要明确地描绘民主时，就真的产生了争议，因为很多关键问题由于不加限定地阐述这一术语而无法得到回答。正如德沃金所言：

民主要求官员通过人们选举产生而非通过继承或由特别显赫之家族或选举人组成的小集团选择。但这种抽象的陈述并没有确定：哪些

---

* 关于 good 与 goods 的翻译存在分歧，本书区分单复数形式，将 public good 译作公共福祉，social good 译作社会福祉，public goods 译作公共物品，primary goods 译作基本物品，将 conception of good 译作善的观念。——译者注

〔6〕 见下文第十章第五节。

〔7〕 见下文第四章第七节，第六章第二节。

〔8〕 从前一段显然可以看到，不同的公法观念可能体现了根本不具有民主性质之不同社会的不同观念。本书之所以集中关注不同的民主观念，部分是因为这体现了争论的主要焦点，部分也是因为篇幅有限。

〔9〕 见下文第四、十章。

〔10〕 见下文第二章。对这种传统模式的反应本身是根据一种截然不同的民主设想进行表述的。见下文第五、六章。

官员不应由共同体整体而是应由共同体中之宗派或集团选择，倘若存在这样的官员的话，权力应如何在这些以不同方式选择产生的官员之间进行分配，选举产生的官员在多大程度上可被允许或要求任命其他官员行使其某些权力，选举产生的官员应承担什么责任，任命的官员应承担什么责任，每一类型的官员应任职多长时间，他们的任职期间应固定还是可以由选举他们的人提前终结，选举产生的或其他官员自身在多大程度上可以改变选举官员的宪法安排，宪法是否应对官员的权力设立界限，从而官员自身无法改变这些界限以及其他等等。[11]

5 关于民主之具体观念不仅在涉及赋予公民参与权之本质方面存在分歧，这些不同观念的支持者就权利的本质、分配正义以及国家在何种程度上应可以促进具有道德正当性之理念等方面的看法也不一致。这种不一致性可以体现为例如确定截然不同的权利或赋予同一权利根本不同的解释。就此而言，任何关于民主的讨论都会渐渐变成包含前述复杂问题之更广泛政治理论的组成部分。

由此可以得出三个对公法研究具有重要意义的寓意。第一，倘若公法工作者或隐或显地希望以此等背景理论作为其关于宪法或行政法解释的基础，那就必须充分了解相关理论的含义。我们必须认识到这一任务的复杂性。苍白地反复重复多元主义与参与式民主，就像这是不证自明的命题从而人们可以从中提取具体的法律结论那般，起不到什么效果或根本就没有效果。相关背景理论本身必须被充分地理解，必须揭示与评估其规范基础。倘若忽视这些，就会出现混淆和错误。除非对其规范结构进行分析，否则就不可能理解相关背景理论“谓何”；除非进行了这样的分析，否则就不能确定任何背景理论是否可取；倘若不进行这样的调查研究，针对具体命题的批评就不可能具有说服力。因而，诸如自由主义的批评，就往往建立在关于支持自由主义者提出之主张或意图从中得出之结果的错误假设之上。

前述讨论并非基于下述假设，即任何理论在规范方面无论如何都是“完善的”。本书并未提出这种主张。随后的分析将指明公法工作者首要关注的那些理论的难题。承认这一点并未损害前述要点的说服力。倘若不评价其规范基础，人们就无法知道某项理论是否可取；倘若不密切关注其命题的基础，人们也无法就法律规范得出任何准确的

〔11〕 See R. Dworkin, What's Equality? Part 4. Political Equality, 22 *Univ. of San Francisco LR* 1, 2 (1987 - 8).

结论。

前述讨论亦非以下述假设为前提，即相关背景理论总是能够就法律工作者处理的学说问题或案件提出简洁、明确的答案。实际上，正 6
如下文会见到的那样，法律方面的论述往往突出了本来属于更抽象层面的理论焦点。无论如何，准确理解相关背景理论的规范基础是确定由此产生之更具体问题之答案的必要步骤。

当理解了潜在的政治理论时，人们然后就可以继续第二阶段的研究，这一阶段关注的是相关理论对宪法与行政法的寓意。

这一阶段包含多个不同但相关的问题。根据具体理论产生之宪法权利的属性，必须加以系统阐述与申辩。这些内容不能被置于过于抽象的层面。正如下文会见到的那样，不同背景理论完全可能承认同一种宪法权利并且赋予其相同的名称，诸如言论自由或财产权，然而却赋予了其相当不同的含义。研究宪法权利的存在还必然需要考察竞争性理论包含的分配正义观念。在确定诸如是否应承认具有福利方面的利害关系，以及倘若承认其宪法地位如何方面，这些内容都具有开拓性。

同样必须系统加以阐述的是在这种体制下存在或应存在之行政法的关注焦点。正如下文会见到的那样，要服从行政控制的制度范围、控制的性质以及行政责任性的含义，将在较远的层面反映支撑国家宪法安排的政治理论。

相关背景理论的阐述与由此得出的法律寓意可以在双重意义上互相启迪。一方面，那些试图通过法律学说促进此等背景理论的人，或者会发现其选择实现这一任务的学说工具不足以实现其目标，或者他们误解了自己试图贯彻的那些命题。另一方面，法律方面的研究会促使人们修正或更新背景理论本身。这些理论通常被放在更抽象的层面。就这些更抽象之阐述的含义及其可能造成的难题而言，由相关理论得出的具体寓意可以给我们启迪。按照这种方式，就具体结果进行 7
考察有助于更新首要命题本身。

与公法研究相关的第三个重要问题是采取某种具体背景政治理论的制度寓意。这一方面的研究包括两部分。

首先有必要考察相关背景理论为法院、立法机关与其他社会组织规定或指明的作用。这一研究本身比初看起来显得更复杂。法律工作者的倾向是强调司法机关在实现所偏好之宪法愿景中处于核心地位。这一关注点太过狭隘了。这不仅会过分强调司法机关指引社会沿着具体方向发展之力量的重要性，而且还会造成观念方面的混淆。通常存在的一种暗示性假设是，倘若某个问题无法被设计为可以由法律强制执行的宪法权利，那么就法律工作者而言就与宪法无关。这是错误的。人们可以得出结论说某项具体利益无法被设计为可由法院裁决的法律权利，但却仍然相信其产生了立法机关必须要予以促进的宪法义务。此等义务本身就非常重要，而且对其他法律学说的解释还具有间接的寓意。在罗尔斯式的自由主义之下就保护福利方面之利害关系的讨论就证明了这一点。[12]

具体背景理论的制度化实现还会带来更广泛的问题，这些问题关系到倘若要促进该理论的目标就必须存在的社会经济条件。由此造成之困难的程度将随着所信奉之学说的性质有所不同。例如，以市场为基础的多元主义理论很容易在既有社会框架下存在，但倘若不进行更广泛的变革，能否实现共和主义的目标则更有争议。[13]

下面考察针对前述进路提出的两种主要反对意见。

一种反对意见是，这一图像并未穷尽可能的公法进路。例如，其
8 显然没有考虑以制宪者原初意图构建宪法哲学的可能性。倘若采取这种进路，就可以避免按照前述方式在不同民主观念之间进行选择的难题。

这种反对意见可以在有限的意义上予以接受。本书并未罗列所有可能的宪法裁判进路，而且这样一种工作的效用不管怎样都是让人怀疑的。本书之所以未讨论以原初意图或原意主义闻名的这一具体进路，原因在于其他人已经全面分析了该进路，指出了其具有的两个核心难题：即准确推测制宪者意图的确切内容为何；以及即便能够准确确定制宪者的信念，今天我们为何还应受其所制这一更基本的问题。[14]

另一项反对意见则具有不同的性质，其实质在于任何关于公法的一般理论总是存在缺陷的。就此可以作出两方面的回应。

首先，正如前面所述，本书的进路**并非**基于下述假设，即任何理论在规范方面都必然是完美的，或必然能够产生完美的制度化实现。除非能够准确说明这些政治理论的含义，否则我们就无法在它们当中作出合理选择；就像与某具体评论者的误解相左，实际上我们亦无法

〔12〕 见下文第八章第三节（二）。

〔13〕 见下文第十章第六节。

〔14〕 见下文第四章注47。

知道其所谓之缺陷是否真的是反对该理论的理由。例如，由于自由主义理论固有的困境就不可能存在“令人满意的”宪法，这一主张本身的说服力就必须进行严格检验以评估其准确性。[15]

其次，必须作出某种选择正是本书的命题之一。不可知论是行不通的。这一点看来至少获得了某些激进批评者的接受，他们以一种不同的背景政治理论来取代自由主义。某种形式的参与式民主被提出来作为修正政治体的基础。[16] 不过，与其他任何背景政治理论一样，此等建议亦应该接受同样严格的审查，而这就是本书的任务之一。我 9
们必须检验此等理论的规范基础，评估其对公法的寓意，考察实现该民主愿景的制度条件。唯有如此，方能就该替代性愿景的可取性与可行性作出决定。

那些主张回避一般性的理论化而偏好“解决”更具体案件或争议的人则面临下述难题。任何宪法性争议的“解决”都必须就系争的权利作出某种解释。但这并非一个自动的过程。这些权利之存在以及被赋予的更具体的解释将预设某种背景理论，证明该权利之存在以及赋予其更具体的含义具有正当性。这一进路打着回避一般理论的幌子掩盖了这一过程。此外，该立场还有另一个难题。既然相关的解释性过程或暗或明地要求以某种背景理论为依据，前述进路就会存在所谓“乱点鸳鸯谱”的风险，这在法律工作者中尤为普遍。人们在特定案件中暗中依赖某个政治理论的某些部分，而且将其与不同理论的某些方面结合在一起从而得出希望的结果，这就有可能扭曲暗中依赖的那些理论。某一政治理论的各种要素常常编织在一起从而组成各个部分彼此勾连的结构。某种因素之所以被纳入，只是出于该理论相关部分推理的需要。这样的理论并不能因为法律工作者选择性地确定有利于其某个领域的解释而被轻易地“割裂”。

二、两个国家

本书讨论的是英国与美国的公法。不过，本书并非正式的比较法研究。两国历史、社会、经济与政治属性的差异使得难以进行这样的

〔15〕 见下文第九章第二节，第十一章第四节。

〔16〕 见下文第十一章。

10 比较研究。本书的目标是运用前面几页概述的方法论研究这两国。与其他情形相比，这一双重焦点在某些情形下需要更详尽地阐述具体的背景理论与制度结构。我希望熟悉其中任何一个领域的读者能忍受这一点以便理解随后的分析。

关注这两个具体国家的理由有数个。从英国的角度而言，对我们的制度进行更理论化的评价以及详细分析特定政治立场之公法寓意而言，时机似乎已经成熟。我们传统公法模式的缺陷时常被人诟病。但这一模式隐含的理论假设尚未得到全面的揭示，而新宪法秩序框架的建构还非常粗略。我希望有关的章节会为这一讨论略尽绵薄。

美国拥有丰富而复杂的宪法哲学文献，为本书方法论的应用提供了丰厚的基础。尽管存在成文宪法，美国的学术文献就公法的“适当”方向而言争论不断，在寻求最适当的宪法与行政法解释的过程中为诉诸不同的背景政治理论提供了例证。在美国的情境下，可以富有成效地评估相关理论，仔细考察由这些理论得出的公法结果，并且准确理解成功实施这些理论所需的制度条件。

尽管本书没有运用正式的比较技术，但通过考察前述方法论用于两国产生的结果亦可以很好地获得“教益”。通过反思美国的经验，英国的法律工作者可以获益良多。在最根本的层面上，这提醒我们成文宪法的存在并非宪法争论的结束，而是一个分水岭，是关于公法“适当”方向之有争议解释的开始。在接下来的内容中，显然可以看到清楚地阐述与申辩相关背景理论，以为公法的具体内容提供正当理由的必要性。英国的公法工作者还可以从美国的经验获得大量更具体
11 的教益。例如，那些支持某种参与式民主的人可以从美国最近关于这些理念的试验中增长见识。[17] 在随后的讨论中，很明显可以看到清楚地理解此等理论的实际含义、从中得出的公法结果以及阻碍其实现之制度难题的必要性。

美国的公法工作者也有希望从英国的经验获得某些教益。笼统地说，这有助于矫正美国某些时候宪法过于以司法机关为导向的问题。宪法问题往往是根据是否容许进行宪法性审查与由司法解决的方式进行界定的。英国缺少此等审查或许是有缺陷的，但与排他性地关注法院包罗的内容相比，亦表明了宪法义务的含义与宪法责任性的观念可

〔17〕 见下文第十、十一章。

以容纳更广的问题。英国的经验对更具体的问题而言也可以贡献洞识。例如，多元主义的公法模式在英国与美国以市场为导向的愿景完全不同，这一理念可以有效地矫正多元主义概念必然具有美式意味的观念。[18]

最后有必要澄清几句。本书的写作并非基于下述假设，即所考察的这些具体理论是能提出来的全部理论。之所以选择这些，主要是因为其提供了大西洋两岸当前就公法的范围与含义进行之大量讨论的焦点。我们完全还可以提出其他背景理论。但倘若如此，亦必须进行严格分析。公法工作者承认政治理论的中心地位非常重要而且富有价值。单调地反复重申具体的民主理论以及声称从中得出具体学术结论的浮浅推理，是没有多少帮助的。

〔18〕 见下文第五章。

第二章
戴雪：一元的自我矫正民主与公法

一、导言

12 所有英国法律的研习者在其法学教育的早期就会获知议会乃主权者。议会能否约束其继任者这一棘手问题就成为他们演练最初法律技巧的头几个问题之一。为了确定前述问题可能的答案，就需要查阅教科书、法律评论文章与判例。[1] 但令人惊讶的是，戴雪本人运用的推理很少被详细地验证。自戴雪提出其命题以来，大量的时间就被花在了判例法的分析方面以揭示其是以这种还是那种方式“证实”了该观点。尽管可以引征某些判例支持其主张，但有鉴于戴雪并未在其论证中运用判例法，前述做法就更让人惊讶了。

本章的目的在于说明“传统”的公法观与戴雪秉持的社会与代议民主观密不可分。无论宪法还是行政法的作用都深受这一愿景影响，但相关愿景却无法再站得住脚。这里有必要阐明本章该部分的目标与方法论。戴雪关于宪法与行政法的观点已经遭到了许多人的质疑。在后面的分析中会对某些批评进行考察。尽管如此，本章的目标不是为了罗列否认或反驳戴雪命题的各种观点。我的目的与此不同，是为了

---

〔1〕关于主权的笼统讨论，参见 H. W. R. Wade，The Basis of Legal Sovereignty (1955) *C. L. J.* 172；R. F. V. Heuston，*Essays in Constitutional Law*（2nd.，1964），ch. 4；J. D. B. Mitchell，*Constitutional Law*（2nd edn.，1968），ch. 4；G. Marshall，*Constitutional Theory*（1971），ch. 3；A. W. B. Simpson（ed.），*Oxford Essays in Jurisprudence*（1973），chs. 2，3。

探讨戴雪的学说本身如何明确地以某些关于代议民主的假设为前提以 13
及其如何进行操作的。本章认为，这些假设充斥于戴雪关于宪法与行政法的观点当中。这一探讨是从历史角度出发的。戴雪假设的性质将在其本人的历史背景下进行考察。本章认为，戴雪实际上误解了代议民主的性质，而且他没有看到19世纪末20世纪初某些重大的政治进展。这里还应当予以明确的是，本章要提出的这一论证存在局限性。例如，戴雪对宪法与主权的观点并非仅以某种特定的代议民主为基础，这一判断还具有其他考量因素。因而，证明戴雪有关政治前提假设之错误并不必然导致其结论不成立。本章并没有提出这样的主张，而且这样一种论点亦是站不住脚的。尽管如此，本章认为这些误解削弱了其关于宪法与行政法的结论。

二、主权：立法万能与宪法

以戴雪关于宪法与主权的设想开始进行讨论是比较合适的。戴雪式的基本命题众所周知。[2] 主权意味着议会根据英国宪法拥有制定或废除任何法律的权利；此外，英格兰的法律不承认任何个人或组织拥有超越或废除议会立法的权利。戴雪用于支撑这一命题的论证结构是相当重要的。

戴雪的推理链条具有综合性质，其部分以此前诸如布莱克斯通与柯克等法学家的著作[3]为依据，部分以过去议会权力行使的例证为依据，
正如《合并法》与《七年之法》[4] 证明的那般，还有部分则以议会对 14
私人权利施加影响的情形为依据。[5] 戴雪论点中的否定一面对这肯定的一面进行了补充，以此排除了其他可能的立法权渊源。英王[6]、议

〔2〕 See A. V. Dicey, *An Introduction to the Study of the Law of the Constitution* (10th edn., 1959), 399 – 40.

〔3〕 Ibid. 41 – 2.

〔4〕 Ibid. 44 – 5.（Acts of Union and Septennial Act，英国历史上有多项《合并法》，其中以1707年英格兰与苏格兰合并为大不列颠王国和1800年大不列颠王国与爱尔兰联合王国比较重要。《七年之法》于1715年通过，为的是将议会的最长任期从3年延长到7年。该法为《1911年议会法》修正，将议会的最长任期改为5年。——译者注）

〔5〕 Dicey, pp. 48 – 9.

〔6〕 Ibid. 50 – 4.

会任何一院的决议[7]以及议会选民的投票[8]都被明确从立法身份的竞争者中排除出去。戴雪赋予司法的重要性有限，而且以英国法官并未主张任何此等权力就将这种限制的可能性排除了。[9] 源自道德[10]、国际法[11]、特权[12]以及此前立法[13]等所谓主权的法律限制同样被简单排除了事。

这一论点的说服力是经验性的而非先验性的。戴雪的首要关注并非在逻辑上能否对主权者施加限制这一法理问题。虽然他会倾向于同意奥斯丁在这一问题上的论证[14]，但其目的是要“证明”议会事实上就是这样一个主权机构。[15]

不过，倘若分析至此结束，就会错过戴雪论点中的某些基本要素。他对议会主权的信念并非仅仅源自前述内容。贯彻其命题始终的是他关于当时英格兰代议民主性质的明确认识。在其有关奥斯丁主权观之讨论与对主权之限制的分析中，这一关联尤为明显。

15 戴雪不赞成奥斯丁主权属于英王、贵族、平民或选民的观点，纵使有充分的理由将选民称作政治主权者，但赋予其法律主权的称号是错误的。法律主权表达的只是不受任何法律限制的立法权力[16]，该权力仅属于议会本身。在批评奥斯丁未能区分政治与法律主权时，戴雪接着指出，根据当时的政治制度，法律主权的行使应总是政治主权的体现。

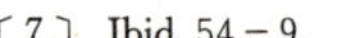

〔7〕 Ibid. 54－9.

〔8〕 Ibid. 59－60.

〔9〕 Ibid. 60－1.

〔10〕 Ibid. 62－3.

〔11〕 Ibid. 62－4.

〔12〕 Ibid. 63－4.

〔13〕 Ibid. 64－8.

〔14〕 See J. Austin, *The Province of Jurisprudence Determined*, ed. H. L. A. Hart (1955), lecture vi. 有关主权这一方面的文献相当多。其中大部分在 Lord Lloyd of Hampstead 的 *Introduction to Jurisprudence*（4th edn., 1979）第四章中有所引征。See also Simpson (ed.), *Oxford Essays*.

〔15〕 See Dicey, pp. 61, 72. 当戴雪作出下述评述时，其观察相当敏锐：

与奥斯丁的许多观念一样，主权大体上是从英国法律中抽象出来的……在英国，我们已经习惯于最高立法机构的存在……从法律的角度而言，这是主权者的真正观念，而英国法学家之所以泰然自若地接受绝对主权理论则是因为英国宪法的特殊历史。因此，就此而言，非但议会主权不是从抽象法学理论推导出来的，反而是声称奥斯丁的主权学说乃根据英国议会之地位提出的批评者更接近于事实……

〔16〕 Ibid. 72－3.

> 该问题实际上可以更进一步，我们可以断定宪法安排现在是为了确保选民意志通过定期的宪法手段主张自身是本国最重要的力量。但这是一个政治而非法律事实。从长远来说，选民总是可以遂行其意志。[17]

在讨论法律主权之外在限制与内在限制时，同样的论题也是显而易见的。[18] 在戴雪看来，法律主权的外在限制至少需要取得全体人民的部分支持；内在限制则体现为下述事实，即法律主权者必然受其社会环境影响，而这会限制其试图颁布的立法形式。在专制体制之下，外在限制与内在限制并不一致。但在代议民主之下并非如此。

> 在议会真的代表人民的情况下，主权的外在限制与内在限制之间很难产生分歧，或者即便产生也必然很快就会消失。大致说来，议会之代表部分的长久愿望从长远来说不可能不合英国人民或至少选民的意愿；下院多数所希望的，通常也就是多数英国人民所希望的。防止主权者的意愿与国民意愿的分歧，总而言之正是真正代议政府的主旨所在，也是其独特主旨。[19]

因此，宪法性审查的缺位与戴雪式的主权观牢牢嵌于自我矫正的多数民主观当中。代议政府必然会产生主权外在限制与内在限制的重合，其方式就如市场看不见的手确保供求一致那般。依据扩大之选举 16
权充分选举产生的议会代表着整个国家意志最权威的表达，而且引导着公共权力的行使。议会适当地控制着执行机关，因而整个国家事务应可以委托给那些得到下院多数认可的人。在戴雪看来，“白纸黑字”* 的先例与政治原则构成了完美的结合。伊甸园中的一切都是完美的。这一法律与政治幸福和谐的愿景结果是昙花一现，而且可能实际上根本未曾存在过。这一问题后面还会进行讨论。无论如何，戴雪关于法治与惯例的观点间接强化了这一愿景的力量。

戴雪法治观念的前两个组成部分将在下一节进行更全面的讨论。不过，在当前的情境中，二者亦具有关联性。坚持普通法律的支配地位以及禁止宽泛裁量就会强化既有立法机关。新的法律规范应由充分

〔17〕 Ibid. 73；另外参见 p. 73 n. 1。

〔18〕 Ibid. 75 – 6.

〔19〕 Ibid. 83.

* black letter，本意为英国古代的一种字体，当用于 black letter law 时一般指普通法公认的原则等，这里为意译。——译者注

选举产生的立法机关而非执行机关的命令为社会创设。议会然后就按照前述方式运作：将人民的愿望转化为立法，而且不得通过侵犯个体权利的法律。

戴雪法治观念的第三个部分为其关于主权原则的结论增加了“经验性的”价值。法治第三个方面的含义是，英格兰之公民自由是普通法判决的产物，不过根据许多外国宪法，这类利益受宪法一般原则保护或源自宪法一般原则。[20] 在此情况下，尽管戴雪承认宪法保护的、以充分救济措施为后盾的权利可以与普通法一样有效[21]，但他仍然明显偏好后者而非前者。在英国学者中，不喜欢或不信任权利宣言是诸多19世纪著作的显著特征之一，这在边沁与功利主义者的著作中尤为
17 明显。[22] 这一学派对戴雪产生了很大影响[23]，但与其前辈相比，他对普通法的偏好本质上更多的是以经验而非哲学为基础的。[24] 总体而言，戴雪认为普通法为个体权利提供了更好的保护，因为通过宪法载明的权利往往没有充分的救济措施，很容易被剥夺。[25] 而倘若不彻底改革“整个国家的制度与习惯”，就无法破坏普通法提供的保护。

因此，尽管两个并联的主权概念会与法治发生冲突，但还是可以互相补充的。代议政府的存在确保人民的意愿与主权议会的意愿保持一致，因而应该不会存在关于公民自由的严重问题。但倘若确实产生了这样的问题，法治的第三个组成部分就会发挥作用，即普通法对个体权利的保护，这种保护比任何宪法载明的权利宣言更有效。戴雪论点的这一方面实际上能否站得住脚下面将进行更详细的讨论。[26]

从戴雪关于主权与惯例之间的讨论中亦可看到类似的主题关联性。在戴雪看来，这些惯例的主要目的是为了确保议会或“由议会间接任命的”内阁从长远来说贯彻选民的意志。作为“现代宪法道德法典”，惯例间接确保着人民的主权。在下述段落中，戴雪仍然信任民主之自我矫正性与议会控制执行机关之权力得到了强有力的体现。戴

〔20〕 See Dicey, 195 - 6.

〔21〕 Ibid. 200.

〔22〕 See P. P Craig, Bentham, Public Law and Democracy [1989] *P. L.* 407.

〔23〕 See A. V. Dicey, *Lectures on the Relation between Law and Public Opinion in England during the Nineteenth Century* (1905).

〔24〕 戴雪关于宪法含义之颇有价值的见解体现于 *Law of the Constitution*, pp. 1 - 34。

〔25〕 Ibid. 198 - 201.

〔26〕 参见下文第二章第四节（二）。

雪在该段中试图证明惯例如何确保选民主权。

> 英王必须通过大臣（两院之一的成员且“取得下院信任”之人）行使权力的规则实际上意味着，尽管通过间接程序，但立法机关之选举产生的部分事实上任命着负责执行的政府；此外，英王或内阁全体阁员最终必须执行或至少不违反下院的意志。但因为代议的过程不过就是使代议机构或下院的意志符合整个国家意志的一种模式，由此可 18
> 以得出主要由下院任命与控制政府实际上就是由整个国家选举与控制执行机关。[27]

到目前为止，这一论点以之为据的假设尚需要更明确的证明。在《英宪精义》一书中，戴雪谈到了代议政府。在前述讨论中，我们假定他认为其写作该书时存在的代议政府就是代议民主。当然，政府在某种程度上是代议制的，但并非必然构成民主制度。不过，无论是直接证据还是间接证据大部分都支持这一结论，即戴雪认为我们的代议政府就是代议民主。

在戴雪另外一部主要著作《法律与舆论》[28] 中可以找到某些直接的文本证据。在该书中，戴雪将民主界定为一种统治形式，其中主权为多数男性公民所有。[29] 他声称，到 1900 年[30]没有什么人能怀疑英国政制已经转化成为某种民主制。接着，戴雪**向前继续考察直到** 1884 年至 1885 年《改革法案》之通过，断定从贵族制向民主制的转变是“不可否认的”[31]。

从前面对主权之外在与内在限制的讨论中，同样可以得出与此相关的间接证据。倘若戴雪谈论代议政府时心里想得并非代议民主，那么这一讨论就没有多少意义了。他就专制或君主制政府（主权之外在限制与内在限制并不必然重合）与代议政府制度（极有可能重合）所做的对比，倘若后者不是非常近似民主制的话就会瓦解。当然，有可能存在只代表整个国家之有限部分的代议政府。然而，如果政府真的只是代表了这一有限的部分，那么戴雪就君主制度与代议政府制度所 19

〔27〕 See *Law of the Constitution*, p. 433；关于惯例的大量讨论中贯穿着同样的主题，pp. 417－38。

〔28〕 *Lectures on the Relation between Law and Public Opinion in England during the Nineteenth Century* (1905).

〔29〕 Ibid. 52.

〔30〕 Ibid. 48.

〔31〕 Ibid. 49.

做的对比就纯属形式性的。他认识到的主权之外在限制与内在限制的重合就没有什么实质性的差别。此外，这样对代议政府短语进行解释完全不符合戴雪本人的措辞。戴雪不断提到这一事实，即在代议政府之下，主权的外在限制与内在限制会发生重合，议会之代表部分的长久愿望不可能不合英国人民或整个国家的愿望。[32] 戴雪在《法律与舆论》中的分析强化了这一解释，在该书中他同样表明了外在限制与内在限制之重合的观念，而且在此情境中他明确使用了民主一词。

> 就民主对此等法律之影响而言，我们可以有些自信地得出一个可能的结论。我们极有可能假定，与人民之意愿相悖的法律，或换言之，与特定国家占优势多数公民中盛行的情感相悖的法律，是不会得到贯彻的，或至少不会长久有效。[33]

在戴雪看来，民主之发展需要将最高权力从单独某个人、某个特权或有限阶层转给多数男性公民。[34] 代议过程的实际运作"不过就是使代表机构或下院的意志与整个国家的意志保持一致的一种模式"[35]。

三、主权：立法垄断与行政法

到目前为止，我们关注的是戴雪的宪法愿景及其如何以某种代议民主观为基础。类似的考虑在多大程度上影响着行政法的作用呢？本
20 章认为，戴雪的行政法愿景是以我们的代议民主实际上如何运作的某些假设为根据的。由此形成的"传统"行政法愿景部分以这些假设为根据，部分则以司法机关在典型行政法判例中的论述为根据。

主权具有两面性。我们已经讨论了议会万能这一为人熟知的面相。人们不怎么熟悉的是议会垄断这一面相。有这样一种并非人们普遍秉持的信念，即下院能够而且实际上控制着执行机关。通过议会意志的运用，可以成立亦可以撤销政府部门。所有的政府权力都应通过议会加以指导以便获得合法性并且接受下院监督。这一观点因为1867年及其后选举权的扩大而得到了强化，这就增强了议会关于自身正当

〔32〕 *Law of the Constitution*, pp. 83, 84.

〔33〕 *Law and Opinion*, p. 55.

〔34〕 Ibid. 52.

〔35〕 *Law of the Constitution*, p. 43. 在关于惯例的整个讨论中，同样的主题也是非常明显的。

性的意识。19 世纪由准政府性之管制机构实施各项活动之委员会制度的消亡[36]，为下院垄断公共权力行使的愿望提供了明显的证明。[37]这一现象的反面就是大臣个别责任制以及文职工作匿名制的发展*。随着 19 世纪的进展，下院比以往任何时候都更坚持让大臣参加议会，就其管辖范围内的所有活动作出答复[38]；必然的结果就是，非选举产生之文官不应再以对查德威克**那样的人而言正常的方式就政策问题提出看法。戴雪也秉持这种立法垄断的信念，认定下院确实控制着执行机关，而且所有重要的政府权力都是而且应当通过议会加以指 21
导。国家是一元的，所有真实的公共权力都集中于充分选举产生的议会。这从上面的引语以及戴雪著作的其他内容来看都很明显，其关于法治的讨论同样亦是如此。

正是戴雪的法治观念强化了主权的作用，倘若在上述第二种意义上使用主权这一术语，就是强化了议会垄断。戴雪法治观念的两个主

---

〔36〕 关于委员会制度的讨论，参见 D. Roberts，*Victorian Origin of the British Welfare State*（1960）；H. Parris，*Constitutional Bureaucracy*：*The Development of British Central Administration since the Eighteenth Century*（1969）；N. Chester，*The English Administrative System*（1780—1870）（1981）；P. P. Craig，*Administrative Law*（2nd edn.，1989），ch. 2。该主题将在下文第二章第四节（一）中进行更全面的讨论。

〔37〕 同样还有来自讨厌某些委员会固有之集权化趋向的那些人的压力，他们将其视作对地方自治的侵犯。See J. Redlich，F. Hirst，and B. Keith-Lucas，*The History of Local Government in England*（2nd edn.，1970）；D. Fraser，*Power and Authority in the Victorian City*（1979）. 这一点并未影响文中的观点。即便某种行政系统是从中央层面运作的，那也会产生要求议会更充分控制该系统的压力。

* 大臣不能透露给出糟糕政策建议导致不良结果的文职人员的名字。——译者注

〔38〕 见前文注释 36 的参考书目以及 F. M. G. Willson，Ministries and Boards：Some Aspects of Administrative Development since 1832（1955）33 *Pub. Adm.* 43。

** Sir Edwin Chadwick（1800—1890），英国社会改革家，以改革英国济贫法与公共卫生条件等工作著名，对英国近代公共卫生制度的改革与发展贡献良多。但查德威克的长相与行事方式颇为令人讨厌，其工作勤奋、严苛、果断，但缺乏圆通、缺少幽默感、粗鲁专横而且过于自信，其性格方面的特点是导致 1854 年英国中央卫生委员会解散的重要原因，并且其于 1858 年被打发退休。查德威克主张政府干预以改进公共卫生条件，与当时主导的自由放任思想以及既得利益集团存在冲突。其改革思想一度引起了边沁的注意，边沁并且邀请查德威克帮助其完成晚年最后的作品，据说最终亦是死在查德威克的怀里。

文中提到的查德威克的行事方式，指的是由于其对济贫法的研究以及改革的呼吁，于 1834 年被任命为新成立的济贫法委员会秘书，但并非三个专员之一，不过被许以就济贫法的实施提出进一步建议的权力。在任秘书期间颇不受欢迎，因为查德威克往往告知委员会这个或那个决定不合法，而倘若委员会无视他的建议，他就直接上书议会或内阁。——译者注

要因素[39]既具有描述性也具有规范性的内容。在描述方面，其认定普通法律居于支配地位，不存在宽泛的裁量权，而且所有人都受制于国家的普通法律；公共权力属于议会。在规范方面，其认定这一制度实际上比法国的制度更好，关于公法问题在法国存在特殊的规则与特别的制度。

这种立法垄断的观念提供了一种适当的框架，可以容纳与证明非宪法性司法审查之运用。戴雪并未直接考察这一问题，只是断定普通法律居于支配地位并且适用于政府的代表人。正如下面所见，这部分是因为他误解了其写作时行政机关实际存在的权力范围。尽管存在这种错误，立法垄断的观念框架仍然为法院在行政法领域实际行使之司法权力的合法化提供了适当根据。这一关联可以表述如下。

立法机关意志的执行显然需要将权力赋予某个大臣或行政机构。非宪法性司法审查之现代观念方面的证明就源于此。非宪法性司法审查意在确保那些被赋予这种权力之人未侵犯议会的主权意志。倘若授权某位大臣根据特定条件履行特定职责，那么法院的功能就是当产生质疑时，核查大臣履行的是否议会赋予的职责而且仅在条件成就的情况下履行。倘若两个方面的任何一个存在缺陷，遭到质疑的行为就会
22 被宣布无效。倘若法院不介入，就是容许大臣或行政机关享有真正的立法机关，也就是议会，并未明确规定的权力范围，从而赋予了其某种“立法性的”权力。主权不怎么为人熟悉的那一面，也就是议会垄断，因而要求有一种制度保护议会规定的界限。法院通过非宪法性司法审查巡视的正是这一界限。

倘若认定司法机关最初是按照这种方式认识非宪法性司法审查的话，那就大错特错了。这种审查的起源非常复杂，而且与特权令状的错综复杂性交织在一起。[40] 此外，议会在司法审查正在形成之 17 世纪的地位与角色与其到 19 世纪中期取得的权力与正当性相去甚远。早期司法审查的动力主要是期望确保高等法院控制“初级管辖”并且

---

〔39〕 See *Law of the Constitution*, pp. 188, 193.

〔40〕 S. A. de Smith, 'The Prerogative Writs' (1951) 11 *C. L. J.* 40; 'Wrongs and Remedies in Administrative Law' (1952) 15 *M. L. R.* 189; L. L. Jaffe and E. G. Henderson, 'Judicial Review and the Rule of Law: Historical Origins' (1956) 72 *L. Q. R.* 345; E. G. Henderson, *Foundations of English Administrative Law* (1963); A. Rubinstein, *Jurisdiction and Illegality* (1975).

向那些既有司法机关认为遭到当局不公或非法对待之人提供救济。〔41〕在实现这些目标时，法院实际上经常与立法机关的意志产生直接冲突。立法机关通过制定明确的限制性条款约束日益增长之调卷令的努力，不断地被保留这种司法审查权的“创造性”司法解释绕开。〔42〕这种冲突的可能性一直持续到19世纪与20世纪。立法机关试图将司法审查排除在外的努力并未随着维多利亚时代的到来而停止。〔43〕尽管这种张力持续存在，但19世纪司法审查的基本原理还是慢慢地发生了转变，在那些不存在限制性条款，因而也就不与立法机关的意图 23
直接冲突的情形下尤为如此。早期司法审查两个并联的基本原理仍然存在，即确保普通法院对初级管辖的控制以及向那些遭到不公或非法对待之人提供救济。不过，将司法权的行使与议会意志联系在一起这一日渐增强的趋势对两个原理进行了补充。

这一点体现在虽然相关但却各异的两个方面。一方面，司法机关开始更明确地以确保系争当局不得篡夺或超出立法机关赋予之权限范围的方式证明自己进行管辖范围控制之正当性，其目的是为了确保管制机构不得擅自取得议会授权范围之外的管制行为或进行立法的权力。另一方面，法院至少在形式上更警惕司法权行使的正当界限。在管辖范围条件得以满足的情况下，法院仍然能够对随之产生之行政裁量的行使方式施加一定的控制，而且通过援引立法机关或明或暗的意图证明这些限制的正当性。根据这些限制条件，倘若行政机关在其规定的范围之内进行活动，那其行使的就是立法机关赋予的裁量性职责。议会决定将这一职责赋予某个具体行政管制机构，并未侵害议会的立法垄断地位。因而，法院应警惕以自己的观点取代由议会选定之行政机关的观点。

在19世纪与20世纪早期的法院哲学中可以明显看到这两个并联

〔41〕 例如见 *Case of the Marshalsea* (1612) 10 Co. Rep. 68b; *Commins v. Massam* (1643) March N. C. 196; *R. v. Hide* (1947) Style 60; *Terry v. Huntington* (1688) Hard. 480; *R. v. Plowright* (1668) Hard. 480; *Fuller v. Fotch* (1695) Carth. 346; *Groenvelt v. Burwell* (1700) 1 Ld. Raym. 454。

〔42〕 See Rubinstein, *Jurisdiction and Illegality*, pp. 71－3.

〔43〕 为实现此目的最显著也是最全面的努力乃1848年的 Summary Jurisdiction Act。Sumner 法官在 *R. v. Nat Bell Liquors Ltd*. (1922) 2 A. C. 128, 159 中总结了该法的效力，Sumner 法官阁下在该案中称：“其效果并非要使曾经的错误不再是错误，而是要清除几乎所有发现错误的机会。案卷的表面再也无法‘传达’什么信息；这成了捉磨不透的斯芬克斯之谜。”

的论题。19世纪的管辖控制以两种不同的判例法线路为标志。在一组判例中，法院采取的是所规定之管辖条件的含义由管制机关自己决定的观点〔44〕；另外一组判例采取的则是更具干预性的立场而且主张司法机关有权自己确定这些被视作辅助性事实之条件的含义。〔45〕从这些判例的解读中显然可以看到，就立法机关委派行政机关某项任务时通常意图赋予的权力范围而言，司法机关在这些案件中采取的看法
24 不同。〔46〕

试图调和这些案件的典型判例则将关注点放在所谓赋予具体行政机关之权力的不同立法意图方面。因而，伊舍尔（Esher）法官阁下指出：

当议会法案最初设立必须就事实作出判断之初等法院、裁判所或机构时，就必须考虑将赋予该裁判所或机构什么权力。实际上可以说，倘若在这样的裁判所或机构作出特定行为之前，某种特定的事实状态已经存在而且向其表明，那么其就应具有作出这种行为的权限，否则就没有。在此情形中，并非由它们最终判断该事实状态是否存在，且当不存在却行使了管辖权时就可以质疑其行为并认定其行动超越了管辖范围。但可能存在另外一种事态。立法机关可能赋予裁判所或机构一定的管辖范围，包括决定初步的事实状态以及管辖权是否存在，一旦认定其存在，就继续行动或采取其他进一步的措施……在我提到的第二种情形下，倘若认为裁判机构不得通过错误认定特定事实存在从而赋予自己管辖权，就是对这一规则的错误适用，因为立法机关已经赋予了其决定所有事实的权限，包括决定其管辖之进一步行使所依据之初步事实是否存在的权限……〔47〕

这一解释的说服力很可能遭到质疑。〔48〕在前述冲突的判例线路中援引制定法的授权并不能表明其结果实际上可以由立法意图方面的

〔44〕例如见 *Brittain v. Kinnarid*（1819）1 B. ＋B. 432；*Ackerley v. Parkinson*（1815）4 M. ＋S. 411；*Wilson v. Weller*（1819）1 B. ＋ B. 57；*R. v. Justices of Cheshire*（1838）8 Ad. ＋ E. 398；*Cave v. Mountain*（1840）1 M. ＋ G. 257；*R. v. Bolton*（1841）1 Q. B. 66；*Mould v. Williams*（1844）5 Q. B. 469；*Revell v. Blake*（1872）7 C. P. 300。

〔45〕例如 *Bunbury v. Fuller*（1853）9 Ex. 111；*R. v. Stimpson*（1863）4 B. ＋S. 301；*Elston v. Rose*（1868）L. R. 4 Q. B. 4；ex. *p. Bradlaugh*（1878）3 Q. B. D. 509。

〔46〕See Craig, *Administrative Law*, pp. 255－6.

〔47〕See *R. v. Commissioners for Special Purposes of Income Tax*（1888）21 Q. B. D. 313, 319；*Colonial Bank of Australasia v. Willan*（1874）L. R. 5 P. C. 417.

〔48〕See Craig, *Administrative Law*, pp. 255－6.

差异调和。不过，这一推理的可疑性并未破坏伊舍尔法官塑造的概念工具的效用。司法机关的介入可以通过与立法意图的联系获得合法化。法院维护的仅是立法机关授权体现出来的界限。法院将防止行政当局就实际立法机关，也就是议会，并未赋予权力的领域作出裁判或制定规则。议会垄断公共权力行使意义上的主权因而可以得到维持。 25
司法监督具有了更大的正当性光环，而法院则获得了可以证明其对行政行为之干预的伸缩自如的工具。

在司法机关对裁量的控制方面，类似的论题也是显而易见的。立法机关的意图愈来愈成为司法机关介入的形式性辩护，而且规定了这种司法作用的界限。在满足管辖范围条件的情况下，法院仍可以对随后裁量的运用方式进行某种程度的控制。早期声明裁量必须根据理性与正义规则实施的判例〔49〕被解释为包括制定法授权的隐含条件。就行政机关能进行的考量范围以及能推行的目标进行的控制被解释为制定法意图的适用。〔50〕在满足这些限制的情况下，行政当局就是其自己行动进程的主宰。这并非为自己僭取权力，不过是议会公开赋予的而已。这也不会侵犯议会的立法垄断，因而法院应小心注意不要以自己的意见取代行政机关的意见。这一论题在格林（Greene）法官阁下经常被引用的判决中得到了系统的阐述。〔51〕

因此格林法官申明，法院在下述情形下的介入是正当的：即裁量的运用以制定法明或暗地认为与相关问题没有关系的考量为根据；或制定法表明应纳入考虑的特定事项被行政官员忽略；或没有哪个通情达理的人会梦想当局作出的决定属于其权力范围。〔52〕司法机关的作用主要是为了确保地方当局不超越其应加以考虑的事项范围。“法院对个案的介入并非是要充当推翻地方当局之决定的上诉机关，而是关心而且仅关心审查地方当局行为是否超越议会委托的权力范围因而触犯法律之司法机关。”〔53〕

〔49〕 例如 *Rooke's Case*（1598）5 Co. Rep. 99b；*Hetley v. Boyer*（1614）Cro. Jac. 336；*Leader v. Moxon*（1773）2 W. Bl. 924。

〔50〕 例如 *Sharp v. Wakefield* [1891] A. C. 173；*R. v. Bowman* [1898] 1 Q. B. 663；*R. v. Hyde* [1912] 1 K. B. 645；*Sadler v. Sheffield Corporation* [1924] 1 Ch. 483。

〔51〕 *Associated Picture Houses Ltd. v. Wedensbury Corporation* [1948] 1 K. B. 223.

〔52〕 Ibid. 228 – 29.

〔53〕 *Associated Picture Houses Ltd. v. Wedensbury Corporation* [1948] 1 K. B. 234.

26 这一推理存在的难题并非我们直接关心的问题。[54] 更适于我们关心的是，戴雪关于法治的描述如何间接推动前述司法机关在行政法中的作用这一观念。批评者很快就揭示了戴雪的描述在规范方面存在的不足。无疑，戴雪并未认识到普通法院之外繁多行政机构的存在这一事实。[55] 戴雪描述的规范方面则被证明更富于弹性。这一命题的核心原则之一，也就是普通法院的优越性以及普通法律最高，仍然继续发挥着影响。[56] 普通法院发动了许多与宗教法庭和地方法院的战争而且取得了胜利。戴雪的贡献就是将这一胜利提升到宏大宪法原则的层面，并且提供得以将该推理延伸到其他领域的平台。管辖这一概念固有的灵活性维系着法院只是适用立法机关指示这种表象，并因而符合议会主权。戴雪的法治观念通过确立下述理念为这种权力的行使增加了值得尊敬的性质，即普通法院最高而且普通法律普适应是自然的、正当的，是一项宪法原则。特殊的机制应予以反对，同样还存在一种假设，反对剪裁结果以满足具体实体领域需要的功能或情境解释模式。[57] 戴雪以作为法治基石的普通法院与普通法律为重点，从而为那些支持增强司法干预的人提供了武器。认定下述内容是相当容易的一步，即这种司法行为的增加将推进普通法律与普通法院的最高地
27 位，促进法治，因而应予以鼓励。这样的推理很可能不合逻辑，但我们法律遗产的许多部分就是通过同样可疑的推理过程形成的。

前述意义上的法治同样会间接限制行政法的适用范围。早期行政法现在仍发挥影响的一个显著特征就是，只有那些具有传统契约、侵权、财产或信托诉因意义上之私人权利者方被允许进入行政法制度。[58] 通向行政法的大门，无论自然正义、诉讼资格还是请求救济

〔54〕 关于笼统的讨论，See Craig，*Administrative Law*，pp. 281 – 90。

〔55〕 See H. W. Arthurs，*Without the Law*：*Administrative Justice and Legal Pluralism in Nineteenth Century England*（1985）；Craig，*Administrative Law.*

〔56〕 这一原则散见于 Committee on Ministers' Powers，Cmd. 4060（1932）的整个进路之中。

〔57〕 See Arthurs，*Without the Law*，and 'Rethinking Administrative Law：A Slightly Dicey Business'（1979）17 *Osgoode Hall L. J.* 1.

〔58〕 Crag，*Administrative Law*，pp. 8 – 11；R. B. Stewart，'The Reformation of American Administrative Law'，88 *Harv. L. Rev.* 1667（1975）. 另外，关于自然正义见 Nakkuda Ali v. Jayaratne［1951］A. C. 66；关于诉讼资格，参见 *Pudsey Coal Gas Co. v. Corporation of Bradford*（1872）L. R. 15 Eq. 167；*Boyce v. Paddington Borough Council*［1903］1 Ch. 109。

的资格，通通向那些不具有这种权利的人关闭。法院按照自己只是在解决诸如契约、侵权等领域的普通私人争议的假设行事，只不过其中一方诉讼当事人恰好是公共机构。[59] 司法机关唯一的功能就在于通过划定公共机构可以合法采取之行动的领域确定私人自主的范围。毫无疑问，这种现象部分的解释就是普通法对传统权利的先入为主。不过人们不禁会想，这种法治遗产同样会促进这种司法态度。潜在于法治之下的观念，即普通法院适用普通法律解决争议，很容易迎合私人权利的论题：法院不过是将契约、侵权或财产方面的标准观念适用于被告恰好是某个公共机构的案件而已。

这一传统模式隐含的哲学是可疑的，但只是部分显现出来。潜在于这一模式之下的乃是对正在制造诸多行政制度和管制机构之国家发挥的作用隐含的不满与不信任。普通法律最高地位的强烈坚持以及传统私人权利的保护都必须根据这一背景进行理解。这一哲学的核心就是控制或遏制国家官僚机关[60]，其重点在于维持行政机关的管理不
超越适当范围。在这一努力中，维护私人自主的主要媒介被认为是通 28
过法院进行外部控制。确保有效实现管制性立法的重要性并非这一模式的组成部分，除非被认为与适当维持立法意志范围之外部司法监督具有自然关联。

不过，就此而言有理由采取一种谨慎的态度。我们不应假定司法机关维护立法意图的界限以及包括私人自主在内的目标必然会得出同样的结论。当然，这种结果方面的一致性是会存在的。司法机关可以采用确定这些界限乃其任务的观点，但只有那些具有私人权利者方有资格运用该制度。在此情形下，法院就是在宣告私人权利的必要性乃诸如自然正义或诉讼资格的条件之一。倘若个体能够证明这种权利的存在，那么法院就会根据案件的实体内容确定立法的界限，以便判定是否应维持申诉者的权利。

假定这种结果的一致性总会存在就会犯事实方面的错误。在19世纪与20世纪的判例法中，很多情形下司法机关并未考察申诉者是否具有权利以及/或者在什么情形下不存在这种契约或侵权诉因上的

〔59〕 该推理更现代的例证，见诸如 *Gregory v. Camden London Borough Council* [1966] 1 W. L. R. 899；*Gouriet v. Union of Post Office Workers* [1978] A. C. 435 等案件。

〔60〕 See C. Harlow and R. Rawlings, *Law and Administration* (1984), ch. 1.

权利。〔61〕司法机关渴望矫正行政机关侵犯立法界限占有明显的地位。司法机关的这种介入行为很可能导致对申诉者有利的认定，并且在此意义上维护私人自主。不过，这与前述私人权利的观点并不一致，后者要求申诉者在能够进行法律诉讼之前具备获得承认的私法诉因上的权利。但即便这种权利不存在，司法机关亦愿意收审案件则体现了法
29 院赋予维护（立法边界）观念本身的重要性；体现了控制初级管辖并且担当立法意图最终裁判者的重要性。

困扰19世纪与20世纪行政法的大量复杂的学术问题，实际上都可以被解释为维护观念与坚持以私人权利作为自然正义、诉讼资格与实体审查之前提条件的严格要求之间存在之张力的结果。可以有关诉讼资格方面的法律为例。就判例法的迷惑性进行一番思考就可以解释三个在法哲学方面具有竞争性的论题。某些判例明显根据宽泛的裁量性理由赋予了诉讼资格。〔62〕这些判例强调的是法院愿意或期望能够审查申诉的实体内容与矫正侵犯立法权界限的管制行为。〔63〕居于主导地位的显然是这种维护（立法界限）的论题。其他案件则忠于申诉者在获准进入司法殿堂之前需具备狭义契约或侵权方面之私人权利这一严格要求。〔64〕还有一些案件采取的则是模棱两可的态度，虽然谈到了私人权利的必要性，但扩大了适格权利的界定以便囊括传统契约或侵权范畴之外的利益。尽管赋予了私人权利这一论题形式上的尊重，但首要的关注仍是法院希望起到的维护功能。这第三种类型包括那些法院或者忽视私人权利的严格要求或者宽泛地解释私人权利概念

〔61〕例如在自然正义方面，See *Wood v. Woad* (1874) L. R. 9 Ex. 190；*Board of Education v. Rice* [1911] A. C. 179；在裁量权的控制方面，例如见 *Galloway v. London Corporation* (1866) L. R. 1 H. L. 34；*Sharp v. Wakefield* [1891] A. C. 173；R. v. *Wandsworth Licensing JJ., ex p. Whitbread and Co. Ltd* [1921] 3 K. B. 487。关于在有关诉讼资格方面类似论题的讨论，见下文注释62至65。

〔62〕关于调卷令通常就是这种情形；See *R. v. Thames Magistrates' Court, ex p. Greenbaum* (1957) L. G. R. 129。虽然就申诉者必须表明之利益的明确程度存在争论（见 Craig, *Administrative Law*, pp. 349－50），但并不要求具备私法上的权利。

〔63〕另外见早期关于禁止令方面的法律，有些法院采取了任何人都可以寻求救济的观点，其推理部分在于下级行政机关超越管辖权是对英王的藐视或侵犯了王室特权，因而任何人可以告知法院这一事实；*De Haber v. Queen of Portugal* (1851) 17 Q. B. 171；*Worthington v. Jeffries* (1875) L. R. 10 C. P. 379。

〔64〕例如见前文注释58和59的案件。倘若申诉者能够表明特别的损害，法院通常会允许其进行诉讼。

的宣告与强制令案件。〔65〕

四、传统的宪法愿景：表面与现实 30

考察古典或传统宪法与行政法愿景的基础后出现的重要问题就是，即便在最初开始描述这幅图像时其有多精确呢？这一问题最好通过分别考察宪法与行政法的基础来回答。

（一）戴雪式观念的支持

毫无疑问，可以为戴雪式的一元、自我矫正民主愿景（选民的意志通过议会得到表达，而议会控制着政府）找到某些方面的支持。

曾任下院自由党领导人的哈廷顿（Hartington）勋爵在 1893 年这样说：

> 议会成立或撤销我们的内阁，修正其行为。内阁可以媾和与宣战，但只能在不断遭受议会解散的情况下才能做到，而议会在国内行政事务方面的权力具有同样的直接性。倘若某内阁过于放肆或节制，议会就可以解散之；议会可以因为内阁的管理过于严厉或松懈而解散之。议会确实以各种方式直接统治着英格兰、苏格兰与爱尔兰。〔66〕

在 19 世纪与 20 世纪之交，考特尼回应了这些观点并将其系统化。他概括英国宪法的要素如下。

> 首先，国家必须根据国民意志进行统治；其次，国民意志在任何一次大选中都得到非常忠实的体现；再次，下院作为该种意志的具体体现有权要求取得支配地位，至少直到情况发生改变使其有资格说是国民意见的忠实体现。这一原则因而承认，由大选产生的下院是国民意志最权威的体现，这就产生了一个不可避免的结果，也 31
> 即公共事务的管理和立法的指引应托付给获得下院多数认可的那些人。〔67〕

〔65〕在宣告和强制令方面，例如见 *Nicholls v. Tavistock Urban District Council* [1923] 2 Ch. 18；*Prescott v. Birmingham Corporation* [1955] Ch. 210；*Brownsea Haven Properties Ltd. v. Poole Corporation* [1958] Ch. 574；有关执行令的情境，如 *R. v. Commissioners of Customs and Excise, ex p. Cook* [1970] 1 W. L. R. 450；*R. v. Hereford Corporation, ex p. Harrower* [1970] 1 W. L. R. 1424。

〔66〕引自 A. H. Birch, *Representative and Responsible Government* (1964), 73。

〔67〕See L. Courtney, *The Working Constitution of the United Kingdom* (1901), 6.

根据下面还会提到的内容，戴雪在《英宪精义》一书中采取的亦是这些假定。这从前述讨论中显然就能看到，而且在其著作的其他部分中亦是显而易见的。因而我们发现戴雪称："下院介入行政事务，而内阁实际上由下院产生并由其维持。倘若遭到了新选举产生的下院的批评，现代内阁的权力不会维持超过一个礼拜。"[68]

通过考察19世纪中期英国政府模式更具结构性的改变，戴雪之一元、自我矫正式的民主观同样可以获得间接支持。前面约略提到的委员会制度的衰落就与此相关。在当时，考虑将新的政府功能赋予现有部门或专门为此设立的部门很常见。Ministry一词被用于表示国家的一个部门（department），该部门的权力就被赋予参加两院之一且就其活动向议会负责的人。在19世纪，大臣责任制政府不像今天那样已成为常见的程序。18世纪与19世纪更常见的行政形式乃委员会制度。[69] 尽管因为领域不同，委员会之具体结构与权力也有所差别，但其共同点就是相对议会的直接控制具有某种独立性。

委员会具有几个方面的优势。它们容许政策具有更大的连续性，更少受政治变革浪潮影响。它们能更灵活地满足分散化行政的需要。任职委员会可以成为非常实用的官职委任形式。委员会提供的行政解决方案此外还可以消除中央官僚机构本身急遽膨胀的必要性。中央官僚机构不大，其组建并非是要处理因19世纪30至50年代之改革造成的"大规模行政"问题。[70] 中央官僚机构的膨胀既受观念也受实
32 效问题困扰。即便社会改革获得通过，也并不必然是直接通过当时的政府实现的。[71] 政府应主要通过集权化的政府部门负责直接实施所颁布的方案这一观念并不明显。这并未被视作"通常的"行政方法。

委员会制度的衰落部分因为实践方面的原因，部分因为观念方面的原因。委员会事务的推动会伴有管理无效与浪费。不过，这些实际方面的问题并非委员会之运用衰落的首要原因。倘若由政府部门推行这些行政，很可能亦会存在此等难题。委员会衰落的真正原因在于选举权扩大造成议会宪法地位的改变。正如帕里斯（Parris）所述："就

〔68〕 *Law of the Constitution*, p. 156.

〔69〕 关于委员会制度的讨论，参见前文注释36所引资料。

〔70〕 例如在1833年内政部只有29名雇员。

〔71〕 例如管制工时与工作条件之工厂方面的立法，最初动力来自Oastler、Ashley和Sadler。主要是由于这一伙人以及后来Edwin Chadwick的努力，辉格党政府才提出了自己的措施，即1833年公布的《工厂法》。

委员会在实际与名义上向英王负责而言，这一制度运作良好。但一旦执行机关开始主要向议会负责时，这一制度就要承受压力。结果就是委员会行政模式的衰落并且在很大程度上被部门制模式取代。”[72]

议会关于自身正当性与权力意识随着选举权的改革而增强，而且在试图控制政府行动的愿望中得到了体现。至少，这需要一个可以在议会作出答复的人，一个对委员会的行为负责的人。当行为实际产生争议时尤为如此。在 1834 年济贫法委员会成立之时，委员会的成员没有一人在议会占有一席之地，沟通自然极其困难。议会因为缺少可以让其直接作出答复的人而感到失望；委员们本身也因为缺少就人身攻击或诽谤进行辩护的直接方式而遭受损害。结果该委员会于 1847 年被政府的一个部门取而代之。[73] 这一转变也给其他领域造成了冲
击。各种“中间路线”得到了尝试，其中之一就是让委员会的某个成 33
员拥有议席。但这一试验的成就并不明显，主要是因为这一方案有两个关键性的因素尚不明确：该议会成员与委员会其他成员之间的关系以及其本身与议会的关系。这样的委员会或者被转化为正式的政府部门，或者让某位大臣直接对该委员会的行为负责。逐渐地就演化形成了现代部门制的模式，由大臣主持政府部门，并且就部门行为向议会负责。与之相关的是文职工作匿名制的发展。

委员会制度尽管并未消亡，但其衰落则为一元的自我矫正式民主概念提供了支持，提供证据证明了下院控制执行机关的愿望与目标。议会对执行机关的控制要求有一位大臣任职下院，除非能够让该大臣直接就那些属于其主管范围的行为作出答复，否则立法机关就不可能在重要的行政领域对执行机关进行控制。作为戴雪式愿景不可分割的组成部分，即立法或规则与多数选民的意愿冲突时就不能通过，倘若存在处于议会控制之外的重要政策领域，这一假设就无法维持。

尽管关于我们宪法秩序的戴雪式愿景拥有此种支持，但仍然可以从两方面的理由对其结论进行反驳。

（二）戴雪论点的内在一致性

首先，即便我们认可这一宪法图像的准确性，但宪法性审查没有

〔72〕 *Constitutional Bureaucracy*, p. 83.

〔73〕 See Roberts, *Victorian Origins of the British Welfare State*, p. 133：“维多利亚时代人们对于准独立、非政治性委员会的试验体现了他们担心政治决定会成为党派偏见的婢女或陷入宗派政治活动的漩涡。济贫法委员会就是这样一种典型的悲剧性努力的例证。”

必要存在的结论实际上并非像戴雪让我们认为的那样不证自明。这一论点似乎很简单。我们的民主制度建立在自下而上的权力渠道上。选民选择代表，当选的下院议员表达那些选择他们之人的主张，而且他们控制着执行机关。因而，就不会通过在宪法方面存在问题的立法，通过了也会被迅速撤销。

34 经过进一步的思考，显然就能看到这一表述的模糊性，而且这一模糊性实际上就包括在前述关于主权之外在与内在限制的引语中。[74]因而，我们被告知议会之代议部分的长久意愿很难偏离英国人民的意愿；下院多数实现的内容也就是英国多数人民通常期望之事。戴雪文本中并存的这两种表述之间的差距非常明显。根据后者，多数人的意愿通过其代表被忠实地转换为立法是可能的，但这一立法在宪法上对少数人的意愿有害也是可能的。戴雪在这两种表述之间转来换去，而没有迅速意识到二者之间的差别。[75]

戴雪如何阻止或预防这种多数人压迫的危险则并不明确。一种可能的论点是，议会统治者的“内在限制”可以确保不会发生多数人的专制。这一论点如下：戴雪告诉我们说，就其受生活于其下的社会影响而言，任何统治者权力的行使都存在一种内在限制。[76]在议会制度下，多数人的代表尽管会就具体的问题持有某种具体观点，但并不会通过宪法上于少数人不利的立法。该社会的内在限制将排除此等权力的运用。例如，多数人很可能狂热地信仰新教，但构成统治者进行统治之内在限制之一的普遍宽容精神会缓和具有歧视性的宗教立法。

在戴雪关于逆流与支流舆论的讨论中存在一个虽然不同但却具有补充性的论题。[77]我们的首要关注并非戴雪将立法视作“公共舆论”
35 的产物是否准确，与本文相关的是戴雪的讨论清楚地显示出多数压制的可能。戴雪强调的论题之一就是，“占统治地位的立法舆论在 19 世纪无论如何都未运用过绝对或专断的权威”[78]。与特定时期占主导地

〔74〕 See Dicey, *Law of the Constitution*, p. 82.

〔75〕 Ibid. 84－5. 戴雪回到了更早时候的表述，即代议政府将带来“主权者与臣民之间意愿”的一致。在戴雪《法律与舆论》的讨论当中也充斥着同样的模糊性，在该书第 55 页戴雪表明，在代议民主制度下，“与人民的意愿相悖，或换言之，与特定国家明显多数中普遍盛行的观念相悖的”法律是不可能获得通过的。

〔76〕 See *Law of the Constitution*, pp. 80－1.

〔77〕 See *Law and Opinion*, pp. 36－41, 311－60.

〔78〕 Dicey, *Law and Opinion*, p. 36.

位的舆论多多少少相对的逆流总会削弱议会的权力。这些逆流对那些秉持议会主导信念者的立法行为进行了一定的限制。因而戴雪认为，从 1830 年到 1850 年，边沁式的自由主义遭到了更古老的托利主义（Toryism）之“遏制性力量”限制〔79〕，而倘若不适当关注各种影响教会改革进程的逆流与支流，就无法对其进行准确的理解。关于宗教方面的立法，只有意识到其受到以确立宗教平等为目标的自由主义以及意图维持英国国教之权利或特权的教会支流意见影响，方能予以准确地理解。〔80〕

因此，可以通过内在限制的结合连同逆流与支流舆论预防多数人专制，同时将宪法上对特定少数人不利的立法排除在外。这一推理似乎有些道理。不过，很难认为这会在所有甚至大多数压制少数派的情形中发挥作用。宪法上可疑的立法很可能因为多数人以与少数派不同的方式看待“内在限制”而获得通过。他们可能以与受压制之少数人截然不同的方式看待源自内在限制的具体界限。通过的制定法可能存在违宪的嫌疑，但实际立法者并未感觉到其正在侵犯某些应属极神圣的社会规范。此外，尽管逆流与支流舆论的存在不可否认，但其对所处理问题的影响则更让人怀疑。立法舆论中存在的这种紧张关系很可能降低制定法变迁的速度或激烈程度。不过，尚不存在明确的理由可 36
以得出结论说这些张力会阻止通过宪法上对少数人不利的立法。举例来说，美国制宪时竞争性利益的存在就是一个突出的论题，但这并未阻止通过宪法上对具体集团利益不利的立法。确保不会发生这种宪法损害的唯一方法而且将其与逆流与支流舆论联系起来的话，实际上就会呈现出一种古典多元主义的形式，即社会乃由在政治市场进行竞争的集团组成的，公共利益正是集团交易的结果。〔81〕

另外一种可供选择的论证线路就是回到主权与前述法治第三个方面之间的关系。正如前文指出的那样，普通法被视作个体权利的最佳保护者。代议政府的存在可以确保人民意愿与主权议会意愿保持一致。因而事关公民自由的严重问题应是很少的。倘若确实出现了这样的问题，就可以用普通法保护烦扰不堪的公民。

这一“矫正”实乃过于简单，且根据更仔细的考察也得不到戴雪

〔79〕 Ibid. 38.

〔80〕 Ibid. 312.

〔81〕 关于多元主义下这一论题的讨论，见下文第三章第二节（二）、第四章第一节。

本人之分析的支持。这一问题最好如下处理：假设议会多数已经颁布了可被认为在宪法上对少数人不利的立法，主权权力的内在限制被证明并不成功，而少数人的某些基本权利遭到了剥夺。根据戴雪本人的议会万能学说，普通法的保护如何帮助这些公民呢？戴雪提供了两项回应，一项比较笼统，另外一项则更详细也更具体。

比较笼统的回应是，在公民自由是从宪法文件推导出来的情形下，就很容易被剥夺；不过，当这样的权利源于普通法时，“倘若不彻底改革民族的制度与习惯”[82]就不会遭到破坏。这很可能就是戴
37 雪对大陆之《权利宣言》的经历表示怀疑的情形。这类文件的短暂性使得显然有理由对其功效保持谨慎。首先占据戴雪注意力之权利被全盘限制的可能性非常重要，但却无法回答前述的两难问题。无论针对时间还是主题方面，议会中的多数并不期望普遍限制个体权利。议会可能并没有变革整个民族习惯或制度的任何意图，剥夺某具体领域之个体权利的立法亦不必以此为效果。[83]戴雪本人亦承认特定立法可能在没有造成前述剧烈社会后果的情形下获得通过，而且有的已经获得了通过。[84]

戴雪提出的更具体的回应体现于借助普通法取得与形成之个体自由的明细讨论中。[85]通过思考戴雪的分析，普通法的局限就显而易见了。戴雪在这些章节中的论证表明了普通法在控制可能干涉个体自由的执行或裁量权方面可以而且已经取得的成功。逮捕必须根据制定法的授权方能进行；仅有执行机关的批准是不够的。关于讨论自由要求不存在任何事先的行政限制；个体只能因为诸如诽谤等结果方面的违法而遭到惩罚。

但这一分析中并无内容触及制定法的授权确实存在但其效果乃剥夺个体自由的情形。因而戴雪承认，政府可以而且已经取得了在有限

〔82〕 Dicey, *Law of the Constitution*, pp. 201－2.

〔83〕 要是认为任何限制个体自由的变化将自动构成整个民族制度与习惯方面的根本性变化乃一种归谬法，而且与戴雪本人的用法不符。戴雪关注的显然是（ibid. 201－2）普遍废止个体自由的政府行为。整个论点的目的在于确定当此等权利体现于成文宪法而非由普通法发展形成时这一点更容易做到。

〔84〕 例如见戴雪关于剥夺人身保护令的讨论，他认为（ibid. 230）因而给执行机关带来的权力增长绝非微不足道的，但还远未达到外国已知剥夺宪法保障过程的效果；另见戴雪关于审查制度的讨论（ibid. 267－8）。

〔85〕 Ibid. chs. 5，6，7.

时间内因有限犯罪类型“剥夺人身保护令”的法定权力。[86] 有关言
论自由的分析同样具有启迪性。戴雪将其写作时的媒体地位与其此前 38
通行的地位进行了比较。媒体在 19 世纪并不受事前审查，但受普通法律的诽谤行为调整。[87] 他将此与 17 世纪的情形进行了对照，在 17 世纪媒体受某个裁判机构控制且要接受管制。[88] 裁量性的许可制度，也就是“以另外的名义出现的审查制度”于 1662 年被赋予了制定法方面的依据，而且一直实施到 1695 年。戴雪评论说：

> 该法律的通过尽管并非宽容性的胜利，却是合法性的胜利。许可的权力自此以后不再取决于什么固有执行权的观念，而是依据制定法。政府被赋予了进行许可的权利，但这一权力受制定法规定调整；而更重要的是，违反该法的处罚只能通过普通法院的诉讼进行。[89]

这一引语很好地例证了戴雪关于具体个体权利的分析。普通法有助于限制危及此等权利之宽泛执行裁量权，通过将裁量权转换为制定法的形式，可以促进法治的前两个组成部分。权力一旦以制定法的形式存在，就是神圣不可侵犯的。限缩公民自由的制定法超越了普通法的范围，除非要是愿意的话，司法机关能够限制性地解释这项制定法。前举事例中少数人的权利同样处于普通法的保护之外。考虑到戴雪赋予议会万能以核心地位，这一结果是可想而知的。倘若议会的多数派确实颁布了有害少数派利益的立法，就无法期望从普通法获得保护。当代议民主证明无法使当选代表的利益与整个民族的利益保持一致从而导致某些人受到宪法上的不利对待时，那些受压制者就只能期望转换政治运气。因而戴雪的主张，即宪法性的保护在英国既无历史
根基亦无必要是不可信的，即便我们的民主确实是按照他假定的方式 39
进行运作亦是如此。

（三）宪法性权力的现实

戴雪的结论遭到反驳的第二个理由在于，这种关于运作中的宪法映象实际上存在缺陷。简单地说，19 世纪的代议民主模式包含了自我毁灭的种子，愈接近于完善，就变得愈脆弱。关于这一显而易见之悖

〔86〕 Ibid. 228 – 37.

〔87〕 See Dicey, *Law of the Constitution*, pp. 251 – 2.

〔88〕 Ibid. 260 – 1.

〔89〕 Ibid. 286.

论的解释并不难发现。最重要的因素有三：[90]

选举权的扩大尤为重要。这增加了议会的正当性，并为将其视作整个国家意志的权威体现提供了实质证明。不过，吸引扩大之选民的兴趣这一需要本身就是出现更发达之政党制度的关键因素之一。因为选票只能通过努力赢得，收买选票已不再可行。为了动员扩大了的选民投票支持某个具体的政党，就必须改进政党组织。中央机构与来自“上层”的指示得到增强，因而将更多权力交到了执行机关手中。

政府角色观念的改变则促进了这一趋势。政府负责维持治安、征集赋税、外交与少量其他事务的观念正在发生转变。19 世纪乃自由放任的时代这幅图像总是让人误解。这一时期实际通过了大量关于穷人、卫生、工厂等等方面的立法。所发生的这种转变至少部分关系到政府在议会发布立法中的作用。选举权的扩大不仅需要发展政党组织
40 以动员扩大了的选民，同样需要给予那些投票者有利的立法承诺。倘若要实现向选民作出的某些承诺，就需要调整立法程序，而事实也确实如此。这一变化并非突如其来或即时进行的，但仍然非常真实。

立法程序不仅国家化而且集中到执行机关之手，常设委员会愈益普遍。有关这种委员会运用的增加会把下院转化为立法机器的担心，最终并未阻止执行机关制定旨在促进通过立法的程序性改革。内阁委员会越来越多，这推动将立法提案权集中于执行机关之手。委任立法则以不同的路线得出了同样的结果：立法机关同意通过的立法最终赋予了执行机关相当的裁量余地以制定进一步的规则。与立法程序改革相伴的是政党制度在议会的重要性增强。政党成为权力从立法机关转向执行机关的通道。要确保通过某项庞大的政府方案，就必须加强纪律。政策的形成越来越集中到执行机关之手，普通议员很少能有效地阻止得到执行机关支持的某项措施。

在这些因素有助于权力从下院向执行机关流动的同时，第三个因

〔90〕 有关这些变化的证明，可以在戴雪同时代的作者那里找到；见下文 43 至 47 页（原书页码，本书边码）关于 Redlich，Ostrogorski，Maine，Bryce 和 McKechnie 的讨论；有关同类主题更为现代的讨论，参见 S. Walkland and M. Ryle (eds.)，*The Commons in the Seventies* (1977)；N. Johnson，*In Search of the Constitution*：*Reflections on State and Society in Britain* (1977)；S. Walkland (ed.)，*The House of Commons in the Twenties Century* (1979)；M. Beloff and G. Peele，*The Government of the United Kingdom*：*Political Authority in a Changing Society* (2nd edn.，1985)；H. Drucker，P. Dunleavy，A. Gamble，and G. Peele (eds.)，*Developments in British Politics 2* (1986)。

素就是日益认识到议会之外的权力中心仍然对政府的政策内容发挥着创造性的影响。英国多元主义思想的发展比较复杂，这在后面还会进行比较详细的讨论。[91] 在这里，认识到社会的多元主义性对议会垄断公共权力的观念构成了挑战即足矣。

这些发展对戴雪式的宪法秩序愿景而言具有重要寓意，但范围有
所限定。倘若提出前述任何改革都会使戴雪的议会万能命题整个“失
去效力”的主张则是错误的。这里并未这样主张，而且任何此等主张
亦得不到支持。戴雪主权观念之基础并非仅是英国民主假定的代议属 41
性。正如我们所知，这一观念是两种思想路线的混合。戴雪分析的部
分目的在于支持下述实际结论，即议会已经并因而可以做任何其想做
的事，而且没有任何对手可以侵犯其囊括一切的外表。戴雪推理的另
外一部分则是为了表明宪法性审查没有必要，因为代议民主在前述意
义上乃自我矫正性的。

因而，刚刚考察过的宪法性发展的寓意并不会破坏戴雪的主权图像。不过，这些发展确实给宪法性审查缺位的观念性证明造成了压力。某种宪法裁判形式存在的可能性无法再被简单地驳斥为没有必要以及缺少“先例”方面的根据。执行机关权力的增长以及承认议会之外尚有权力中心，都质疑了戴雪视作自我矫正机制的代议民主观。显然，在戴雪主权权力的外在与内在限制之间可能存在着比此前已知更大的差距。倘若代议民主通过将权力集中于执行机关与其他虽有影响但非代议性之机构而实际上成为寡头制，那么这一小集团的意愿就越来越可能在相当程度上偏离选民多数的利益。与少数派的利益相悖而且往往返回仅获得少数人支持之政府的选举制度则增加了这种可能性。

因此，戴雪在历史先例与宪法原则之间的结合比此前更不可靠。自我矫正的代议民主观明确地以自下而上的权力流动渠道为基础。当选的下院议员表达那些选举他们的人的看法，而他们则控制着执行机关。存在宪法上之疑问或对人民中相当部分有害的立法因而不会被通过，或者会被迅速撤销。

前述结构性发展使这种简洁、线形的推理模式变得难以置信。议
会的正当性仍然源自选民。在此形式意义上，权力仍可被视作自下而 42

〔91〕见下文第五、六章。

上流动的。而本质上，我们的宪法制度则变成由上层、执行机关与政党统治集团控制的制度。人民选举，政府统治，这一制度早在前述干巴巴的典型民主愿景产生之前就已经愈来愈像熊彼特式的。[92] 组织化的政党对选举议程与程序日益增加的控制则加剧了这一趋向。

由“自上而下”的制度产生的立法不再必然能够按照戴雪假定的简单化的自我矫正方式体现选民意愿。权力在政党统治集团与执行机关的集中增加了下述可能性，亦即便立法与诸多选民意愿相悖，但仍能获得议会通过，而且在相当长的时间内有效。

这种结构性变迁在根本上削弱了戴雪作出的对比，即主权之外在与内在限制在君主制与代议民主制下预计重合的程度。在君主制下，主权者尽管受制于特定内在限制，但能够强制实行臣民不喜欢的立法。[93] 该行为唯一的限制就是，主权者应谨慎行事以免侵犯其主权的外在限制并且激起公开的抵制。不过，君主制还是为主权者实现自己的私人目标留下了相当大的空间，这种私人目标尽管有悖于人民的意愿，但尚不足以激起反抗。正如我们所知，代议民主之出现意图矫正的正是这种主权内在与外在限制的分裂。不过，倘若代议民主已经如前那般成为寡头制，那么这种分裂就愈有可能。居支配地位的集团可以强制实行其自身的目标，这些目标可能有违许多人的意愿，然而尚不足以产生实际的抵抗。因而，按照其实际运作，代议民主实际上
43 不可能保证防止主权之外在与内在限制的分裂。选举产生的寡头集团连同其他虽有影响但却并非代议性之机构协同行使的权力所受到的制约，可能不会超过世袭君主之权力受到的制约。

戴雪式宪法愿景存在的难题并非仅对后来的评论者而言是显而易见的。倘若要理解前述论点就必需后见之明，那么这就是改进我们对戴雪的批评时必须加以考虑的因素之一。不过，戴雪之前或同时代的许多观察者显然已经意识到了这些难题。

这样，当白芝浩认为下院最重要的功能乃一选举院、可以产生与取消内阁时[94]，他同样十分清楚权力并非单向流动的。内阁是我们宪法的“效率”分支，尽管由下院任命，但却能够解散产生内阁的议会，而且如果愿意，还可以诉诸下一届议会。谈到内阁时，白芝浩说：“内

〔92〕关于熊彼特式民主观的讨论，见下文第三章第二节（三）。

〔93〕See Dicey, *Law of the Constitution*, pp. 81 - 2.

〔94〕See W. Bagehot, *The English Constitution*, ed. R. H. S. Crossman (1963), 67, 150 - 1.

阁是创造物，但却具有破坏其创造者的权力。内阁是能够取消立法机关的执行机关，也是名义上的立法机关。内阁是被创设的，但却可以取消创造者；内阁在起源上具有派生性，但在行动上却具有破坏性。”〔95〕

白芝浩描述的这种更复杂的图像质疑了对戴雪、哈廷顿与库特尼而言具有核心地位的论题，即权力被设想为几乎完全从选民经议会再到政府的单向流动。白芝浩亦不认为代议民主乃前述戴雪阐述的那种自我矫正式的。白芝浩在《英国宪制》第一版与第二版当中花了不菲的篇幅反驳民主的过度，忧心 1867 年改革法造成的选举权扩张。除非议会的多数派是具有温和情绪之人，否则就会通过激烈的法律，而民主的过度就会导致这种人当选。〔96〕诸如 1867 年之后可能出现的下层阶级的政治联合乃是“首恶”，会导致无知高于知识。〔97〕像马克思 44
一样，白芝浩认为经济阶层乃政府结构的决定性因素之一，因而也是政府通过的立法形式的决定性因素。〔98〕既然选举权已经扩张，而且只有通过收买其所有不满情绪方能避免工人阶级统治的弊病，中上阶层就可以稳妥地对这些不满作出让步，“从而不必被迫承认某些有损整个国家安全的主张”〔99〕。这很难说是自我矫正式的代议民主设想。

白芝浩关于政府机器的描述给戴雪的假设带来了疑问，而密尔则从更具哲学性的视角破坏了这些基础。密尔著作中不朽的主题之一就是忧心多数人专制并且期望保护少数人的利益。密尔显然并不相信代议民主下某种看不见的手必定可以阻止侵犯少数人的权利。〔100〕

与戴雪同时代的评论者后来很快就援用自 19 世纪 70 年代以来政党与执行机关力量的增强。〔101〕欧洲大陆的作者在描述政治现实方面往往比其英国同行更加敏锐。

雷德利克〔102〕雄辩地阐述了政治主权转入下院之手以及实际权力转入执行机关之手之间的有机联系。现代立法之日渐复杂已造成了一

〔95〕 Ibid. 69.

〔96〕 Ibid. 168.

〔97〕 W. Bagehot, *The English Constitution*, 227; p. 247.

〔98〕 此为 Crossman 在序言中指出的一点，pp. 29－30。

〔99〕 Ibid. 278.

〔100〕 例如见 J. S. Mill 论边沁的文章，重刊于 B. Parekh (ed.), *Jeremy Bentham: Ten Critical Essays* (1974), ch. 1, pp. 28－30。

〔101〕 下面的讨论仅会援引这些评论者中最知名的几位。

〔102〕 J. Redlich, *The Procedure of the House of Commons: A Study of its History and Present Form* (1908), I, 122, 208.

种执行机器，这种机器的错综复杂性回应了现代社会的需要，导致了政府对立法提案权的垄断。奥斯特洛戈斯基进一步推进了这一论点。在其具有开拓性的著作中[103]，他研究了在民主政府过程方面政党的
45 发展及其权力。他描述的图像实际上相当悲观，政治预备会议会导致意见僵化与个性湮灭。忠于政党的教条成为政党积极分子的公认目标。[104] 预备会议导致的另外一个后果就是给下院议员的行动自由造成了巨大的限制。[105] 议会领袖权力的壮大更凸现了普通下院议员个人的缩小，这些人变得像是“指挥军队的将领”[106]。预备会议建立了一个政治平台，普通议员则被晾到了一边，选举人更加认同领袖以及政党鼓吹的政策。[107] 领袖可以运用预备会议的力量威胁下次选举时预备会议不会给以支持以确保顽固的党员服从政党的指令。[108] 然而即便领袖也必得为预备会议的支持支付代价。他们可能被迫接受某些立法方案，这些方案倘若由其自行决定则绝对不会获得通过。[109] 人们是否接受奥斯特洛戈斯基的全部推理及其直接结论很可能是见仁见智的问题。多少有些吊诡的是，为该书做序的乃是戴雪的毕生好友詹姆斯·布赖斯。尽管布赖斯本人对作者得出的某些结论有所保留，但他确实证明了奥斯特洛戈斯基考察的主题非常重要。[110]

不过，并非只有欧陆的作者才是我们政府制度的敏锐观察者。梅因就把民选政府的政党领袖轻蔑地描述为幕后操纵者。[111] 合作关系以及人天生的站队倾向[112]则为幕后操纵者的力量提供了解释。政党制度的发展难免会带来各种不良后果。[113] 政策不再体现个别领袖的
46 意见，而只是包括最有可能赢得最大多数选民支持的那些观念。在这

[103] M. Ostrogorski, *Democracy and the Organization of Political Parties*, trans. F. Clarke (1970).

[104] M. Ostrogorski, *Democracy and the Organization of Political Parties*, I, 594－5.

[105] Ibid. i. 605.

[106] Ibid. i. 607.

[107] Ibid. i. 608.

[108] Ibid. i. 609.

[109] Ibid. i. 610.

[110] Ibid. I, pp. xxxix-xlvii.

[111] H. S. Maine, *Popular Government* (1885), 30.

[112] Ibid. 31－2. 参见梅因对此的有趣例证，p. 32：“尽管没有支持一校而非另一校的什么重要理由，但大量的英国淑女和绅士们却每年一度穿上深蓝或浅蓝的衣服以表达希望牛津或剑桥在板球或划船比赛中取胜的良好祝愿。”

[113] Ibid. 33.

种熊彼特式的愿景之后，梅因还提出了一系列敏锐的观察结果。在幕后操纵者与政党制度控制之下扩大了的选举权将造成彼此非常相近的政党，而不管“领袖们如何争吵以及党羽之间如何敌视”；从长远来说，这样的政党将导向“有害的保守主义形式，其对社会的毒害使得埃氏制药*相形之下还只能算是有益身心健康的”[114]；本无拘束的代表被转化为接受指令的特派员。[115] 内阁成为重大立法的唯一来源，而议会将被阉割并丧失提议立法的所有权力。[116] 梅因以强有力的比喻令人信服地说明了内阁与预备会议的结合。“据说以前的意大利毒理学家总是从连续的三个方面安排其发明：首先是毒药，其次是解毒剂，第三则是中和解毒剂的药品。代议乃民主制度固有缺陷的解毒剂，但预备会议却成为打败这种解毒剂的药品。”[117]

稍晚进行写作的时候，布赖斯同样敏锐地注意到传统模式的弱点。在其《现代民主政制》一书的研究中[118]，布赖斯指出了立法机关权力的衰落，并且就政党纪律约束着普通议员之独立性的英国制度进行了评述。富有意义的辩论也因为程序规则使执行机关能够封闭立法对话而遭到了阻碍。[119] 尽管布赖斯认为下院仍居于政治生活的中心，但也意识到内阁行使着实际权力，而预备会议则成为政党首领手中的权力工具。[120] 布赖斯变得相当“现代”，从而他可以将关于执行机关的讨论限于有关效率、能力与诚实方面的问题。[121] 只有那些民主制度尚未得到牢固确立的国家，人民才会仍旧担忧执行机关的权力；而当人民的权力已通过悠久的习惯确立时，就没有必要将执行机

* 原文为 Eldonine，此词为梅因在 *Essays on Popular Government* 中创造的，这里指的人物是约翰·斯图尔特，第一任埃尔顿伯爵（1751—1838）。埃尔顿伯爵位居英国的 Lord Chancellor，在 2005 年英国宪法改革之前，通常合掌玺大臣、上院议长以及司法机关首脑（通称大法官）之职于一身。埃尔顿伯爵作为立法者以保守著称，其目标就在于维持事物原封不动的状态，在其四十余年的任职生涯中，每每反对哪怕最微不足道的法律或宪法改革建议。但作为法官，却颇多可称道之处，因而有时被称为“最好的法官与最狭隘的政治家”。——译者注

[114] H. S. Maine, *Popular Government*, 35.

[115] Ibid. 94.

[116] Ibid. 114 – 15.

[117] Ibid. 94.

[118] See J. Bryce, *Modern Democracies* (1921).

[119] Ibid. ii. 337 – 8.

[120] Ibid. ii. 343.

[121] Ibid. ii. 358 ff.

关视作民主的威胁。不过布赖斯非常有经验，不会把民主视作戴雪那
47 种自我矫正式的。因而他关注的乃是选民中的小团体如何行使与其人数不相称的权力，从而歪曲选民的真实意愿[122]；他亦清楚院外集团的存在可能发挥“与最杰出的议会首领不相上下的力量”[123]；他注意到纯粹多数主义的危险及其对少数派利益造成的风险；同时他像同时期更著名的米歇尔斯的著作[124]那样意识到所有组织形式的寡头制倾向。[125] 这里同样还可以引征其他的批评者以为佐证。[126]

麦克奇尼的著作[127]虽然不如某些人的那么有名，但其简洁与直接的研究进路却颇具说服力。戴雪的许多基本假设都遭到了质疑。麦克奇尼认为，内阁控制着下院，而且在任何实际意义方面都是最高的。民主并未体现妥协，但却寓含着一半人对另外一半人的权力垄断。“轮流执政的每一政党都完全是最高的，没有什么障碍或妨害。”[128] 预防基本权利遭到侵犯方面的限制是不存在的，而且不存在力量平衡中央政府机关所行使的权力。[129] 理论上所有公民都具有平等的权利，但实践中少数派则根本没有有效的权利。“某个将共同体一半人的自由、财产、生命与尊严绝对而且合法地置于另外一半支配之下的政治制度，是没有任何正当理由的，无论理性、衡平、习俗或常识方面的正当理由都不存在。”[130] 多数派的专制乃这个时代的重大危险，而英国宪法并未提供有效的制约以防止少数派的权利遭到侵犯。

五、传统的行政法愿景：扭曲与张力

到目前为止，我们已经看到了戴雪据以解释宪法发挥或不发挥作

〔122〕 See J. Bryce, *Modern Democracies* (1921), ii. 348 – 9.

〔123〕 Ibid. ii. 340.

〔124〕 See R. Michels, *Political Parties: A Sociological Study of the Oligarchical Tendencies of Modern Democracy*, trans. E. and. C. Paul (1962).

〔125〕 See J. Bryce, *Modern Democracies* (1921), ii. 542, 546.

〔126〕 例如见 S. Low, *The Governance of England* (1904); A. L. Lowell, *The Government of England* (1908)。

〔127〕 See W. S. McKechnie, *The New Democracy and the Constitution* (1912; repr. 1971).

〔128〕 Ibid. 24 – 6.

〔129〕 Ibid. 60.

〔130〕 Ibid. 164.

用之基础的弱点。这些发展对行政法的作用与形式而言同样寓意深远。非宪法性审查作为法院以维护立法界限之方式维持下院权力的观念更加站不住脚。立法成为执行机关的特权，通过政党机器的经管者就可以确保获得议会之默许。立法的形式本身随着赋予执行机关更宽泛与开放的裁量权以及更多采用委任立法而发生了改变。[131] 法院需要就此等大臣权力的运用作出决定因而发挥着简单的界分功能这幅图像已经渐次消失。关于法院能够实际推测“立法机关”意图之适当范围的任何观念都愈来愈难以维持。尽管管辖范围概念固有之灵活性能够维持法院只是适用立法机关之规定的表象，并因而符合议会主权，但这一外表却愈来愈脆弱。这一脆弱性因为很难调和甚或造成同样情况不同对待的事后感觉而倍加突出。[132]

前述政治发展同样给法院的作用乃是保护私人权利的观念带来了压力。前面已经考察了该论题与法院维护立法意图之界限的愿望之间可能以及实际存在的张力。当政府开始通过立法为福利国家提供基础时，法院之所作所为不过是在被告恰好为公共组织的案件中适用私法的假设则开始承受进一步的张力。行政机关在这些领域的越权行为很少会侵犯传统的私法权利从而产生契约或侵权意义上的诉因。司法机关之介入必得根据其他理由加以证明方可，但就此并未形成一致的进路。最常见的司法技术就是回到维护界限的观念，但这一观念本身则
受前述难题所困。一种替代的路径是宽泛地解释“权利”这一术语， 49
容纳无法满足传统权利含义的利益。[133]

此外，下述认识给传统行政法模式造成了进一步的压力，即戴雪法治命题的描述方面是有缺陷的，而且不管被称为理事会、委员会还是裁判机构，行政机关实际上都运用着行政裁量。人们无法再简单地主张议会实际垄断着公共权力。行政机关出于各种理由显然意图保持相对立法机关、执行机关以及/或者法院一定独立性之情形则增加了

[131] See C. T. Carr, *Delegated Legislation* (1921); C. K. Allan, *Law and Orders* (3rd edn., 1965).

[132] 这是 D. M. Gordon 研究的论题之一，‘The Relations of Facts to Jurisdiction’ (1929) 45 *L. Q. R.* 459; ‘Observance of Law as a Condition of Jurisdiction’ (1931) 47 *L. Q. R.* 386, 557; ‘Jurisdiction Fact: An Answer’ (1966) 82 *L. Q. R.* 515。关于进一步的评论，见 Craig, *Administrative Law*, pp. 242－4。

[133] 见前文第二章第三节的讨论以及前文注释 61 至 65 所引文献。

这样主张的困难。[134] 在质疑戴雪命题的这些描述方面之后，是越来越多地质疑其规范基础。普通法律以及普通法院应当最高的观念开始遭到质疑。这一假设之貌似不证自明性遭到了质疑。关于行政机关实施的社会立法以及关于行政机关本身态度的间接转变与对普通法院的不信任结合在一起，结果就是重新评价普通法律的“天生优越性”，重新考虑行政法应被视作主要目的在于由普通法院控制行政程序这种观念。

尽管程度有别，但在20世纪最初几十年主要公法工作者的著作中，这一论题还是显而易见的。这在罗布森的著作中得到了证明，罗氏不以“任何现成假设”的方式研究行政正义（administrative justice），即并不认为“当前不属于公认司法体系组成部分的任何裁判机构都必定专断、不适格、令人不满，有害公民自由或社会福利”[135]。充斥于罗氏整个著作中的是关于管制部门本身的评价与其实施之社会
50 政策的关联。行政法的发展与政府功能的扩张直接相关；为了整个共同体的健康与福利，有必要渐次限制个体的权利。[136] 这些新兴方案应如何实施必须作出选择。与普通法院相比，行政机关在成本、速度与灵活性方面具有优势。[137] 罗氏认为，运用“正规”司法机关的另外一个主要弱点就是普通法律过于关注个体权利。

> 极端法条主义乃英国法律制度非常显著的特征之一，当私人利益可以主张为个体权利时，这一特征就会导向为了私人利益而牺牲公共福利的倾向……英国法律制度对社会公正的关注不如对个体权利的关注，把具有最高社会意义的问题仅仅视为John Doe与Richard Roe之间的私人争议，而且如此热衷于确保个体之间的费厄泼赖以至于公众获得的保障往往无几。甚至我们宪法最重要部分关注的也主要是国民的权利而非共同体的主张或公民的义务。[138]

---

[134] 关于出现这种情形的缘由以及由此产生的问题，见 Craig, *Administrative Law*, pp. 73–92。

[135] W. Robson, *Justice and Administrative Law: A Study of the British Constitution* (1928), xv.

[136] See W. Robson, *Justice and Administrative Law: A Study of the British Constitution* (1928), 32.

[137] Ibid. 262–75.

[138] Ibid. 251–2；另外见 pp. 261, 275。(John Doe 和 Richard Roe，相当于汉语的某甲与某乙。在美国司法实践中，当一方当事人不明或有意隐去其名字时，通常用 John Doe 代替，而女性当事人则采用 Jane Doe。这种用法源于英王乔治三世时一起虚拟财产案件的讨论，其中双方当事人被赋予了虚拟的 John Doe 与 Richard Roe 的名字，其后沿用。如美国1973年两个具有里程碑的堕胎案件采用的就是 Roe 与 Doe 的化名。——译者注)

罗布森完全意识到当时存在之裁判机构的缺点，并提议进行改革。[139] 无论如何，他极力消除普通司法程序比行政机关的程序更“公平”或“中立”的观念。他强烈主张，担心政治介入行政机关的决策乃“幽灵”一个，得不到经验证据的支持。[140] 司法审查应被严格限定以免行政机关决策具有的优势因司法监督程序而丧失。

尽管该阶段其他著名公法工作者可能不会接受前述全部分析，但同样清楚的是，相较于离戴雪的距离，他们的出发点距罗布森更近。 51
卡尔就批评戴雪认为行政法是某种外来的、欧洲大陆的东西这一偏见。[141] 卡尔认为，我们应承认行政机关乃“本土性的，承认其壮大并不具有破坏自由的险恶用心，而是怀有要为国家做点什么的诚挚愿望”[142]。尽管应保留司法审查，但应严格划定其范围[143]；否则就会危及裁判机构的裨益。只有以行政裁判制度作为补充，“旧式的”普通法律才能够实际满足新时代的需要。[144] 詹宁斯同样关切地说明戴雪分析的错误。[145] 詹宁斯认为，行政法乃政治组织高度发达之国家的重要法律分支。[146] 行政法包括与公务员、地方政府和国有化企业相关的法律规则。从功能的视角出发，其囊括了关于公共卫生、国民保险、教育、高速公路等等方面的法律。这些都是重要的国家活动，既不应否认亦不应轻视适用于这些活动的法律制度。詹宁斯揭示了影响戴雪关于法国行政法之设想的错误，注意到了普通法系与大陆法系之间的类似性。[147] 拉斯基对戴雪的推理同样持批评态度，不过其理由与前述那些有点不同。拉斯基的观点将在后面进行详细考察。[148] 就目前而言，可以说尽管拉斯基对行政法开出的药方与诸如罗布森等人不同，但基本进路类似。国家承担之社会与经济功能并非值得大惊小怪的问题。这些功能是国家责任不可或缺的组成部分。实施这一类立法的机关确实需要控制，不过，拉斯基分析的重点在于程序制约与

〔139〕 Ibid. 275－82，313－22.

〔140〕 Ibid. 283，重点符号乃原文所有。

〔141〕 See C. T. Carr，*Concerning English Administrative Law*（1941）.

〔142〕 Ibid. 124.

〔143〕 Ibid. 125.

〔144〕 Ibid. 126.

〔145〕 See I. Jennings，*The Law and the Constitution*（1933；5th edn.，1959）.

〔146〕 Ibid. 217.

〔147〕 Ibid. 232－6.

〔148〕 见下文第五章第二节。

协商性的权利（consultative rights）而非实质的司法监督。[149]

六、结语

52

倘若就此搁笔，我们关于古典模式的图像就是不完整的，因为戴雪本人实际上承认某些会削弱其命题的要点。在《英宪精义》一书中，戴雪留意到白芝浩，而且似乎承认白芝浩关于内阁与立法机关之关系说明的“现实”[150]。无论如何，在戴雪《法律与舆论》以及《英宪精义》后来版次的序言中，我们都可以看到现实对戴雪产生影响的迹象。戴雪《法律与舆论》的开拓性与缺陷是同样知名的。与当前讨论相关的是，该著作阐明了戴雪关于民主的认识。[151] 尽管该书仍有继续体现自我矫正之代议民主观的陈述，但也意识到问题可能并非如此简单。这在戴雪关于集体主义对功利主义之罪过的讨论中得到了非常明显的体现。戴雪过于简单地认定功利主义的天然倾向就是自由放任与个体主义。[152] 不过，他实际上意识到也可以用同样的学说支持增强国家干预或集体主义。倘若效用是衡量政策与制度的唯一标准，当与选举权之扩大结合在一起时，就会产生民主专制。[153] 倘若效用要求国家干预，那么就可以适时地颁布这样的立法，而在戴雪看来这会相应缩减个体自由。[154] 此外，戴雪还意识到功利主义对契约论或以权利为基础之理论的蔑视使个体丧失了可能的保障措施。

53 就固有权利学说而言，尽管逻辑上不可靠，但却在理论上为多数

〔149〕 See H. J. Laski, *A Grammar of Politics* (4th edn., 1938), 301, 390－7.

〔150〕 Dicey, *Law of the Constitution*, p. 19.

〔151〕 See Dicey, *Law and Opinion*, pp. 54, 55.

〔152〕 Ibid., lecture VI. 关于边沁思想对19世纪行政发展之影响，历史上有大量辩论。关于不同观点比较平衡的描述，见 A. J. Taylor, *Laissez-fair and State Intervention in Nineteenth Century Britain* (1972)。关于更详尽的研究，见 E. Halévy, *The Growth of Philosophic Radicalism* (1928); J. B. Brebner, '*Laissez-fair and State Intervention in Nineteenth-Century Britain*' (1948) 8 *Jnl. of Econ. Hist.* 61; O. MacDonagh, 'The Nineteenth-Century Revolution in Government: A Reappraisal', *Historical Journal*, 1 (1958) 52; H. Parris, 'The Nineteenth-Century Revolution in Government: A Reappraisal Reappraised', *Historical Journal*, 3 (1960) 17; W. C. Lubenow, *The Politics of Government Growth: Early Victorian Attitudes to State Intervention* (1833—1848) (1971)。

〔153〕 See Dicey, *Law and Opinion*, pp. 304－5.

〔154〕 Ibid. 308－9.

入专制规定了一定的限制。这一学说无疑只是民主专制之侵害非常微弱的抵制；[法国的]《人权宣言》未能挽救被拖到革命裁判所受审的无辜公民之万一；美国的《独立宣言》及其关于不可剥夺之人权的宣告，亦未能免除任何黑奴的奴役。但这些著名的文献毕竟是对最高权力不可将强力转化为权利的正式确认。它们确实影响了公共舆论。[155]

前述引文显示戴雪仍然认为权利宣告没有效果。然而人们同样会看到，戴雪承认民主可能并非那种对《英宪精义》而言具有核心意义的自我矫正式的。当然，人们是否认为戴雪心中想的那种社会立法确实会构成民主专制则完全是另外一个问题。

这两部重要宪法著作后来的版次进一步证实了戴雪观点的转变。《法律与舆论》第二版以及隔一年出版的《英宪精义》第八版都在长长的序言中体现了这一改变。这一类似论题是相当明显的。戴雪承认内阁政府的权力，并且花了大量篇幅讨论政党制度与预备会议之恶。戴雪谴责了诸如 1906 年自由党政府通过的具有"社会主义"性质的立法，而且讨论了民主制度的危险。[156] 戴雪支持采用公民复决以限制民主政府的危险[157]；关于爱尔兰的长期艰苦论争在形成这一思想当中起到了重要作用。[158] 戴雪承认英格兰存在行政裁量，修正了其对法国制度的苛评。[159] 不过，他仍旧认为普通法律至上具有核心地位。[160] 行政制度的存在仍 54
被视作是相对较晚的发展，而且对此应予以惋惜。行政裁判机构仍然具有两个固有缺陷：排除了普通法院，政治方面的考量影响着行政机关。[161]

尽管后来这些版次的观点改变非常明显，但两部著作的基本文本都保持未变。正是这些文本，特别是《英宪精义》仍对宪法与行政法产生着重要影响。但人们曾经而且仍然引征最初的文本。宪法学领域戴雪的直接后继者从未真正认识到政治与社会的发展已经削弱了戴雪宪法学说以之为据的多个前提假设。他们满足于援引戴雪的结论，而

[155] See Dicey, *Law and Opinion*, p. 308.

[156] See Dicey, *Law and Opinion in England* (2nd. edn., 1914), pp. lxiv-lxv, lxxxvii-lxxxix; *Introduction to the Study of the Law of the Constitution* (8th edn., 1915), pp. cxiv-cxvii.

[157] See *Law of Constitution* (8th edn.), pp. cxv-cxvii.

[158] See R. A. Cosgrove, *The Rule of Law*: *Albert Venn Dicey*, *Victorian Jurist* (1980), 106－108.

[159] *Law of the Constitution* (8th edn.), pp. lxi-lxvi. 另外见 A. V. Dicey, 'The Development of Administrative Law in England' (1915) 31 L. Q. R. 148。

[160] *Law of the Constitution* (8th edn.), p. lxv.

[161] See Dicey, *Law and Opinion* (2nd edn.), pp. liii-xliv.

从未对得出这些结论的推理进行评析。里奇采纳了戴雪式的议会主权框架，而且还借用了议会权力之外在与内在限制的措词。[162] 安森尽管赞成奥斯丁式的主权不可分观念，但也不假思索地接受议会万能的理想。[163] 后来的作品在进路方面则更宽。不过，即便这些著作往往也是以下述两个问题之一作为重点：判例（大部分都是戴雪著作之后的）是否支持其命题以及/或者逻辑上是否可能存在在某些方面受到限制的主权者。[164] 这里并非要否定这两种探讨路线的重要性，而是要表明其本身并未构成整个主题的全部内容。前述两个问题在戴雪构设的论证中都不具有核心地位。戴雪的论证实际上是经验性的，是以其认识到的宪法历史实践及其生活的民主社会状况为根据的。只有当
55 后来几代人质疑这些政治与社会假设并假定不同形式的民主社会时，某些非常有趣的、关于宪法与行政法之作用的新观念才会形成。

〔162〕 See E. W. Ridges, *Constitutional Law of England*, ed. S. E. Williams (3rd edn. 1922), 12–13.

〔163〕 See W. R. Anson, *Law and Custom of the Constitution*, ed. M. L. Gwyer (5th edn. 1922), 2, 7–8.

〔164〕 见前文注释1所引文献。

第三章
美国的多元民主、利益集团与程序（一）

一、导言

多元民主观对公法的形式与内容而言具有什么寓意乃见仁见智的 56
问题。此乃多元主义本身需要什么以及现代社会的发展在多大程度上削弱了多元主义学说看法多样导致的结果。尽管如此，还是可以勾勒出某些主要的思想线路。在某些人看来，公法在多元民主社会下的适当作用应限于保护程序价值，不论宪法还是行政法都应如此。其他人则拒绝这种纯粹程序导向的看法。[1] 他们认为准确地说，法律应当既与程序价值相关，也与实体权利相关，而且也必然如此。存在严重分歧的则是应保护哪些实体权利以及保护到什么程度的问题。还有人则质疑将美国宪法描述为多元主义的文献。他们认为，美国宪法实际上体现了一种比目前所知更富共和主义性的情感，而且法院的哲学与这一命题相符。[2]

这里先说明一下本章及下一章的论证结构。首先考察多元民主的含义与属性。这一研究本身非常复杂，因为“多元主义”的标签囊括了不同的思想脉络。其次确定三种不同的多元主义模式，揭示这些模式的描述性与规范性层面，评析其对宪法裁判的寓意。第三以行政法为关注重点。正如下文所见，多元民主的设想表明，行政 57
法的核心论题应当是权力委任以及行政决策过程的利益代表。本文将考察这些目标在多大程度上获得了促进，考察困扰这些论题的难

〔1〕 例如 L. H. Tribe, *Constitutional Choices* (1985), ch. 2。

〔2〕 见下文第十章第四节。另外见 C. R. Sunstein, 'Interest Groups in American Public Law', 38 *Stan. L. Rev.* 29 (1985)。

点与机能障碍造成的结果，探讨以程序为导向的宪法与行政法观念的关联。

二、美国的多元主义思想

（一）麦迪逊是否多元主义者？

据称在美国制宪之初显然存在一种多元主义思想的因素。这一因素体现于麦迪逊式的民主概念，这一民主概念对美国宪法本身产生了影响。不过，美国宪法是否应被视为多元主义的文献是极有争议的问题，当我们评析以共和主义方式解读联邦主义者的论证时还会对此进行更详尽的考察。[3] 这里只是简要概述关于美国宪法的多元主义解读以及不同意见。

在麦迪逊看来，倘若不以某种方式加以限制，任何个体或由个体组成的集团都会对其他人施行暴政这一点是不言而喻的。[4] 这一假设内在的人类观乃霍布斯式的。人类追求自身的欲望，其中之一就是渴望获得针对其他个体的权力，因为可以从这种控制中获得好处。不过，防止这种危险发生的麦氏策略与霍氏策略明显不同。要确保非专制共和国的存续，就要避免所有立法、司法与执行的权力集中于同一机关之手。这一点提供了作为美国宪法之特征的许多分立与制衡机制
58 产生的基础。但政府权力的分立并非非专制共和国的唯一条件。另外一个条件就是要防止宗派以不利于其他公民的权利或共同体总体利益的方式行事。少数人宗派可以以得票多少加以压制，而多数人宗派的可能性就造成了更大的难题。回应的方式就是扩大选举权。选民的利益愈是广泛与多样化，多数人宗派就愈不可能存在，就愈不可能统一行动。在多元社会中，多数派缺乏稳定性，因而就降低了对少数派利益的威胁。麦氏民主强调的是权力的平衡与分立、避免强大宗派的出现以及不同利益之间的竞争。

---

[3] 见下文第十章第三、四节。

[4] 下述许多论证都体现于《联邦党人文集》第 10 篇中；See C. Rossiter (ed.), *The Federalist Papers* (1961)。有关其评论，见 R. A. Dahl, *A Preface to Democratic Theory* (1956), ch. 1；R. W. Krouse, 'Classical Images of Democracy in America: Madison and Tocqueville', in G. Duncan (ed.), *Democratic Theory and Practice* (1983), ch. 5；Sunstein, 'Interest Groups', p. 29。

不过，倘若把麦氏民主视作利益集团为自己私利讨价还价之多元社会的完美蓝图则是错误的，或至少过于简单化。用孙斯坦的话来说：

麦迪逊欣然放弃了古典共和主义关于公民通常应直接参与政府过程的见解。庞大的共和国有助于确保自由，而非自由之威胁。同时，麦迪逊的理解完全不同于现代多元主义者。他希望全国性的代表超越争论，能够从地方压力中解放出来，商讨并且提出某种类似公共福祉的东西。这些代表怀有古典共和主义公民所具有的美德。[5]

认为随后美国多元主义思想之发展乃麦氏民主不可避免甚或直接的结果乃是误解。正如下文所见，麦氏与后来的多元主义之间无论在强调重点还是内容方面都存在巨大的差异。

（二）现代多元主义

本特利的著作为我们提供了集中关注美国现代多元主义思想发展的焦点。[6] 该书初版于1908年，而且正如该书后来 个版次的序言 59
所述，其最初被引用得多，被理解得少。人们甚至怀疑如今可能亦是如此。本特利的目标与英国多元主义者的目标相去甚远。在美国，没有需要被赶下神坛的一元论国家。[7] 本特利的目标在于塑造检验社会过程的工具。因而他将著作的第一部分用于批评其他解释社会发展的标准，抨击观念[8]或感觉[9]即已提供了充分解释的观点。

那么我们应怎么解释社会发展呢？本特利认为活动乃是政府以及所有决定的原材料。这一活动是相互关联的。因而，就不能仅在裁判文书公报、制定法、宪法惯例等等当中寻找关于决定的解释。人们必须透过表面看到内在现实。只有通过考察其对管制、行政或裁决的塑

〔5〕 Sunstein, 'Interest Groups', p. 42. 孙斯坦认为，美国宪法的结构性条款试图培养"具有公共精神的代表，当其缺乏时则提供保障措施，并确保重要的公众控制措施"(p. 43；另外见 pp. 44－5)。这一观点并非没有争议。关于更全面的讨论，见下文第十章第三、四节。

〔6〕 See A. F. Bentley, *The Process of Government* (1908; repr. 1949).

〔7〕 关于这一方面的讨论，见下文第五章第二节。

〔8〕 See *The Process of Government*, pp. 136－53.

〔9〕 Ibid. 168－70.

造性影响方能理解政府过程。〔10〕如何衡量此等活动呢?〔11〕感觉与观念是无法加以确定的，而关键在于集团的活动。所有个体都属于各式各色的集团。这些集团之间的互动就是理解社会的准绳。

社会生活形式研究的重要任务就是分析这些集团。这不只是通常意义上的分类。当集团得到适当规定时，所有事情就都获得了规定。当说所有事情时我指的确是所有。如同任何其他领域一样，在社会现象的研究中，完全描述指的就是整个学科。与其他领域相比，这一领域也没有更多“万物有灵论”的解释空间。〔12〕

本特利多元主义设想的重要推论之一就是政治活动中不存在客观的公共利益。任何利益都只是集团利益〔13〕，不可能有地位比这更高的利益。〔14〕谈论政治活动中的客观福祉或客观效用“就像谈论大山之下未被发现与探知的金矿，乃社会上根本就不存在的东西”〔15〕。主张社会整体利益规定着具体的行动过程同样是空洞的。倘若得到强大
60 利益集团的支持，即便“谋杀”也有可能被赦免，就像铁路经营与血汗工厂的情形。〔16〕集团压力的平衡乃是社会的现状。〔17〕法律不能被区分为导向灾难的法律与有利于公共福利的法律。任何这种分类都存在偏见，是不能容忍的，都体现了评论者预先存在的倾向。〔18〕由此可知，互投赞成票（log-rolling）不应被视为可耻的术语；此乃典型的立法程序形式。〔19〕倘若谴责这种形式，就是预设应有一种纯粹的公共精神指引立法者；预设一种就什么对人民整体最有利作出决定时的庄严平静气氛。此乃幻想。立法就是交易，就是利益调整，舍此什么都不是。〔20〕正义与真理乃是由集团之压力形成与维持的。〔21〕

〔10〕Ibid. 176 – 80.

〔11〕Ibid. 200 – 2.

〔12〕Ibid. 208 – 9.

〔13〕Ibid. 211；另外见本特利对马克思的批评，pp. 465 – 8。

〔14〕Ibid.，chs. 13 – 16.

〔15〕Ibid. 213.

〔16〕See *The Process of Government*, p. 221.（Sweatshop，意为艰辛劳动的工厂或场所，同样用于表示身体或精神受到虐待的工作场合。该词源于1830年至1850年间的一种工厂，中间人（sweater）要求其他人在恶劣的条件下生产服装。——译者注）

〔17〕Ibid. 259 – 60.

〔18〕Ibid. 288.

〔19〕Ibid. 369.

〔20〕Ibid. 370 – 1.

〔21〕Ibid. 447.

社会中不存在任何关于善、真理、正义或福利的客观标准，也是暗中以某些特定前提假设为基础的。政治对话当中弥漫着的是哲学怀疑主义。集团互动的结果产生了自然均衡这一多元主义论题不过是该推理的必然推论。集团互动得出的决定体现了公共福利。自然均衡这一术语的用法体现了不存在借以衡量公共福祉的其他任何标准。这一术语采用的措辞本身则借助其自身有力的形象描述强化了这一论题。均衡意味着和谐，体现了平衡。自然均衡使人想到自然发生的动力。这显然是与市场力量和经济活动的类比；这一类比为社会可被简化为一门学科或思考模式的观点增添了分量。

本特利之后相继出现了大量关于集团与政治过程的文献。这一研究进路表面上的一致性当中存在一种显然的矛盾心态，学者们以不同的方式看待集团与公共利益之间的关系。通过简单比较厄尔·莱瑟姆与杜鲁门的著作就可以证明多元主义文献之间存在的细微差别。

厄尔·莱瑟姆以正统多元主义者的修辞方式开始其研究。[22] 莱瑟姆认为，国会不能仅被理解为“生产法案与制造决议的机构”[23]。 61
国会仅是在由官方与非官方集团组成的环境中发挥作用的官方集团。公共政策乃是在这一斗争的特定时刻达成的均衡。立法机关就任何问题的投票都体现了这些竞争性集团之间的权力平衡。[24] 就此而言，莱瑟姆的研究并无新奇之处。不过，就其他方面而言，厄尔·莱瑟姆则主张，国家的作用不必限于当交叉集团彼此影响时的少数维持秩序功能；国家并不限于作为集团冲突的裁判者。[25] 国家之建立是为了促进规范方面的目标，是要“作为舆论的守护者”，是要帮助制定那些目标。因此，立法机关并非只是登记借入与贷出的被动记录机。[26] 立法机关尽管也属于集团，但却具有一种身份感，倘若非官方集团要有效地代表其成员利益就必须承认这一点。

杜鲁门的[27]分析在导向上同样是多元主义的。杜鲁门认为，虽然是专门的集团，政治集团仍是利益集团的形式之一。这一集团的本

〔22〕 See E. Latham, *The Group Basis of Politics* (1952).

〔23〕 *The Group Basis of Politics*, p. vii.

〔24〕 Ibid. 36.

〔25〕 Ibid. 14.

〔26〕 Ibid. 37.

〔27〕 See D. B. Truman, *The Governmental Process* (1951).

质特征与那些非政治性集团类似。[28] 政府的决定必须被视为集团之间的互动。[29] 杜鲁门认为不存在有别于具体集团的利益、包罗万象的公共利益。[30] 某个社团可能会谋取以“公共利益”支持自己的主张[31]，但这不过是借以增加其主张之吸引力的宣传策略而已。[32]

就纯粹本特利式的多元主义而言，很难设想比杜鲁门更完美的声明。[33] 但严格的考察表明即便杜鲁门也修正了这一原始的设想。杜鲁门认为集团竞争并不必然带来政治均衡。政治过程的稳定性与存活力取决于成员身份的重叠与潜在利益集团的存在。普通人可以是多种彼此交叉之利益集团的成员。这往往会消除集团之间不可调和之冲突
62 的可能性。[34] 倘若现状过于忽视其利益，新集团的形成可能性永远存在本身就确保这些利益可以产生最低限度的影响。[35] 不过，杜鲁门承认，倘若利益集团在狭隘的社会阶层内进行运作，那就会严重损害重叠成员身份的稳定性效果。[36] 组织化的、以阶层为基础的集团可能垄断接触政府的机会，而那些被排除在外之集团的主张会呈现出急剧扩张的特征。[37] 杜鲁门或许并不相信存在独立的公共利益这种观念，不过他却清楚集团的互动并不必然会产生稳定的政治均衡。

美国多元主义者之间强调重点的明显分歧不应掩盖其进路方面的相似性。随着多元主义文献卷帙的增加，描述与规定之间一度精确的界限也消失殆尽。多元主义成为美国意识形态不可或缺的组成部分。尼科尔斯看到了这一转变：

多元主义不仅成为是什么的描述，而且成为应当是什么的概括。与极权主义相对之自由社会以具有重叠成员身份之半自治集团的存在为标志，并且受其保护；因而没有试图为整个国家规定某种绝对生活方式的单一权力中心与统一组织，有的只是确保所有集团在政治领域

〔28〕 Ibid., pt. 1.

〔29〕 另外见 Ibid., pt. II。

〔30〕 Ibid. 50－1.

〔31〕 Ibid. 358－9.

〔32〕 Ibid. 51.

〔33〕 即便诸如公民自由等传统的存在也被按照潜在的利益集团进行解释；ibid. 51－2。

〔34〕 See *The Governmental Process*, pp. 508, 510.

〔35〕 Ibid. 512.

〔36〕 Ibid. 520－3.

〔37〕 Ibid. 523.

中都能够有一己之地的仁慈裁判者。[38]

罗伯特·达尔的著作有力地强化了这种笼统的结论。达尔并非现状的简单卫护者。[39] 他完全清楚利益集团具有不平等的力量，而且接触政府过程的机会不平衡。尽管进行了这样的说明，他在 20 世纪 50 年代得出的总体结论仍是，居民中所有活跃且合法的集团在决策过程的某些关键阶段都能够使自己的意见获得听取。关于决策之最终结果的控制可能不会平均分配。不过所有集团都可以得到某种程度的介入机会，而“在政治制度中本就没有什么平均的东西”[40]。

对本特利式多元主义观念的支持更近的时候体现于公共选择理论 63
家的著作中，这些理论家系统地运用市场的类比以便预测“政治市场”的行为。公共选择理论家在其自身的概念框架内就某些重要的问题存在程度不一的分歧。尽管其文献在技术上已经变得相当复杂，但其关于核心论题的某些观念对于理解现代多元主义而言仍是必要的。

公共选择的方法论是经济学，主题与更传统的政治学一致，即国家的作用、官僚机构的行为、投票模式的解释、权利的归属、公共政策的有效实施以及其他等等。与任何其他经济或政治方面的论述一样，公共选择理论亦具有描述或实证方面与规范方面。与我们已经讨论过的其他领域相比，二者之间的区分在这一领域更能站得住脚。[41] 谨记这一说明，下面就开始集中讨论公共选择的实证方面，并试图揭示这一讨论潜在的规范假设。

公共选择具有开拓性的著作之一是布坎南与塔洛克的《同意的计算》。[42] 该书的目标是要透过经济的视角分析某些传统的政治学主题。他们的著作并未明确以诸如权力分立或司法审查等问题为目标，其重点在距此相当遥远的一个阶段，即要分析“当理性个体面临宪法选择时如何计算”[43]。理性个体将会选择什么类型的决策规则？回答这一问题采取的分析形式乃“方法论个体主义”。与确定私人行为时

〔38〕 D. Nicholls, *Tree Varieties of Pluralism* (1974), 25.

〔39〕 See *A Preface to Democratic Theory* (1956).

〔40〕 Ibid. 150。达尔的观点在过去 25 年内发生了改变。他最近的著作发出的调子不那么乐观；R. A. Dahl, *Dilemmas of Pluralist Democracy* (1982)。关于后来这些观点的讨论，见下文第三章第二节（三）。

〔41〕 例如见 J. M. Buchanan, ‘Comment’, 18 *J. L. E.* 903, 904 (1975)。

〔42〕 See J. M. Buchanan and G. Tullock, *The Calculus of Consent* (1962; repr. 1965).

〔43〕 Ibid., p. vi.

一样，在确定集团行为时，个体亦被视作最终唯一的决策者。两位作者比较了这种“方法论个体主义”与作为组织社会行为之模型的“个体主义”。前者只是假定由个体在竞争性的替代方案之间作出政治选择，不需要预设指引其最终选择目标的观点。[44] 后者则需要接受特
64 定的价值评判标准。布坎南与塔洛克强调说，他们致力于的是前者，主张这将使其分析免于后者的规范性内涵之苦。因而需要的全部内容就是赋予理性个体以中心地位。无论个体将他或她的决定建立于狭隘的利己主义或享乐主义之上，还是利他主义是否发挥重要作用，对于整个分析而言都不重要。[45]

不过，方法论个体主义确实需要抛弃其他两种国家观。一方面，其必然要求否定诸如德国政治哲学家假设的任何有机国家观。作为必然的结果，两位作者还驳斥了任何“总体意志”的观念，即公共利益不同于组成共同体之个体独立的利益。“像寻找圣杯般地”寻找公共利益不过是在汲汲于压根就不存在的东西。[46] 另一方面，建立于统治者剥削被统治者之上的国家观同样遭到了否弃。马克思主义式的国家观以及似乎最极端的精英主义理论形式都遭到了驳斥。[47]

现在我们就可以理解本特利式的多元主义与公共选择的关联了。尽管布坎南与塔洛克强调方法论个体主义是其研究的基础，但他们明确支持本特利的政治过程设想。[48] 考虑到本特利强调集团乃政治活动的基础，这初看起来或许有些奇怪，不过任何矛盾都是表面而非真实的。布坎南与塔洛克明确表明，可以用“集团”一词取代“个体”而无须改变其分析的实体内容。关于这一点的解释并不难发现，就在于作为布坎南、塔洛克与本特利著作之基础的主题假设具有一致性。在本特利看来，个体乃是其自身私利理性的最大化者。集团不过是显现这种私利的**组织形式**。每一集团追求的都是自身的目标，而公共利

〔44〕 Ibid., p. vii.

〔45〕 See *The Calculus of Consent*, pp. 3－4, 14.

〔46〕 Ibid. 12.（圣杯（Holy Grail），传说耶稣最后晚餐时所用的杯子，后来在受难时被圣徒用来接其流出来的血。围绕圣杯有各种传说，历史上曾经产生了大量的文学和艺术作品，寻找圣杯的活动在亚瑟王的骑士中一度非常流行。最近颇为流行但又极有争议的文学演绎为美国作家丹·布朗的《达·芬奇密码》（*The Da Vinci Code*，朱振武等译，上海人民出版社 2004 年版），读者可从中窥其一斑。——译者注）

〔47〕 Ibid. 12－13.

〔48〕 Ibid. 9，285－286.

益不过是这种多元主义集团竞争的结果而已。布坎南与塔洛克的著作
中则充斥着同样的命题，追求效用最大化的个体占据着政治舞台，而 65
不可能存在独立于通过个体抑或集团表现出来之个体选择结果的公共
利益观念。〔49〕

前述论题方面的关联为公共选择理论家赋予本特利式的多元主义以明确支持提供了根据。公共选择理论家的经济分析采取的是“科学”与“经验”的研究进路，这将为本特利关于政治世界如何运作之认识提供坚实的证据。因而我们发现布坎南与塔洛克不断重复说，尽管大多数政治理论家都还未能认识到经济分析在政治领域的价值，但本特利与杜鲁门的路线是正确的。〔50〕这一成果需要的仅是更精心调校的工具而已。那么，这些更精心调校的工具之运用又揭示了什么呢？这些内容的论证相当复杂，可以介绍如下：

首先，布坎南与塔洛克主张运用经济标准可以揭示个体什么时候会选择集体行动而非个人行动。〔51〕集体行动成为减少因纯粹个人或自愿行动给个体造成之外部成本的方法。这些“外部成本”必须根据个体亲自参与某项有组织活动造成的“决策成本”加以衡量。布坎南与塔洛克将这两种类型的成本描述为社会相互依赖的成本。确定适宜行动方案的首要目标就是最小化这些相互依赖的成本。更具体而言，在独自或合作的自愿行动与集体政治行动之间进行选择取决于社会相互依赖的比较成本。只有当这些成本低于以个人方式〔52〕独自或合作方式实现该行为的成本时〔53〕，人们才会选择集体政治行动。

其次，是否选择通过集体政治行动进行活动部分取决于因而产生
的成本。这一成本计算的结果将随着全体一致、特定多数或简单多数
的要求而不同。〔54〕因此，与一致同意规则不同的多数投票规则可能 66
会促进决策，但却会增加这种投票结果本身以个体厌恶的决定形式给
其造成外部成本的可能性。〔55〕

再次，集体政治决定乃在一段时间之内作出的这一事实必然会产

〔49〕 See *The Calculus of Consent*, pp. 32.

〔50〕 Ibid.，例如 pp. 20 n. 2，22 n. 39，32。

〔51〕 Ibid. 43 – 8.

〔52〕 Ibid. 57 – 60.

〔53〕 Ibid. 60 – 2.

〔54〕 Ibid.，ch. 6 and pp. 207 – 8.

〔55〕 See *The Calculus of Consent*, pp. 89 – 90，109.

生投票交易或互投赞成票的现象。布坎南与塔洛克因此肯定了本特利的主张。[56] 就像其他任何商品那样，每一个体的投票都具有可以形成市场的经济价值。就像互投赞成票的情形那样，决策者之间交互承认投票的价值有助于暗中交易。这样的交易是不可避免的，而且在间接允许个体表达自己效用偏好的力量方面是有价值的。[57] 谴责这种行为仅只是体现了下述信念，即投票不应以某种非经济性的理由或一般化的公共利益观念为根据。不过，限制投票交易的频率或方式等方面的合理经济理由还是可能存在的。[58]

最后，不应对大量政治压力与互投赞成票乃通过压力集团形成的这一事实感到惊奇。这种集团的形成本身可以根据经济的方式进行解释。[59] 随着公共部门规模的增长，随着这一膨胀越来越多地采取对民众的各个集团产生不同影响的集体决定形式，因而通过政治手段保证获得这些不同收益的进一步投资就变得更有吸引力。不过，布坎南与塔洛克并不赞同多元主义均衡乃集团竞争之结果的简单命题。吸引利益集团的正是从集体行动会产生不同收益这种可能性。[60] 如何减少由这种行为造成的外部成本乃未来研究的重要领域。

正如所述，布坎南与塔洛克的著作是早期公共选择理论研究中非
67 常重要的一部。[61] 此后有一大批技术性的文献[62]讨论通常被认为属于政治学保留领域的大量宽泛论题。[63] 并不奇怪的是，那些对法经

〔56〕 Ibid. 122－4；另外见 p. 123 n. 4，以赞成的方式引征了本特利的著作。

〔57〕 Ibid. 125－30，209；参见第十章。

〔58〕 Ibid. 280。在多数规则的情形下，拥有选举权可以被用来给其他人造成外部成本。这一问题本身在公共选择理论中就极有争议：D. Mueller，*Public Choice*（1979），50－2。

〔59〕 See Buchanan and Tullock，*The Calculus of Consent*，pp. 286－7.

〔60〕 Ibid. 291－2，294，或者通过颁布法律，将好处赋予特定集团但将成本强加于所有集团，或者通过立法将好处归所有人，而将成本强加于少数人。

〔61〕 G. Stigler，'The Theory of Economic Regulation'，2 *Bell J. of Econ. & Mgmt. Sci.* 3（1971），同样特别有影响。

〔62〕 Mueller，Public Choice，提供了关于该文献很好的概括性介绍。另外见 R. E. McCormick and R. D. Tollison，*Politics，Legislation and the Economy：An Inquiry into the Interest-Group Theory of Government*（1981）；I. McLean，Public Choice：An Introduction（1987）。

〔63〕 See G. Tullock，*The Politics of Bureaucracy*（1965）；W. A. Niskanen，*Bureaucracy and Representative Government*（1971）；A. Downs，*An Economic Theory of Democracy*（1957）；M. Olson，*The Logic of Collective Action：Public Goods and the Theory of Groups*（1965）。见 B. Barry，*Sociologists，Economics and Democracy*（1970）的透彻评论。

济学感兴趣的人已经援用了这一著作可能的适用性。[64] 不过，本特利式的多元主义设想已经遭到了强有力的挑战，现在我们就必须转向讨论这一点。

（三）精英主义、行为主义与精英多元主义

多元主义刚刚发展成羽翼丰满的政治学说就出现了批评者。实际上，正如下文所见，几乎在多元主义思想本身出现的同时就已经植下了批评的种子。倘若不充分考察这些竞争性理论，就无法适当地理解这种思想与法律学说的关联。我们首先讨论这些竞争性学说中最古老的一种，即精英理论。

精英理论的现代起源源自 20 世纪早期莫斯卡、米歇尔斯与帕累托的著作。[65] 所谓经典精英主义理论家鼓吹之命题的核心其实相当简单，即任何社会的决定总是由人口中支配着多数人的少数人作出的。关于这种支配地位的解释存在相当的分歧。在莫斯卡看来，之所以容许精英阶层行使与其人数不成比例的权力是因为其拥有某些被社
会成员高度尊重的品质或价值，以及精英阶层能够将自身组织为紧密 68
集团的能力。[66] 不过，精英的凝聚力与自觉性在莫斯卡后来的著作中被赋予的重要性较小，因此更接近于精英多元主义的设想。[67] 在米歇尔斯看来，组织的内在逻辑至关重要。[68] 正是这种逻辑提供了“寡头统治铁律”的基础。组织化社会的存在导致了权力的集中化，米歇尔斯“谁对组织说了算，谁就对寡头政治说了算”的简明公式乃这一推理的准确概述。在帕累托看来，精英权力的成因更复杂，但同

〔64〕 See R. Posner, ‘Economics, Politics and the Reading of Statutes and the Constitution’, 49 *U. Chi. L. Rev.* 263 (1982); W. Landes and R. Posner, ‘The Independent Judiciary in an Interest-Group Perspective’, 18 *J. L. E.* 875 (1975); F. H. Easterbook, ‘Foreword: The Court and the Economic System’ 98 *Harv. L. Rev.* 4 (1984); J. R. Macey, ‘Promoting Public-Regarding Legislation through Statutory Interpretation: An Interest Group Model’ 86 *Col. L. Rev.* 223 (1986).

〔65〕 关于一般的讨论，见 H. K. Girvetz, *Democracy and Elitism* (1967); G. Parry, *Political Elites* (1969)。

〔66〕 See G. Mosca, *The Ruling Class* (1939 edn.), 50, 53.

〔67〕 See Parry, *Political Elites*, pp. 40 – 2.

〔68〕 See R. Michels, *Political Parties: A Sociological Study of the Oligarchical Tendencies of Modern Democracy*, trans. E. and C. Paul (1962).

样是不可避免的。[69] 寡头政体实际上总是处于支配地位，而不管政府的形式为何。普选权与代议民主的存在亦未提供例外。人民代表这一点纯属虚构，“没有什么意义”。

所有三位作者都强调其研究具有科学性。真理与道德判断乃属于另一个讨论范畴的问题，寡头政治的存在“超越了善恶之分”[70]。这样的陈述应起到警钟的作用。不过几位作者的反对有点太过。政治学反复出现的一个论题即是揭示描述性外表所隐匿的意识形态内容。精英主义论者意识形态中立的主张，无论在方法论还是实际数据的解释方面都遭到了质疑。[71]

莫斯卡、米歇尔斯与帕累托都是欧洲人。只有当美国政治学家接受了精英理论时，人们才能意识到其在美国的整个影响。赖特·米尔斯的著作在美国特别有影响。[72] 米尔斯的核心命题是，在该具体年代，控制着经济、政治与军事领域的乃权力精英阶层。与通常认为的
69 相比，美国权力金字塔的顶层更统一，而底层则更零碎。米尔斯抨击了多元主义的命题，认为可以导致均衡之竞争利益间的自然平衡并不存在。集团力量的不平等破坏了这一理想。此外，这一设想的表述本身即具有倾向性，隐含地将现状作为良好状态加以理想化。米尔斯认为精英阶层不必证明其权力的正当性，因为该制度的基础本身就否定存在这种权力。这里并不需要明显保守的意识形态来提供支持。这种权力的积累被认为是正当的，是社会自然平衡的结果。[73]

多元主义模式的申辩者与精英理论的支持者之间的复杂辩论继之而起。这一辩论仍然存在而且有两条主要脉络。一方面，存在旨在表明具体领域中谁作出重要决定的经验性研究。政策实际上是精英阶层作出的还是源自某些更多元主义的集团竞争的过程？弗洛伊德·亨

〔69〕 See V. Pareto, *The Mind and Society*, tran. A. Livingston (1935).

〔70〕 例如见 Michels, *Political Parties*, pp. 50 – 7, 333 – 56; Pareto, *The Mind and Society*, p. 6。

〔71〕 See Parry, *Political Elites*, pp. 25 – 6.

〔72〕 See C. W. Mills, *The Power Elite* (1956)。另外见 J. Burnham, *The Managerial Revolution* (1942); A. A. Berle, *Power without Property* (1959); T. R. Dye and L. H. Zeigler, *The Irony of Democracy* (7th edn., 1987)。

〔73〕 See Mills, *The Power Elite*, pp. 242, 246, 259 – 61. 赖特·米尔斯在后来的著作中修正了本人的观点。参见 P. Bachrach, *The Theory of Democratic Elitism: A Critique* (1967), 55 – 9 富有洞察力的评论。

特[74]与达尔的著作[75]分别代表了精英主义与多元主义对于这类数据的解释。两项研究的方法论与结论都已经遭到了质疑。[76] 随后数年则见证了一系列日趋复杂、旨在矫正早期著作缺陷之经验研究的发展。[77] 就其结果而言很难进行总结，但确实形成了某些特定结论。共同体可以被描述为精英主义或多元主义的程度有所不同。不过，公民参与的总体程度被认为是很低的，被共同体疏离的感觉是影响公民愿意发挥更积极作用的重要因素之一。在讨论中，术语含义的微妙变化则加剧了解释方面的问题。正如普雷斯塞斯所述，社会学家看到的是垄断，并称其为精英主义，而政治学家看到的则是寡头独占，但以更尊敬 70
的方式界定为多元主义，即便参与竞争的集团数量非常之少。[78]

另一方面则存在“行为”方面的研究，声称证明了政治活动中的**公民参与很低**，社会必然是由利益攸关的精英统治的，而过多的参与必然导致分裂，是有害的。这一论证路线显然与行政决策中的参与相关，尽管其支持者在提出这一论证时具有各种细微的差别，但阿尔蒙德与维巴的著作可以说相当具有代表性。[79]

两位作者认为，社会需要在主动性公民与被动性公民之间进行平衡[80]，声称民主制度必然按照个体主动介入政府过程的程度发挥更好的作用并不正确。[81] 政治活动只是公民关心事项的一部分而已，而且往往还是不重要的那一部分。大部分个体并不具有介入政治事务的知识、专业或兴趣。从经济的角度而言，取得这些技巧所必需的时间方面的投入乃是非理性的。此外，倘若个体确实过多卷入这类事情，政府的工作就无法开展。因而，最佳的平衡是这样的，精英阶层

〔74〕 See F. Hunter, *Community Power Structure* (1958).

〔75〕 See R. A. Dahl, *Who Governs?* (1961); *Polyarchy: Participation and Opposition* (1971).

〔76〕 例如 Parry, *Political Elites*, pp. 108－9; E. E. Schattschneider, *The Semi-Sovereign People: A Realist's View of Democracy in America* (1960); P. Bachrach and M. S. Baratz, 'Two Faces of Power', in W. E. Connolly (ed.), *The Bias of Pluralism* (1969), ch. 3.

〔77〕 See R. Agger, D. Goldrich, and B. Swanson, *The Rulers and the Ruled* (1964); R. Presthus, *Men at the Top* (1964).

〔78〕 See *Men at the Top*, pp. 430－1. See also Parry, *Political Elites*, ch. 5.

〔79〕 See G. A. Almond and S. Verba, *The Civic Culture* (1965).

〔80〕 Ibid., ch. 13.

〔81〕 Ibid. 338－9.

开展政府的工作，但要灵敏地回应非精英阶层的需要。〔82〕

这一平衡很难取得。政府的必要性要求公民将权力交给精英阶层以使其能够进行统治。这就需要个体的被动性与尊重。然而，精英阶层必须对非精英阶层灵敏地作出回应，因为这是民主社会不可或缺的因素。〔83〕要达成这一平衡，现实与观念就必须共存于复杂的和谐当中。公民必须相信倘若其这样做的话就能够影响决策结果，只要不是试图强烈或频繁运用这种权力。〔84〕统治的精英阶层则必须相信倘若其要保持回应性的话公民就得能够行使这种权力，即便在大多数情形下他们可能同样对其漠不关心。〔85〕

71 倘若要保持稳定，现实与观念之间这一朦胧的程式还需要进行更多的处理。精心的微调是极其重要的。公民对整体政治过程必须保持某种有情感的投入，不具有任何奉献的忠诚不过空壳一个，而过于强烈的情感性忠诚同样也是十分危险的。这种忠诚会推翻公民主动性与被动性之间的平衡；会造成“导致民主制度不稳定的群氓救星式运动”〔86〕。民主制度要能够运作，在合意与分歧之间亦应维持一种类似的平衡。民主政治活动就预设了观念的差异以及这种意义上的分歧。不过，这必须保持在一定范围之内。这一制度要持续下去，就必须存在一种支配性的合意，而某些重要的关系也必须在政治领域之外进行考察。〔87〕

毫不奇怪，行为主义的命题已经遭到了直接与间接的挑战。更直接的批评集中于揭示“事实”之梳理与解释潜在的规范性假设。前述论证当中充斥着某位作者所谓的经验保守主义。〔88〕行为主义命题背后的假设是盎格鲁-美利坚式的政治安排乃令人满意的，而其他政治制度应当根据其符合这一理想类型的严格程度进行评判。平衡在所有事情中都是最重要的，谨慎被当作是格言警句，而无节制的行为则遭

〔82〕 Ibid. 340, 341.

〔83〕 Ibid. 343.

〔84〕 Ibid. 346.

〔85〕 Ibid. 352.

〔86〕 G. A. Almond and S. Verba, *The Civic Culture* (1965), 354－5.

〔87〕 Ibid. 357－9. See also B. Berelson et al., *Voting* (1954); S. Lipset, *Political Man* (1960); L. W. Milbrath, *Political Participation: How and Why do People Get Involved in Politics?* (1965).

〔88〕 See D. Kavanagh, 'Political Behaviour and Political Participation' in G. Parry (ed.) *Participation in Politics* (1971), 117.

横眉以对。过度的热情则被当作维多利亚时代的客厅失礼行为，是不
十分得体的。在这样一种政治制度下，最细微的要求改革的声音都没
有。当政的精英阶层就会实现其梦想，继续设定政治议程的范围，控
制着“可以实现的”选择。倘若非精英阶层的任何人试图突破这一障
碍，质疑可实现之选择以之为据的基本原理，精英阶层就可以要求他
们以更镇定的方式提出。这种图书馆般的习俗与维多利亚时代客厅的
适度与礼节有关。政治活动成为这种针对严格界定的安全领域进行的 72
仪式化操作。〔89〕

行为主义命题遭到的间接质疑集中于作为前述行为主义论证之基础的民主假设。前面考察的著作中盛行着一种熊彼特式的民主设想。熊彼特否认他宣称的乃传统的18世纪民主含义。〔90〕他将传统民主界定为：作出政治决定的制度安排，该制度通过选举执行人民意志之个体，让人民本身就问题作出决定从而实现公共福祉。熊彼特之所以抛弃这一民主观念是因为其不切实际。〔91〕他自己现在已经很著名的民主定义是：作出政治决定的制度安排，其中个体通过竞争获得人民选票的方式取得作出决定的权力。〔92〕

熊彼特的分析为精英主义理论家与行为主义者的推理提供了宽泛的正当性框架。这是一种“自上而下的”民主观念。由人民进行选择，但随后由政府进行统治。政治领导者设计提供给选民的一揽子方案。正是他们赋予了到那时为止尚潜在之特殊利益集团的要求以生命。选民意志是以类似于商品生产的方式制造出来的。政治活动并非普通人之事。这种民主观念给精英主义理论家与行为主义者的分析提供了适当的基础。他们不仅能够主张人民实际上并未介入政治活动，而且可以主张鼓励人民的介入可能造成有害的结果。他们同样可以辩称，这种类型的政治参与并非民主不可或缺的因素。因而熊彼特式的

〔89〕批评者们同样直接质疑了行为主义学派提出的因果关系；例如人民放弃参与是出于漠不关心还是感觉无能为力？参见 Kavanagh，‘Political Behaviour’。另外见 C. Pateman，*Participation and Democratic Theory*（1970）；Bachrach，*The Theory of Democratic Elitism*。

〔90〕See J. Schumpeter，*Capitalism，Socialism and Democracy*（1942）.

〔91〕此外他还认为，人民绝不可能就公共福祉以足够明确的方式达成合意，从而可以为具体的问题提供答案。

〔92〕See *Capitalism，Socialism，and Democracy*，p. 269.

民主图像形成了这类著作的基础就不值得大惊小怪。[93] 正如下文所
73 述，熊彼特的观点不仅自身遭到了挑战，而且其对“古典”民主理论的误解也遭到了质疑。[94]

多元主义者与精英主义者之辩论最初的毫不妥协性已经因为双方主导者立场的修正得到了缓和。这并不是说两者的区分已经消失了。无论如何，而是表明越来越多的灰色地带现在成为一度对比更鲜明之图像的特征。杜鲁门已经在很大程度上修正了其先前的多元社会愿景。[95]

与杜鲁门相比，达尔后来的著作与其早期著作的对比并不那么鲜明。达尔的著作也不是按照与杜鲁门相同的主题路线发展的。尽管如此，其重点还是发生了明显的变化。正如前面所述，达尔早期的研究尽管承认美国制度的缺陷，但亦表达了对其分析之多元社会的隐秘满足。达尔从不相信某种简单的、自我执行的本特利式多元主义愿景。不过政治活动的机会向所有人开放仍是其首要信念。[96]

达尔最近的著作中出现了一种更谨慎、不那么乐观的论调。达尔仍然认为独立的组织在防止支配、建立交互控制以及促进大规模民主的运作方面是可取的。[97] 精英主义理论家仍然被批评为低估了组织领域内政治自主倾向的力量。[98] 不过，尽管达尔仍然否认具有凝聚性的共谋精英阶层这种命题，但却充分意识到了在具体组织内精英控制的危险。实际上，他承认米歇尔斯观点的说服力，即促进组织之间的独立可能导致具体制度形成精英控制。[99] 同样重要的是，达尔承认多元民主的缺陷，更不安的论调取代了早期著作中的乐观主义。[100] 组织的独立会固定政治不平等，毁损公民意识，扭曲政治议程，转移或窃取对公共职能的最终控制。在达尔的著作中，多元主义必然要求

〔93〕 例如见 Lipset, *Political Man*, p. 45; Milbrath, *Political Participation*, pp. 144－5, 149; Almond and Verba, *The Civic Culture*, p. 342. 另外见 G. Sartori 的观点，*Democratic Theory* (1942), 125－27; W. Kornhauser, *The Politics of Mass Society* (1960), 230, 235－6。

〔94〕 见下文第三章第二节（四）。

〔95〕 See D. B. Truman, 'The American System in Crisis', *Pol. Sc. Quart.* 481－97 (Dec. 1959). 关于批判性的评论，见 Bachrach, *The Theory of Democratic Elitism*, pp. 52－4。

〔96〕 See R. A. Dahl and C. E. Lindblom, *Politics, Economics and Welfare* (1953).

〔97〕 See *Dilemmas of Pluralist Democracy*, pp. 31－40.

〔98〕 Ibid. 33.

〔99〕 Ibid. 36.

〔100〕 Ibid. 40－54.

不存在与具体利益集团利益分离之公共利益的线索消失了，实际上可 74
以仅从程序方面认识多元主义的观念也消失了。

尽管达尔仍然批评经典的精英主义理论家，他自己重述后的立场却接近精英多元主义。支配政治舞台的是竞争性的利益集团，每个集团都由一小撮精英控制着。有时他甚至走得更远。尽管达尔否认具有凝聚性之精英阶层的控制不可避免，但却承认偶然的政治状况会产生近似这种控制的某种东西。因而，在组织独立障碍相对比较低的民主国家中，这些组织往往会围绕社会中最明显的分歧而存在。这种组织模式会随着时间的流逝而持续，而相关制度将习惯于某种调和模式。[101] 此后，没有任何一方会认真地试图摧毁另外一方。

尽管有时候这种制度被说成是均衡的，但是说在主要的组织化利益之间存在互相的调和或缓和则更加准确。当存在这种调和或缓和时，组织化的多元主义就是一种稳定力量，在革新性的制度变革要求面前则高度保守。国家中每一种主要的组织化力量都会阻止其他力量进行有可能严重破坏其意识到之利益的变革。结果就是不可能实现导致显著且迅速重新分配控制、地位、收入、财富以及其他资源的结构性变革——讽刺的是，除非以无组织状态为代价。据此，在威权国家中具有确凿无误革命名声的强大社会力量到了民主国家却会有力地维护现状。[102]

仅根据个别人物改变了其观点不足以解释促使缩小精英主义理论家与多元主义者之鸿沟的动力。调查研究无疑具有一定的影响。尽管在方法论与解释方面的争论依然激烈，但近来研究的总体进程推动了这种两极化立场的缓和。姑且不论这一工作的规范意义，其经验发现的本质就是要限定争论的焦点。许多利益集团都受制于少数活跃而且具有利害关系的人。就此而言，社会可以说是精英主义的或相对精英主义的。那么关键问题就变成决定按照精英多元主义还是精英主义描
述社会的问题。前者预设的是控制着利益集团的精英之间的冲突与竞 75
争。后者则假定领导者之间具有更大的凝聚性与自觉性。就这两者哪一个与现实更接近而言，争论无疑还会继续下去。

（四）多元主义与精英多元主义的批评

无论接受哪一个标签都不会从根本上影响多元主义最近遭受之抨

[101] See *Dilemmas of Pluralist Democracy*, p. 42.

[102] Ibid. 43.

击的性质。这类批评文献中有三个突出的因素。首先，质疑传统多元主义的前提假设，强调集团权力的不平等与政治决定的“偏见性”。其次，抨击将多元主义重新阐述为精英多元主义，质疑精英多元主义的熊彼特式民主基础。再次，提出未来的民主愿景。某些人赞成参与式民主的形式，其他人则通过强化且依靠中央的权力从“上层”复兴民主社会思考未来。

尽管程度有别，这些论题在许多作者的著作中都是显而易见的。巴卡拉克对精英主义就持批判态度。[103] 他对比了精英理论与民主理论。民主理论不仅需要结果，亦需要过程。公共利益不仅仅是根据做成之决定的完好性进行衡量的，同样是通过做成这些决定时赋予公众参与的程度决定的。精英主义者或那些谈论民主精英主义者只是将民主视作选择统治者的方法。这种熊彼特式的设想没有赋予参与作为促进个体发展之手段固有价值。[104] 这种设想通过集中关注选择政府，还预设了一种狭隘的“政治性”定义。这种规定性的要求间接取代了支持在工业领域扩展民主的论点。精英阶层在非政府机构中的权力尽管得到了承认，但却被视作私人权威的运用。[105] 因此巴卡拉克认为需要根据
76 参与、发展的方式认识民主，并且采取更宽泛的政治领域观。

博托莫尔得出了类似的结论，不过推理不同。[106] 他批评经典精英理论家有关统治阶层之形成、发展与变化方面的看法。[107] 博托莫尔同样批评由此产生的精英阶层构成了具有凝聚性与自觉性之集团的主张。更准确的社会画面是精英之间的竞争。[108] 这种经验性的假设随后就通过市场导向的民主观念披上了正当性的外衣，就像熊彼特或唐斯那种按照经济方法描述的民主观念。竞争获得人民的选票以及最大化“政治利润”的政策选择赋予了精英多元主义正当性。[109]

博托莫尔驳斥了熊彼特、唐斯以及其他人的民主假设。[110] 19 世

〔103〕 See *The Theory of Democratic Elitism*, pp. 3, 5.

〔104〕 Ibid. 94 – 5.

〔105〕 Ibid. 97, 102，在这里巴卡拉克指出了关于政治领域（political arena）界定的不一致，这是精英主义理论家思想之特点。

〔106〕 See T. Bottomore, *Elites and Society* (1964).

〔107〕 Ibid., ch. 3.

〔108〕 Ibid. 84.

〔109〕 Ibid. 106 – 7.

〔110〕 Ibid. 110.

纪的政治理论家不会将党派之间的竞争视作政治进程的终点。这些政治理论家以更具有动态性的方式设想民主，民主乃趋向于“人们充分进行自我统治之理想社会状态”的运动，即便在现实中可能无法实现亦是如此。定期选择政府所体现的静态民主概念是后来才有的。无论法西斯还是共产主义一党制国家的出现，都为这种狭隘的静态设想提供了证明。像巴卡拉克一样，博托莫尔同样强调政府内的发展式民主与其他决策领域之参与的相互关联。[111]

关于“古典”民主理论的误解同样是佩特曼著作的显著论题之一。[112] 她的论点是，大量现代民主理论都是以虚构的古典民主观为基础的。[113] 正如我们所见，熊彼特的民主定义是通过批评“古典民主”得出的。佩特曼的论点是熊彼特对“古典民主”的解释存在缺陷。熊彼特从未“指名道姓”；他从未明确揭示谁被认为是这种过时理论的典型。假定他心中想的是卢梭、密尔、穆勒*与边沁，佩特曼 77
没费多少困难就证明这些理论家不太可能被看作一个整体。例如，他们关于民主的目标以及参与在民主中之作用的观点存在根本分歧，特别是前两者与后两者之间。同样重要的是，单独来看，这些理论家任何一个实际上都不符合熊彼特界定的古典民主范式。[114] 通过人为融合与曲解早期理论家的观点，熊彼特为本人更狭隘的界定提供了支持，然后为后来的学者采纳。这一步骤在限制讨论的焦点方面至关重要。[115] 这样无须再考察人民是否影响实际决定或参与政治过程，这并非民主的本质。人民所选择的领导者设计实际政策，而人民的参与作用则因为选举行为而穷尽。政治与产业民主之间不具有任何关联。

其他作者部分赞同前述批评，但偏好以复兴“上层”而非促进“下层”之参与作为解决方案。卡瑞尔[116]关注的是下述两者造成的困

[111] Ibid. 115.

[112] See *Participation and Democratic Theory*. See also G. Duncan and S. Lukes, ‘The New Democracy’, *Political Studies*, 11 (1963), 156－77.

[113] See Pateman, *Participation and Democratic Theory*, p. 17.

* John Stuart Mill 与 James Mill 往往都被称为 Mill，中译中密尔、穆勒的译法都有，但前者多作密尔，后者多作穆勒。——译者注

[114] Ibid. 17－21, ch. 2.

[115] 例如见 W. E. Connolly, ‘The Challenge to Pluralist Theory’, in W. E. Connolly (ed.), *The Bias of Pluralism* (1969), ch. 1; D. Miller, ‘The Competitive Model of Democracy’, in G. Duncan (ed.), *Democratic Theory and Practice* (1983), ch. 9。

[116] See H. Kariel, *The Decline of American Pluralism* (1961).

境，即以权力之分立为目标的宪法制度与促进权力联合的科技制度。[117] 公司寡头集团控制着工业领域，面临着同样具有寡头性质、控制着劳动力市场的集团。[118] 面对多元主义性质日益趋弱的经济制度，分裂的政府往往只能认可非代表性之私人利益集团达成的交易。[119] 与个体主义相对的经济与政治制度破坏了多元主义的主要动力，即维护个体尊严的愿望。[120] 权力分散不再具有曾经拥有的护身符性质。与前述作者形成对比的是，卡瑞尔认为未来的希望是指望中
78 央政府的权力。唯有如此，个体之权利方能得到充分保护。国家必须有力量“挫败那些伪装健康的多元主义、试图分化与凝结社会、冻结市场并且控制个体的私人安排”[121]。

洛伊同样亦对多元主义思想进行了尖锐的抨击。[122] 他批评多元主义剥夺了政府的正当性，而且使得计划编排缺少血肉；批评其创设了法定特权以及固有的保守倾向。多元主义坚持政府与社会的一致性，因而就危及正当性。多元主义坚信集团竞争带来的自然和谐以及由此产生的自动化政治社会，这就不能容忍政府的分立。[123] 因为政府仅仅被视作另外一组竞争性的利益集团，因此其正当性与所行使的强制权就成了问题。因为多元主义坚持渐进主义，这就使行政与计划编制更为困难。渐进决策只容许相对较小的政策修正，这限制了就某些预设为公平或正义的既有均衡状态进行变革的范围。[124] 因为与源自“下层”讨价还价形成的方式相对，由“上层”强制推行的更重大政策进展被认为既不正当，也不符合要求。由此产生了新的特权集团，组织在政治市场中的竞争是不平等的。在全国性政治活动层面进行操作的庞大利益集团发挥着不成比例的力量[125]，这一点因为组织本身权力集中化的寡头倾向而被加剧，创造了少数人发挥着过度影响

[117] Ibid. 3.

[118] Ibid. 25, 48, 67.

[119] Ibid. 88 – 90.

[120] Ibid. 179.

[121] See *The Decline of American Pluralism*, p. 271; See also pp. 226, 275, 277.

[122] See T. J. Lowi, *The End of Liberalism: Ideology, Policy and the Crisis of Public Authority* (1969).

[123] Ibid. 48.

[124] Ibid. 50 – 1.

[125] Ibid. 88, 294 – 5.

的环境。不奇怪的是，由此产生的现状高度保守并且会抵制变革。〔126〕利益集团之间以及利益集团与政府机关之间都结成了联盟，形成了政治竞争与政治联盟形式化的游戏规则。有可能颠覆这些井然有序之安
排的根本性新发展则遭到了强烈反对。多元主义坚持讨价还价的方式 79
趋向于支持特别解决方案以及由此产生的行政裁量。在这种裁量性的制度下是不可能实现正义的。〔127〕

我们后面〔128〕还会再考察洛伊的建议。〔129〕无论如何，现在是时候根据前述分析考察多元主义宪法观念的性质了。如果某人认为应以多元民主观作为宪法的组织原理，就宪法的形式与内容而言可以得出什么结论呢？

〔126〕 Ibid. 90.

〔127〕 See *The End of Liberalism*, pp. 289 – 91.

〔128〕 例如下文第四章第七节（一），另外见 T. J. Lowi，*The End of Liberalism*：*The Second Republic of the United States*（2nd edn.，1979）。最明显的修正是增加了第十章，洛伊把美国描述为永远处于破产托管的状态。

〔129〕 See *The End of Liberalism*, pp. 297 – 8, 299 – 303.

第四章
美国的多元民主、利益集团与程序（二）

80 显然，具体民主观的选择本身就会体现观察者特定的规范判断。〔1〕例如，有人会强烈主张共和主义的形式以及参与式民主。这一论题将在后面进行更充分的考察。〔2〕目前本章更直接关注的乃多元主义内部存在的重大意见分歧。这些竞争性设想之选择本身就会体现重要的价值判断，而优先的选择将对宪法性审查的形式与内容产生重要的反响。这些设想可以被描述为三种。

一、模式一：公共选择

（一）概述

传统的多元主义愿景源于本特利、杜鲁门以及更近时候的公共选择理论家，其“主题”可以概述如下：首先，研究重点在于政治市场，其功能类似于普通的经济市场。立法是为了回应“消费者”的需要由立法机关“制造”出来的产品，消费者进行投票而且对立法机关发挥影响。普通市场的“经济人”同样存在于政治领域而且以非常类似的方式行为，其目的乃是为了最大化自己的个人偏好。〔3〕利益集团之所以出现是因为这往往是从立法机关获得收益之最有效的组织形式。集团互动因而成为政治社会的特征，而政治市场的进入与退出都
81 比较容易。真正独立于社会个体之偏好的公共利益观念是不存在的。国家基于分配理由的大量（有人认为是全部）干预本身不过是社会利

〔1〕 See R. Dworkin, ‘The Forum of Principle’, 56 *N.Y.U.L. Rev.* 469, 502 (1981).

〔2〕 见下文第十、十一章。

〔3〕 例如 G. Brennan and J. Buchanan, *The Reason of Rules* (1985), ch. 4。

益集团当前权力联合的体现。这些利益集团会寻求最大化自己的地位：或者可以通过更有效地生产其产品并因而收获更大的利润实现；或者可以通过获得津贴、税收优惠等立法机关特别优待达到同样的财政目的。

其次，基于两个相关的原因，应严格限制国家在这种多元主义愿景中的作用。一方面，与政治市场相比，据称普通“私人市场”能“更好”地实现效率最优的解决方案。即便存在某种形式的普通市场失灵，政府的管制性介入也很可能是加剧而非解决相关问题。此外，许多立法性的介入被视作要掩盖具体利益集团之财富转移与寻租行为的“外表”。另一方面，国家的作用是有限的，因为政府通过重新分配政策的介入很可能是“不正当的”。这样的立法行为可能侵犯个体的权利。〔4〕

（二）第一种模式的宪法寓意

目前的模式对于宪法而言具有两个方面的主要寓意。首先，影响法院对法律进行合宪性审查的方式。不过，这一影响的确切性质存在争议，因为该理论自身内含着一种张力。一方面，据称当前模式体现了下述推论存在的错误，即以立法目的与立法没有合理关联为由宣告其无效。利益集团可能而且应当可以影响立法的结果，因而仅以立法是由这种集团促成的就宣告其无效并不正确。〔5〕不过，这正是理性审查的结果，因为“代表某个利益集团通过的立法往往会使除了纯粹 82
自利之外的任何其他理性检验标准都失效”〔6〕。换言之，法院应承认大量立法都是利益集团压力成功的结果；不应基于此乃不正常或不自然的结果这种错误假设宣布此等立法无效。司法机关的独立性本身就是根据下述方式进行解释的，即此等独立性通过赋予利益集团交易以更大稳定性的方式促进了这种稳定性。以当前立法机关为依据的法院

〔4〕 例如 ibid., chs. 6－8；J. M. Buchanan, *Liberty, Market and State: Political Economy in the* 1980*s* (1986), chs. 12, 13, 15, 22, 23；J. M. Buchanan, *The Limits of Liberty: Between Anarchy and Leviathan* (1975)。见下文第四章第一节（三）的进一步讨论。

〔5〕 例如 R. Posner, ‘Economics, Politics and the Reading of Statutes and the Constitution’, 49 *U. Chi. L. Rev.* 263 (1982)。

〔6〕 ‘Economics, Politics and the Reading of Statutes’, p. 285. 比较 F. I. Michelman, ‘Politics and Values or What's Really Wrong with Rationality Review?’ 13 *Creighton L. Rev.* 487, 503－6 (1979)。

可能倾向于推翻利益集团在此前立法阶段达成的交易并因而会减少这种交易的价值。[7]

另一方面，试图阻止制定立法或增加制定立法成本之文献的论调更为谨慎。那些试图最大化自身偏好的利益集团压力被视作“典型的”立法性行为。不过，这种立法可能构成无正当根据且无效率的财富转移行为，因此应增加从事立法活动的成本以便降低其发生频率。诸如权力分立等宪法设计要素等机制据说就有助于实现这一目标。[8]

就第二项主要的宪法寓意而言，公共选择多元主义模式的重点有所不同。前面已经提到了限制立法范围这一目标。该论点的一个重要方面就是，不应将经济分配的特定决定交由普通的多数民主程序，而应被宪法化。

> 从这一分析得出的一般结论就是，多数规则至多亦不过是实现分配正义非常不完善的手段。多数规则或者导致循环（即分配方面根本的不确定性），或当适当加以限制时，就会产生恶意回应相关规范变革的具体转让模式（例如最贫困人口的收入变革）。
>
> 83 所有这些都表明可能要将重新分配或财政转移从阶段性的多数政治活动中抽出，使之成为一项明确的宪法协定问题。[9]

为分配性转移规定某种宪法性限制乃公共选择文献愈来愈明显的一个特征。[10] 这一主张的根据在下述批判性评价中会有充分的讨论。

（三）公共选择模式之批评

从前述分析显然可以看出，公共选择的多元社会模式既具有描述性亦具有规范性的要素。关于这种模式的批判性评价最好亦分别从这两个方面进行考察，不过二者之间不可避免地存在某些重叠。

公共选择模式描述方面的有效性本身取决于一系列虽然相关但却

〔7〕 See W. Landes and R. Posner, 'The Independent Judiciary in an Interest Group Perspective', 18 *J. L. E.* 875, 877－9 (1975).

〔8〕 例如 J. R. Macey, 'Promoting Public-Regarding Legislation through Statutory Interpretation: An Interest Group Model', 86 *Col. L. Rev.* 223 (1986)，以及 'Transaction Costs and the Normative Elements of the Public Choice Model: An Application to Constitutional Theory', 74 *Virg. L. Rev.* 471 (1988)。

〔9〕 Brennan and Buchanan, *The Reason of Rules*, p. 132; See also pp. 127－31, 134－50.

〔10〕 例如 ibid; Buchanan, *Liberty, Market and State*, chs. 15, 16, 23, 24; Buchanan, *Freedom in Constitutional Contract* (1978)。

不同主张的“准确性”。根据公共选择理论，个体在政治与经济市场上以同样的方式行为；两个领域的行为特征都是个体试图最大化其个人偏好；因而政治与经济市场的参与者都是在追求同样的利润最大化目标；私人市场整体而言是保障效率之更有纪律性的场合，因而避免了政治市场大量产品具有的浪费性寻租行为。这些描述性假设的准确性绝非不证自明的。因为篇幅有限，这里无法彻底讨论这一问题，但更严格地分析前述两个描述性命题就可以揭示其存在争议。

就描述方面而言，个体在政治领域以类似于市场行为的方式活动的假设并非不证自明的。通常此乃声称如此，而非以令人信服的方式证明的。即便接受这一假设，仍然存在应如何看待市场行为本身的问题，显而易见这有不同的表述形式。其中一个极端是个体与选举产生的官员追求的都是最大化具体财富函数的观点。另一个极端则是“不 84
会说谎”的看法，试图将所有意识形态以及其他变量囊括于个体的效用函数当中。行为与动机被扯平且降低为“经济性的算计”，这往往等同于同义反复式的观察结果，即熟悉其行为结果的人们“会按照尽可能让自己富裕的方式行事”〔11〕。

与之相关的主张同样是有问题的，即大量立法是以寻租为目标的，而随之产生的管制制度往往不会给公众带来任何总体收益。这一论点背后的基本观念比较简单。经济租金乃超过边际生产成本之生产要素获得的回报。〔12〕寻租利益集团的范式之一就是意欲组成卡特尔的生产商，但彼此不信任或无法维持其运作。该利益集团然后就转向政治市场说服政府赋予其某种垄断地位，因而通过立法实现私人无法实现的内容。消费者剩余就被转给了生产商集团。公共选择理论家承认，并非所有立法都可以按照这种方式进行描述。但他们仍然主张，大量的管制活动或者是无效的，或者只是寻租活动的外表，以前述方式给予特殊集团好处。不过，只有详细分析具体管制制度人们方能确定能否证实这些主张，其他人已经质疑了公共选择理论家得出的结论。〔13〕

〔11〕 M. Kelman, ‘On Democracy-Bashing: A Skeptical Look at the Theoretical and ‘Empirical’ Practice of the Public Choice Movement’, 74 *Virg. L. Rev.* 199, 206, 217 (1988).

〔12〕 为了防止被转为他用，某种生产要素在当前的运用中就需要获得一定数量的利润。这些数额往往被界定为转移所得，而经济租金就是该要素实际上获得的超过前述数量的余额。在本质上，关于寻租的论点就是利益集团会试图运用立法获得有关生产要素的超额回报，而在市场的条件下他们是无法获得这些回报的。

〔13〕 例如 Kelman, ‘On Democracy-Bashing’.

公共选择模式的**规范有效性**需要单独进行讨论。为了评价公共选
85 择理论的规范论点，就必须更充分地揭示其基本要素。首先，公共选择规范立场的基础被认为是契约论式的。[14] 公正的操行是由不违背“人们已经预先同意”之规则的行为组成的[15]，而且正是这种合意发挥着基本的规范性功能。倘若参与者同意，规则就是公平的；并非因为规则是公平的，参与者才会同意。[16] 这种契约论式的立场被认为是非结果导向的、道义论式的。因此评价针对的是规则或程序而非任何最终状态或结果。[17]

其次，自愿合意的性质显然就至关重要。普通市场交易被视作根据资源的最初分配进行的自愿交易；而政治活动则被视作“复杂的多人交易或缔约制度”[18]。不过，正如公共选择理论家愿意承认的那样，在能够就最终结果的公平性作出任何规范判断之前，必须存在某种预先安排，即“谁有什么权利在什么时候对谁做什么”[19]。在确定自愿合意的性质时有两个因素至关重要。一方面，各方主体讨价还价的力量或其收入地位方面的相对不平等并不会损害协定的自愿性。只有严格意义上的强迫方能满足这种条件。[20] 另一方面，某种宽泛的适得其所观（notion of desert）赋予了个体对在政治或经济市场取得之产品的权利合法地位。个体在社会产品总额中的配额取决于选择、运气、努力与出身。由前三个因素导致的财富差别被认为是完全可以接受的；没有“什么正当理由认为这种差别是不公正的”[21]。由于出身造成的差别则被毫无争议地视作是不公平的。这些差别赋予了通过税收转移、公立教育等等矫正此等不平等的政府行为合法地位。[22] 不过，基于出身方面的偶然差异进行的这种分配行为似乎受到了严格限制。国家干预从富有父母那里继承金钱的确被认为是正当的[23]，但
86 其他因为出身造成的偶然差异则被区别对待。因而自然能力与天赋方面

〔14〕 例如 Brenan and Buchanan，*The Reason of Rules*，p. 19。另外见前文注释 4 的材料。

〔15〕 Ibid. 97－8.

〔16〕 See Buchanan，*Liberty*，*Market and State*，p. 126.

〔17〕 See Brennan and Buchanan，*The Reason of Rules*，p. 45.

〔18〕 Ibid. 24－5.

〔19〕 Ibid. 26.

〔20〕 Ibid. 102.

〔21〕 Buchanan，*Liberty*，*Market and State*，pp. 128－9.

〔22〕 Ibid. 129，130，132－5.

〔23〕 Ibid. 133.

的分配被认为是“历史运气”问题，并不需要进行分配方面的矫正。〔24〕因而，只有有限的、试图改变政治或经济市场自愿达成之结果的政府行为方是正当的。

再次，即便政府行为被认为是正当的，公共选择理论家亦强烈主张将这种分配性转移宪法化。倘若有关残障者与分配性转移的决定交由不受限制之多数政治活动确定，那么与私人市场的类似行为相比，相关决定会在更短的时间内获得通过。这些决定可能会带来“陷阱”，造成共同体中无论个体还是集团都不希望的结果。〔25〕

关于前述分析可以进行三个方面的评价。第一个是方法论层面的。公共选择理论家强调其契约论设想具有独特性：建立于方法论个体主义之上；无论差别多大，所有价值源泉都是应当予以考虑的，因为是个体秉持的价值。〔26〕正是个体就具体规则达成的合意提供了社会物品分配的规范基础。非契约论式的观点则被描述如下：预设了某种公共福祉观念，这种观念外在于“通过选择行为表达自己意见之个体秉持的价值”〔27〕。据公共选择理论家看来，这种观点追求之福祉的客观性与外在性与契约论设想的特征形成了对比，后者的目标是内在构想的，具有主观性。〔28〕

道义论与目的论理论家之间的分歧众所周知〔29〕，但公共选择理论家运用的这种区分方式因为过分简化地描述前一种理论类型而扭曲了这种分析模式。公共选择理论家的目的是为了推导出构成整个社会 87
基础结构的规则框架，表明个体会同意由此勾勒出的规则。〔30〕为了防止个体以给予那些与其本身具有同样属性之人好处的方式拟定规则，就要运用某种类似罗尔斯无知之幕的机制防止就基本结构规则作出决定的那些人了解这些属性。公共选择理论家倾向于运用一种类似

〔24〕 See Buchanan, *Liberty, Market and State*, pp. 141, 151. 关于因为出身造成之差异的论述有时候很不清楚。在有些情形中，出身被看作包括继承、能力与天赋等在内。在另外一些情形中，能力与天赋则被按照文中所讨论的方式进行处理。

〔25〕 See Brennan and Buchanan, *The Reason of Rules*, pp. 82, 96; Buchanan, *Liberty, Market and State*, pp. 132 – 3.

〔26〕 例如 J. M. Buchanan and G. Tullock, *The Calculus of Consent* (1962; repr, 1965), 3 – 4, 12, 13; Brennan and Buchanan, *The Reason of Rules*, p. 21; Buchanan, *Liberty, Market and State*, pp. 249 – 50。

〔27〕 Brennan and Buchanan, *The Reason of Rules*, p. 37.

〔28〕 Ibid. 37 – 45.

〔29〕 关于更全面的讨论，见下文第八章。

〔30〕 在下文第八章中就这一过程的性质进行了更全面的讨论。

的观念，他们称之为不确定性之幕。[31] 下面还会再讨论所选择之规则的性质。无论如何，在这一抽象层面进行的选择过程仅仅被不完善地描述为“主观的”与“内在的”。参与这一选择过程的个体代表试图找到的就是可以达成协议的规则。可以说，该决策过程的任何输入都是主观与内在的，但这样说只是以不可能证明为假但却具有迷惑性的方式运用那些术语。例如，倘若就规则做决定的那些人同意良心自由应得到宪法保护，那么他们这样做并非像揭开无知或不确定性之幕之后，个体会主观与内在地看重冰淇淋或棒球那般，因为个体必然主观与内在地珍视这种自由。倘若要将这种自由纳入最基本的规则，就必须诉诸外在于任何具体个体偏好的推理。无知之幕甚或不确定性之幕的存在就是要确保就最基本的社会规则作出决定时选择的规则，并不依赖于任何具体集团的主观愿景。在这种抽象的层面上难以维系价值之主观与客观基础的区别。这一推理虽仍然维持表面上的主观性，但只是因为其在某种程度以人们通常会看重什么以及因而会就什么达成一致的假设为依据。[32] 甚至连这种笼统层面的主观性也难以维系。
88 因而某些关于罗尔斯正义观念的批评意见就认为，罗尔斯有关人们通常会看重什么的描述是不准确的，或者说渗透着一种隐蔽的、什么东西值得重视的客观认识，而关于这种认识是可以提出异议的。[33]

第二个方面的评论涉及的是操作该制度的那些人的行为，特别是立法者自身。假定已经就调整社会物品分配的具体规则达成了协议；再假定这些规则包括某些经济上的重新分配因素等等。因此，立法机关不得不设计政策以实现这些目标。此等立法的公布可以被视作罗尔斯所谓不完善之程序正义的例证：期望实现的结果是确定的，但可能没有实现这种结果的具体方式。[34] 因而目标就是要设计实现包含于该制度基本结构规则中的重新分配目的，但这一目标事实上是否总会得到实现则并不确定，因为人们很可能就实现重新分配之目的的最佳途径存在分歧。无论如何，立法者显然有义务努力落实期望实现的目标。[35] 就规范方面而言，这种义务与试图根据利益集团间的讨价还

〔31〕。See Brennan and Buchanan, *The Reasons of Rules*, pp. 28 – 31, 139.

〔32〕 实际上，该推理远比文中一句话所表明的内容要复杂。关于在罗尔斯式的模式之下考察这一问题，见下文第八章第二节。

〔33〕 见下文第八章第二节（三）。

〔34〕 See J. Rawls, *A Theory of Justice* (Oxford, 1973), 85 – 6.

〔35〕 Ibid. 342 – 50.

价本身赋予立法合法地位的政治设想不一致。倘若该制度的基础遵守人们预先同意的规则，那么人们同意之更抽象的规则就调整着制度参与者的行为。人们已经就包含某些重新分配要素的基本结构达成了协议；因而，根据这一基本结构，他们并不赞同立法机关试图赋予以狭隘集团交易为基础的分配以合法地位的行为。正如罗尔斯在强调立法乃不完善的程序正义情形后所述：“公正的宪法在某种程度上必须依赖公民与立法者在实施正义原则时秉持某种更广的观念并作出良好的判断。似乎不得让其采取狭隘的或集团利益的立场，然后调整程序以使其得出公正的结果。”〔36〕

第三个方面的评论涉及的是自愿达成之规则的内容。这里有两个问题需要考虑。一方面，传统公民自由在这种框架下的地位并不十分 89
明确。公共选择规范论点的主要宗旨就是要提供从宪法上限制国家干预财富分配的基础。公共选择理论家是否会在宪法上保护公民自由以及倘若会予以保护原因何在则并不明确；同样不明确的是，他们是否会赋予此等自由罗尔斯式的词汇优先次序并且防止推行旨在确保更大程度之经济平等的政策损害这些自由。〔37〕正如后面所述，契约论者用于证明在基本结构中赋予公民自由以宪法保护之正当性的论证形式非常复杂。〔38〕这样的论证是否会为公共选择学派的契约论者接受并不明确。既然他们不愿意接受任何试图从“外在与客观角度”推导此等权利的推理，既然他们相信政治活动是一种交易过程，这一点就尤为如此。〔39〕公共选择理论家可能会设想某些最低限度但却非常重要的宪法保护，以确保当前的多数派不会作出诸如取消选举过程从而确立自己永久当政的事情。但因为无法有意义地表达不断变化的偏好，这就会从运作中排除作为交易过程的政治活动。无论如何，为什么应给予其他传统公民自由同样的宪法保护或优先地位则更加难以理解。

另一方面，就达成一致之规则的内容而言，公共选择理论家给出的证明理由是有争议的。这对公共选择的规范论点而言至关重要。关于从宪法上限制国家干预财富分配过程之能力的规范论证的说服力，

〔36〕 Ibid. 360；See also pp. 197，493.

〔37〕 这里提到的是罗尔斯的正义第一原则。不过，这往往是下述论点的一部分，即运用该原则支持在宪法上限制国家的财富分配行为；例如 Buchanan，*Liberty*，*Market and State*，pp. 165－77。

〔38〕 见下文第八章第二、三节。

〔39〕 比较 Brennan and Buchanan，*The Reason of Rules*，p. 37 n. 2。

至少部分源自这种活动很可能侵犯个体权利的假设。这些权利本身必然源自更抽象的规则，而在无知之幕或不确定性之幕背后进行操作的那些人会自愿就这些规则达成协议。前面已经考察了用于支持这些主
90 张之推理的性质。不过，公共选择理论家提出的两个主要理由绝非不证自明的。收入差别或经济不平等并不会损害协议之自愿性的论点，带来了自由与自由的价值之关系这一非常复杂且众说纷纭的问题。〔40〕因选择、运气以及努力获得的回报应当必然由个体保留的假设，亦不像公共选择理论家试图引导我们相信的那样在道德上是不证自明的。〔41〕导致不同能力与天赋之偶然的出身差异可以被视作历史运气问题，因而个体应有权保留由此获得之回报，这一论点根本不是不证自明的。与这一问题相关的大量哲学文献甚至支持个体有资格保留这些回报的那些人通常都不会根据运气推导其论点。〔42〕

二、模式二与模式三概述

第二种模式可以被界定为修正多元主义。这一模式源于前述对传统多元主义学说的批评。〔43〕这一质疑的具体形式有所不同，但仍然可以确定某些最重要的论题。无论在公司还是劳动力市场上，集团权力都是高度集中的。这些主要的权力集团控制或约束着政治议程。政治变革往往是渐进性的，而且以某种预设为善或公正的先在均衡为基础。现状会抵制政策方面的重大转变。作为更强大集团达成之交易带来的自然和谐的结果，代表某些利益的集团可能被有效地排除于政治过程之外。试图缓解多元民主这些病害的宪法性审查理论不得不触及
91 具有实体性的社会性与经济性关注。下面还会再指出其理由。在这里要强调的非常重要的一点是，以多元民主观为基础的这样一种理论不会首先假定司法机关唯一应当关注的就是程序问题。

多元民主的第三种模式可以界定为程序模式。〔44〕该模式试图走

〔40〕见下文第八章第二、三节。

〔41〕见下文第八章第二节、第三节（二）。

〔42〕见下文第八章第二、三节。

〔43〕见前文第三章第二节（三）、（四）。

〔44〕公共选择模式同样声称是关于程序的，但正如下文所见，模式一与模式三之间存在着重大差别。

一条进退两难的路线。这一模式承认传统多元主义学说的弱点，承认权力集中的危险以及特定利益集团在多元主义的竞争斗争中永远出局的可能性。至少部分作为这种多元主义失调的矫正措施，宪法性审查被赋予了合法地位。不过，这一观念的支持者希望或声称将审查限于程序问题。这一限制的理论基础可能各异。可以说这种类型之多元主义失衡的矫正措施自然将宪法性审查导向程序方面的考量。可以说这些限制是基于司法机关权能的理由存在的，司法机关不适于对实体问题作出判断。还可以说，宪法文件本身只是起到保护程序而非实体的作用。这三种论点也可能结合在一起被同时采用。

通过集中考察伊利的著作，模式二与模式三的不同寓意就可以突显出来。

三、伊利与宪法

（一）理论

在美国的文献中，很少有主题能像最高法院的宪法性审查权这样引发大量的争论。无论就这种权力存在的正当理由而言，还是应采取的形式而言，意见都极其分歧。约翰·哈特·伊利提出的司法审查理论获得了相当多的关注。因为与前述多元民主社会模式的关联，他的司法审查观念也别具意义。

要理解伊利的命题，首先必须弄清楚其论点的结构。伊利以区分 92
“解释主义”与“非解释主义”两种不同的宪法裁判进路开始。[45] 前者被认为代表了下述观念，即当法官就宪法问题作出裁判时，应将自己限于实施宪法规定或明确暗含的规范。非解释主义的观念则强调，法院超越宪法并且实施这一文件本身不存在的规范不仅必要而且是正当的。

伊利然后进一步区分了两种形式的解释主义。两种形式中更狭隘的法条解释主义要求主要应根据措辞以及立法史可能提供的帮助解释宪法规定，但无须外在于宪法之原则或政策的帮助。更宽泛的解释主

〔45〕 See J. H. Ely, *Democracy and Distrust: A Theory of Judicial Review* (1980), 1-2, 12-13.

义形式则以下述前提为基础，即某些宪法条款不可能仅根据其措辞或立法史进行解释。根据这一看法，必须向宪法文件之外寻求帮助。区分这种形式的解释主义与非解释主义进路的是提供所需内容的理论源自“整个宪法文件的一般命题而非完全外在于宪法的来源”〔46〕。

伊利驳斥法条解释主义不切实际。〔47〕某些宪法条款不可能只根据其措辞以及立法史提供的帮助加以解释。

他还驳斥了非解释主义的进路。更准确地说，他不同意并且抛弃了尽管各异但都认为法院应实施在宪法本身当中不存在之规范的各种观念。伊利申斥了认为法院应当背书实体基本价值的那些人。大量这
93 样的进路被他树立起来之后又被迅速地推翻。因而最高法院应适用自身的价值标准以衡量宪法之正当性的信念就遭到了伊利的抨击〔48〕，自然法提供了应当据以衡量宪法裁判之原则之源的观念亦遭到了抨击。〔49〕韦克斯勒的中立原则观念〔50〕则被认为功效有限，因为坚持这样的中立性留下了两个尚未回答的核心问题〔51〕：该原则的实体内容以及最高法院导出其包含之价值的方法。〔52〕伊利认为诉诸道德与政治哲学同样是苍白的。〔53〕因为就道德哲学的基本原则实际谓何无法达成一致，尤其是裁判需要高度的明确性摧毁了这一标准。

法官面临的诱惑看来相当明显：在当代杰出道德哲学家的作品中寻找宪法价值——以之为根据推翻政治官员的行为。罗尔斯的著作确实不错。但是当几乎所有罗尔斯著作的评论者都对其结论有所保留时，法官们如何应对德沃金的诱惑呢？宪法可以跟着国旗走，但实际

〔46〕 Ibid. 12.

〔47〕 Ibid. ch. 2. See also G. C. MacCallum, ‘Legislative Intent’, 75 *Yale L. J.* 754 (1966); P. Brest, ‘The Misconceived Quest for the Original Understanding’, 60 *Boston U. L. Rev.* 204 (1980); Dworkin, ‘The Forum of Principle’, p. 469; D. Lyons, ‘Constitutional Interpretation and Original Meaning’, 4 *Social Philosophy and Policy*, 75 (1986).

〔48〕 See Ely, *Democracy and Distrust*, pp. 44 – 8.

〔49〕 Ibid. 48 – 54.

〔50〕 See H. Wechsler, ‘Toward Neutral Principles of Constitutional Law’, 73 *Harv. L. Rev.* 1 (1959).

〔51〕 See Ely, *Democracy and Distrust*, pp. 54 – 5.

〔52〕 See also J. G. Deutsch, ‘Neutrality, Legitimacy, and the Supreme Court: Some Intersections between Law and Politics Science’, 20 *Stan. L. Rev.* 169 (1968); R. H. Bork, ‘Neutral Principles and Some First Amendment Problems’, 47 *Ind. L. J.* 1 (1971).

〔53〕 See Ely, *Democracy and Distrust*, pp. 56 – 60.

上宪法还要跟上《纽约书评》吗?〔54〕

驳斥了法条解释主义与非解释主义的进路之后，伊利接着阐述了他本人的司法审查理论。〔55〕他支持一种“以参与为导向、增强代表性”的司法审查进路。〔56〕其论点大体如下：美国宪法规定首先关心的并非要支持实体价值；此等价值的选择几乎全部交给了普通政治过 94
程。美国宪法关注的主要是双重意义上的程序。某些特定规定针对的是在解决个别争议时的程序公正，伊利称之为小写程序。其他规定针对的则是大写程序，确保政府过程具有广泛的参与。这后一种程序本身还可以再分。一方面，有些宪法规定与司法判决既试图确保政治变革的渠道又要清理其障碍。关于政治表达、结社与选举权的宪法规定与司法判决就属于这一范畴。另一方面，有些宪法规定则与相关司法解释一起试图矫正某些特定形式的歧视。

伊利从美国宪法本身以及相关司法解释为自己的命题寻找支持。不过，他还竭力强调自己的理论符合美国代议民主的基本原则。伊利承认最初制宪的辩论中弥漫着共和主义的情绪。不过他认为，潜在于宪法文件的最重要论题乃多元主义。“不过，美国宪法最初更普遍的策略可以宽泛地界定为多元主义策略，笼统地说是建构政府的策略，在有限的程度上亦是建构社会的策略，俾使各种声音都能获致表达，而没有多数派的联合能够居于支配地位。”〔57〕

随着美国社会的发展，决策的多元主义性质变得更加明显。〔58〕人民乃由同质性之利益结合在一起的观念遭到了抛弃。伊利“大写程序”的两个方面本身与这种多元主义愿景具有观念上的联系。无论言论、结社还是选举方面之程序权利的保护，都意在确保人民或利益集团能够参与作为多元民主特征的讨价还价过程。多元主义与少数派权利保护的关联则不能那么直接地表现出来，但同样具有决定性。既然

〔54〕 Ibid. 58；重点符号乃原文所有。伊利也对那些希望法院在裁判案件时求助于传统道德的人提出了类似的批评；ibid，65，67；伊利在这一节中批评了数位学者，包括 A. M. Bickel，*The Least Dangerous Branch*（1962）；H. H. Wellington，‘Common Law Rules and Constitutional Double Standards：Some Notes on Adjudication’，83 *Yale. L. J.* 221（1973）；M. Perry，‘Substantive Due Process Revisited：Reflections on (and beyond) Recent Cases’，71 *Nw. U. L. Rev.* 417（1977）。

〔55〕 See Ely，*Democracy and Distrust*，chs. 4－6.

〔56〕 Ibid. 87.

〔57〕 Ely，*Democracy and Distrust*，p. 80；另外见 pp. 78－9。

〔58〕 Ibid. 83－5.

社会是由多元利益组成的，那么就必须作出规定防止当选代表割裂多数派的利益与少数派的利益。[59] 拒绝作为少数派的代表是无法获得
95 支持的，下述情形亦不能获得赞同，即尽管技术上被赋予了选举权，但某个集团发现自己长期处于不利地位因而容易遭到歧视性的对待。正如伊利所述，这样的集团就无异于被剥夺了选举权。[60]

这里应明确一下伊利方案两个方面之间的关联。第一个方面，即清理政治变革渠道的障碍，重点主要放在选举过程本身。关注禁止授权学说的复兴就体现了应由立法机关进行立法的进一步努力。第二个方面，即促进少数派的代表，关注的是选举与立法过程的结果；确保那些当选者不会通过某些损害多元主义过程中出局者的立法。据此，通过排除可能歧视失败者、“出局者”的某些立法形式，就缓和了选举过程本身的不平等。

因此，宪法性审查就是为了清理政治变革的渠道以及促进少数派利益的代表而存在的。在伊利看来，清理政治变革渠道的障碍就需要司法审查确保言论、出版与政治结社自由。这些自由对于“开放有效之民主过程”的运作而言不可或缺。[61] 选举权可以同样的方式获得证明：“清除民主过程的障碍乃司法审查应该解决的问题”，而拒绝给予选举权就是典型的障碍。[62] 言论、结社与选举是必须要进行审查的，因为我们不能让“局内人”直接或间接决定谁呆在“局外”[63]。代表的选择只是伊利关注的部分内容。他同样渴望保证那些当选者从事之所以当选所要从事之事，在这里就是进行立法。因而他支持更有力地实行禁止授权学说以迫使当选者更明确地阐明其目的，并防止授予行政官员不受限制的裁量。[64]

96 就其第二个论题而言，即促进少数派的代表，伊利承认某些针对传统多元主义学说提出的批评。伊利承认在竞争性集团之间可能存在

〔59〕 Ibid. 82，84，103.

〔60〕 See Ely，*Democracy and Distrust*，p. 84.

〔61〕 Ibid. 103.

〔62〕 Ibid. 117.

〔63〕 Ibid. 106，120.

〔64〕 Ibid. 131 – 5. 关于禁止授权学说更详尽的讨论，见 S. G. Breyer and R. B. Stewart，*Administrative Law and Regulatory Policy*：*Problems*，*Text and Cases*（2nd edn.，1985），68 – 95。

的不平等以及权力集中的寡头性。[65] 他第二个论题的目标就在于阻遏这些失衡的情形。矫正措施仍然是程序导向性的，至少表面上是如此。[66] 因而伊利主张，不能认为平等保护条款是每个人都有权获得每一部法律的平等对待；大量法律的目的是为了确保给予不同集团不同对待。伊利认为，美国宪法亦不能被理解为强制推行某种具体的社会财富分配模式。伊利辩称："因而不能仅通过查验谁最终拥有什么确定大部分分配的合宪性，而只有通过关注引发所讨论之分配的程序方能清楚地加以处理——亦即罗伯特·诺齐克所谓的'历史'（与'最终结果'相对）进路"[67]。

就政治参与并非不可或缺或非由宪法明确保障的收益分配而言，只有当其分配过程发生故障时才接受宪法性的审查。伊利随后的讨论针对的就是司法机关关注立法动机以及可疑分类学说如何阻遏有缺陷的分配程序。在伊利看来，这两个问题是相关的。根据可疑分类进行的特殊审查，正是支持基于动机分析提出之质疑的机制。[68] 在伊利看来，关注"分散与孤立少数派"的理论基础就在于保护在多元主义讨价还价过程总是出局的那些人。[69] 这一关注的最终目标就是要排除不利于该集团且在宪法方面亦靠不住的立法分类。[70]

因而伊利给我们呈现的就是根据所认知的美国民主属性建构的宪 97
法理论。该理论基于下述假设将实体审查排除在外，即这种价值判断应由立法机关作出，**而且**没有法院据以干预的适当标准。结果就是以程序价值为重点，因为法院被构想为这种多元主义制度可能产生之障碍或失衡的矫正措施而赋予了前述重点正当性；据称还有另外一项好处，即将司法干预限于司法机关之专业知识特别擅长的领域，就像程序权利的情形那般。[71]

〔65〕 Ely, *Democracy and Distrust*, p. 125. 因而伊利在第 242 页注释 4 引征了 P. Bachrach, *The Theory of Democratic Elitism*: *A Critique* (1967) 和 E. E. Schattschneider, *The Semi-Sovereign People*: *A Realist's View of Democracy in America* (1960)。关于此等及其他类似文献的讨论，见前文第三章第二节（四）。

〔66〕 关于这一矫正实际上是否以程序为根据，见下文第四章第三节（二）。

〔67〕 *Democracy and Distrust*, p. 136.

〔68〕 Ibid. 45. 关于平等保护的笼统分析，见 J. E. Nowak, R. D. Rotunda, and J. Nelson Yong, *Constitutional Law* (3^{rd}edn., 1986), ch. 14。

〔69〕 See *Democracy and Distrust*s, p. 151.

〔70〕 Ibid. 152.

〔71〕 See *Democracy and Distrust*, pp. 101-2.

（二）程序下之实体

伊利遭到的最显著的批评形式就是，任何表面上看来以程序为基础的理论实际上都不可避免地要作出实体价值判断。这种批评之一是特赖布提出的。[72] 与伊利相反的是，特赖布认为宪法某些明确的规定就是实体性的，他辩称即便所谓程序性的规范亦必然要作出实体选择。因此，美国宪法既有某些关于小写程序或裁判程序的规定，亦包括关于大写程序或代议程序的规定，这一事实必然要求在二者之间作出选择。关于某人是有资格作为诉讼当事人还是选民出席的决定，就需要某种实体理论作为确定政府应如何对人民进行分类的判断标准。[73] 确定美国宪法需要的是什么参与形式必然需要考察系争利益的性质，以及其在具体个体生活中的重要性。[74] 即便就某人有资格获得的程序形式作出了决定，仍然会产生另外的问题，即关于所选择程序的内容。例如，倘若我们判定在某个具体情境下适宜的是代议程
98 序，然后就必须确定应允许哪些人通过选举的形式进行参与。这就需要就某个政治共同体的性质作出实体价值判断。[75]

关于少数派之代表的关注亦需要进行类似的实体评价。并非在政治斗争中出局的所有团体都可以被视作值得特殊保护之分散孤立的少数派。这还需要其他某些东西方可。诸如分散性或不变性等判断标准自身是无法提供解决方案的。“要在宪法上区分增加同性恋责任的法律与增加暴露狂责任的法律，要区分增加天主教徒责任的法律与增加扒手责任的法律，都要取决于某种实体理论，即哪一个团体行使的是基本权利而哪一个行使的则不是。”[76]

布雷斯特对伊利命题的批评理由并无二致。[77] 他认为针对基本价值的宪法裁判与关注程序与代表的裁判是连体双胞胎。大部分增强代表性的宪法性审查都需要作出价值判断，这种判断形式与就基本价值作出裁判要求的那些并无不同。另外一种可能就是，关于基本价值

〔72〕 See L. H. Tribe, ‘The Puzzling Persistence of Process – Based Constitutional Theories’, 89 *Yale. L. J.* 1063 (1980).

〔73〕 Ibid. 1068.

〔74〕 Ibid. 1069.

〔75〕 See Tribe, ‘The Puzzling Persistence’, p. 1071.

〔76〕 Ibid. 1076.

〔77〕 See P. Brest, ‘The Substance of Process’, 42 *Ohio St. L. J.* 131 (1981).

的主张往往可以直接转化为要求强化代表性的主张。[78]

德沃金在更抽象的层面上对伊利进行了批评。[79] 他质疑伊利民主必然只与程序相关的假设，不承认就民主是什么而言存在一致意见。最高法院因而不得不提出自己的民主观念，不得不考虑支持这种民主观念而非另外一种的正当论点是什么。[80] 在作出这一选择时，最高法院不得不在民主的输入与输出情形之间进行选择。前者认为民主是在人民与人民选举的官员之间或在人民自身内部分配政治权力的一种方法；无论如何，这种民主不是通过形成的立法是否明智进行评判的。后者则认为民主过程的结果为其确立的首要原因。就此而言， 99
功利主义的民主观念乃结果导向型的。民主的正当性在于由此产生的结果将会使效用最大化。因而只有当最高法院以民主的输入情形为依据时方能避免伊利的理论所需要的实体选择。[81] 德沃金随后的大量分析都是用于表明纯粹输入型的民主很难站得住脚。[82]

四、第二种模式与宪法性审查的焦点

伊利运用的具体是哪种多元民主观呢? 显然他并不支持本特利阐述的传统多元主义模式。伊利承认多元主义并非天生自我矫正式的[83]，并且批评那些继续按照“其最初不加限定的形式”援引多元主义术语的法律作者。[84]

因此，有趣且亦重要的问题就是在第二与第三种多元民主观之间进行选择。关于伊利的命题及其所包含之大量言语的初步解读会让人怀疑他采取的是第二种多元主义模式。[85] 果真如此，那么伊利的命

〔78〕 Ibid. 140. 在同一卷中可以找到关于伊利的批评文集。例如见 M. J. Perry, ‘Interpretivism, Freedom of Express, and Equal Protection’, 42 *Ohio St. L. J.* 261 (1981)。

〔79〕 See ‘The Forum of Principle’, p. 469.

〔80〕 Ibid. 502, 504.

〔81〕 See Dworkin, ‘The Forum of Principle’, pp. 503 – 4.

〔82〕 关于对伊利进一步的批评，见 M. V. Tushnet, ‘Darkness on the Edge of Town: The Contributions of John Hart Ely to Constitutional Theory’, 89 *Yale L. J.* 1037 (1980)。

〔83〕 See *Democracy and Distrust*, pp. 80 – 1, 135 – 6.

〔84〕 Ibid. 242, n. 4.

〔85〕 伊利著作中的大量讨论都是以传统多元民主存在缺陷为根据的，而宪法性审查就为缓解这些缺陷提供了理论基础。当伊利提出自己的宪法性审查理论时，这就构成了其论点的核心；ibid. 77 – 88。在伊利整部著作中反复出现的论题就是下述观念，当政治市场失灵以及利益集团在多元主义市场有可能成为永远出局者时，这样的宪法性审查就是正当的；例如见 pp. 103, 151, 152。

题就是站不住脚的。何以如此则需要详细阐述，因为只有如此方能评价第三种多元主义模式的生命力。以第二种多元民主观为基础的宪法
100 性审查理论不会首先假定应完全以程序问题作为关注的焦点。这第二种模式潜在的关于多元主义文献的理解将揭示为什么同样需要触及社会与经济方面的实体问题。在这里，我不是要主张这样的问题是否应被视作宪法性的问题。这是很复杂的问题，这里只是简单提到，后面还会进行更全面的论述。这里的目标比较有限，就是要考察人们是否可以清晰地建立意在缓和第二种模式认识到之多元民主灾害的宪法性审查理论而不触及社会与经济方面的关注。该论点的内容就是这不可能。倘若仅只关注程序问题就无法实现其目标的理由有四：

第一，选举过程的不平等将持续存在，无法通过清理政治变革渠道的障碍得到纠正。即便通过适当关注言论、结社与选举等已经以最清洁的方式清理了这些渠道，哪些人当选及其代表什么观点仍会体现社会权力集团之间预先存在的不平等。某些权力集团会得到过度代表，而某些则代表不足。〔86〕正如前面所述，就清理政治变革的渠道而言，关注言论、选举与结社的形式特征是必要的，但肯定不是充分的。不平等的持续存在削弱了下述主张，即通过关注言论、选举等，我们因而就是在清理政治过程渠道的障碍。

伊利确实看到了这一问题。其简要的回应就是要诉诸可行性的考虑。〔87〕他认为，一人一票是法院可以采取的唯一可行标准。在具体的选区内，不同集团可能发挥不同程度的影响，但法院不可能调查这些易变的权力联合，然后就适当加权的选举权作出决定。

关于这一论点有两项可能的回应。一项就是承认之，并且亦承认
101 这因而表明了关于多元主义失衡之法律矫正措施的局限性。以此观之，伊利的回应不过就是承认前述论点，同时亦承认这是法律手段所能从事的全部。但伊利并未改变潜在的事实，即法律对政治变革渠道的清理至多只是部分性的，不可能指望司法机关清洗干净奥吉亚斯王

〔86〕见前文第三章第二节（三）、（四）的讨论。传统多元主义学说实际在多大程度上真正以具有平等力量的集团为重点本身也是一个有争议的问题；见 R. A. Dahl, *Dilemmas of Pluralist Democracy* (1982), 207－9。

〔87〕See Ely, *Democracy and Distrust*, pp. 123－5.

的牛棚*。

另一项回应就是伊利回避了问题。正如我们所见，伊利的命题是以下述前提为基础的，即宪法性审查之所以正当是因为可以矫正美国代议民主的阻碍与失衡。然后作出的假设就是这应使我们的注意力集中于程序问题。〔88〕民主部分被视作选择的方法，而伊利命题的前半部分，即关注清理政治变革渠道的那部分，目的就在于确保所有人都可以通过集会、言论与选举等表达其选择。不过就这些与民主选举有关之事项的筛选而言，体现着某些预设，而这些预设是可以质疑的。与言论、选举或结社的形式限制一样，正如有关文献表明的那样〔89〕，倘若社会与经济权力的不平等亦可能造成多元主义的不均衡，为什么只有后者被视作政治清理程序不可或缺的而前者则否呢？以美国宪法并未保护前者而只保护后者进行回应是不行的。即便出于论点的考虑而承认这可能为真〔90〕，但其可以表明的全部内容仅在于矫正多元主义障碍或失衡之方式在宪法上受到了限制，而并不能不知怎样就证明
宪法上可以看到之矫正方式关注的就是造成这些阻碍之唯一甚或最重 102
要之原因。

伊利的命题有可能只具备有限功效的第二个原因与其理论的第二个方面有关，即促进少数派利益的代表。伊利避免作出实体宪法裁判的愿望导致他限制了自己理论第二个方面的范围，并且排除了那些对

---

* Augean Stables，比喻极脏。Augeas 为希腊神话中 Elis 之王，养牛三千，三十年未清洗牛棚。希腊英雄 Hercules 因触犯天条而被天后 Hera 加以十二项被认为不可完成的任务（Twelve Labors），其中一项就是在一日内清洗奥吉亚斯王的牛棚，后 Hercules 引两河水于一日内清洗干净。在希腊神话中，魔羯宫所在位置亦被称为 Augean Stable，Augeas 的本意为光明，而 Stable 亦有稳定的意思，因为至冬至日太阳（光明）似乎稳定在该处。因为此段时间为全年最黑暗的时期，所以希腊宗教观念认为天空的黑暗是由经年的罪恶造成的，因此 stable 就极脏，此前一直未曾清洗。当太阳再度升起的时候则被清洗干净。——译者注

〔88〕参见伊利进一步的讨论（ibid. 136），伊利称，就触及推定宪法权利的法律进行审查的适当范围而言，就是倘若没有令人信服的理由就不能否定这些权利。关于利益、“物品、权利、豁免或不管什么东西”之规定，倘若并非政治参与所必需，或者美国宪法并未明确加以保障，那么只有当借以实现分配的过程出现故障时方能进行审查。就为什么社会与经济方面的因素不应被视为其所谓政治参与必不可少的东西，伊利并未提供明确的解释。

〔89〕见前文第三章第二节（三）、（四）。

〔90〕宪法能否以及/或者应否被理解为保护这样的社会与经济利益是非常复杂的问题。当然，就特定宪法规定而言，其并非不可能作为可能的解释；例如见 C. R. Sunstein, ‘Interest Groups in American Public Law’, 38 *Stan. L. Rev.* 29, 72－3 (1985)。在考察第三种多元民主模式时，还会就这一论题进行更详尽的讨论。见下文第四章第五节。

多元主义理论持批判态度的人认为需要保护的集团。诸多这类批判性作品所具有的特征，即承认集团之间的不平等，同样主张保护那些可能在不平等斗争中出局的集团。这些集团的“清单”并不让人意外：种族团体、侨民、同性恋者与穷人都居有显著地位。尽管伊利可能愿意采用诸如立法动机与可疑分类等学说技术以抗衡给予侨民、种族团体或同性恋者不利对待的立法，但穷人很大程度上却被排除在外。

> 未能为穷人提供这种或那种物品或服务，就像我们某些人似乎往往对其麻木不仁一样，总体而言并非源于虐待狂式地期望让处境悲惨的人处于悲惨境地，或处于关于其特征的某种陈旧概括，而是源于不愿意筹集用于支持这些开支的税收——而这些税收在所有情况下都很容易被立即转化为合宪的术语。因而可疑分类的理论只是偶尔对穷人才有所帮助，因为他们的问题往往并非从分类开始的。[91]

穷人被排除在外这一点尤为重要，因为倘若我们必须要确定摧毁多元主义自动化社会神话最重要的某种因素，财富与权力的不平等就会成为首选，或接近于首选。[92] 这些差别以及随之产生的权力差异
103 已经损害了多元主义美好和谐的设想。穷人在不断的政治竞争中最接近永久失败者的图像。即便那些造成这种失败的人并没有虐待狂的心理，这一点依然成立。伊利无法将穷人纳入其方案，因为倘若纳入，其主张将实体考量从宪法性审查中排除就站不住脚。正如前面所见，这一主张的依据是有问题的。[93] 当伊利继续将分散孤立的少数派限于通过种族或出身区分的集团时，他至少还可以试图维持非实体性的印象。一旦考虑纳入穷人，这一外表就变得愈益脆弱。实际上，可能以“分散孤立的少数派”为焦点无法再充分地描述那些多元主义市场上永远的失败者。正如阿克曼所述：

〔91〕 *Democracy and Distrust*, p. 162. 关于中央立法决定背后动机的一般讨论，见 D. R. Mayhew, *Congress: The Electoral Connection* (1974) and M. P. Fiorian, *Congress: Keynote of the Washington Establishment* (1977)，该书很大程度上以国会议员重新当选的愿望为重点解释立法行为。其他作者则以重新当选、在立法机关发挥影响以及促进公共政策的愿望为重点；例如 R. F. Fenno, *Congressmen in Committees* (1973), and R. D. Arnold, *Congress and Bureaucracy: A Theory of Influence* (1979)。另外见 A. Maass, *Congress and the Common Good* (1983); G. C. Jacobson, *The Politics of Congressional Elections* (1983); P. Woll, *Congress* (1985)。

〔92〕 见前文第三章第二节（三）、（四）。另外见 R. D. Parker, ‘The Past of Constitutional Theory-and Its Future’, 42 *Ohio. St. L. J.* 223 (1981)。

〔93〕 见前文第四章第三节（二）。

分散孤立的少数派在多元主义讨价还价平台上取得有力的代表之后许久，仍然还有许多其他集团无法发挥与其数量合乎比例的影响：分散而广泛的集团（如妇女），或不具名且多少有些孤立的集团（如同性恋者），或既广泛又不具名的集团（如穷人）。倘若不是把卡罗琳公司案视作某种陈腐的规则，宪法学者就必须提出范式详细叙述下述系统性的缺点，这些缺点会破坏我们制度处理这些分散或不具名集团冤屈之方式的正当性。[94]

伊利理论存在的第三个方面的困难与第二个有关。通过在源于选举过程的立法中给予少数派关注，只能部分缓解选举过程本身不能清除的经济与社会权力方面的不平等。这部分是因为前面指出的一点造成的，即拒绝将某些类型的集团界定为分散孤立的少数派。另外还由于伊利自己分析中不易显现的不对称性造成的。伊利的进路取决于立法要按照特定方式对人民进行分类。伊利几乎未触及其消极一面，即当立法不存在的情况。关于古典多元主义学说之批评中常见的一个论题就是，主要权力集团对政治议程的控制、这些组织的相互迁就融合 104
导致的保守倾向以及存在反对次要渐进以外之变革的压力。[95]

这一批评线路的意义在于，那些由于选举过程本身持续存在的不平等而导致代表不足者因立法没有关注其需要而遭受的损害，可能与明确对其不利之立法造成的损害同样严重。在这些情形中，以立法动机以及服务于立法动机的东西为焦点的可疑分类帮助不大，或压根就没有什么帮助。伊利的技术暂时仍然派不上用场，因为立法者的表单一片空白。

就前述两项论点可能采取如下的回应形式。伊利已经明确阐明了其命题的第二个方面并未意图包含的内容。[96]促进少数派的代表性既不需要所有法律平等对待所有人，亦不需要将美国宪法解释为需要某种具体的分配模式以判断利益分配的合宪性。因而仅只查考“谁最终拥有什么”完全无法确定分配的合宪性，而只有通过关注具体分配的程序方能确定。因而集中关注的就是立法动机与可疑分类。法院在缺少可能有利于代表不足的集团或不利于穷人之相关立法的情况下就

〔94〕 B. Ackerman, ‘Beyond Carolene Products’, 98 *Harv. L. Rev.* 713, 742 (1985); 重点符号为原文所有。

〔95〕 例如 Schattschneider, *The Semi-Sovereign People*; P. Bachrach and M. S. Baratz, ‘Two Faces of Power’, 重印于 W. E. Connolly (ed.), *The Bias of Pluralism* (1969), ch. 3。

〔96〕 See *Democracy and Distrust*, pp. 135 – 6.

无法作出任何判决，这或者是缘于倘若这样做就可能等于强制实行某种具体的分配模式，或者缘于不存在确定这种立法的缺位是否会违反伊利自己之程序规则的根据。

这种论点是有缺陷的。我们应首先记住的是伊利本人的程序理论意在将美国宪法的具体规定与其代议民主环境结合起来。这是其首要的理论基础，其具体运作的部分则包括清理政治变革过程的障碍以及
105 确保不会有组织地损害技术上被赋予了选举权的少数派。现在，在确定这种有组织的损害是什么时，当然可以通过界定性规定的方式予以确定，并且主张只有违背伊利之程序判断标准的实际立法才可以被视作这种损害。不过，这样做会忽略立法缺位可能产生同样结果的大量证据。倘若伊利的理论无法消化由于立法收益缺位或对穷人不利的立法而给少数派造成的系统损害问题，那么就会相应地弱化。或许可以主张美国宪法排除了关于这类问题的考查，不过这并不会改变前述回应。即便存在这种宪法性的限制，亦不会证明前述不平等结果不会造成多元主义因素的明显失衡。这只会削弱有兴趣以多元主义程序之弱点作为宪法性审查的首要组织原理构建某种理论的人可以运用的工具而已。在考察第三种多元民主观时，还会更全面地讨论美国宪法是否确实确立了这种限制。

伊利的理论可能只有有限功效的最后一个原因，在某种意义上与第三种原因相关，并且对其进行了扩展。即便那些当权者及其支持者确实希望取得积极的目标，他们选择的路线可能亦不是立法。经典多元主义学说或许会有许多缺点，不过，该学说的支持者，如本特利，确实认识到两个具有持久意义的问题：“政治界”不能被等同于严格形式意义上的政府；政府可以借助多种方式实现其目标。〔97〕简单地说，“局内人”可以运用多种工具排除“局外人”。非正式的谅解、契约、执行机关指令以及阻挠议案通过等都是可能的武器，不过却更难对其进行抨击。与在立法中表达同样的目标相比，这些手段的非正式性很可能使其不那么明显。当遇到这种政治决策模式时，伊利用于救济、缓和或矫正多元主义存在之不平等的机制只具有有限的功效。此
106 外，伊利还支持复兴禁止授权学说〔98〕，但这只会加剧前述难题。倘

〔97〕 See A. F. Bentley, *The Process of Government* (1908; repr. 1949); D. B. Truman, *The Governmental Process* (1951). 最近的多元主义批评文献并未否认这一点。

〔98〕 See *Democracy and Distrust*, pp. 131－4.

若立法机关认为受到详细阐述相关标准之义务的不当约束，回应方式之一就会是以其他比较不明显的手段推行这些目标。

前述讨论试图表明的是，让宪法性审查保持“空白”这种期望在防止现代多元主义困境时起到的作用有限。借由承认作为政治市场特征之讨价还价的缺陷，就削弱了自我矫正式的自治政治社会意象。这些缺陷本身主要是经济与社会方面之实体不平等导致的结果。以程序为基础的宪法性审查距离这些问题仍然很远。这种审查可以如此限定其组成部分从而排除这些问题。无论如何，不要过分指望这种理论可以包治多元主义社会的百病。以第二种多元民主模式为基础的宪法性审查因而就不会首先假设集中关注的是程序问题。下述观点是完全可以接受的，即由于特定问题被认为不适合由司法机关解决因而需要为宪法性审查规定某些限制。不过，正如下文所见[99]，司法机关权能的观念本身就很复杂，与伊利的分析相比，尚需进行更详实的解析。

五、第三种模式的生命力

因此，倘若伊利意在构建以第二种多元民主观为基础的某种宪法性审查理论，这一工作并未取得显著的成功。我们现在就转而讨论第三种多元民主设想以及前述宪法性审查的生命力。

在处理这一问题时，应首先明确伊利命题的主题结构。伊利本人的宪法哲学源自其对解释主义者的批评，是为了寻找无须司法机关强制实行基本价值的宪法裁判形式。伊利认为其哲学核心的运用体现于沃伦法院的判决中[100]，他认为沃伦法院的判决关注的主要就是前述 107
双重意义上的程序。伊利认为，斯通大法官在卡罗琳公司案的著名脚注中就已经预示了沃伦时代的这些判决。[101]

然后伊利就阐明了这一程序导向之进路的理由，有三个相互关联

〔99〕 见下文第四章第五节。

〔100〕 See *Democracy and Distrust*, pp. 73 – 5.

〔101〕 See *United States v. Carolene Products Co.* 304 U. S. 144, 152 – 3 n. 4 (1938)，除了其他问题之外，斯通大法官在该案提出对分散孤立少数派的歧视可以作为一个特殊情形，这种歧视往往会严重削弱通常用于保护少数派之政治程序的运作，因而相应地需要对有关立法进行更彻底的司法审查。最近认为卡罗琳公司案的脚注并未将注意力放在程序方面的评论，见 L. Brilmayer, ‘Carolene, Conflicts and the Fate of the ‘Inside-Outsider’’, 134 *U. Pa. L. Rev.* 1291 (1986)。

的论题。首要的论题是这一进路与贯穿于美国宪法的民主哲学一致。[102] 尽管伊利承认共和主义情绪确实影响了制宪者的推理，但他认为主导的乃多元主义哲学。正是这一哲学为其命题的两个方面提供了基础。随之产生的以程序作为关注点据说还有另一项好处，即由选举产生的立法机关作出实体政治决定。第二个论题是美国宪法的规定实际上与程序而非实体有关，不过存在大量相反的观点。[103] 这幅图像再加上关于司法机关之权能这第三个方面就完成了[104]；法官更适于处理的是与实体相对的程序问题。下述引语就概括了伊利理论的要义。

> 这里推荐的宪法裁判进路类似于可被称为经济事务方面的“反垄断”（与“管制性”取向相对）——而非只有当“市场”，在这里就是政治市场出现系统性失灵时规定干预的实体结果……仅仅因为有时带来了我们持不同意见的结果很难就说我们的政府“失灵了”……在代议民主制度下，价值判断要由我们选举产生的代表作出，而如果实际上我们大部分人都不同意其判断，就可以投票让他们下台。当程序不
> 108 值得信赖时就会出现失灵，即当（1）局内人阻塞政治变革的**渠道**以确保其呆在局内而局外人呆在局外，或者（2）尽管实际上没有人被剥夺发言或选举的机会，但获得有效多数人支持的代表出于纯粹的敌意而系统地损害某个少数派，或有偏见地拒绝承认利益的共同性，因而拒绝给予该少数派代议制度为其他集团提供的保护。[105]

通过更仔细地考察其实际运作的部分，很明显就可以看到这第三种多元主义与宪法性审查观念存在的难题。伊利运用的是从多元主义政治理论与政治科学中得出的概念。这一类文献很明确的一点就是，不可能严格区隔政治、社会与经济方面的关注。就政治变革渠道被阻塞而言，就某些少数派确实代表着外部失败者而言，这类文献都表明社会与经济方面的实体关注与那些明显与程序相关的关注同样重要。就此而言，可能的回应有四。

第一个方面的回应可以采取下述形式。可以主张美国宪法的规定并不允许进行这方面的考量。就言论、选举与结社的形式特征而言，是有可能得到保护的，但就社会中那些人实际可能享有的“价值”而

〔102〕 See Ely, *Democracy and Distrust*, pp. 77 - 88.

〔103〕 Ibid. 88 - 101.

〔104〕 Ibid. 102.

〔105〕 Ely, *Democracy and Distrust*, 102 - 3；重点符号为原文所有。

言，这些权利则未被给予同样的宪法关注。[106] 同样还可以辩称，平等保护条款并未将任何具体的分配模式制度化，其关心的只是在设计调整整个社会的制度时给予平等关注与尊重。[107] 因此，这一回应总的主旨就是主张并非所有困扰多元民主的问题都可以被视作是具有宪法性质的问题。

伊利并未详尽展开这一论点，而问题也不是这么容易就能解决的。罗尔斯所做的区分以及德沃金的平等关注与尊重观念，本身都是
更复杂政治理论的组成部分，这些理论在后面还会再进行讨论。前述 109
二者无法完全与其背景分离并适用于一种不同的理论。[108] 无论人们如何相信这些观念，相关的问题乃这些观念对伊利本人理论的适当性与效果。这是以政治市场出现系统失灵时就进行介入为根据的。倘若罗尔斯与德沃金式的论题意味着社会与经济力量方面的问题无法进行宪法上的质疑，那么正如前述分析所见，宪法性审查发挥的功能有限，而正是这种功能证明其存在具有正当性。否则，在被告知不考虑“局外人”被置于相应地位之首要因素的情况下，法院就是要为这些集团发动一场战争。

正如前述引语所见，第二个方面的回应可以采用反垄断的类比。只有当普通市场存在失灵时才会适用反垄断，但这并不会规定某种具体的实体结果。因而，清理政治市场的渠道同样可以以程序为根据。这一论点既误解了反垄断如何发挥作用又误解了其何时发挥作用。只有已经确定存在某些市场失灵导致了诸如垄断或卡特尔化时，才可以适用反垄断规则。[109] 在确定是否已经出现市场失灵时，反垄断法就

〔106〕 比较 Rawls，*A Theory of Justice*，pp. 204 – 5。关于罗尔斯本人理论就这一观念的讨论，见下文第八章第三节（一）2。伊利似乎并未明确采取这种观念，不过可以说隐含于其分析的某些部分当中。

〔107〕 Ely，*Democracy and Distrust*，p. 82，伊利在此确实提出了这一进路，引征了 R. Dworkin，*Taking Rights Seriously*（1977），180，人们或许会认为平等关注与尊重的观念很吸引人。既然伊利关注的是缓和多元民主存在的问题，问题就在于该观念是否有意义。

〔108〕 例如（1）罗尔斯式的区分适用的理论确实为实体权利提供了保护；但即便在该理论中这都是存在问题的。（2）罗尔斯现在确实承认正义原则应包括政治自由的价值；见下文第八章第三节（一）2。

〔109〕 See L. A. Sullivan，*Antirust*（1977），chs. 3，4；P. Areeda，*Antirust Analysis*（3rd edn.，1981）；R. A. Posner and F. H. Easterbrook，*Antirust*（2nd edn.，1981）；E. T. Sullivan and H. Hovenkamp，*Antirust Law，Policy and Procedure*（1984），ch. 4；H. Hovenkamp，*Economics and Federal Antirust Law*（1985），ch. 4.

会在下述意义上考虑问题的实体内容。反垄断法将查验证据以确定有关公司是否确实形成了共谋，协议形式的表面清白则不具有决定性。就市场力量问题而言，亦明显存在类似的进路。〔110〕法院将查验垄断的结构性特征，还会考虑行为方面的因素，诸如被告是否给拒绝服从的公司施加了某种压力。因而总的来说反垄断维护着私人市场的程序。〔111〕但从这种总体陈述中无法推导出反垄断因而是关于程序问题
110 的。〔112〕在确定是否出现失灵时，法院就会考虑主要参与者发挥的经济与社会方面的实体力量。反垄断的类比用于政治市场则要求就是否存在失灵作出决定时应考虑所有事实，而不只是那些表面上被认为与程序相关的事实。例如，人们需要考虑的不只是某个集团是否拥有形式上的言论、选举与结社权，还需要决定另外一个拥有重要政治力量的集团是否将前者全部或部分排除于政治市场之外。这一考查的首要问题就是两个集团各自具有的经济与社会方面的比较力量。

伊利可能提出的第三个方面的回应是，由于认识到进行实体性审查的危险，有必要至少在表面上将系统失灵的含义限于以程序为基础的问题。据称，实体性审查不可避免地会导致司法机关就“谁最终应当拥有什么”作出分配性决定。〔113〕因而伊利坚持的是诺齐克与“最终结果”相对的“历史”进路。

根据更严格的检验，有关系统性失灵的解释理由与反垄断类推得出的理由一样无法让人信服。这一困难的根源在于实体一词含义的模糊性。出于论证起见，假设无法将美国宪法理解为包含了具体的分配

〔110〕例如见 Sullivan and Hovenkamp, *Antitrust Law*, *Policy and Procedure*, ch. 6; Sullivan, *Antitrust*, ch. 2; Hovenkamp, *Economics and Federal Antitrust Law*, chs. 5, 6。

〔111〕因为两个彼此相关的原因，什么行为才可以说违反了《谢尔曼法》第 2 条的明确要求仍然颇有争议：(1) 法院在不同时刻采用的标准不同；(2) 即便后来法院采取的是同样的标准，当适用于案件的事实时，关于该标准的解释也可能有明显不同。见前文注释 110。典型的判例有：*United States v. Aluminum Co. of America* 148 F. 2d 416 (2d Cir. 1945); *United States v. United Shoe Machinery Corp*. 110 F. Supp. 295 (D. Mass. 1953), *aff'd per curiam*, 347 U. S. 521 (1954); *United States v. Grinnell Corp.*, 384 U. S. 563 (1966); *Berkey Photo*, *Inc. v. Eastman Kodak Co.*, 603 F. 2d. 263 (2d Cir. 1979), *cert. denied*, 444 U. S. 1093 (1980); *Aspen Skiing Co. v. Aspen Highlands Skiing Corp.*, 105 S. Ct. 2847 (1985)。

〔112〕准确地说，应当禁止具有垄断力量的公司的哪种行为，同样也是继续导致法院与评论者意见分歧的问题；例如前文注 111 中的 United Shoe 公司采取的租赁契约是否应被视作具有排他性就是值得讨论的问题。

〔113〕See Ely, *Democracy and Distrust*, p. 136.

模式，且就此而言排除了实体性审查。这里运用的实体一词指的是国 111
会颁布之实际立法的分配性内容。为了清晰起见，这可以被界定为直接实体审查。

再假设我们仍然希望将保护多元主义市场永久失败者的方法纳入我们的宪法性审查理论。这种集团可以被赋予分散孤立之少数派的名称。这就需要决定哪一个集团应被赋予这种称呼。在此情形下，实体性评价并非直接针对立法应实现的适当或理想的分配模式。因此，这并非前述意义上的直接宪法性审查。倘若要保护少数派，仍然需要不仅就该具体集团的权利作出判断〔114〕，还需要评价该集团具有的社会与经济方面的比较力量。就诸如黑人或妇女是否有可能成为多元主义市场的永远失败者作出决定，必然需要就这些集团在社会中的地位及其具有的力量作出复杂的决定。伊利本人关于平等保护的详尽分析事实上就证明了有必要进行这一方面的研究。〔115〕

因此，正如适用于平等保护条款那样，伊利关于系统性失灵的解释很可能避免根据分配性考量进行直接的实体性审查。不过，却无法避免前述更间接的实体判断形式。这两种类型的实体性审查之关系本身可能比初看起来的更为复杂。人们或许不会直接根据某种理想分配模式谴责具体的立法，但当有争议的立法发布时，仍然可以根据影响该集团社会地位的分配性考量等等启动更严格的审查。〔116〕因此，人们或许不能直接就正在审查的具体立法作出“谁最终应当拥有什么”
的决定；就此而言，就可以避免根据分配性标准进行直接的实体性审 112
查。不过，在确定具体集团是否分散孤立的少数派时，仍无法避免考虑以往的分配模式。

因此，在下述意义上，伊利适用于其命题第二个方面之系统性失灵的解释理由就遭到了削弱。伊利的目标是为了向那些尽管技术上被赋予了选举权，但在多元主义市场上因为宪法上靠不住的理由“永远”处于失败地位的人提供帮助。〔117〕伊利的进路可能成功地避免前

〔114〕在 Tribe，‘The Puzzling Persistence’和 Brest，‘The Substance of Process’阐述的意义上就是如此。

〔115〕在伊利讨论种族（*Democracy and Distrust*，pp. 151－4）与妇女（pp. 164－9）问题的推理与结论中充斥着这样的假设。

〔116〕就在某些情形下据以分配收益的程序而言，伊利在声称“分配模式可以提供强有力的相关证据”时，顺便在括号中以插入语的形式提到了这一点。Ibid. 136。

〔117〕See Ely，*Democracy and Distrust*，152.

述意义上的直接实体审查。但是，就哪些集团应被界定为分散孤立的少数派以及哪些立法因而应进行特别审查的决定而言，仍需要进行实体方面的判断。前述第二种多元主义模式首先需要考量的社会与经济方面的实体问题虽然被从前门赶了出去，但却从后门回来了。[118]

前述论点的[119]最后一项回应可能采取下述形式。可以主张说，宪法性审查范围的有限性可以因司法机关权能的理由得到证明。司法机关更适于解决的是与程序相关的问题，因为其具有该领域的专业知识，且如此这般法院因而就不会僭越应被视作立法领域的内容。正如前文所见，司法机关权能在伊利本人的分析中起重要作用的因素。[120]

113 不过，这一回应无法为伊利实际支持的宪法性审查理论提供必需的理由。这一回应显而易见的难题在于前述分析中程序与实体的重叠。人们不可能认为司法机关就诸如这种“程序”问题具有某些特殊的专业知识，就如考虑的全部问题只是刑事审判对抗程序的技术规则那般，而是还会牵涉到关于政治共同体的性质等棘手且具有争议的实体性判断。

这一回应还具有一个虽比较不明显但却同等重要的难题。不管人们是否认为司法机关的权能应当如此，有一个问题是显而易见的，即关于司法机关之适当角色的观念不可能通过某些与“过去相关”的神奇技术就改变多元民主的属性，亦不可能改变困扰这一种制度之问题的属性。关于司法机关之适当角色的具体观念无论如何无法证明下述论点，即以多元民主之病害为基础的宪法性审查制度会将我们最初的关注置于程序方面。第二种多元民主模式的拥护者很可能认为，意在矫正多元主义病害的宪法性审查制度从一开始就不得不处理整个社会、经济与政治方面的因素，既包括那些与程序有关的因素，也包括那些与实体有关的因素。这样的支持者然后很可能承认由于司法机关

〔118〕 直接与间接实体性审查之间的界限可能因为承认将二者结合在一起的“反馈循环”(feedback loop，指结果以投入的形式回馈系统。——译者注）而更难以维系。在确定某个集团是否可能在多元主义讨价还价中永远处于失败者地位时，就以往分配模式的评价以及更严格审查影响这些集团之立法的决定，都必然会影响正在审查之具体立法的生存机会。在考察该立法时，法院可能并不会强制推行某种理想的分配模式。不过其仍然是在进行某种“分配性的设想”，因为倘若法院没有根据社会与经济以及其他方面的理由确定系争集团在多元主义市场可能永久处于失败者的地位，具体法律就根本不可能受到审查。

〔119〕 见前文第108页（原书页码，本书边码）。

〔120〕 See *Democracy and Distrust*, pp. 88, 102.

之适当角色的认识给宪法性审查造成的局限。那些局限的准确性质很可能众说纷纭。不过，这与试图主张多元民主的问题与司法机关的适当角色之间存在着完美契合的论点迥然不同。[121] 倘若以程序为所有两个问题都提供了不言而喻的答案那般进行引用，则只是提出了某种显然不真实的对称而已。

六、多元主义与程序的困境

前已述及公共选择模式具有的描述性与规范性难题。伊利提出的宪法裁判模式意在矫正与减缓多元民主产生的缺陷。不过，这一设计 114
的完美性为两方面的障碍所限。

一方面，承认具体多元民主观背后存在重要的价值选择而且表面为程序性的规范亦复如此，就质疑了该设计价值中立的主张。倘若不存在作出这种价值判断的客观标准，那么当在审查程序中出现时，司法机关缘何就有权这样做呢？试图区分支撑程序的价值判断与那些与其他基本价值有关的价值判断本身则会为二者如何界分的难题所困。

另一方面则是承认至少在理论上限于程序的宪法性审查观念在缓和多元主义缺陷方面效果有限。愈是接近于消除这些障碍或失衡，自称宪法性审查以程序为基础就愈站不住脚。就此而言，伊利对基本权利理论家的嘲弄回馈到了自己的命题。他批评这种理论的理由有多个，其中之一就是被视作具有根本性之问题的选择体现了中产阶级的价值，例如表达、教育、学术自由等等。“但是当某人提到工作、食物或住房时，注意大部分基本权利理论家都开始悄悄地向门边溜：那些当然重要，但却并非**根本性的**。”[122]

但伊利却没有看到同样的批评亦可适用于他本人的命题。既然传统多元主义模式并非是以无瑕的方式发挥作用，要阐明矫正这些缺陷的机制则必须预先就造成这种故障最可能的原因作出决定。这一决定并非不证自明或价值中立的。因为排除了选举过程或其后立法过程存在的许多社会与经济方面的不平等情形，伊利的命题就容易面临他对其他人提出的同种批评。他假定政治市场的系统性失灵导致我们应将

[121] Ibid. 87－8.

[122] *Democracy and Distrust*, p. 59；重点符号乃原文所有。

注意力集中于诸如言论与结社自由等问题，似乎不言而喻这些就是造成多元主义失衡最重要且唯一的原因。

115 社会与经济分配方面的关注在多大程度上应作为宪法裁判的问题非常复杂，下面还会进行更详尽的讨论。这些方面的关注因貌似以程序为中心而被排除在外。这种似是而非的论点源于貌似以程序为中心造成的限制。我们可以假装是在改善多元主义。但正如艾丽斯所称*，然后我们就可以假装任何东西了。危险很可能在于倘若我们面对现实会发现的东西。正如昂格尔所述：

> 倘若导致采用笼统矫正性平等保护之不可弥补的损害是广泛存在的，那么就会得出下述两个令人烦扰的结论之一。司法机关不得不承担更大的责任以修正立法的结果并通过这样的审查转变社会的权力结构……或是——考虑到司法权的限制，也更有可能的是——司法机关可能简单地拒绝承认或矫正不可挽回的损害。这些损害然后就会累积或强化，而且就现有秩序关于忠诚与潜在的可信度观念方面的主张产生长远的不利影响。[123]

另外一个似是而非的论点亦值得简要提及。不仅完全以程序为关注点无法矫正多元主义的问题，而且多元主义理论本身就破坏或削弱了反对司法机关进行实体性审查的标准情形。现代多元主义思想不仅以下述观念为基础，即利益集团在常态政治过程中讨价还价以达成实体方面的决定，而且质疑了此前公认的、形式上的立法机关垄断公共权力的教条。现代多元主义认为重大政治决策乃源于外在于政府过程的利益集团，这些利益集团则与立法过程无论哪个只要最有可能支持其目标的部分进行合作。[124] 相关结果通过提交立法机关批准就可以

---

* Alice 为英国著名儿童文学 *Alice's Adventure in Wonderland*（1865）与续集 *Trough the Looking-Glass* 的主人公。在续集中，Alice 最喜欢的口头禅就是“让我们假装……”(Let's pretend)。Alice 的姐姐凡事讲究准确，称她们只有两个人不可能假装那么多东西。Alice 就让姐姐从中选一个，剩下的都由她来假装。该书在英美家喻户晓，因此作者这里并没有给出注释。两书的作者为英国作家、数学家 Charles Lutwidge Dodgson（1832—1898）以 Lewis Carroll 笔名出版的。——译者注

〔123〕 R. M. Unger，‘The Critical Legal Studies Movement’，96 *Harv. L. Rev.* 563，608－9（1983）.

〔124〕 例如见 Bentley，*The Process of Government*，chs. 13－15，18，19；Truman，*The Government Process*，chs. 3，4，11，12，13；H. Kariel，*The Decline of American Pluralism*（1961），47－8；T. J. Lowi，*The End of Liberalism*：*Ideology*，*Policy*，*and the Crisis of Public Authority*（1969），48，49，84，90。

在某种程度上披上形式正当性的外衣。这些结果能否实现这一点则取
决于具体领域执行公共政策的确切方法。这并非说传统的代议政府机 116
关不具有任何实际权力。那样说是胡说八道。问题实际上在于，多元
主义理论强调的是国家与社会的连续性、代议与非代议机构的互动以
及后者具有之非常真实的权力。

当然，这并不能证明法院作出实体价值判断的正当性。错上加错得出的结果并非正确。比克尔数年前就有力地阐述了这一点〔125〕：承认某些非代议机构作出政治决策本身并不能证明亦可以将法院添加到这一清单上。这是完全正确的。不过，非民选、非代议机构确实参与公共权力的行使这一认识至少应促使我们进一步进行思考。

就实体宪法性审查而言，通常的异议形式是其以非选举产生之司法机关的价值判断取代了选举产生的、向选民负责之立法机关的判断。因此，关键的假设就在于立法机关垄断公共决策权，代议民主被认为是一元化的。倘若事实上社会具有权力分散的特征，倘若某些实体价值判断是由非代议机构作出的，那么我们还应如此担心行使着类似权力的法院吗？我们还应如此热心于清除所有关于实体判断的审查以将其限于纯洁的程序处女地吗？〔126〕

七、行政法

（一）多元主义、委任与利益代表

行政法的目标与方向是极富争议的一个主题。是否应当在实体性 117
司法审查、行政机关的内部控制、规章制定抑或这些与其他某些机制
的某种结合中寻找行政法的“含义”？以集团讨价还价为重点的多元

〔125〕 See *The Least Dangerous Brach*, pp. 18－20. 不过比克尔的努力并不十分令人信服，即区分集团发挥的政治权力与司法机关倘若进行实体审查所行使的权力。因此，“海军与陆军将领们”据称是向文职官员负责的，这些官员本身则是由选举产生的，“而通过他们，战线就可以直达多数人”。当这些非选举产生的人员作出决策时，也只是在很小的空间内作出的；ibid. 19－20。如今就这两个问题的任何一个而言，都几乎没有人会像比克尔那样有信心；比较 A. S. Miller, The Modern Corporate State: Private Governments and the American Constitution (1976)。另外见 Ely, *Democracy and Distrust*, p. 67。

〔126〕 例如，与其他非代议机构作出的其他决定相比，司法审查更具有“终局性”这一点并不是确定的；见 H. H. Wellington, ‘The Nature of Judicial Review’, 91 *Yale. L. J.* 486 (1982)。此外，相较于多元主义社会典型的私下讨价还价，司法判决至少更容易接受公众监督。

民主观将重点放在程序方面的考量，其赞成以权力委任作为更好地容纳竞争性集团之间的讨价还价的方式，同样还赞成利益代表模式以确保那些受行政机关决定影响之人能够参与决定的形成。根据前述讨论，重要的在于法院不仅赞成此等程序权利而且还认为有必要进行更具实体形式之司法控制的程度。多元主义的弱点或许表明程序权利乃行政法的必要因素，但却并非充分因素；为了防止极强大派别带来的危险还必须有更具实体性的司法控制。这一点稍后将在本节中进行探讨，现在我们先讨论委任问题。洛伊如此说明委任与多元主义的基本关系：

> 就科学多元主义学说而言，太多的法律显然是让人无法容忍的。就某种至关重要的意义而言，价值中立的科学之所以在逻辑上要求权力委任的模式，是因为权力委任是现代政治科学中自我实现的预言机制。减少多元主义之讨价还价的明确法律同样严重削弱了将政府科学地视作仅是诸多讨价还价过程与多重权力结构之组成部分的可能性。[127]

这样就在复杂的现实世界中产生了一种张力。一方面可能认为某些活动需要进行控制或管制。但另一方面，多元主义的内在本质表明，可接受的权威应当源于个体的交易。缓解这一张力的机制就是向主持利害当事人竞争与讨价还价的行政机关委任宽泛的权力。

就委任与行政程序而言，洛伊为我们提供了一种有趣的发展性分
118 析。他的论题是，随着时间的推移，授权性立法已经认可了对行政机关更宽泛、结构更开放的授权。[128] 洛伊这种分析的某些方面完全有可能遭到质疑。[129] 不过，就发展性细节方面的观点差异不应遮蔽核心命题的重要性。委任是符合多元主义的思想逻辑的。倘若活动必须进行管制，那么就应当通过讨价还价、通过利益集团参与行政机关部门的决策进行。委任鼓励之决策分散化就促进了这一目标的实现。宽

〔127〕 *The End of Liberalism*, p. 127；重点符号乃原文所有。以权力委任为重点在英国的多元主义著作中同样非常明显；见下文第五章第二、四节。

〔128〕 See *The End of Liberalism*, pp. 133－41；另外见 R. M. Unger, *Law in Modern Society* (1976)。

〔129〕 他对早期反垄断立法的描述过于乐观了。这些立法不如洛伊认为的那般具体。见 R. H. Bork, 'The Role of Reason and the Per se Concept: Price Fixing and Market Division I', 74 *Yale L. J.* 774 (1965), and 'The Rule of Reason and the Per Se Concept: Price Fixing and Market Division II', 75 *Yale L. J.* 373 (1966)。

泛与开放结构意义上的委任，还通过仅提供最低限度的中心指导原则约束当事人通过交易形成的决策进一步促进了前述目标的实现。国会则满意于这种事态。其默示许可、拒绝以更详尽的标准填补立法的空隙都是可以解释的，因为这要比其他解决方案简单。标准的具体化就意味着要作出判断，而作出判断则可能意味着会制造反对其选择之方案的敌人，更简单的做法就是把这一难题推给行政机关。倘若在如此行事之时，可以声称此乃为了促进民主决策的程序就更妙了。正如禁止授权学说濒临消亡呈现的那样，国会的默许本身已经获得了法院的支持。更早时期的那些判决，即撤销没有充分阐明行政机关应适用之标准的立法，在很大程度上已经被忽略了。〔130〕考察未来这一领域是否有复兴的迹象是一件有意思的事情。〔131〕法院的大部分注意力则放在另外一个不同的方向，促进了多元主义非宪法性审查的第二个孪生因素，即利益代表。

在美国的法律制度中，可以看到利益代表在不同的方面发挥着作 119
用。〔132〕这里简要考察五个。第一，法院已经扩大了有权参与行政机关决策的利益阶层。正当程序将保护因被拒绝赋予某种利益而受到不利影响的个体或强制执行行为的对象。〔133〕无论如何，某人可以请求介入行

〔130〕 *A. L. A. Schechter Poultry Corp. v. United States*, 295 U. S. 495 (1935); *Panama Refining Co. v. Ryan*, 293 U. S. 388 (1935). See Breyer and Stewart, *Administrative Law and Regulatory Policy*, pp. 68－95.

〔131〕 *Industrial Union Department, AFL-CIO v. American Petroleum Institute*, 448 U. S. 607 (1980); *American Textile Mfrs. Institute v. Donovan*, 452 U. S. 490 (1981).（关于禁止授权学说在美国司法实践的发展，见 *American Trucking Ass'ns v. EPA*, 195 F. 3d 4 (D. C. Cir. 1999); *Whitman v. American Trucking Ass'n*, 531 U. S. 457 (2001)。哥伦比亚特区上诉法院在前一案中试图复兴禁止授权学说，但是美国最高法院在后一案件中推翻了上诉法院的解释。——译者注）

〔132〕 关于笼统的讨论，见 D. L. Shapiro, 'Some Thoughts on Intervention before Courts, Agencies, and Arbitrators', 81 *Harv. L. Rev.* 721 (1968); R. C. Cramton, 'The Why, Where and How of Broadened Public Participation in the Administrative Process', 60 *Geo. L. J.* 525 (1971－2), and 'A Comment on Trial-Type Hearings in Nuclear Power Plant Sitting', 58 *Va. L. Rev.* 585 (1972); E. Gellhorn, 'Public Participation in Administrative Proceedings', 81 *Yale L. J.* 359 (1972); J. L. Sax, 'The (Unhappy) Truth about NEPA', 26 *Okl. L. Rev.* 239 (1973); R. B. Stewart, 'The Reformation of American Administrative Law', 88 *Harv. L. Rev.* 1667 (1975); Breyer and Stewart, *Administrative Law and Regulatory Policy*, ch. 7。

〔133〕 关于正当程序学说的一般范围，见 Breyer and Stewart, *Administrative Law and Regulatory Policy*, ch. 7。

政机关已经启动的进程以确保特定观点获得考虑，或推动行政机关作出某种否则就不会采取的行为。就多元主义非宪法性审查观念而言，这种能力相当重要。倘若该审查是为了确保广泛的利益集团能够在分散化的替代性政治过程中进行讨价还价与竞争，那么介入行政机关的进程或推动怠惰行政机关采取行动的能力就至关重要。就此问题而言，法律规定不一。[134] 不过法院最近就利害相关人要求介入的主张采取了宽大的进路，认为就体现某些方面的公共利益而言，这种介入是有价值的。[135]

司法机关关注公众参与的第二种相关方式，体现为要求司法审查行政行为之诉讼资格的扩张。[136] 法院已经明确将介入行政机关本身的范围与要求司法审查之诉讼资格的范围联系在一起。[137] 评论者们
120 已经认可了这种联系。[138] 因而要是发现那些促进介入行政机关本身之权利的类似考量同样促成了司法审查诉讼资格的扩张并不让人吃惊。关于诉讼资格的法律传统上受到严格限制，类似于更早时候的正当程序进路。诉讼资格假定具有私法上的权利或与之非常类似的东西。两者都受到了同一种行政法观念的影响，即保护私人自主以及解决与之相关的、个体与政府的私人争议。毫不奇怪，这种越来越不真实的表面在两个领域中都已经开始崩溃。这里无法考察诉讼资格的准确界限与范围。总体而言[139]，诉讼资格的转变强化了下述印象，即行政法的目标不只是保护私人自主，同时还包括更广的、与行政机关行为方向相关的共同与集体利益。

以启动行政行为为目标的公共参与则体现了第三种促进利益代表的方式。这一点之所以重要是因为个体或利益集团赖以介入的进程并不存在。在确保利害当事人的代表方面，法院审查指控性或执行性裁

〔134〕 简单地说：(1) 关于具体行政机关的法律就介入有具体的规定；(2) 其他法律保持沉默；(3) 行政机关的规章或裁量可以确定介入的权利；(4) 1946 年《行政程序法》允许利害相关人介入的特定情形，但如果时限或公共利益要求的话同样允许排除之；S. 5 (b)，5 U. S. C. 544 (c). -47。

〔135〕 *The National Welfare Rights Organization v. Finch*，429 F. 2d 725，736 - 8 (D. C. Circ. 1970)；*Office of Communication of the United Church of Christ v. F. C. C.* (*Church of Christ I*)，359 F. 2d 994，1003 - 4 (D. C. Circ. 1966).

〔136〕 See Stewart，'The Reformation of American Administrative Law'，pp. 1723 - 48.

〔137〕 例如 Finch，前注 135。

〔138〕 See Breyer and Stewart，Administrative Law and Regulatory Policy，pp. 1194 - 5. 关于相反的看法，参见 L. L. Jaffe，*Judicial Review of Administrative Action* (1965)，524 - 6。

〔139〕 关于更详尽的分析，见 Stewart，'The Reformation of American Administrative Law'，pp. 1723 - 48；C. A. Wright，*Law of Federal Courts* (4th edn.，1983)，53 - 84。

量行为的意愿是一个重要因素。其之所以特别重要是因为，没有启动行政行为完全可能就是强大的利益集团与行政机关本身相互调和的结果。那些持不同观点的当事人进行“介入”就会威胁到这一点。这用不着达到声称行政机关已经被其主要客户俘虏的地步，多元主义程序的失衡可能比具有倾向性的动词“俘虏”隐含的意义更加微妙。行政机关可能会形成戴着蒙眼罩看问题的方式；不知不觉地就运用主要客
户集团来衡量具体行为的优缺点；对此就越来越难以注入新的信息。 121
法院已经抛弃了指控性裁量行为完全不可审查的论点。[140] 斯图尔特说明了这些发展的重要性。

> 人权医疗委员会案、鲁克尔斯豪斯案及其后的案件通过赋予所有受行政决策影响、具有公认利害关系之利益请求与参与此等程序的权利，促进了司法机关有效地审查所谓的行政机关怠惰或歧视。当管制机关显然未能保护行政方案的受益者时，法院就命令采取适当的执行措施……在行政机关启动了执行过程的情形，法院则有选择地审查这些进程的安排。法院因而开始承担起最终保护行政方案原拟保护之社会集体利益的任务。[141]

法院借以促进公众参与行政机关之决策的第四种机制是前述机制的推论。倘若行政机关可以仅仅作出听取介入者主张的姿态但不赋予其任何实际意义，介入行政机关进程或启动行政机关行为的能力就没有什么价值。因此，就介入或启动的权利而言，必要的辅助措施就是行政机关要充分考量其获得的所有意见。[142] 法院的回应就是要求行政官员遵照这种方式。在严格审查学说更苛刻的司法审查态度[143]以

[140] See Stewart, ‘The Reformation of American Administrative Law’, pp. 1752 – 6; Breyer and Stewart, *Administrative Law and Regulatory Policy*, pp. 1200 – 11; R. B. Stewart and C. R. Sunstein, ‘Public Programs and Private Rights’, 95 *Harv. L. Rev.* 1193 (1982); *Medical Committee for Human Rights v. SEC*, 432 F. 2d 654 (D. C. Circ. 1970), 以不具有法律意义为由被撤销，404 U. S. 403 (1972); *Environmental Defense Fund v. Ruckelshaus*, 439 F. 2d 584 (D. C. Circ. 1971)。关于后来的案件，见 Breyer and Stewart, *Administrative Law and Regulatory Policy*, pp. 1208 – 10。

[141] ‘The Reformation of American Administrative Law’, pp. 1755 – 6.

[142] See ‘The Reformation of American Administrative Law’, pp. 1756 – 60; Breyer and Stewart, *Administrative Law and Regulatory Policy*, pp. 1211 – 15; *Office of Communication of United Church of Christ v. FCC* (*Church of Christ II*), 425 F. 2d 543 (D. C. Circ. 1969). 比较 C. S. Diver, ‘Policymaking Paradigms in Administrative Law’, 95 *Harv. L. Rev.* 393, 422 – 5 (1981), Diver 认为参与权的增加可能与下述学说工具发生冲突，即确保行政机关对由其解决的问题采取综合性、深思熟虑之分析方式的学说。

[143] 关于严格审查学说的讨论，见 Breyer and Stewart, *Administrative Law and Regulatory Policy*, pp. 341 – 71。

及最近关于专断与反复无常标准的解释中，亦明显可以看到类似的担忧，即确保行政官员不只是赋予抗辩集团之主张形式上的尊敬而已。
122 根据这些检验标准，法院坚持要求行政机关的决定具有充分的理由，确保相关因素都获得了考虑，而且就行政机关的结论是否符合呈交的证据作出评判。〔144〕这种审查的适当标准或强度是非常复杂的一个问题，与前述标准相比，美国最高法院现在支持的似乎是强度较弱的审查。〔145〕司法机关就技术性的证据作出评价的权能是此等导致司法机关意见分歧的一个问题。司法机关以判决取代行政机关的判断则是该问题的另外一个方面。司法审查与多元主义的关系则是第三个方面。一种看法是，既然行政机关对利益集团保持开放并且赋予了抗辩性主张某些充分的考量，结果就应当可以维持。利益集团的互动代表着公共利益，而法院的合法作用就已经穷尽了。另一种看法则认为还需要更多的内容。即便程序对所有相关者开放，麦迪逊式的宗派仍有可能使行政机关的结果偏离最初立法意图的结果。孙斯坦对以实体性控制补充程序权利的可能性进行了申辩，这也是本节开始就提出的一个论题。

进行审查的法院试图确保行政机关不是仅仅回应政治方面的压力而已，而是深思熟虑以便确定与实施应当支配相关争论的公共价值。这里的首要关注是，倘若没有严格审查学说之程序与实体方面的要求，在实施过程中，强大私人集团的主导地位可能就会颠覆支配性的价值。〔146〕

123 就某些方面而言，利益代表的最后一种促进方法最为笼统。〔147〕

〔144〕例如 *Motor Vehicle Manufacturers Assn. v. State Farm Mutual Automobile Ins. Co.*，463 U.S. 29，42－3（1983），法院在该案中就专断与反复无常采取了一种广义的观点。比较 *Baltimore Gas and Electric Co. v. Natural Resources Defense Council*，462 U.S. 87（1983），该案则赋予了同一短语更狭义的理解。State Farm 案更广之解释类似于英国法中广义的不合理观点；参见 P. P. Craig，*Administrative Law*（2nd edn.，1989），300－3。

〔145〕关于 Chevron 案之前的笼统讨论，参见 Breyer and Stewart，*Administrative Law and Regulatory Policy*，pp. 350－4，1213－15。比此前强度要弱的审查态度是 Chevron 案中出现的，*Chevron，U.S.A.，Inc. v. Natural Resources Defense Council，Inc.*，467 U.S. 837，842－3（1984）。另外参见下文注释 146 所引的资料。

〔146〕'Interest Group'，pp. 29，63；C. R. Sunstein，'Deregulation and the Hard-Look Doctrine'，(1983) *Sup. Ct. Rev.* 177. 下面的文献亦是相关的：R. B. Stewart，'Regulation，Innovation and Administrative Law：A Conceptual Framework'，68 *Calif. L. Rev.* 1256（1981）；P.J. Harter，'Negotiating Regulations：A Cure for Malaise'，71 *Goe. L. J.* 1（1982）；Diver，'Policymaking Paradigms in Administrative Law'（1981）；A. C. Aman，'Administrative Law in a Global Ear：Progress，Deregulatory Change，and the Rise of the Administrative Presidency'，73 *Cornell. L. Rev.* 1101（1988）；C. R. Farina，'Statutory Interpretation and the Balance of Power in the Administrative State'，89 *Col. L. Rev.* 452（1989）。

〔147〕关于共和主义利益集团观的讨论，见下文第十章第三、四、五节。

这一方法体现于美国1946年《行政程序法》适用于规章制定的那些要
求当中。《行政程序法》规定了两种基本的规章制定形式。通告与评论
式的规章制定要求行政机关在《联邦登记》全面通告拟制定的规章，明
确规章制定进行的时间与地点、发布规章的法律依据以及拟制定规章的
内容。〔148〕这种形式允许利害相关当事人提交书面评论，而且根据行政
机关的裁量有进行口头辩论的机会。通告与评论程序的适用有几项重要
的例外。〔149〕《行政程序法》规定的第二种主要规章制定程序则更加正
式。当有关法律规定规章应根据行政机关听证后的笔录进行制定时，适
用的就是这种类型。这种更正式的调查通常包括：借由听证官员或行政
法官主持的对抗性、审判式程序取得证据；以此证据为基础作出初步决
定；随后具有根据最初决策者制作的记录提出申诉的机会。〔150〕只有当
规章制定属于这种类型时，才存在排他性的证据笔录，这一笔录随后可
以由法院进行审查。不过，美国最高法院已经限制了正式规章制定的范
围。〔151〕第三种规章制定形式则为前述两种提供了补充。这种形式采取
的是一种混合程序，要求高于通告与评论程序，但又不及正式的规章制
定程序。法院依据的是《行政程序法》关于通告与评论的规定，在某些
领域将这些规定转换为“书面听证”〔152〕。在具体领域要求实行类似中 124
间式规章制定程序的法律变革则补充了前述修正。〔153〕不过，美国最
高法院的一个判决削弱（若非停止的话）了混合规章制定的发展，该判
决不赞成司法机关强制实行《行政程序法》要求之外的程序规则。〔154〕

〔148〕 5 U. S. C. 553。参见 Breyer and Stewart，*Administrative Law and Regulatory Policy*，ch. 5。

〔149〕 有两种类型的限制：（1）诸如福利与政府契约等特定实体领域被排除在外；（2）诸如解释性的特定规章形式亦未被包括在内。

〔150〕 5 U. S. C. 556，557；Breyer and Stewart，*Administrative Law and Regulatory Policy*，pp. 567－8.

〔151〕 *United States v. Florida East Coast Ry. Co.* 410 U. S. 224（1973）。相关讨论，见 Breyer and Stewart，*Administrative Law and Regulatory Policy*，pp. 569－82。

〔152〕 Breyer and Stewart，*Administrative Law and Regulatory Policy*，pp. 597－8，603－4.

〔153〕 See Breyer and Stewart，*Administrative Law and Regulatory Policy*，pp. 604－7.

〔154〕 *Vermont Yankee Nuclear Power Corp. v. Natural Resources Defense Council*，435 U. S. 519（1978）. 关于评论，参见 R. B. Stewart，'Vermont Yankee and the Evolution of Administrative Procedure'，91 *Harv. L. Rev.* 1805（1978）；C. Byse，'Vermont Yankee and the Evolution of Administrative Procedure：A Somewhat Different View'，91 *Harv. L. Rev.* 1823（1978）；S. G. Breyer，'Vermont Yankee and the Courts' Role in the Nuclear Power Controversy'，91 *Harv. L. Rev.* 1833（1978）。

因此，在速度或方向方面，美国法律乃以更大程度的利益代表为趋向这一点尚不完全统一。[155] 尽管法院已经扩大了发动与介入行政机关裁决进程的权利，但就规章制定的情境，最近的趋势则是摇摆不定。最高法院限制规章制定之范围与内容的判决或许主要并非由限制利益代表的愿望造成的。但无论如何，这已经成为限制例如混合规章制定形式的间接结果。

（二）多元主义与行政法：批评与不确定性

多元主义的行政法观念亦未能免遭批评。像多元主义的宪法愿景一样，其遭到了来自数个不同方向的抨击。这里可以讨论两个。

第一，有些人希望复兴禁止授权学说以要求国会在标准的阐述方面更加明确。这一呼吁源自多位学者，但他们自身的信念并不必然一致。我们看到伊利支持以新的方式重新赋予禁止授权学说活力。[156] 斯凯利·赖特法官亦阐述了类似的观点。[157] 就此问题而言，多元主义伦
125 理更尖锐的批评者洛伊[158]则赞成伊利与斯凯利·赖特法官的意见。洛伊强烈反对以讨价还价来描述行政机关决策的性质，严厉批评以开放结构的方式赋予裁量权，希望借由重新关注禁止授权学说恢复法治。

该学说可以在法院能够限制非常宽泛、开放结构之权力委任的程度方面复兴，这一点疑问不大。不过，同样疑问不大的是，这一机制的功效存在实际限制。要明确在某个新的行政政策领域适用的标准还是很困难的。正如斯图尔特指出的[159]，司法机关可能并不很适于评价法律给出之标准的详细程度是否代表着当时可实现的最佳程度。立法责任的放弃与由于国会知识匮乏造成之局限的区别是很难确定的。

此外，禁止授权学说的复兴能在多大程度上成功还取决于目标的明确性。在前述限制的情况下，这种复兴可以牺牲行政机关层面的政治交易而在某种程度上增加民选政府的相对力量与责任。但要是认为

[155] See Breyer and Stewart, *Administrative Law and Regulatory Policy*, pp. 1199－200. 关于利益表达、信息自由与要求行政机关进行公开商讨之法律的相互关联，参见 ibid. 1228－59。

[156] See *Democracy and Distrust*, pp. 131－3.

[157] See Judge Skelly Wright, 'Beyond Discretionary Justice', 81 *Yale L. J.* 575, 584－5 (1972)。另外见前注 130、131 所引的判例。

[158] See *The End of Liberalism* (1969), 154－5, 298.

[159] See 'The Reformation of American Administrative Law', p. 1696.

还可以做到更多则是错误的。洛伊相当重视该学说，但就矫正所谓利益集团多元主义的缺点而言，其贡献无几。他本人对利益集团多元主义的指责就复述了其论点的精要，这我们在前面已经触及：缺乏规划能力、非以规则为基础的制度缺乏实现正义的能力、民主形式主义的腐朽、集团竞争并非自我矫正式的以及具有当事者政治与经济力量不平等的特征。[160]

复活禁止授权学说可能在一定程度上影响多元主义分析不可或缺的渐进性决策。不过仍然没有多少证据可以表明中央层面的决策作为整体不是渐进性的。[161] 政府行为自由的各种限制，包括预算限制以及以往决定留下的较小操作空间，结合起来限制了公共政策激进与
系统性的转变。此外，尚不明确的是，禁止授权学说的复兴或洛伊 *126*
的其他任何提议能在多大程度上矫正由集团不平等导致的多元主义缺陷。

立法本身仍然是立法机关内部讨价还价与妥协以及外部集团压力的产物。立法机关内部的讨价还价本身就是集团进行不平等竞争因而也是有缺陷的选举程序的结果。正如行政机关借由讨价还价达成的"替代立法"，洛伊谈到的问题同样会困扰母体立法。与行政机关层面一样，竞争集团的调和在国会层面亦非自我矫正性的。就某些方面而言，禁止授权学说的复兴可能还会使问题恶化。权力在国家层面之集中的强化很可能增加大规模组织的影响[162]，强化集团竞争的

---

〔160〕 见前文第三章第二节（四）。

〔161〕 关于决策，见 H. Simon，*Administrative Behaviour*（2nd edn.，1957）；D. Braybrooke and C. E. Lindblom，*A Strategy of Decision*（1963）；A. G. McGrew and M. J. Wilson（eds.），*Decisionmaking*，*Approaches and Analysis*（1982）。

〔162〕 关于利益集团的压力，参见如 T. J. Lowi（ed.），*Legislative Politics U. S. A.*（3rd edn.，），pts. 4，5；S. J. Makielski，*Pressure Politics in America*（1980）；D. S. Ippolito and T. G. Walker，*Political Parties*，*Interest Groups and Public Policy*：*Group Influence in American Politics*（1980）；G. K. Wilson，*Interest Groups in the United States*（1981）；I. McLean，*Dealing in Votes*（1982）；G. Wootton，*Interest Groups*，*Policy and Politics in America*（1985）。压力集团在全国层面发挥影响的准确程度是难以估计的。有两个问题交织在一起：第一，存在界定方面的问题，即什么是影响、压力或权力的运用。显性压力的相对重要性、集团设定议程与非决策性过程的能力以及政治主体所受的结构性限制，都仍然需要继续争论。第二，尚存在更具"经验性的"问题，即各种利益集团在全国层面进行的游说活动以及其他类似活动的证据。过去十年的趋势似乎是向增强压力集团在全国层面的组织化发展，这至少部分是由于商业活动针对消费者与环保集团保护其利益的需要造成的。见 Wilson，*Interest Groups in the United States*，pp. 130－46。

不完善性，因为那些强大集团更有能力积聚在全国范围施加压力所需的资源。

洛伊还认为，行政机关制定规章应当会支持重申禁止授权学说。戴维斯是鼓励行政机关通过制定规章的方式组织与限制其裁量这一观
127 念的典型支持者。[163] 这一进路或许具有明显的优点：在同样情况同样对待的意义上可以促进形式正义；通过使行政机关的政策选择更加透明可以促进司法审查，而且个体更容易预测其行为的结果。不过，亦必须谨记这一技术的缺陷。就法院而言，可能难以确定行政机关对其裁量的组织已经达到最优的程度。行政机关推行的政策可能尚未成熟到可以制定规章，而贸然坚持规章制定程序可能会导致行政机关丧失灵活性。

此外，就行政机关的规章制定被视作矫正利益集团多元主义之病害的措施而言，其缺陷与禁止授权的论点相同。由此形成的规章则借由前述技术以集团参与为根据。既然实体方面的不平等困扰着利益集团多元主义，缘何更多关注规章制定就可以缓解这些不平等则是无法直接可以看到的。集中分析体现管制政策的形式无法不证自明地治疗或矫正行政机关对特定利益的偏见。实际上，这种偏见可能因为规定在规章中而被加剧。

就此可能的一项回应是，辩称通过规章制定实现形式正义与前面谈及的实体性不平等之间具有更密切的关联。这一论点如下，规章制定会使行政机关的政策更加明确，而司法审查可以强制要求充分考量该政策之制定涉及的全部利益。虽然这是可能的，但多个因素限制了前述关联的可能性。行政机关的偏见从规章表面来看可能并不明显，而可能更微妙或间接，正如塞尔兹尼克就田纳西流域管理局（TVA）之研究表明的那般。[164] 即便在这种失衡相当明显的情形中，根据充

〔163〕 See K. C. Davis, *Discretionary Justice*: *A Preliminary Inquiry* (1969). 关于这一主题已经产生了大量的文献：参见例如 D. L. Shapiro, 'The Choice of Rulemaking or Adjudication in the Development of Administrative Policy', 78 *Harv. L. Rev.* 921 (1965); J. L. Jowell, *Law and Bureaucracy* (1975); D. J. Galligan, 'The Nature and Function of Policy within Discretionary Power' [1976] *P. L.* 332; R. Baldwin and K. Hawkins, 'Discretionary Justice: Davis Reconsidered' [1984] *P. L.* 570。另外见前注 162 所引的文献；Stewart, 'The Reformation of American Administrative Law', pp. 1698 – 702。

〔164〕 See P. Selznick, *T. V. A. and the Grass Roots*: *A Study in the Sociology of Formal Organization* (1949).

分考量设计的司法审查其影响亦可能有限。未获代表之集团面临的问题往往是缺少针对其强大对手提出申诉所需的资源与凝聚性。因此，倘若目标在于矫正多元主义讨价还价过程的不均衡，就必须从数个阶段以前开始。此外，就这种审查可能起到的矫正性效果而言，这一技术亦不限于针对以规章表达的行政机关政策。当审查通过裁决作出的 128
管制决定时，法院亦能够运用该机制。

就多元主义行政法观念而言，第二个论题方面的主要挑战来自下述作者，这些作者既质疑利益代表作为该学科之组织原理的可取性，又质疑其功效。这类文献探讨了两个主要方面的障碍。[165] 一方面，难以界定利益，难以确保受影响的利益获得充分代表。另一方面，据称因为参与权的增加而带来了某些不利后果，包括成本、迟延、程序手续的增加以及无法确定此等参与权对决定质量的影响。[166]

这些批评的隐含原则非常重要，而且这里应当予以明确。这些批评在根本上质疑程序权利对多元民主的作用。正如前文所见，伊利的命题试图维持的是程序应被视作宪法充分而且必要的基础这种论点。而前述论点的本质就是这一设想是有缺陷的。程序完全可以被视作宪法的必要方面，但不可以被视作充分方面。关于利益代表的批评之所以受到特别关注，是因为其隐含地提出就行政法层面而言程序权利在多大程度上是多元民主的必要方面。因此，我们现在就考察一番前述两项异议意见。

我们如何界定利益？如何确保那些希望表达其观点的人获得这样的机会？如何防止更强大的游说团施加压迫性的影响？[167] 这可能就是参与权之增长产生的核心观念问题。

这一问题无疑是存在的。要是评论者并不这样认为倒是令人吃惊的。倘若以这种参与作为正式代表与合法化政治程序的替代或补充， 129
为什么我们应期望显然影响父辈的问题不会波及其后代呢？有关选举、立法与中央层面之执行机关决策的文献充斥着下述内容，利益集团对这些程序的影响、代议政府短路或对特定利益产生偏见的某些渠

〔165〕 这一开拓性的文章是 Stewart 的 ‘The Reformation of American Administrative Law’。对其他重要文章的引征，见前文注释 132。

〔166〕 下文第十一章第四节（二）会讨论一种更激进的抨击。关于这种抨击的例证，参见 G. E. Frug，‘The Ideology of Bureaucracy in American Law’，97 *Harv. L. Rev.* 1276 (1984)。

〔167〕 See Stewart，‘The Reformation of American Administrative Law’，pp. 1762 – 70.

道、控制与平衡集团力量的难题。[168] 这是代议民主所有决策层面都普遍存在的问题。这并不是说所有立法都可以被简单地视作冲突性集团压力的结果，亦不是主张因其更广泛存在而在某种程度使受影响利益获得充分代表的障碍不那么棘手；问题的普遍性并不能冲淡或消解问题。

无论如何，确认更宽泛的背景还是相当重要的。相关讨论往往是以某种隐含的理想化观念为根据的，即民主过程在我们政治制度的其他部分如何运作。行政法参与存在的问题然后就可以与这种玫瑰色*的设想进行对比。倘若确保集团力量势均力敌或利益界定的问题被视作排除了以利益代表控制与合法化行政机关的决策，那么这些问题对全国性决策的正当性有何影响？孩子存在的缺陷有没有感染父母？尽管存在缺陷，倘若我们愿意继续坚持这些程序，在行政层面存在的类似问题是否会敲响该领域的丧钟？在回答这一问题时，以行政法与宪法决策严格两分为根据的狭隘视角只会严重扭曲我们的设想。这一问题的真正原因在于，行政机关直接通过规章制定或间接通过裁决作出的决定具有立法性质。即便给禁止授权学说打上一针激素，现代国家的紧急情况亦需要如此，而且将持续下
130 去。[169] 以此观之，核心问题就在于，以行政机关本身的某种程序补充或复制中央代议程序的可行性。无论哪个层面的决策程序，都很有可能不存在关于"利益"的纯正界定或全部利益的"完美"代表。

尽管存在前述论点，但倘若我们决定不再继续这一游戏，那结果为何？由于存在观念方面的异议，我们决定利益代表不应被视作多元

〔168〕 见前文注释124、162所引的文献。这一论题充斥于像Bentley、Truman、Earl Latham、Dahl、Lowi、Bachrach、Presthus、Wright Mills、Flyod Hunter、Connolly以及许多其他作者的著作当中。不过，正如前文所见，这些作者很可能就许多其他问题存在分歧，包括此等影响的程度、具体领域权力集中化的程度以及此等不均衡的矫正措施。

* Rose-tinted，此处采用的是转义，指以理想化的方式看待某个阶段或问题，往往只看到让人高兴的那部分。——译者注

〔169〕 即便禁止授权学说按照伊利、洛伊与首席大法官伦奎斯特希望的方式复兴，亦可能只是缓解而不是消除这一问题。就标准进行更明确的阐述并不能消除行政机关就复杂问题进行创造性立法的必要性，这些复杂的问题是更细微的立法规定没有而且不可能解决的：例如，相关问题可能并不特别明显；或许是明显的，但经验的缺乏可能会阻碍立法机关作出严格的指示；就具体问题的解决而言，立法机关最初的标准无论界定多么严格，提供的指导都可能不足。

民主行政法的重要方面。十全十美被视作狂想，博弈结束，我们放弃运动场。

当然，这是一种选择，不过只是有限意义上的选择。我们可以放弃运动场，但博弈不会因此终止。所发生的一切不过是我们表示不愿意确定哪种利益应在决策过程中得到代表。无论如何，博弈还会继续。那么博弈会采取什么形式呢？可能会存在不同的场景。在某些情境下，决策者可能是开明的而且会尽其所能确保受影响的利益获得充分代表；在其他的情境下，则只考虑有限的“客户”集团的观点；在此外的其他领域中，则以更专制的方式行事，倘若有的话，也只是与有限几个受其行为影响的利益集团进行协商。

“我们”选择放弃的决定不过是一个消极的决定。因此，声称利益代表“失灵”并非有些不可思议地意味着利益代表就行政决策过程而言不再具有核心意义。倘若法律工作者认为应当停止介入博弈，就是默示支持行政机关当前考量的利益配置，而且拒绝接受其他希望其观点获得听取的集团的请求。强大的游说集团则继续竭力推行其主张。就这些集团而言，司法机对参与之关注的衰落可能只会产生微不 131
足道的影响。事实上，就司法机关的节制推动了其以更隐蔽的方式发挥影响而言，这些集团的地位可能还获得了提升。要是没有司法机关的支持可能就不具有足够的力量确保其观点获得考量的那些集团，则更有可能成为决策过程的失败者。

放弃运动场可能还有另外一个更间接的后果。正是由于参与问题充斥于整个社会所有阶层的决策当中，故而我们必须意识到某个领域的选择很有可能对其他情境产生一定的影响。研究已经表明在政府与非政府领域的参与之间具有一定的关联。[170] 尽管不能自动假定逆命题亦成立，但倘若个体被排除在参与政府决策之外，这极有可能对其他情境的参与产生消极影响。倘若相关制度的民主性质乃熊彼特式的，而且在选举、代表的选择以及随后他们之间的竞争方面完全依赖全国性的安排，那么这一关联或者无关紧要，或者可以质疑。[171] 倘

〔170〕 See Pateman, Participation and Democratic Theory (1970); Bachrach, *The Theory of Democratic Elitism* (1967); Bottomore, *Elites and Society* (1964).

〔171〕 关于熊彼特式民主观以及这一观点与精英主义理论家和行为主义者著作的关联，见前文第三章第二节（三）。

若采取前述行为主义的命题，亦会得出同样的结论。[172] 不过，倘若采取更宽泛的观点而且认为诸多不同生活层面的参与对维持真正的民主政体不可或缺，那么就不应忽略否定某个领域的参与对其他领域之运作功效的影响。

总之，确保充分的利益代表以及利益的界定是一个真实的问题。不过，这是充斥于社会所有决策层面的问题，而不仅仅是行政法工作者通常研究的那些问题。十全十美是不可能实现的。[173] 但声称倘若
132 法律工作者不再予以关注，该问题也就消失了也是错误的。要是什么都不做，就意味着默示接受决策者当前考量的利益范围。这很可能有利于更强大的游说集团，很可能对社会其他部分的参与产生不利的副作用。

关于利益代表的第二项主要异议是，据称随着参与权的增长伴有各种不利或不良后果。[174] 这些后果各异：决策可能变得拖沓，因为决策者要小心提防不要把任何参与者排除在外，这些人可能有话要说而且据称与处理的问题相关；因为大量当事人的介入则更难以进行妥协，而且这会导致程序变得过度司法化与正式；规章制定可能变得更复杂，因为要考虑的各种利益往往会凸现相关问题的特别性与多中心性；难以估测随后产生的决定的性质，因为每一决定都源自某种复杂的一次性评估，可能无法适用于其他类似的事实情形。此外，赋予更大的参与权可能无助于改变行政机关面临的集团力量的实体不平等。换言之，行政机关仍然面临强大的、有组织的利益集团的巨大压力，要求作出合于其目的的决定。

前述这些结果某些是否可能存在是可以争论的，不管怎样这取决于系争主题的形式。例如，下述论点就是可以争辩的，即参与权的增加将促使诉诸更正式的决策形式而且妨碍非正式的协商妥协。在某些领域，这或许会促使认识到正式的对抗性裁决程序虽然可能适合于双方争议，但并不适合解决更多样的多边问题。这些程序然后就可能被

〔172〕 见前文第三章第二节（三）、（四）。

〔173〕 关于从司法角度与法律角度向具体个体或集团提供某种资金资助措施的努力，见 Breyer and Stewart，*Administrative Law and Regulatory Policy*，pp. 1216－27。

〔174〕 See Stewart，'The Reformation of American Administrative Law'，pp. 1770－81；Sax，'The (Unhappy) Truth about NEPA'，萨克斯认为参与权只是行政机关"包装"与"出售"自己提议的一种方式。

类似调解或仲裁的程序规范修正或取代。〔175〕

参与权的扩张必然迟滞决策的主张亦非初看起来那般不证自明。133
以更广的观点为基础的调解形式总是比更正式的双方对抗性程序拖沓这一点并不明确。此外，还有速度方面的问题往往未被考虑。即便参与权的限制是为了加快作出初步决定，但我们关心的必然是行政方案最终的成功。因此，关于速度的结论就必须包括下述方面的评估，即特定利益集团被排除于原初决定之外在行政程序其他阶段可能导致迟延的程度。〔176〕这些迟延有很多形式。最明显的体现就是未被赋予任何参与权的那些人挑战行政方案或据以作出之决定的争夺。比较不明显但同样重要的可能是，该方案发生效力所要依赖的那些人的消极抵制。最后不过并非最不重要的是，政策之实体内容很可能因为允许利害相关者提出其观点而得到改进。

此外，还有更根本的一点值得关注。即便确实产生了此等结果，亦不能毫不含糊地说其不利或有害于决策程序。速度以及制定与特别裁量相对之规章的可能性都是决策程序包含的内容。即便利益代表确实给这些结果造成了风险，要推断这一程序不好、有害或其他某种程度上都是在回避系争的问题。倘若保证速度、协商妥协或作出规章的
唯一方法是要排除其主张明显**相关**的那些利益集团，那我们就会面临 134
艰难的决定。即便存在前述那些后果，是否允许这些集团介入的决定将取决于实体性的价值判断，即这些不同目标的相对价值。

（三）多元主义与行政法：某些反思

社会由本身互相讨价还价的平等竞争集团组成，社会是自动自我

〔175〕 See L. L. Fuller, 'Mediation: Its Forms and Functions', 44 *S. Ca. L. Rev.* 305 (1971), and 'The Forms and Limits of Adjudication', 92 *Harv. L. Rev.* 353 (1978); M. A. Eisenberg, 'Participation, Responsiveness and the Consultative Process', 92 *Harv. L. Rev.* 410 (1978); R. A. Macdonald, 'Judicial Review and Procedural Fairness in Administrative Law: II' (1980－1), 26 *McGill L. J.* 1.

〔176〕 法律工作者容易按照某种片断化、独立的方式思考官僚制的问题。当考察参与和迟延问题时，广义的行政程序观念是否可取就相当重要。强调对官僚制取系统分析进路的现代组织理论以行政决策之输入与输出的相互关联作为重点，其中一项重要的输出就是那些受规章影响者的接受。例如见 P. J. O. Self, *Administrative Theories and Politics: An Inquiry into the Structure and Process of Modern Government* (2nd edn. 1977); J. Bourn, *Management in Central and Local Government* (1979)。另外见 R. G. S. Brown and D. R. Steel, *The Administrative Process in Britain* (2nd edn., 1979)。

矫正式的社会，这种多元主义的图像无法再反映现实情况。前述分析已经表明寡头制与集团竞争的不平等等等如何粉碎了这一设想。相关结果应被更准确地描述为精英主义还是精英多元主义则仍是持续争辩的问题。

前面已经考察了这些发展对行政法而言的某些寓意。既然存在修正的多元民主形式，正如我们所见，关键的问题就在于行政法的适当关注焦点。前面亦考察了复兴禁止授权学说存在的困难以及借此获得之好处的模棱两可。尽管并非没有异议，但利益代表仍是有意义的，即便古典多元主义的设想已经遭到了破坏亦是如此。倘若并非充分的方面，利益代表也应被推定为行政法的必要方面。

自古典多元主义到精英多元主义的转变[177]已经影响到所有的决策层级。在可预见的将来，即便要复兴禁止授权学说，美国国会仍会认为有必要将有关立法事项的决定授予行政机构。“立法”是在国会还是行政机关层面进行很可能是偶然的。就集中化的代议民主过程而言，后一阶段的民主输入机会可以说是重要的补充或替代。我们应留心集团力量存在的不平等，警惕行政机关层面参与的精英多元主义性质。不过，我们还应意识到这些特点亦是社会其他层面决策的特征。
135 无论在宪法还是行政法层面矫正这些失衡，就需要意图矫正这些缺陷之成因的实体性政策。就此而言，程序绝不可能是充分的，不过仍应推定为必要的。自古典多元主义向精英多元主义向精英主义的转变增强而非减少了这种必要性。政治活动往往是少数人的保留地这一事实，应当让我们在宣称法律不应帮助那些渴望参与的利益集团时三思。

这一假设可以被取代，或倘若环境允许限制参与的程度。例如，或许会认为参与在大规模行政正义领域既不可行亦没有效率。[178] 更具有回报性的路线是更加关注行政机关的内部组织模式，目标是预防发生错误且改进行政决策质量。行政的“地图”太过复杂以至无法采取统一的进路。利益代表与行政法其他工具的关系会随着具体实体领

〔177〕 见前文第三章第二节（三）对这一论题的讨论。

〔178〕 See J. L. Mashaw, *Bureaucratic Justice* (1983); Breyer and Stewart, *Administrative Law and Regulatory Policy*, pp. 836－51; Diver, ‘Policymaking Paradigms in Administrative Law’, pp. 422－5.

域的不同而不同。这一论题在后面还会更详尽地展开。[179] 目前这样说即足矣，即我们关于这种关系的认识取决于相关领域意图实现的明确目标。就具体领域要运用的适当工具包而言，关于这些目标性质的不同认识亦将导致不同的看法。就此而言，无论利益代表还是任何其他单独的工具都无法提供行政法全部主题的**唯一**理论基础。

不过，承认这一事实并不应致使我们在相反的方向上走得过远。承认利益代表存在局限性而且无法普遍加以适用，不应得出利益代表失灵这样的结论。即便体现为精英多元主义的形式，社会仍然是多元 136
主义的。尽管随后就揭示出其学说方面的缺陷，但多元主义的许多重要卓见仍具有持久的意义，包括更富现实主义的“统治”机构观念以及关于政策形成方式的理解。要是否认程序权利仍旧提供了我们可以运用的重要技术，就是否认这些卓见的真实性，就是要回到某种一元化的民主观，假设重要的政策决定只能由正式的集权政府机关作出。选举及其辅助特征就已经穷尽了公民的程序权利，然后政府直接或间接通过行政机关进行统治。个体是沉默的，熊彼特与行为主义者的幽灵则在政治舞台上闪着苍白的光芒。

〔179〕 见下文第六章第二节（四）、（五）。关于这一论题更宽泛的阐发，见 P. P. Craig, ‘Discretionary Power in Modern Administration’, in M. Bullinger (ed.), *Verwaltungsemessen im modernen Staat* (1986), 79－111。另外见前注 132 所引 Shapiro、Cramton、Gellhorn 与 Stewart 的讨论，尽管强调程度不同，但他们都表明参与权的范围应依据功能性的标准确定。

第五章
英国的多元主义、程序与实体（一）

一、导言

137 据称不成文宪法特有的优点就在于其灵活性。不列颠民族倾向非正式的特征在我们按照当前需要塑造宪法发展的能力中得到了最终体现。学说与抽象的理论化可能是其他民族的保留项目。我们则可以信任实用主义与良好的直觉。这些属性使我们能够在三百多年内避免严重的国内骚乱。在此期间，我们宪法结构的性质发生了微妙的转换，适应了从君主制向议会制的转变。其他比较不剧烈的变革则可以不断修正我们的宪法规范进行应对。

这一宪法秩序的设想不无真实。英国宪法已经证明能够消化政治权力平衡的重大变革。但这一设想仍然严重扭曲了现实。要是认为我们的宪法已经跟上了过去一百年的发展步伐乃是幼稚的。既有宪法规范与政治现实之间的这种分离，其缘由无法马上显现出来。一个很重要的原因可能就是英国宪法的不成文性本身。就某种自相矛盾的意义而言，这一属性很可能为英国宪法的停滞提供了部分解释。尽管不成文宪法至少在理论上很容易加以改变，但这同样可能带来不确定性。这就激发了就这一温顺野兽的内容进行透彻的研究。〔1〕此等研究可能造成不安，当答案根本不能马上显现出来时尤为如此。因而当碰巧出现一个叫戴雪的人将我们全部理顺时，长舒一口气也就不值得大惊小怪了。宪法的领域被描述得很清楚，而且与诸如政治学等令人困扰的领域区分开来。〔2〕当意识到宪法秩序的内容与我们认为应当如是的

〔1〕当然，即便宪法是成文的，这也是可能的。

〔2〕见 A. V. Dicey, *An Introduction to the Study of the Law of the Constitution*（10th edn.，1959），ch. 1，其中戴雪概括了其关于宪法之“真实属性”的看法。

内容如此契合时，则又增加了我们的满足感。议会像巨人一般高踞单 138
一制政治体制之巅，议会主权至上。议会乃一切公共权力之源，同样能够采取任何法律行动。前面已经考察了戴雪式命题的不足。但应以什么来取代这一设想则不是马上能看到的。本章及第六章的分析将遵照下述方式进行。

首先，考察多元主义对戴雪一元化民主观的挑战。就英国的多元民主而言，存在着大量各异的解释。不过，可以说仍然能区分为两种主要形式，而这两种都不同于美国那种“纯粹多元主义”。这两种多元主义模式都从我们熟悉的、关于权力在现代社会如何运作的描述性基础开始。不过，从中得出的规定性结论却相当不同，而且两种设想都为基本的内部紧张关系困扰。一方面，一种多元主义设想强调集团权力、集团权利与义务、地方分权以及经济与政治自由的相互关联，其中最后一点要求政府干预以确保个体具有此等自由。英国早期多元主义者可以作为这种思想路线的例证。这一进路总是受制于下述二者之间的内在张力，即希望地方分权与存在实现经济目标必要的中央权威。另一方面，另一种多元民主观更多地以市场为基础，这种观念在最近某些文献以及 20 世纪 70 与 80 年代的政府政策中很明显。这第二种形式的多元民主承认集团权力限制并且塑造政府行为，因而承认其具有多元主义的寓意。不过，关于经济与政治自由之关联的认识则不同于早期多元主义者。市场被视作经济问题的最佳“仲裁者”，而且认为只有当出现市场失灵时，政府的直接管制才有必要，而市场失灵则被严格限定，因而更严格地限定了合法政府行为的范围。这第二种形式的多元主义同样受制于内在张力。就承认集团权力限制着政府行为而且更有争议的是某些领域的决策被交给市场而言，相关命题完全可以说具有多元主义性质。尽管如此，其在某些重要方面制造了更 139
强大的中央集权政府观念。要实现那些确实属于政府范围的目标可能就需要加强控制社会的其他决策领域，例如地方当局的决策。政府与国家其他权力集团之间的协商将受到严格限定，以便其不会危及政府直接权限范围的首要目标。此外，在当前的保守主义哲学中存在某种权威主义因素，这也会进一步增强中央政府的权力。

其次，考察有缺陷的多元民主可能给行政法与宪法带来的结果。显然，这些结果的性质将随着采取前述两个变体中的哪一个而有所不同，就像其提供了不言而喻的答案那般反复重复“多元民主”这一短语必然是不够的。或许人们会同意戴雪的一元化国家观在描述方面存在误解，或许同意塑造政府行为之集团权力的存在，但当需要确定国家的性质及其与集团权力之相互关系的结果时，这一规定性步骤就更有争议了。

这一考察最初的焦点在于程序的发展以及关于多元民主的理解如何就程序权利发展的适当方式给我们提供启示。在这里就应当明确的是，作者的目标并非主张此等程序权利在公法领域可被视作充分的。前一章已经考察了构成程序权利之基础的价值判断难以维持任何纯粹以程序为导向的公法观念。随后的讨论还会强化下述认识，即任何公然宣称与程序性规范相关的讨论中都充斥着这种价值判断。本章认为，此等程序权利的任何发展都将直接或间接导致越来越多地关注监
140 督那些属于公法范围者作出的实体性决定。在此分析过程中，还会考察两种主要形式的多元主义如何影响此等程序权利的发展。

再次，本章认为，仅仅援引多元民主观念本身无法推导出支撑程序性与实体性干预之价值判断的性质。程序与实体权利在此等民主观念中的地位必须被视作某种更宽泛政治理论的组成部分，该理论还包括关于权利自身性质的某种理解。只有那时我们方能充分理解如何作出支撑这些权利的价值判断以及具体的民主观在其形成过程中发挥的作用。本章就是在这一框架下分析两种主要的多元民主变体得出的不同结论。

二、早期多元主义思想

英国多元主义思想的发展具有折中性，而且因之产生之命题的内容在多元主义者之间存在着明显的差异。该折中主义潜在的一致论题就是质疑 19 世纪代议民主模式固有的一元论法律与政治主权。[3]这一国家观念还可以追溯得更远，而且早在霍布斯的著作中就得到了非常有力的表述。关于内部无政府状态的担心必然导致缺少任何中间性的权力结构[4]，个体与国家在毫无遮掩的旷野中直面彼此。在谈到

〔3〕 See D. Nicholls, *Three Varieties of Pluralism* (1974), *The Pluralist State* (1975); G. D. Carson, *Group Theories of Politics* (1978); S. Ehrlich, *Pluralism On and Off Course* (1982).

〔4〕 这一点是由拉斯基指出的，*The Foundations of Sovereignty* (1921), 13, 27, 28-9; E. Barker, *Reflections on Government* (1942), 142-4。

削弱共和国的事件时，霍布斯称：

> 共和国的另一项弱点就是城市过度庞大，当城市能够在自身范围之外提供一支庞大军队的人数与开支时就是如此；同样还有数量庞大的自治团体，类似更大共同体内部许多较小的共同体，像是自然人肠内的寄生虫。此外还有一点，凭借假装政治审慎抗拒绝对权力的自由；尽管是因人民之名为大部分人培养的自由，然而在错误学说的怂 141
> 恿下，却一直干涉基本法律，折磨共和国；就像是被内科医生称为蛔虫的小寄生虫。[5]

奥斯丁“澄清”了这种一元化的绝对主权观。[6] 正是他的分析论述声称在逻辑上证实了主权权力的不可分与不受限制性。戴雪则添上了最后一笔，在法律与政治主权、议会与人民之间存在着自然和谐。恐惧被放错了地方，因为恐惧无政府状态而建立的东西现在则可以作为和谐的基础加以维持。[7]

多元主义者的分析给这一欢快的和谐景象造成了混乱。在冯·基尔克著作的影响下，梅特兰率先提出了一种批评的路线。[8] 梅特兰认为国家与自治团体实际上属于同一种类。前者或许是“十分独特的集团单位”，但不应在国家与其他集团之间设置不可逾越的鸿沟。就作者们赋予了国家真实意志而言，是否可以否认人类隶属的其他社团而且可能是具有更强归属感的社团亦具有真实意志呢？[9] 梅特兰认为很可以写一部关于英国会社法律的著作，囊括英国人效忠的各种不同社团。[10] 集团人格不应被视作纯属法律现象。倘若法律称其不存在但作为道德情感问题又确实存在，那么立法者就会招致惩罚，“为

[5] T. Hobbes, *Levithan*, ed. M. Oakeshott (1960), 218.

[6] See J. Austin, *The Province of Jurisprudence Determined*, ed. H. L. A. Hart (1955), lecture vi.

[7] 关于戴雪著作对这一论题的讨论，见前文第二章。

[8] See F. W. Maitland, introduction to O. Von Gierke, *Political Theories of the Middle Ages* (1900). 冯·基尔克著作的主要目的是为了复兴德国法的本土因素，根除罗马法学说的外来影响。其部分论点在于，个体与国家并非构成了社会的全部。其他组织，例如城镇、行会与社团都具有应当予以尊重的自治地位。比较 A. Jacobson, ‘The Private Use of Public Authority: Sovereignty and Association in the Common Law’, 29 *Buffalo L. Rev.* 599 (1980)。

[9] See Maitland, introduction to Von Gierke, *Political Theories*, p. xi.

[10] Ibid., p. xxvii.

142 无意或有意声称该东西不存在者规定的惩罚”〔11〕。只是通过信托这种机制，英国法方才成功避免了因社团之存在而引发的许多难题。〔12〕只是“信托提供的坚硬外壳”才隐藏了我们理论建构方面的不足。〔13〕

巴克尔就一元化国家提出的类似但却别具特色的质疑对公法的寓意更加明显。国家与社会的划分为集团的重要性提供了补充。这一区分乃多元主义者的标志性特征。这与更早时期大量分析以之为据的一元化命题形成了鲜明对比。巴克尔的著作有力且清楚地提出了支持这一区分的论点。

> 有一种设想经常萦绕于人类的思想当中——有且仅有一个组织的设想：绝对国家的设想，国家就是一切，囊括了所有目标……但倘若采取这种统一的设想，那么我们只能获得某种严重的不统一。这不仅是个体可能揭竿而起对抗某个过度主张的问题，而且是产生其他竞争性社会的问题，以宗教信仰或经济学说方面的竞争性原则为依据，或者要求不受国家干涉的特权或豁免权，或者渴望推翻之且取其唯一绝对组织的地位而代之。国家就是一切的国家即总会招致否定的国家。〔14〕

从时间的角度来看，国家与社会的独特性得到了强化。社会优先于国家，集团之间的自愿活动正是“建造国家这一形式的素材”〔15〕。国家乃全国性的社团，根据制定宪法的法律行为已将自身转换为裁判性的组织。然而社会转变成国家并不意味着社会已经消亡，亦非意味着已将自身整个转换为国家的形式。无论发展还是个体自由都不只是通过国家得以体现的，亦通过构成整个社会实体的社会集团得以体现。〔16〕个体对国家及其所属的集团保持忠诚。这些忠诚可能和谐共处，亦可能存在冲突。但通过赋予某种忠诚最高地位并不能解决这一
143 问题〔17〕，这种一致性的取得必得以混乱作为代价。集团自由并非绝对的，而是受个体、其他集团以及国家本身的自由限制。〔18〕集团自

〔11〕 F. W. Maitland, *Collected Papers* (1911), iii. 314.

〔12〕 See Maitland, *Collected Papers*, p. 321.

〔13〕 Ibid. 379; pp. 367 - 8.

〔14〕 *Reflections on Government*, pp. 20 - 1.

〔15〕 E. Barker, introduction to O. Von Gierke, *Natural Law and the Theory of Society* (1500 - 1800) (1950), i. 23.

〔16〕 See Barker, *Reflections on Government*, p. 22.

〔17〕 See Barker, *Reflections on Government*, p. 23.

〔18〕 Ibid. 23, 24.

由并不意味着存在与现有国家竞争的另外一个国家，而是使社会集团不同于国家，是国家的补充。〔19〕

拉斯基就相关论题提出了更详细的类似批评。他给菲吉斯〔20〕与梅特兰的著作提供了证明。拉斯基一生中关于多元主义的观点有很大的发展。他最初关于多元主义的设想体现于 1917 年至 1921 年出版的三部曲中〔21〕，类似的观念遍及所有这些著作。这里可以检定的论题有三。

第一，拉斯基批评了一元化的国家理论。像巴克尔一样，他强调这种国家观乃源于危机时代。由博丹、霍布斯与黑格尔以不同方式阐述的国家最高地位，意在维持国家免于四分五裂。〔22〕国家之持续存在遭到的威胁可能源于宗教战争、国内骚乱或外部威胁。就此的回应则是一致的：主张国家相对所有其他机构具有最高地位。通过提出不受限制的主权观念，法律工作者为此最高地位提供了概念方面的支持。〔23〕这种国家集权化与理想化不仅在伦理方面存在缺陷，在行政方面也是不完善的。〔24〕国家乃一个多元的领域，存在着个体效忠的各种自治性团体。这些集团乃国家的一部分，但不能被简化为一个统一体。〔25〕国家并非全部权利的创造者，因而就必须通过其行为结果寻求正当化。〔26〕国家不可主张享有优先地位，唯一可以要求我们效 144
忠的是我们认为正当的那些行为。〔27〕

第二，多元主义的国家观要求权力的分散化。中央集权阻碍了作为自由保障措施的社团平衡〔28〕，中央集权窒息了创造性。只有在一国发展某种“联邦性的”结构方能有足够的中心容纳人民的事业与才能。〔29〕

---

〔19〕不过，巴克尔很担心日耳曼式的集团人格学说具有的危险；introduction to Von Gierke, *Natural Law*, p. lxxxv。

〔20〕See J. N. Figgis, *Churches in the Modern State* (1913).

〔21〕See H. J. Laski, *Studies in the Problem of Sovereignty* (1917); *Authority in the Modern State* (1919); *Foundations*.

〔22〕See *Foundations*, pp. 233 – 4; *Studies*, ch. 1.

〔23〕See *Foundations*, pp. 235 – 6.

〔24〕Ibid. 240.

〔25〕Ibid. 168 – 9. 另外见 *Studies*, pp. 272 – 4。

〔26〕See *Foundations*, p. 170.

〔27〕See *Foundations*, p. 245.

〔28〕Ibid. 86.

〔29〕Ibid. 87；另外见 pp. 52, 54, 66, 242。

第三，不能孤立考察政治多元主义。社会经济力量的分配至关重要，经济力量的集中将导致普通公民的政治人格无法发挥作用。[30]产业工人很可能具有选举权；但却陷入将其运用的任何基本意义都剥夺殆尽的制度当中。政治自由与经济平等密不可分。[31]倘若要实现真正的政治自由，经济力量更加均衡以及民主向产业领域的拓展都是必要的。[32]

拉斯基在后来的著作中修正了自己的观点。[33]他仍然认可多元主义的国家观念，而且将对一元化设想作者的批评从霍布斯延伸到了奥斯丁。[34]戴雪关于法律与政治主权之分的武断性也被包括在内。[35]不过，尽管社会作为复杂整体具有多元主义性质，但国家的统一权力却变为一元化的，因为其拥有保证自己的意志获得服从的强制权力。拉斯基仍然相信国家与社会的分离。国家不比其他任何以“以伦理权利或政治智慧为基础”的社团更有资格要求忠诚。[36]个体对集团的忠诚、这些团体在各自领域内的主权以及政治社会本质上的联邦属性，都是其后来著作中反复出现的论题。[37]

145 拉斯基认为多元主义的弱点在于并未充分考虑国家乃阶级关系的体现。国家只有通过主张主权不可分割方能界定与控制社会的法律条件。[38]倘若国家并非最高的，就无法实施以阶级为基础的那些目标。因此，多元主义成为某个更大目标的组成部分。多元主义者的目标必然是无阶级差别的社会，其中没有必要存在最高强制权力。

在拉斯基思想的这一转变中，其对工党的忠诚及其自身正在形成的政治观念起到了重要作用。无论如何，即便在后来时期，他的著作对理解多元主义思想亦具有更普遍的意义。尽管多元主义“学派”的其他作者可能并不认同拉斯基提出的具体政治设想，但很多人仍然同意政治、社会与经济民主相互关联这一更普遍的论题。

〔30〕 Ibid., p. ix.

〔31〕 Ibid. 76－7.

〔32〕 Ibid. 84. 关于这一推理与共和主义理论家推理的关联，参见下文第十章。

〔33〕 例如 H. J. Laski, *A Grammar of Politics* (4th edn., 1938), p. xi。

〔34〕 Ibid. 45－6.

〔35〕 Ibid. 50－5.

〔36〕 Ibid., p. xi.

〔37〕 Ibid. 60, 61, 67, 68, 71；不过，拉斯基确实偏离了集团具有真实人格的观念。

〔38〕 See *A Grammar of Politics*, p. xii.

例如，就多元主义在充斥着财富不平等的社会中的前景而言，巴克尔就比拉斯基更乐观。巴克尔亦不接受立法必然以阶级为基础这一命题。不过，他确实相当关注经济财富不平等给多元主义造成的压力，而且并未将民主限于纯粹程序方面的价值。[39] 倘若思想与行动的平等要具有实体与内容，财富就必须存在某种程度的平等。纯粹平等在这一领域或许不太可能，但却应以稳步减少不平等为目标。[40] 工作场所的民主化被认为是另外一种借以间接减轻经济不平等的机制。林赛的研究论题类似。倘若经济分裂的感觉超过了共同的国籍，或倘若存在永久的社会少数派，就不可能存在健康的民主。当少数派无法把自己变成多数派时，投票纯粹就成为“清点人头以省去打破人头之麻烦的过程”[41]。非政治性团体的民主作为更大范围公民身份的训练而言是极其重要的。政治统治的规模或许意味着不可能使其成为真正代议性的，不过，某种强健的非政治性民主生活的存在可以通过 146
政府的政治杠杆促进公共舆论的协调与和谐。[42]

关于一元化国家的批评同样是费边主义者著作不可缺少的部分，其进路体现了政治多元主义、经济力量与社团内部民主的相互关联。不过，讨论费边主义者著作的多元主义性质还是很困难的。作为一个整体，他们的观念随着时间而改变，而且其团体内部还存在分歧。凭借民主与和平手段实现社会的渐进变革乃费边主义哲学的核心原则之一。渐进改革将逐渐向土地与资本的社会化发展，议会应加以修正，并且更多采用各种社会活动形式。费边主义者把重点放在市政改革与权力分散化。[43]

费边主义者早期的著作被批评忽略了工会、合作社运动以及其他行业组织能够发挥的作用。在走向 19 世纪末时，费边主义政策的核心命题进行了修正。这一阶段见证了多产的韦伯夫妇* 有关合作社运动、工团主义以及产业民主方面著作的出版。权力的分散化仍然为其

〔39〕 See *Reflections on Government*, p. xii.

〔40〕 Ibid. 418.

〔41〕 A. D. Lindsay, *The Essentials of Democracy* (1929), 49.

〔42〕 巴克尔与林赛的著作同样与发展性民主观有关，这将在第十章与第十一章进行讨论。

〔43〕 See Ehrlich, *Pluralism On and Off Course*, p. 49.

* Sidney James Webb (1859—1947) 与 Beatrice Webb (1858—1943)，夫妻二人通常合称韦伯夫妇，为英国社会主义者、经济学家与改革家，早期费边社成员、英国工党成员。与 Bernard Shaw 一起将费边社发展成为英国具有举足轻重地位的知识分子社团，并于 1895 年协助创立伦敦经济学院，终生同情苏联的事业。夫妇二人合作不下 10 部作品，其中较有影响的是 1894 年的 *History of Trade Unionism*。——译者注

哲学提供了重要的多元主义因素。他们关于中央政府的规划乃以区分社会利益集团、经济利益集团以及整体利益集团为基础。由此得出的结论就是英国议会应被分为两个部分：政治议会与社会议会，而上院则被废除。韦伯夫妇确定的功能二分法遭到了拉斯基的强烈批评。[44]拉斯基强调社会、经济与政治政策的连续性，要是设想这些问题可以分离是完全不切实际的。[45]

147 从前述分析显然可以看到多元主义者的观点并非铁板一块。要是企图为这种多样性规定统一性无异于将普罗克拉斯提斯*的框架强加于那些不情愿的接受者。不过就其主要论题进行一定的归纳还是有所裨益的。

在这类文献中或明或暗地存在两个论题。第一个方面的论题为，挑战诸多19世纪及此前阶段理论化特有的一元化国家理论。这种国家设想无论在描述性方面还是规范性方面都遭到了质疑。从描述性的角度而言，多元主义作者指出了社团或集团给行政行为自由施加的非常真实的限制。这一点得到了规范性论证的强化，该论证本身在国家与社会之分中得到了体现。国家并非社会所有权利的来源或源泉。集团是存在的，而且甚至在国家形成之前就拥有权利。个体往往优先忠于这种社团。集团是真实存在的或者说具有实际人格这种观念的形成就是该论题的体现，不过并非所有的多元主义作者都赞成这一点。

第二个方面的论题体现为政治多元主义与更宽泛的社会与经济政策问题相关。政治多元主义连同与之相伴的权力分散化、集团自治与活动领域多样化的观念，仅被视作更大图像的重要组成部分之一。社会与经济状况可能给实现政治目标施加的限制是持续不断讨论的一个主题，相关看法的分歧非常明显。拉斯基、科尔、巴克尔、林赛以及费边主义者都持有不同的观点。尽管如此，却没有人质疑该问题的相

〔44〕 See *A Grammar of Politics*, pp. 335 – 40.

〔45〕 就科尔（Cole）的著作而言，一种不同形式的功能性代表同样重要，但其提议的不切实际性遭到了拉斯基的批评；Ibid,. 82 – 5，439 – 40，444 – 6。科尔的著作很难进行归纳，部分因为其不明确，部分因为他经常改变自己的观点；参见 Nicholls，The Pluralist State，p. 79。

* Procrustes，希腊神话中的强盗，其有一张铁床，每一个经过者都要躺在床上测试是否合适：倘若太高，就被砍掉头脚；倘若太矮，就在架子上拉到与床等长。但没有任何人能够恰好与铁床相等，因为床的长短是可以调整的，Procrustes 估算客人的身高而将床拉长或缩短。后来 Procrustes 为雅典王子 Theseus 所获，将其按到自己的铁床上砍去了头脚。——译者注

关性。

承认这种相互关联可以得出一项重要的结果，对此我们在后面还会进行更详尽的讨论，但这里应当一提。没有任何证据，即便有亦甚微，表明多元主义者认为集团压力的互动本身会产生某种自然均衡，或公共利益仅是这种集团互动的结果而已。多元主义既未被视作自我矫正式的，亦未被视作仅关心我们可能称之为程序价值的东西。程序是多元主义必要而非充分的条件，在适当的时候我们还会讨论这对公法形式具有的寓意。[46]

三、社团主义的挑战 148

正如下述讨论所见，社团主义已经被赋予了多种含义。社团主义的核心要点之一就是否定下述多元主义命题，即决策源自一系列相对独立自主的集团互动，而这些集团的成员身份存在重叠。社团主义预设的前提是，在具体的领域内存在居于支配地位的集团，该集团本身代表与表达了同一领域其他利益集团的要求。[47] 就此重要的意义而言，社团主义可以说是以某种精英主义政治世界观为根据的。尽管如此，社团主义理论并不必然假定这些居于支配地位的集团或最高组织在行为方面存在内聚或自觉的一致性。施密特尔提出了一种很有影响的社团主义定义。

社团主义可以被界定为一种利益代表制度，其中选民单位被组织为独一无二的、强制、非竞争、层级性且功能分殊的有限范畴，即便不是由国家创立亦得到了国家承认或许可而且在各个范畴内被赋予了蓄意的代表垄断地位，从而换取其遵守某些关于选任领导者以及表达要求与支持方面的控制措施。[48]

施密特尔完全承认社团主义已被用于描述各种意识形态，包括国

〔46〕 见下文第六章。

〔47〕 比较 M. L. Harrison (ed.), *Corporatism and the Welfare State* (1984), 7－8。

〔48〕 See P. C. Schmitter, 'Still the Century of Corporatism', in P. C. Schmitter and G. Lehmbruch (eds.), *Trends toward Corporatist Intermediation* (1979), 13. 相比之下，作为多元主义特征的利益代表制度，集团是多重、竞争性而且非层级的；具体的集团并非是由国家许可的；而且没有集团能垄断统治的代表地位；Ibid, 15。比较 Harrison, *Corporation and the Welfare State*, pp. 9－10。

家的有机性理论以及法西斯的极权主义。〔49〕 前述定义就是要试着摆脱这一意识形态的泥沼，将社团主义描述为可以在具有不同意识形态基础的制度中存在的利益代表形式。不过，施密特尔在社会与国家社团主义之间做了进一步的重要区分。〔50〕 这既体现了社团主义发展的
149 基本原理，同样体现了其曾经确立的运作模式。社会社团主义体现于下述政治制度当中，即存在比较独立、多层级的区域单位；公开的选举程序；政党竞争与某种程度的意识形态异质性。高级的、后自由主义资本主义社会将产生这种类型的社团主义。国家社团主义则体现于下述政治制度当中，区域单位严格服从中央官僚机构的权力；选举或者不存在或者就是全民公决；一党制居支配地位或政党制度贫弱；迫使民众服从意识形态。这第二种社团主义形式体现为“资本主义发展迟延、反自由主义的新重商主义威权国家”。

不过，我们主要关注的是社会社团主义。那么这种利益代表的成因是什么呢？什么促成了从多元主义政体向社团主义政体的转变？最根本的原因〔51〕在于，“资本主义再造其存在条件”的基本需要，继续累积更多资源的基本需要。这种有些模糊的表述还需要解释。现代国家需要承担大量活动以矫正资本主义制度运作存在的缺陷或产生的问题。政府被迫勉力保持诸如充分就业、经济增长、解决劳动冲突、管制商业周期、防止通货膨胀与提供安全的工作条件等目标的平衡。要实现这些目标就必须与其他主要利益集团进行协商与合作。这些集团就被引入了与政府进行协商的角色，它们帮助塑造政府政策，而其目标本身则借由同样的程序加以塑造或受到限制。最高组织因为数个方面的原因取得了垄断代表的地位：政府认识到与谈判代表打交道存在明显的好处；可以建立信任关系、理解游戏规则、确信该组织会在相关“选民”中促进合意的政策。产业集中与经济制度的规模则进一步推动了代表整体发言或讨价还价之具体利益集团的形成。〔52〕

〔49〕 See ‘Still the Century of Corporatism’, p. 9.

〔50〕 Ibid. 20－2.

〔51〕 See ‘Still the Century of Corporatism’, p. 24.

〔52〕 另外见 P. C. Schmitter, ‘Modes of Interest Intermediation and Models of Social Changes in Western Europe’, in Schmitter and Lehmbruch (eds.), *Trends toward Corporatist Intermediation*, ch. 3。下述文献也是相关的：R. M. Unger, *Law in Modern Society* (1976)；J. Habermas, *Legitimation Crisis*, trans. T. McCarthy (1976)；C. Offe, *Contradictions of the Welfare State*, ed. J. Keane (1984)。

考森就社团主义在英国的运作进行了笼统分析。〔53〕他的核心命 150
题是英国经济制度中弥漫着一种二元主义，而这已经造成了社团与国家之间某种独特的关系模式。〔54〕传统的竞争市场观念如今仅在部分经济制度下方具有实际意义。这一竞争市场部门已为社团部门覆盖。行业内的垄断与集中赋予了针对市场的某种力量，针对竞争领域之公司的力量。社团部门的权力源泉与国家形成了密切的共生关系以便巩固与扩大自己的权威。政府则以经济制度管理者的身份加以回应以便实现该角色需要的一整套复杂政策。

因此，这种关于英国经济制度二元结构的分析在政治活动中具有对应的东西。〔55〕压力集团并非流动与竞争性的，而是"分等、分层与不均等的"。政府与社团部门形成了相互依赖的讨价还价关系，以有利的政策换取合作与专业知识。代表与介入从而被融为一体。作为政府部门与具体最高组织讨价还价与协商的结果，国家权力变得碎片化。政策执行的委任则进一步促进了政府权力的这种分散性。考森因此认为社团主义的运作有别于存在集权化官僚控制的制度。〔56〕

就社团国家发展的原因〔57〕以及最高组织与政府的关系〔58〕而言，
理论层面仍然存在大量分歧。就英国社团主义理论或其运用而言，可 151
以在多种情境中发现更具体的经验证据。即便从中得出的结论可能存

〔53〕 See A. Crawson, *Corporatism and Welfare* (1982).

〔54〕 Ibid. 15－20.

〔55〕 Ibid. 37－41.

〔56〕 Ibid. 52, 65－6. 不过，考森与社团主义介入模式联系在一起的结果可能存在问题；ibid. 67。关于一种并非没有关联但却别具特色的社团主义观点，见 A. Shonfield, *Modern Capitalism: The Changing Balance of Public and Private Power* (1965), 161－2, 231。

〔57〕 例如见 L. Panitch, 'The Development of Corporatism in Liberal Democracies', in Schmitter and Lehmbruch (eds.), *Trends toward Corporatist Intermediation*, ch. 5; B. Jessop, 'Corporatism, Parliamentarism, and Social Democracy', ibid., ch. 7。

〔58〕 See R. J. Harrison, *Pluralism and Corporatism* (1980); O. Newman, *The Challenge of Corporatism* (1981); J. Simmie, Power, Property and Corporatism: *The Political Sociology of Planning* (1981); P. C. Schmitter and G. Lehmbruch, *Patterns of Corporatist Policy-Making* (1982); R. King (ed.), *Capital and Politics* (1983); Harrison (ed.), *Corporatism and the Welfare State*; J. H. Goldthorpe (ed.), *Order and Conflict in Contemporary Capitalism* (1984); W. Streeck and P. C. Schmitter (eds.), *Private Interest Government: Beyond Market and State* (1985); A. Cawson, *Corporatism and Political Theory* (1986); P. Birkenshaw, I. Harden and N. Lewis, *Government by Moonlight: The Hybrid Parts of the State* (1990).

在争议，但政治学家、理论工作者以及历史学家的著作都提供了丰富的信息。甚至当具体作者并未公然以社团主义的措辞表述自己观点的情况时亦是如此。

例如，菲纳关于游说集团的著作通常不会被视作社团主义的主要“文本”，但其中的许多推理更符合社团主义而非传统的多元主义。〔59〕因而菲纳强调的是将游说集团与政府拉到一起的相互需要。政府之所以需要游说集团，部分因为其可以提供信息，部分因为政府在政策执行中可能需要积极的帮助，当组织为数不多且具有高度代表性时就可以促进协商。菲纳的著作中不断出现的一个论题就是最高组织可能拥有垄断代表的地位。政府部门与具有支配地位的集团发言人之间可能存在密切而封闭的关系〔60〕，试图跟政府部门确立这种“兄弟般”关系的组织就必须获得相应的地位。滥用信任或鲁莽的实践则会造成这种纽带的破裂。由亲密联盟向封闭联盟的过渡是十分容易的。〔61〕

由这种封闭关系导致的结果是十分重要的。政府部门与集团协商得出的结论既排除了更广范围的公众，又排除了议会。一旦达成交易而且取得了执行机关的支持，下院能做的就所剩无几了。〔62〕执行机
152 关的支配地位连同下院批评的不专业与不了解情况可以确保预案的成功。这种封闭关系同样会影响到游说集团的整体策略，压力集团的目标就是要获得这种垄断代表地位以及与政府部门独家接触的机会。这一理想越接近于实现，游说集团就越不会因普通议会机关而烦恼。与政治市场上的喧闹相比，密室背后的悄悄话更受人青睐。〔63〕虽然该著作的各个方面并非都符合社团主义的思想，但这一推理是完全符合的。

米德尔马斯则提出了一种更明确的历史性社团主义视角。〔64〕他认为，一战之后至少至20世纪60年代中之前的一段时期，政府的主题之一就是避免危机。工会与雇主协会被提升到新的地位对于实现这一目标起到了不可或缺的作用。这些组织变成了管理机构：承担政府

〔59〕 See S. E. Finer, *Anonymous Empire* (2nd edn., 1966).

〔60〕 Ibid. 36.

〔61〕 例如全国农会取得之垄断地位的讨论；ibid. 38。

〔62〕 Ibid. 42.

〔63〕 Ibid. 43.

〔64〕 See K. Middlemas, *Politics in Industrial Society* (1979).

转交的职能，同时至少部分赞成政府秉持的国家利益假设。由此确立了新的“社会等级”，尽管反对具体的政府，但却努力与国家进行合作。〔65〕米德尔马斯用社团偏见这一术语描述这些发展给社会决策造成的影响。〔66〕就支配政府与其他管理机构之国家利益方面潜在的合意，必然会降低被排除在外的利益集团的权力。次要的结果就是模糊了阶级冲突与社会分裂的界限。这种社团偏见的形成仅根据经济因素是无法解释的。这不只是政府对于经济规划之必要性的回应而已，而且还具有自身的政治内容，但不应被认为伴有某种具体的意识形态。〔67〕尽管存在术语方面的差异，米德尔马斯的观点与施密特尔和考森的观点都具有某种亲缘关系。因而米德尔马斯赞同前述施密特尔的社团主义定义，同时说政府很少实现施密特尔所述的对管理机构的控制程度。他同样承认考森的二元国家论题，其中竞争仅限于那些处 *153*
于认可与政府合作范围以外的集团。〔68〕

四、自由市场、强大国家与现代多元主义

显然，英国保守党政府的政策与早期多元主义思想的某些方面以及社团主义的某些要素存在冲突。为了充分理解其对公法的寓意，就必须探讨这一政策的核心论题。

该领域的许多研究者目前都采用了一个词语“撒切尔主义”。不过，很重要的一点是要认识到这一术语可以以多种方式进行运用。

第一，可以放弃将“撒切尔主义”作为分析的术语，无须援用这一术语来界定相关的概念，研究相关的主题。第二，可以把“撒切尔主义”的运用作为自身的分析主题而无须进行独立的界定，这二者体现的是不发表看法的进路。还可以给出某些更明确的定义，在这些定义中有四种宽泛的进路比较突出。因此，第三，可以根据撒切尔的私

〔65〕 Ibid. 372－3.

〔66〕 Ibid. 374－5.

〔67〕 Ibid. 378－80.

〔68〕 Ibid. 382－3. 关于社团主义在美国的作用或不起作用的有趣讨论，见 Shonfield, Modern Capitalism, pp. 309－20; R. Salisbury, ‘Why no Corporatism in America?’, in Schmitter and Lehmbruch (eds.), *Trends toward Corporatist Intermediation*, ch. 8; A. S. Miller, *The Modern Corporate State: Private Governments and the American Constitution* (1976)。

人品质界定“撒切尔主义”。第四，可以根据撒切尔式的政治领导方式考察“撒切尔主义”。第五，可以根据撒切尔领导下的保守党推行的政策界定“撒切尔主义”。第六，可以根据撒切尔领导之下组织起来的保守党策略路线之变化进行更宽泛的界定。[69]

这里的分析以撒切尔政府实际推行的政策作为重点。这些政策有两个明显的论题：倾向于以自由市场解决微观与宏观的经济问题；需要强大的国家以便与其他制度一起落实这些发展。下面依次分析这两个论题。

对管理经济的任务而言，倾向于以市场作为解决经济问题方案的
154 基础本身并非简单的一维化进路。各种更具体的理论在这一领域进行竞争。虽然存在这种多样性，但还是可以确定某些核心论题。首先就是抛弃凯恩斯式的宏观经济管理，倾向于以货币政策为基础的“健全通货”[70]。其次，不信任政府对具体经济领域的管制性控制，特别是那些分配选择的领域。尽管经济理论断定为了矫正市场失灵需要干预可能没错，但需要干预的实际领域则被严格加以限定。市场仍被视作最为有效的资源分配机制，即便存在市场可能失灵的领域，但这并不必然需要国家干预，因为与市场失灵相比，政府失灵更有可能发生。这一点理由有二。[71] 一方面，“选举市场”固有的某种膨胀倾向是“真实市场”不存在的。在选举市场中，消费者可能购买/投票支持最昂贵的产品/政策；即便中长期的结果可能是通货膨胀与损害，政治家亦有动力制造更昂贵的产品/政策，因为比那些更便宜的选择销路好。另一方面，执行这些政策的官僚机构并不接受市场的正式约束，而且具有扩张其影响范围的倾向，有些人称这种倾向是必然的。这就会增加政府的成本，而政治家无法事无巨细地控制着官僚机构的运作。就这一方面的政府政策而言，结论是显而易见的。其导致了国有企业的民营化，放松某些经济领域的管制；促使愈来愈多地强调在不同社会领域运用市场方法，范围从地方当局的采购政策到教育、从规划法的结构到交通政策。正如前文所见[72]，不信任民主制度可以作

〔69〕 B. Jessop, K. Bonnett, S. Bromley, and T. Ling, *Thatcherism* (1988), 5.

〔70〕 A. Gamble, *The Free Economy and the Strong State* (1988), 39－45; D. Marquand, 'The Paradoxes of Thatcherism', in R. Skidelsky (ed.), *Thatcherism* (1988), 162.

〔71〕 See Marquand, 'The Paradoxes of Thatcherism', pp. 162－3.

〔72〕 见前文第三章。

为确定与集合个体选择的方法以及此等机制固有的膨胀性，正是公共
选择哲学的组成部分。倾向于以市场为基础之解决方法的第三个因素 155
源自诸如诺齐克等自由至上主义哲学家，诺齐克认为国家干预重新分
配政策的企图在道德方面是不可接受的。

前述两个论题中的第二个，也即强大国家的必要性则更复杂。这里必须区分两个要素。一方面，可能需要强大的国家以便“确立”自由市场机制；可能需要强大的中央权威拆除“紧紧缠绕自由经济制度的社会民主与福利主义线圈”〔73〕；可能需要强大的中央威权挫败新政策直接或间接的反对者，例如推行与当前国家政策不一致之经济政策的地方当局；可能还需要强大的国家保卫市场制度，从而至少在经济主体之间维持形式上的平等，或更有争议的是，抑制私人形式的强制或歧视。〔74〕

另一方面，出于与自由市场的建立并非直接相关的原因，强大国家亦获得了支持。“新右派”思想中这一保守或权威主义的方面并非总能契合自由市场哲学。正如甘布尔所述：

> 自由经济制度被视作强大国家的后盾，而非相反。国家的权威十分重要，而且不允许任何原则或政策目标超越之，如个人权利的神圣性或最大化经济效益的必要性。国家的任务就是确保该权威在整个社会得以维持，因为这是其自身权威存在的基础。私有财产是社会权威的重要堡垒，而且正因如此必须维持自由的经济制度。〔75〕

尽管新右派思想中的这一保守因素对自由市场资本主义的某些方
面尚存疑虑，但其更不信任集体主义的国家干预。此等干预会破坏传
统的财产权，培养弱化既有统治秩序的特殊利益集团，使国家负荷过 156
重，并且侵蚀诸如家庭等国家自身依靠其提供支持的那些制度。〔76〕
因此，尽管新保守主义者可能不信任集体主义的国家干预，但其信念
并不易与其新自由主义“搭档”协调。因此，尽管新自由主义者支持
个体、自由选择、市场社会、自由放任主义与最小政府的价值，新保

〔73〕 Gamble, *The Free Economy*, p. 32; D. Kavanagh, *Thatcherism and British Politics: The End of Consensus?* (1987), ch. 4.

〔74〕 See Gamble, *The Free Economy*; A. Gamble, 'The Political Economy of Freedom', in R. Levitas (ed.), *The Ideology of the New Right* (1986), ch. 1.

〔75〕 Gamble, *The Free Economy*, p. 35.

〔76〕 例如见 R. Scruton, *The Meaning of Conservatism* (2nd edn., 1984); M. Cowling (ed.), *Conservative Essays* (1978)。

守主义者支持的学说则奉行强大政府、社会权威主义、遵纪守法的社会、等级制度与民族。[77]

“强大国家”的存在显然会限制社会秩序的多元主义性质。不过，社会在中央权威许可的范围内仍被认为具有多元主义性质。就这一描述而言，有两个理由可以相互参证。

首先，倾向于“自由经济制度”的结果是以市场为基础的多元主义成为许多领域的主导决策形式。就民主制与官僚制作为决策方法的不信任体现了前述公共选择哲学的核心论题。[78]政府与官僚机构的权力应是有限的，因为其会作出比市场更有害的决定；政府失灵比市场失灵更普遍。宪法的焦点是如何防止政府从事财富分配活动。此前由政府作出的政策选择与规划决策被转交给了市场，至于总体方向与公共服务的实际存在则受“消费者主权”约束。政治选择成为市场选择的一种形式，最好由市场本身承担。据称这体现了多元主义权力分散的最终结果，而且不容易受大量立法行为具有之寻租行为影响。

其次，政策的倡议与塑造本身被视作利益集团之间多元互动的结
157 果。因此，诸如理查德森与乔丹[79]就认为，这种集团压力的互动正是英国决策过程的主导特征，而且这种决策是“渐进性的”而非“理性的”[80]。诸如政府部门、准政府组织或国有企业等官方组织被视作集团主体，行为方式与诸如英国工业联合会（CBI）和英国劳工联合会（TUC）等更传统的组织无异。政府内的决策以部门竞争为特点，而实际的选择范围则由外部客户集团塑造，这些集团就如同各个政府部门背后的“军队”。决策的选择权不属于议会、内阁与选民的三方组合，而是属于内阁、政府部门与压力集团。即便保守党的决策进路偏离了前述社团主义的三方形式，仍有充分的证据表明决策的集团压

〔77〕 See A. Belsey, ‘The New Right, Social Order and Civil Liberties’, in Levitas (ed.), *The Ideology of the New Right*, pp. 172 - 3.

〔78〕 见第三章第二节（二），第四章第一节。

〔79〕 See J. J. Richardson and A. G. Jordan, *Governing under Pressure* (1985); A. Potter, *Organized Groups in British National Politics* (1961); G. C. Moodie and G. Studder-Kennedy, Opinions, *Publics and Pressure Groups* (1970); R. H. Kimber and J. J. Richardson, *Pressure Groups in Britain*: *A Reader* (1974).

〔80〕 Richardson and Jordan, *Governing under Pressure*, pp. 18 - 24.

力仍然存在，决策过程中主导集团的力量仍然存在。[81]

现代多元主义命题两个方面之间的关系可以阐述如下：首先，诸如理查德森与乔丹那样的作者严重依赖美国本特利与杜鲁门支持的以市场为导向的命题。[82] 倘若政治活动被视作类似普通市场的竞争性斗争，那么这就为那些主张普通市场实际可能是“更好”决策者的人提供了支持，除非相关领域应特别保留给政府。其次，这些作者同样为下述观念提供了支持，即通过限制政府直接干预的领域可以促进中央控制那些确属政府范围的领域。通过将某些决定交给市场可以减轻政府“过重的负担”。

五、结语 158

承认国家并非戴雪预设的一元化国家而且其在某些方面应被视作具有多元主义性质，就只能将我们引领至此。承认这一点可能得出不同的结论。正如早期某些多元主义者的著作证明的那样，可以为这种多元主义基础确立某种社会主义导向，同样还可以提出更具市场导向性的国家观念。这就强化了本章开始指出的一点：即民主观或隐或显地是某种更宽泛政治理论的组成部分，该理论还必须包括某种权利与分配正义观念等等。下面就开始考察多元民主观对英国公法具有的寓意。

〔81〕 参见 Cawson，*Corporatism and Political Theory*。关于主要社团组织对私有化进程之影响的具体例证，见 J. Vickers and G. Yarrow，*Privatization*：*An Economic Analysis* (1988)；Birkenshaw，Harden and Lewis，*Government by Moonlight*。

〔82〕 见前文第三章第二节（二）。

第六章
英国的多元主义、程序与实体（二）

一、导言

159 正如前面指出的[1]，本章关注的是从多元民主观可以得出的关于宪法与行政法的推论。很明显，这些推论的性质将随着前一章的两个变量而有所不同。就像其提供了不言而喻的答案那般反复重复“多元民主”这一短语必然是不够的。人们或许会同意戴雪的一元化国家观在描述方面存在错误，而且即便根据自身，其规定性基础亦难以服人。[2] 人们或许会就存在塑造政府行为的集团权力方面具有某种合意。但规定性的一步可能更有争议，这一步需要得出关于国家性质及国家与集团权力之相互关联的推论。本章将讨论两方面的主要问题。

首先，考察宪法与行政法程序权利的发展，分析这种程序权利与多元民主的相互关系。这里的目标并非辩称此种程序权利在公法内是充分的。前述讨论已经揭示难以维持任何纯粹与程序相关的公法观念[3]，下面的讨论还会强化下述认识，即任何公然宣称关于程序性规范的考量都隐含着实体价值判断。在这一分析过程中，还会考察两种主要的多元主义形式如何影响此等程序权利的发展。

其次，考察多元民主下权利的性质，既包括宪法层面亦包括行政
160 法层面。本章认为，程序与实体权利在此等民主观念中的地位必须被视作更宽泛政治理论的组成部分，该理论包括某种关于权利本身性质的理解。只有那时我们方能充分理解如何作出支撑这些权利的价值判

〔1〕见前文第五章第一节。
〔2〕见前文第二章，第五章第二、三节。
〔3〕见前文第四章第三、四、五节。

断以及具体民主观在其形成过程中发挥的作用。本章就是在这一框架下分析两种主要的多元民主变体得出的不同结论。

第七章将考察当前提出的要求宪法改革的论点。该章将分析假如我们通过一部《权利法案》会遇到的解释性难题的性质，而这些难题与本章及前一章的不同民主观有关。关于宪法改革的讨论还涉及苏格兰与威尔士可能的地方分权或独立、欧共体成员国身份的影响等更宽泛的问题。

二、多元主义与程序

（一）参与与普通法

人们可以通过考察普通法当前促进参与行政程序的程度开始讨论这一问题。就某种意义而言，这是一个老生常谈的命题，即自然正义必然与利益代表有关，因为其通过赋予作出决定前听证机会的方式告诉我们应允许哪些人参与决策过程。但这本身并不能使我们更上层楼，因为某法律制度可以简单宣称只有那些具有狭义法律权利者方有资格获得代表。自然正义要求的放宽无疑将某些程序性的要求延伸到了根据霍菲尔德式*的观点被视作特权的那些利益。〔4〕不过，关键问题在于这种放宽在多大程度上促进了利益代表或参与权的发展。简单 161
的回答就是程度不大。

尽管自然正义规则有所扩大，但功能分类在确定某具体申请者是否有权获得保护时仍会起到一定的作用。最适当的例证就是法院已经认定这些规则总体而言并不适用于立法性功能。无论大臣、外围组织还是地方当局的规章制定活动因而通常被认为不属于自然正义的适用

---

* Wesley Newcomb Hohfeld，20世纪早期美国著名分析法学家，以其权利理论闻名。Hohfeld认为传统上的权利术语覆盖了各种不同的法律关系，其主要贡献就是将法律关系进一步划分为right（or claim-right）、privilege（or permission，liberty）、power和immunity。参见Wesley Newcomb Hohfeld，*Fundenmental Legal Concepts As Applied in Judicial Reasoning*（1964），W. W. Cook（ed.,），Yale University Press；W. A. Edmundson，*Introduction to Rights*（2004），Cambridge University Press，pp. 87－102。——译者注

〔4〕 See P. P. Craig，*Administrative Law*（2nd edn.，1989），ch. 7. 不过，法院有时候会以不同的名义重新引入同样的类型划分；ibid. 206－7。比较W. W. Van Alstyne，'The Demise of the Right-Privilege Distinction in Constitutional Law'，81 *Harv. L. Rev.* 1439（1968）。

范围。[5] 这一基本命题存在某些例外或限制。因而情形似乎是这样，当公共机构已经制定了具体个体或集团依据的规章时，就必须赋予受修正该规章影响的人听证机会[6]，而且相关个体有权在涉及他时要求实际遵守这一政策。此外，倘若个体过去享有某项他正当预期继续享有的收益，他有权要求就有关地位的改变说明理由，而且有权就此获得被征求意见的机会。[7] 同样还有下述先例，即申请者应被告知规章或政策的要求，理由在于否则就无法有效地对其提出质疑。[8] 此外还有某些情形立法机关要求在规章制定之前征求意见，而法院在确保践行这一义务方面则得心应手。[9] 这些限制或例外的实际存在并未改变前述一般原则的效力：普通法并未规定在制定规章前征求或考虑那些受其影响者之看法的一般义务。自然正义或公正在这些情形下并不提供保护。

因此，程序性正当程序的发展并未被用于促进更宽泛的参与概
162 念[10]，亦没有其他法律学说被用来间接实现法院似乎不愿直接促进的内容。因而相关性（relevancy）这一概念本可以被用来推进利益代表学说，但却并未发生。相关性通常被用于界分行政官员必须考量之

〔5〕 *Bates v. Lord Hailsham* [1972], 1. W. L. R. 1373. 关于美国与英国规章制定的对比，见 M. Asimow, 'Delegated Legislation: United States and United Kingdom' (1983) 3 *O. J. L. S.* 253。

〔6〕 *R. v. Liverpool Corporation, ex p. Liverpool Taxi Fleet Operators' Association* [1972] 2 Q. B. 299; *Attorney-General of Hong Kong v. Ng Yuen Shiu* [1983] 2 A. C. 629; *R. v. Secretary of State for the Home Department, ex p. Ruddock* [1987] 1 W. L. R. 1482.

〔7〕 *R. v. Secretary of State for the Home Department, ex p. Khan* [1985] 1 All E. R. 40; *Council of Civil Service Unions v. Minister for the Civil Service* [1985] A. C. 374, 408 - 9.

〔8〕 *R. v. Port of London Authority, ex p. Kynoch* [1919] 1 K. B. 176, 184; *R. v. Criminal Injuries Compensation Board, ex p. Ince* [1973] 1 W. L. R. 1334, 1344, 1345.

〔9〕 例如见 May v. Beattie [1927] 3 K. B. 353; *Rollo v. Minister of Town and Country Planning* [1948] 1 All E. R. 13; *Sinfield v. London Transport Executive* [1970] Ch. 550; *Agricultural, Horticultural and Forestry Industry Training Board v. Aylesbury Mushrooms Ltd.* [1972] 1 W. L. R. 190; *Powley v. ACAS* [1978] I. C. R. 123。另外见 A. D. Jergesen, 'The Legal Requirement of Consultation' [1978] *P. L.* 290。

〔10〕 另外在下述领域比较缺乏有意义的参与权：(1) 电视特许：N. Lewis, 'IBA Programme Contract Awards' [1975] *P. L.* 317; D. C. Hague, W. J. M. MacKenzie, and A. Barker (eds.), *Public Policy and Private Interests: The Institutions of Compromise* (1975), ch. 7; (2) 规划：J. P. W. B. McAuslan, *The Ideologies of Planning Law* (1980)。

问题的形式，而非应被征求意见之利益的范围。[11] 即便在后一种意义上使用，也很少有证据表明法院视其为确保参与决策过程的手段。

近来有关诉讼资格的标准已经放宽，但相关规则仍处于不断变动当中。[12] 尽管过去某些限制性条件已被废除，但新规则的范围尚不明确。倘若关于诉讼资格的规则要发展为允许类似公民诉讼的东西，这就会为某种更广的参与概念提供一定的支持。不过，诉讼资格关注的是参与法院，而非参与制定遭质疑之规章或作出遭质疑之决定的机构。[13]

（二）参与：支持现状的两个论点

或许可以辩称普通法限制这种参与权之可得性的总体进路是正确的。就此目的而言，可以提出两个互相参证的论点。可以主张倘若议 *163*
会希望规定征求意见的义务，就如某些情形那般可以在授权立法中明确指明。因此当立法机关拒绝涉足时，法院就没有理由介入。第二个论点可以强化第一个，其精髓在于就规章制定已经存在限制，而且在实践中多元主义的力量无论如何都可以确保征求集团意见的充分性。因此，普通法的介入不仅没有理由，而且没有必要。下面依次讨论这两个论点。

由立法意图或议会疏漏这一笼统陈述得出的推理应谨慎对待。这一论点潜在的假设就是议会程序是以下述方式运作的，即每次公布立法时，关于规章制定程序是否应要求征求意见都会被认真地考虑；包括这一义务的优点与缺点都会被认真地权衡而且作出适当的结论。这一假设没有什么道理。包括这种要求或其是否应被包括在内的考虑更有可能体现的是清楚的、相对同质性之利益集团的存在，由此产生的压力要求确保未来的规章制定都要以事先征求其代表之利益集团的意

〔11〕 See S. A. de Smith, *Judicial Review of Administrative Action* (4th edn., 1980), 339－43; Craig, *Administrative Law*, pp. 281－5.

〔12〕 典型案例是 *R. v. Inland Revenue Commissioners, ex p. National Federation of Self Employed and Small Business Ltd*. [1982] A. C. 617。该案的模糊性在下述文献中进行了讨论：P. Cane, 'Standing, Legality, and the Limits of Public Law' [1981] *P. L.* 322; Craig, *Administrative Law*, pp. 359－63, 368－70。

〔13〕 不过参见前文第四章第七节（一），主张在诉讼资格与介入行政机关的权利之间应当有一定的关联。关于英国情境的评论，见 Craig, *Administrative Law*, p. 376。

见为根据。[14]

此外，由立法意图得出的论点还以比较不明显的方式遭到了削弱。该论点是以下述假设为依据的，即具体机构实际上按照某种需要征求意见的方式制定规章或行动。但这一假设并不符合事实。在许多情形下，官僚机构，特别是要处理大量请求的官僚机构会把规章当作加速业务处理的机制。立法可能没有明确指示其这样做，但官僚机构
164 以该方式处理事务是一种自然的习惯。[15] 在这些领域中，立法机关可能想都没有想过这种问题，即是否应把征求意见作为规章制定程序的附属部分。[16]

正如前文所述，司法机关没有必要进一步增强参与权这一主张可以强化由立法意图得出的论点。该论点本身有两个方面。一个方面是议会关于规章制定的现有控制是有效的；另一个则是政府与受影响集团之间事实上的征求意见无论如何都是存在的，这使更正式的参与权变得多余。下面依次分析这两点。

这里无法就立法监督的弱点进行展开，其他作者已经为这些弱点提供了很好的证明。[17] 议会议员的控制是极为有限的，而意在补充这种控制的委员会制度也因其权力的有限性受到了阻碍。许多规章甚至根本就得不到议会的审查，因为其不属于立法的范围。[18] 1946 年

〔14〕 公共选择理论家可能认为，正如立法就是交易那般，法院不应为一方当事人实现因其自身不够强大而无法自己取得的地位进行介入。这一结论取决于接受该理论的前提假设，而且同意具体的法律应被视作交易而非意在服务公共利益。见前文第四章第一节。

〔15〕 例如见 H. Parris，*Constitutional Bureaucracy*：*The Development of British Central Administration since the Eighteen Century* (1969)，193；Craig，*Administrative Law*，pp. 188 – 95。

〔16〕 另一项反对法律不要求征求意见即应具有决定性这一观点的论点是，这不易与自然正义的一般规则进行协调。关于自然正义要求常见的解释就是，法院适用的正是立法机关遗漏的内容。倘若这就是裁决案件要求程序性保护的理由，就更难以主张除非立法机关明确规定，否则程序性正当程序不应适用于规章制定。或许可以辩称在规章制定与裁决之间存在的实质差别使程序性过程在前一种情形有理由存在，而在后一种情形则没有理由存在。不过，这是一项独立的论点，必须根据其自身的内容进行评析。见下文第六章第二节（四）关于这一论题的探讨。

〔17〕 See J. Beatson，'Legislative Control of Administrative Rulemaking：Lessons from the British Experiences'，12 *Corn. I. L. J.* 199 (1979)；A. Beith，'Prayers Unanswered：A Jaundiced View of the Parliamentary Scrutiny of Statutory Instruments' (1981) 34 *Parliamentary Affairs*，165；Craig，*Administrative Law*，pp. 179 – 82；R. Baldwin and J. Houghton，'Circular Arguments：The Status and Legitimacy of Administrative Rules' [1986] *P. L.* 239；G. Ganz，*Quasi-Legislation*：*Recent Developments in Secondary Legislation* (1987).

〔18〕 See Craig，*Administrative Law*，pp. 178 – 9.

的《法律文书法》是根据形式的方式制定的，适用于枢密令的权力以及法律文件表明英王大臣可行使的权力。以形式定义为根据可以回避 165 实质定义的尴尬或棘手难题。但这种解决方案总是有代价的。这里的代价就是该法不适用于许多实质上具有立法性的规章。

那么前述该论点的另一方面呢？关于多元主义决策的文献没有有力地表明受影响的利益在实践中会被赋予参与权吗？大量的咨询委员会、调查委员会等等没有强化这一结论吗？关于多元主义或精英多元主义的肤浅理解或许会得出这样的结论。但多元民主更审慎的认识则揭示了这一论点存在的缺陷。

多元主义可以很好地表明非民选集团可以而且确实对决策过程产生的影响，可以消除议会乃公共权力唯一来源的幻象。但其并未直接告诉我们是否所有行政过程领域都是如此，更不消说其他内容了。有充分的证据表明，就某人的案件具有决定性但可能没有公布而且没有征求意见的规章还会继续存在。论述多元主义之经验性文献的局限性也应谨记在心。即便证明征求了利益集团意见的情形也并未告诉我们是否因此被征求意见的集团充分涵盖了所有受影响之利益的范围。研究或许可以表明某个具体领域确实如此。但正如前文所见，研究同样还可能表明只有有选择性的少数被赋予了代表地位。[19] 具有多年中央官僚机构工作经验的道格拉斯·瓦斯爵士的观点于此情形尤为恰当。[20] 他指出，政府部门具有“标明”某些压力集团而排除其他集团以及组织程度比较低之利益的趋势。[21] 作为经验现象的多元主义会促使人们期望集团对行政过程施加压力。本章及前一章关于多元主义的批评与限定则让人怀疑集团压力是不相等的。更有争议的是，现在是 166 把决策描述为精英多元主义的还是社团主义的更准确呢。[22] 答案可能随着实体领域的属性以及当权政府的态度有所不同。但很明确的一点是，从参与不可置疑的存在到参与足够的论点都是简单化的。集团可以影响到政策的事实证据并不能断定会征求足够多利益的意见。早期多元

〔19〕见前文第三章第二节（三）、第四章第七节。

〔20〕See Sir D. Wass, *Government and the Governed* (1984), 104 – 5.

〔21〕瓦斯认为，只有通过更多而非更少的公众参与决策方能制衡此等集团的政治影响；ibid. 106 – 8。另外，关于大公司对民营化进程的影响，见 J. Vickers and G. Yarrow, *Privatization: An Economic Analysis* (1988)。

〔22〕见前文第三章第二节（三）、第五章第二、三节。

主义者就认为，承认集团权力与拥护明确承认咨商的权利二者并不冲突。〔23〕

（三）参与、宪法结构与多元主义

就法律在促进利益代表方面不应发挥比当前更大作用的命题而言，用于支持的论点已被证明是苍白的。但这本身并未要求改变我们的法律规则。现状或许建立在不稳定的基础之上，但正如许多生活领域那般，要认真对待改革的思想还需要给出某些更明确的理由。行政法律工作者越来越多地认识到支持改革行政法的理由完全可能与宪法以及宪法设计等更宽泛的问题结合在一起。〔24〕本节提出的论点就会证明这一关联，可以概括如下：我们认识行政法参与的进路仍然具有一元化宪法观的色彩。只有揭示这种一元化观念的不足，我们方能就参与应在社会中发挥的作用作出原则性的决定。

这种一元化观念的根据是我们前面已经见过的一种概念。这一概念就是主权比较不为人知的那一面，即立法垄断。〔25〕该假设是议会
167 或者是所有以立法形式出现之内容的直接发起者，或者控制者。大臣向议会负责并受议会控制。立法潜在的政策问题或委任立法已由议会进行了考虑。〔26〕政府机关通过相关大臣受议会控制，并向议会负责。〔27〕与这一立法垄断观念自然相关的一点是，“立法”这一术语含义中的二元性遭到了掩盖。那些以议会法案或法律文件这种形式性标记出现的规范是唯一合格的立法。这类规范的通过受议会控制或由其

〔23〕例如 H. J. Laski，*A Grammar of Politics*（4th edn.，1938），80－2，133，246，270，324－6，380－4；E. Barker，*Reflections on Government*（1942），225－6，250－1。

〔24〕See J. P. W. B. McAuslan and J. McEldowney（eds.），*The Changing Constitution*（2nd edn.，1989）；I. Harden and N. Lewis，*The Noble Lie*：*The British Constitution and the Rule of Law*（1986）.

〔25〕见前文第二章第三节。

〔26〕例如，试图质疑高速公路之必要性的异议者因下述假设遭到了阻止，即政策问题已经由议会确定了，即便下院可能实际并未就该政策进行过辩论；参见下述案件中的一元化缔约资格观念，*Town Investments Ltd. v. Department of the Environment*［1978］A. C. 359。另外见 *Nottinghamshire County Council v. Secretary of Transport*［1986］A. C. 40。

〔27〕例如 *Laker Airways Ltd. v. Department of Transport*［1977］Q. B. 643 以及 R. Baldwin 的文章中对推理方面的批评，‘A British Independent Regulatory Agency and the “Skytrain” Decision’［1978］*P. L.* 57。就更笼统的层面而言，假设议会发起或控制所有以立法形式出现的规范，就可以在某种程度上解释为什么没有形成任何可以考察准政府组织的法律框架。Craig，*Administrative Law*，pp. 90，92。

发起，因而代议民主的核心原则得以保存。要是不损害立法垄断的观念就无法直面下述认识，即有些具有立法性质的规章在实体方面与议会实际通过的那些立法难以分离，但却不受议会控制。

倘若议会实际上仍然具有那种程度的控制，倘若其确实具有这种立法垄断地位，发起或控制立法的通过，倘若调整我们生活的唯一立法性规范就是以法律或委任立法出现的那些，那么或许一切都是美好的，没有什么必要进一步涉足这一伊利里亚地区*。但问题立刻显现出来了：我们的宪法结构并不符合这种田园诗般的设想。宪法惯例应以某种经验性的证据为根据。倘若我们的理论构想离现实太远，最好也只不过是空瓶子一个；而最糟的话就会成为更具体行为规则错误的前提假设。很少有人会认真地主张议会权力与立法垄断这一图像符合现实。就我们政治制度更准确的描述将突出两方面的论题，二者都与 168
参与问题直接相关：执行机关权力的增长与公共决策的日渐复杂性。前者削弱了关于议会权力的理想，并因而将以选举体现出来的首要参与价值置于实际的角度。后者则既挑战了议会权力的理想亦挑战了议会立法垄断的理想。如此这般，因而就提出了是否有理由采取其他参与形式的问题。

前面有一章已经考察了执行机关权力增长的问题。〔28〕到 20 世纪的前几十年，立法过程已经国家化而且集中于执行机关。无论人们现在把我们的政治过程视作对抗性的抑或寡头制的，其对参与的寓意同样深远。最极端的是，一位评论者将我们的制度描述为由选举产生的独裁政治。〔29〕最基本的参与行为就是选举，而选举性独裁政治为所有人提供了这一最低限度的参与。不过也只是每四年或五年才操作一番的最低沟通形式。选民本身的下院议员对议会程序只有极微弱的介入或控制，这一程序牢牢掌握于执行机关之手。人们用不着走到这一

* Illyria，位于巴尔干半岛西部的古国，后为罗马征服。关于该国的描述让历史学家头痛，因为在罗马征服前尚未统一，而且此前的界限亦很不明确。——译者注

〔28〕见前文第二章第四节（三）。关于现代的讨论，参见如 S. Walkland and M. Ryle (eds.), *The Commons in the Seventies* (1977); N. Johnson, *In Search of the Constitution: Reflections on State and Society in Britain* (1977); S. Walkland (ed.), *The House of Commons in the Twentieth Century* (1979); M. Beloff and G. Peele, *The Government of the United Kingdom: Political Authority in a Changing Society* (2nd edn., 1985); H. Drucker, *P. Dunleavy, A. Gamble, and G. Peele* (eds.), *Developments in British Politics* 2 (1986)。

〔29〕See J. Lucas, *Democracy and Participation* (1976).

地步就可以同意，令人悲哀的是，选举作为通过自己选择的下院议员参与政府过程的机制达不到议会模式“黄金时代”的理想。倘若议会实际权力的转移使源于选举形式的参与降到了最低，那么政府行为的日渐复杂性既强化了这一点，亦为其他参与形式提供了更明确的支持。现在我们就讨论这第二点。

过去十年愈益增多的文献开始关注由下述大量机构存在带来的问
169 题，这些机构行使着政府性职责却并不尊奉关于政府部门的规范。此等机构并非新近才出现的，其成为我们政府景象的成员已有相当长的时间。〔30〕至少在19世纪前半期，常态模式就是将政府职责领域赋予这种机构。委员会制度的衰退是源于议会至上的主张。议会希望对委员会的活动进行某种程度的控制，但委员会的制度结构让这很难做到。结果就是许多委员会被新成立的政府部门吸收。

尽管此等组织的数量减少了，但作为总的分类却从未消失。这种或那种并不尊奉关于普通部门规范的政府机关仍然存在，战后时期这些机构迅速膨胀。现在这样的组织大量存在，其名称、结构与人事的多样性让人眼花缭乱，其创设的理论基础同样亦是各异。某些是为了将更多专业知识用于具体任务而创建的，其他则是为了促进组织自身具有更强的公众参与而创建的。其创建的其他理由还有，期望将政府功能与普通政党政治压力分离，或期望确保政府具有直接利益的资源分配更公平。与这些理由一致的还有一种更笼统的理由，即期望维持传统白厅官僚机构某种程度的凝聚性，而且将某些专门任务交给特定机构。〔31〕由于政府决定重建行政事务，而且利用行政机关实施曾经由执行机关与官僚机构决定的主要政策倡议，结果这种组织的数量还会增加。〔32〕

〔30〕 See D. Roberts, *Victorian Origins of the British Welfare State* (1960); Parris, *Constitutional Bureaucracy*; D. Fraser, *Evolution of the British Welfare State* (1973); N. Chester, *The English Administrative System* (1780 - 1870) (1981); H. Arthurs, *Without the Law: Administrative Justice and Legal Pluralism in Nineteenth Century England* (1985).

〔31〕 关于笼统的讨论，见 Report on Non-Departmental Public Bodies, *Cmnd.* 7797 (1980); Hague, Mackenzie and Barker (eds.) *Public Policy and Private Interests: The Institutions of Compromise*; A. Barker (ed.), *Quangos in Britain* (1982); R. Baldwin and C. McCrudden, *Regulation and Public Law* (1987)。关于比正文更激进的解释，参见如 A. Cawson and P. Saunders, 'Corporatism, Competitive Politics and Class Struggle', in R. King (ed.), *Capital and Politics* (1983)。

〔32〕 See R. Baldwin, 'The Next Steps: Ministerial Responsibility and Government by Agency' (1988) 51 *M. L. R.* 622.

准政府组织或外围组织不只是我们社会政府行为性质日益复杂的
唯一原因。问题的另一面是政府收缩。就正式法律术语而言，属于私 170
人性质的社团可能在相当程度上介入着决策过程。[33] 尽管我们可以通过主张此等组织仅是实现明确阐述之政府政策的手段从而维持严格的宪法理论，但这可能与现实没有多少关系。手段与目的是不容易区分的，而且只有最乐观的观察者才会认真地提出，私人社团的作用只是实现传统政治过程已经界定之目标的机制。

这些发展的寓意是什么，其给参与问题带来了什么启发？[34] 此等组织的存在挑战了议会立法垄断的理想，即议会控制或发起所有立法而且代议民主只关心那些形式上具有议会法案或委任立法印记的规则。外围组织的出现在两个方面质疑了这一假设，二者对参与都有直接的寓意。

首先，与某些类型的外围组织相关，“黄金时代”模式的传统机制即使在理论上也是不起作用的。在我们标准的宪法理论下，承认外围组织通过责任大臣以及/或者例如特别委员会的直接监督实现向议会负责就可以容纳之。但此等假设显然与创设某些外围组织的实际理由相悖。某些机构的建立就是为了确实在某种程度上独立于普通政党
政治过程。决策与典型部门规范的分离正是目标之所在。[35] 在这些 171
领域中，坚持传统宪法学说要求的责任性机制是存在矛盾的。[36]

其次，尽管适用于某些外围组织时我们传统的宪法模式遇到了理论方面的障碍，但实际方面的困难亦同样严重。就并未意图实现前述独立性的外围组织而言，要保证有效的大臣责任制也要受制于该学说

〔33〕 See B. L. Smith and D. C. Hague (eds.), *The Dilemma of Accountability in Modern Government* (1971); C. Turpin, *Government Contracts* (1972); J. L. Jowell, ‘Bargaining in Development Control’ (1977) *J. P. L.* 414, and ‘Limits of Law in Urban Planning’ (1977) *C. L. P.* 63; T. C. Daintith, ‘Regulation by Contract: The New Prerogative’ (1979) *C. L. P.* 41.

〔34〕 这种组织中的参与可能产生庇护的问题：见 N. Johnson, ‘Editorial: Quangos and the Structure of British Government’ (1979) 57 *Pub. Adm.* 379; A. Davies, ‘Patronage and Quasi-Government: Some Proposals for Reform,’ in A. Barker (ed.), *Quangos in Britain*, ch. 10。

〔35〕 例如某些控制可以通过财政方面的限制以及/或者通过授权立法规定指导原则实施。但这并不影响文中的观点。

〔36〕 关于控制与责任制不同含义的讨论，见 Johnson, ‘Editorial’, and K. Keeling, ‘Beyond Ministerial Departments: Mapping the Administrative Terrain: Quasi-Governmental Agencies’ (1976) 54 *Pub. Adm.* 161。

具有的常见难题。该机构并非通常部门机构的组成部分这一事实又加剧了这些难题。议会通过改造过的特别委员会进行直接监督或许有希望实现更有效的监督。不过，正如约翰逊所述[37]，除非为此等委员会配备到目前为止未曾设想过的人员与资源，否则其影响很可能是非常有选择性的。

尽管这一领域的传统责任制形式要受到限制，但这并非意味着不存在其他控制与责任制形式，可能存在财政方面的控制、授权立法确立的指导原则。另外亦有可能监控相关组织作出的决定。

参与决策程序是另外一种有价值的机制。我们习惯于按照传统的意义思考责任性，从“顶层”出发，从议会出发。前面已经论及了这种技术理论与实践方面的局限性。不过，责任性不应仅以这种方式进行认识；一种不同但却非常重要的责任性方法来自“底层”，来自那些受影响者对具体机构的决策或规章制定程序的参与。来自“顶层”的传统责任制形式受到的阻碍并不会必然排除来自“底层”的对决策
172 程序的参与。因此，例如，我们有理由要求传媒许可或艺术基金的分配不受党派偏见影响根本不会引入下述结论，即不应让利害相关当事人参与或发表其观点。

当然，这种源于“底层”的责任形式确实有别于传统的概念。不过，承认其有所不同并不是说那应成为公民利益唯一的持有者。传统概念最终是以下述观念为基础的，即在代议民主下，管理性决定应直接或间接由选举产生的代表作出。正如我们所见，这一理想日趋紧张。相比较立法机关，执行机关权力的增长已使“黄金时代”模式的第一个方面变得过时，即议会行使实际权力。结果就是以选举体现出来之首要公民参与形式的重要性降到了最低。[38] 执行机关权力的这种增长连同政府机构的日趋复杂性还挑战了该模式的第二个方面，即立法垄断。当我们试图适用传统的责任制观念时，就要面对前述理论与实践方面的难题。更多尊重规章制定程序中的征求意见可以构成公

〔37〕 See Johnson, ‘Editorial’; N. Johnson, ‘Accountability, Control and Complexity: Moving Beyond Ministerial Responsibility’, in A. Barker (ed.), *Quangos in Britain*, ch. 12. 关于更笼统的评论，见 G. Drewry (ed.), *The New Select Committees: A Study of the 1979 Reforms* (1986)。

〔38〕 我们选举制度的重大变革，诸如引入比例代表制，会对执行机关—立法机关的关系产生一定影响。其有可能削弱执政的单一政党的支配地位，因为该政党通常将不得不依靠其他更小派别的支持以维持自己的多数地位。

民第二位的参与政府形式。与适用于外围组织一样，这同样适用于执行机关的规章制定。[39]

当然，前述第二位的参与不是包治百病的灵药。在这一点上，关于美国参与权概念与实际方面之难题的讨论同样也是适用的。[40] 只要赋予此等权利就会产生利益界定与确保受影响利益的充分代表等特 173
有问题，即便其具体形式可能因国与国的不同而有差别。有关成本与延迟的问题同样亦是如此。不过，倘若美国经历之问题的共通性可以适用，就前述那些问题的反驳与限定同样如此。我们稍后还会再次回到这一问题，在此之前先讨论另一个相关但却独立的主张参与的论点。

（四）参与：选举、规章制定与裁决

参与显然并非一维的概念，而政治参与更非如此。虽然不免存有异议，但这里采用的是帕里的含义。政治参与就是参加公共政策的形成、通过或实施。[41] 政治参与显然可以采取多种形式，其中一端是正式的选举。选举[42]显然并非唯一的参与模式。相关研究已经详细剖析了决策的程序，指出其在方案开头与最终决定之间发挥的不同政治作用。[43] 正式的裁决则代表另外一种个体参与政治过程的途径。

以前述方式认识参与推动了一项有趣且重要的研究。我们的法律规则当前对这一范围的“两端”都予以保护，但却把中间地带视作无

〔39〕 现在已被废除的 The Rule Publication Act 1893 与此相关。该法为那些制定法规（在第一条第四项中进行了界定）的机关规定了一项义务，即在规章定案 40 天前予以公布。公共团体然后就可以向规章制定当局作出陈述，但该法并未就公共机构进行界定。这一立法主要适用于那些需要向议会提交的规章，但这些规章实际上并不受真正的议会监督，因为可以立即实施。因而，在缺少议会监督的情况下，征求至少某些利害相关当事人的意见被视作是确认与控制颁行此等规章的一种方法。

〔40〕 见前文第四章第七节（四）。

〔41〕 See G. Parry, ‘The Idea of Political Participation’, in G. Parry (ed.), *Participation in Politics* (1972), ch. 1.

〔42〕 应当优选哪种投票制度本身是一个复杂的问题；例如见 S. E. Finer (ed.), *Adversary Politics and Electoral Reform* (1975); V. Bogdanor, *The People and the Party System* (1981); P. Dunleavy and C. T. Husbands, *British Democracy at the Crossroads: Voting and Party Competition in the 1980s* (1985)。

〔43〕 See Parry, ‘The Idea of Political Participation’; R. L. Nuttal, E. K. Scheuch, and C. Gordon, ‘On the Structure of Influence’, in T. N. Clark (ed.), *Community Structure and Decision Making: Comparative Analysis* (1968), 349-80.

人区。无论选举还是裁决，正式的参与都受法律保护。〔44〕但中间形式的参与在缺少法律明确规定的情况下就没有给予类似对待，例如参
174 与准政府性管制机构的规章制定。本节其后的部分就考察这种情况的说服力。有三个方面的理由可以表明当前的情况无法令人满意。

首先，将法律保护的参与形式仅区分为两种形式，即当事人型的与选民型的，其原理是有缺陷的，是以有缺陷且简单化的理论为根据的。裁决情境下的规章适用被认为有理由要求程序公正。立法性质的规章制定据称与此不同。没有个体充当“当事人”，即便有，亦是通过选举来保证参与的。规章制定将得到正式立法程序的认可，而无须进一步关注参与。结果就是政府选择处置个体的方法对其程序权利具有决定性。倘若选择个别化的裁决形式，那么法院就会激活普通法的程序保障措施；倘若通过颁布规章将公民视作集团，那么普通法就会放弃补充立法遗漏的作用。法院处于休眠状态，由于提及“立法性”一词而被麻痹。〔45〕结果可能使程序性保护极为随意，受制于立法与非立法的精细区分，而对这种区分本身就可以提出异议。下面还会回到这一点。同样重要的是，该推理在更抽象的层面亦无法让人信服。

正如特赖布所述〔46〕，个体有权获得什么形式的参与——以当事人的身份被听取意见的权利、被视作选民的权利或某种参与规章制定程序的中间性权利——本身必然以某种实体理论为前提。就应赋予哪种参与形式的决定而言，不仅需要分析不同程序的有效性，而且需要分析受影响利益的重要性；而这本身取决于某种关于价值与权利的实体理论。我们的程序法律必然是以某种实体理论为依据的，但却是有缺陷的一种理论。该理论的前提是裁决与规章制定的呆板二分法，在
175 前者，要符合形式正义的要求，正当程序被视作必需的。后者则没有这样的义务；通过选举就可以充分确保参与。此外，政府关于其应遵循哪种路径的选择具有决定性。借由选举实现参与的概念显然已经缺乏活力，倘若我们的法律继续以与现实契合如此糟糕的理论建构为基础，仍然会存在严重的缺陷。重要的利益是通过颁布最高立法机关无

〔44〕通过裁决保护参与，见 Craig，*Administrative Law*，ch. 7；通过选举保护参与，见 H. Rawlings，*Law and the Electoral Process* (1988)。这里并不认为这些保护是完善的。

〔45〕这要受前述最近的正当预期判例法限制，见第六章第二节（一）。

〔46〕See L. H. Tribe，'The Puzzling Persistence of Process-Based Constitutional Theories'，89 *Yale L. J.* 1063 (1980). 关于美国情境下这一点的讨论，参见前文第四章第三节（二）。

法有效控制的规章进行处理的，这些规章需要比选举更大程度的参与。这就需要一种实体理论，承认在作为当事人的参与与作为选民的参与之间存在一种中间形式。唯有如此，我们的程序法律才足以应对现代政府的现实情况。[47]

前面已经触及了为什么我们当前的法律令人不满的第二个理由。与诸如司法与行政行为或行政与执行行为的区分相比，立法与裁决行为之分同样很难。许多案件尽管以双方争议的形式出现，但却可能具有多方寓意。[48] 司法机关关注的焦点不仅在于解决一系列过去的事件，还在于修正未来的行为。公共组织通过裁决作出的决定可能包括宽泛的社会与政治选择问题，这些问题与立法行为难以区分。立法与裁决行为的区分因为赋予行政官员的宽泛裁量权而被进一步模糊。通 *176*
过个别化的裁决、颁布规章或两者一先一后的形式，这些问题都可以被具体化。前者具有的立法效果可能与后者完全相同。[49]

结果有二。一方面，其意味着即便问题形式上以裁决出现往往也会存在利益代表的问题，即确保不仅那些对请求感兴趣的人确实有机会作出说明，而且提出申诉的当事人充分代表着未来的利益。[50] 不过，我们保留的却是唯一的利害相关主体通常就是实际诉讼当事人的裁决概念，这种模式很可能适合大量的私法裁决，但却比较不适合公法事项。另一方面，因为我们仍然固守明显具有立法性的行为通常没

〔47〕 总体而言，在美国，参与规章制定的权利是由法律确立的，见 S. G. Breyer and R. B. Stewart, *Administrative Law and Regulatory Policy: Problems, Text and Cases* (2nd edn., 1985), ch. 5。美国宪法对下述案件通常并不要求正当程序：*Bi-Metallic Investment Co. v. State Board of Equalization* 239 U. S. 441 (1915)，请将其与 *Londoner v. Denver* 210 U. S. 373 (1908) 进行比较。不过，某些法院宽泛地解释特定管制性法律，而且在立法性案件中将获得听证权的机会最大化：如见 *The National Welfare Rights Organization v. Finch* 429 F. 2d 584 (D. C. Cir. 1970); *Environmental Defense Fund, Inc. v. Ruckelshaus* 439 F. 2d 584 (D. C. Cir. 1971)。这些案件的推理接近于由法院补充立法机关的疏漏；见 C. R. Sunstein, 'Interests Group in American Public Law', 38 *Stan. L. Rev.* 29, 67－8 (1985)。关于更笼统的讨论，参见前文第四章第七节（一）。

〔48〕 See A. Chaye, 'The Role of the Judge in Public Law Litigation', 89 *Harv. L. Rev.* 1281 (1976). 在行政法的各个阶段，裁决性决定的多方寓意都可能直接或间接地出现；在作为推进行政机关政策之方法的规章制定与裁决之间进行选择时是如何产生的，见 Breyer and Stewart, *Administrative Law and Regulatory Policy*, pp. 397－415, 466－90。

〔49〕 See D. J. Galligan, *Discretionary Powers: A Legal Study of Official Discretion* (1986).

〔50〕 See Craig, *Administrative Law*, pp. 373－4; J. Vining, *Legal Identity* (1978), 20－5.

有参与权的观念，在相关行为总体而言规范创建性非常明显时，我们就拒绝支持任何利益代表。我们试图维持古典的裁决观念，拒绝承认规章制定的参与权，这部分源于否则就要承认不可思议的问题，即外在于议会的公共组织会作出具有广义立法性质的决定。我们宪法惯例的力量再次让人感觉到了其存在。

我们当前的法律可能遭到质疑的第三个也是最后一个原因在于，裁决情境的程序权利解释某种程度上类似于非裁决情境政治参与的理由。

关于裁决中的正当程序解释各异。其中一种原理强调的是程序性正当程序与最终结果之实体正义的关联。程序缺陷可能破坏公众对整个进程公正性的信任，而且使实体决定缺乏可靠性，即在缺少程序保障措施的情况下更有可能发生错误。〔51〕

177 就裁决情形的正当程序给出的另一项解释是因而促进了形式正义与法治。正如哈特所言，以“听取对方意见”与“任何人不得做自己案件的法官”两原则概括的自然正义原则可以保证公平与客观。〔52〕形式正义要求公共规则正规而且公平实施，也就是罗尔斯所谓“正规性的正义”〔53〕。这包括了许多要素。法律要求的行为应是可以合理期望人们去做或避免的形式；同样案件同样对待；法律应公开、明确、可以预期。〔54〕自然正义是另一种此类原则，意在确保法律秩序公平且正规地维持。〔55〕

正当程序还有一项理论基础将其视作某些机构之道德可接受性的条件，这些机构允许某些人控制其他人的生活。通过确保个体被告知为什么其受到不利对待而且使之能够参与该决定，程序性正当程序被认为起到了保护人类尊严的作用。在实现这些目标时，该制度因而能够回应参与和披露方面的要求。〔56〕就最根本的层面而言，被听取意

〔51〕例如见 D. Resnick, ‘Due Process and Procedural Justice’, in J. R. Pennock and J. W. Chapman (eds.), *Due Process*: *Nomos* 18 (1977), 217; Resnick 承认关于正当程序存在非工具性的解释，pp. 217－18。

〔52〕See H. L. A. Hart, *The Concept of Law* (1961), 156, 202.

〔53〕J. Rawls, *A Theory of Justice* (Oxford, 1973), 235.

〔54〕See J. Lucas, *The Principles of Politics* (1966), 106－23; J. Raz, ‘The Rule of Law and its Virtue’ (1977) 93 *L. Q. R.* 195.

〔55〕See Rawls, *A Theory of Justice*, pp. 238－9.

〔56〕See F. I. Michelman, ‘Formal and Associational Aims in Procedural Due Process’, in Pennok and Chapman (eds.), *Due Process*: *Nomos* 18, ch. 4; R. B. Saphire, ‘Specifying Due Process Values: Towards a More Responsive Approach to Procedural Protection’, 127 *U. Pa. L. Rev.* 111 (1978); J. L. Mashaw, *Due Process in the Administrative State* (1985), chs. 4－7.

见的权利被认为作为人不可或缺的。倘若个体深陷于一连串看来残酷的事件当中，他对这些事件没有控制权，对这些事件也没有解释，这就会存在卡夫卡式世界的恐怖。这种经历的非人性很快就显露出来。

就支持裁决情境以外的政治参与而言，已经给出了许多理由。这些变体之下潜藏着两种更笼统的理论，其中一个被界定为工具性的，另一个则被界定为发展性的。〔57〕正如其命名表明的那样，工具性的理论将政治参与视作实现具体目标的工具，这些目标可能是防止专制或对抗过分的官僚机构。既然个体被视作自身利益最佳的判断者，这 178
意味着其应有机会表达自己的偏好。尽管实践的需要要求实际统治过程应仅由少数人推行，但这些人应通过征求意见回应更大范围内的民众。〔58〕

工具性参与理论与以程序权利和最终结果的实体正义之关联为基础的正当程序原理之间存在密切的关系。诸如规章制定等非裁决情境的参与可能既有助于防止以实质专断的方式运用规章制定的权力，又有助于增加规章实现其言明之目标的可能性。〔59〕这并不是说其总会取得成功。无论如何，裁决情境的正当程序可能亦是如此，正当程序与最终结果的实体正义之间所期望的那种关联可能并不明显或在某个具体领域不起作用。

发展性参与理论与工具性学说强调的重点不同。参与的裨益并不完全在于其具有防止专制政府的倾向，参与决策的能力被视作个体更广范围之发展的组成部分，既包括道德方面的发展，也包括政治方面的发展。这一论题源远流长。〔60〕这一发展性论题可以在亚里士多德式的政治观中找到。公民通过参与政治生活使其得到真正的实现。约翰·斯图尔特·密尔也持同样的论调。〔61〕他高度赞扬了参与的价值与可取性；个体只有借此方能充分发展其能力。组织自己生活的能力可以得到提升，通过就行动路线作出决定时被迫考虑他人的利益，参

〔57〕 See Parry, ‘The Idea of Political Participation’.

〔58〕 不过，工具性的视角并未规定某种具体的政治社会形式；Ibid. 22 - 6。

〔59〕 即便行为主义者亦可能支持以参与作为确保精英人物对更大范围的民众保持回应的方法。例如见 L. W. Milbrath, *Political Participation: How and Why do People Get Involved in Politics?* (1965), 144。

〔60〕 见下文第十章。

〔61〕 See J. S. Mill, *Utilitarianism, On Liberty, and Considerations on Representative Government*, ed. H. B. Acton (1972), 208 - 18.

与过程本身还具有教育作用。在更近作者的著作中亦可以发现发展性
179 进路的因素。[62] 可以看到发展性的参与观与裁决性正当程序的尊严性解释之间具有一定的关联，两种观念都将重点置于程序权利对个体之作为个体的意义。尊严性论题以“防卫的”方式认知这一问题：倘若不听取我的案件或告知违法嫌疑就进行评判，就是不把我当成完整的人看待。发展性的论题具有同样的观念而且具有更积极的内容：除了概括的选举权之外，通过允许我参与公共生活，你将使我能够实现自己的潜能而且促进我作为共同体之正式成员的身份。

（五）两种多元主义设想与参与的限制

参与程序的发展并非能够包治所有这些真实与假想的、困扰社会公共权力行使之疾病的良药。倘若法律要向这个方向发展，尚需要面对棘手且繁杂的问题。其中某些在前一章已经进行了讨论，包括据称伴随赋予参与权带来的功能紊乱的后果。这里可以参考前一章的讨论，因为该处探讨之问题的共通性与任何试图发展参与权的制度都是相关的。[63] 在英国，这些问题是不能被忽略的。不过，本节的重点目标在于前述两种不同的多元主义设想之选择如何限制与塑造参与权的发展。这可以从三个虽然相关但却各异的方面加以认识：

首先，两种多元主义模型都对可以与中央政府对话的集团类型规定直接或间接的限制。倘若社会中某些集团希望以与中央的组织原则截然相反的方式行使权力，其权力就会受到约束。这一点最明显的体
180 现就是取消某些地方当局，并且对剩下的加以限制，这就是 20 世纪 80 年代保守党政策的特征。[64] 社会或许是多元主义的，但那些偏离中央鼓吹的哲学太远的集团就会受到限制，甚至被取消。不过，不应认为这只是更现代的以市场为导向的多元主义的方面，英国早期的多元主义者亦可能承认同样的分析，差别在于为了实现中央的政策他们会让哪种集团权力居于支配地位。英国早期的多元主义者观察到经济、政治自由与政府干预以确保民主必需之经济基础的必要性存在类

〔62〕 见诸如 Bachrach、Pateman、Macpherson 与 Bottomore 的讨论，前文第三章第二节（三）、（四）。另外见 Lucas, *Principles of Politics*, pp. 268－9。

〔63〕 见前文第四章第七节（二）。

〔64〕 例如见 M. Loughlin, M. D. Gelfand, and K. Yong (eds.), *Half a Century of Municipal Decline*, 1935—1985 (1985)；M. Loughlin, *Local Government in the Modern State* (1986)。

似的关联，这促使对一种尤有影响的集团权力形式规定了限制，即私有财产。[65] 这必然要求在某些领域“取消”这一集团权力，例如国有化的情形；或限制这种权力的运用方式，例如为了实现诸如工作权的观念必须控制私有财产制度。两种多元主义都不会坚持下述绝对观念，即公共政策只是以集团竞争结果的形式出现的。二者都要求中央控制威胁具体模式确立之规定性国家角色的权力集团。[66]

其次，该论题的自然推论是，即便当集团未被视作如此危险以至需要直接控制时，其观点实际能在多大程度上塑造或修正中央政策本身亦会受其与中央基本政策规定的一致性所限。下面接着就会考察公共组织充分考量政策制定过程参与者之观点的义务。不过，英国的两种多元主义都不会支持下述结论，即任何这种充分考量的义务都**必然**会修正政策本身以之为前提的基本学说立场。两种模式认为，模式本身的学说假设会限制政策选择方案可以实现的讨论范围。这对早期多 181
元主义者与更多以市场为导向的后继者同样都是如此。

再次，我们选择哪一种模式对于我们支持参与的具体领域而言具有重要寓意。这一关联可以表述如下。参与是我们让公共权力负责任的机制形式。还存在许多其他类型，包括财政方面的限制、内部官僚机构的控制、司法审查与政治制约。显然这就会出现下述问题，即这些不同机制在具体领域如何契合，其中哪一个应居于主导地位。我们设计的控制“包”至关重要，部分因为这些工具中某些不容易契合，部分因为我们希望知道哪一种应是最重要的。我们给出的答案本质上取决于我们认为具体领域的管制应实现的目的。例如，倘若我们认为社会福利行政的首要目标是官僚制理性[67]，意思是最有效地区分真实与错误福利救济请求的机制，那么我们就应集中关注诸如管制机构内部控制、人员培训、组织内的层级制约等事项。程序权利并非至关重要，而且可能阻碍前述基本目标的实现。相形之下，倘若我们认为福利行政的首要目标是以类似解决传统普通法权利的方式解决“权利资格”问题，那么我们的视角就可能迥然不同，程序权利与普通法院

〔65〕 例如拉斯基关于财产权的论述；见下文第六章第三节。

〔66〕 对地方民主制度规定的限制是否比对私有财产规定的那些限制“更糟”本身取决于某种背景的政治理论。

〔67〕 该例子来自 J. L. Mashaw 的 *Bureaucratic Justice* (1983)。不过，这一点可以推广到其他领域；见 P. P. Craig, ‘Discretionary Power in Modern Administration’, in M. Bullinger (ed.), *Verwaltungsemessen im modernen Staat* (1986), 79－111。

就会具有更突出的地位。

这一推理与两种不同多元主义观的关联变得清楚了。具体领域管制的背景目标以及政府到底应直接管制哪些领域两个问题都会受潜在的政治设想影响。只有当回答了这些问题时，方能恰当地决定参与在各个领域中的适当角色。例如，民营化之所以受到支持部分是由于市
182 场被认为在管理产业方面更有效率。当然，即便民营化了的产业可能亦需要管制〔68〕，但参与在这种管制框架下的作用被视作通过市场确保效率这一总体潜在目标的组成部分。这本身会决定谁有权代表参与相较于其他确保效率机制的重要性，即诸如管理培训、积极营销以及行政机关的财政监督。当存在参与权时，其将被赋予相关行为的“消费者”而且以市场的方式加以正当化。对早期多元主义者而言，赋予参与权的目标更宽泛，是为了使个体能够参与统治过程以及促进社会个体的充分发展。

（六）程序、实体与严格审查

前述及前一章的讨论〔69〕都凸现了充斥于自称程序性之规范的实体价值判断。美国的严格审查学说可以进一步证明难以维持二者的区分。由于与保护参与的价值有关，同样亦由于据称该学说可以被有效地引入英国，因此考察严格审查学说是非常重要的。

严格审查学说在美国是以司法机关尊重行政机关的裁量与更彻底之司法审查的中间道路出现的。〔70〕这一学说的目标是为了确保行政机关严格审查相关证据与政策选择方案，而且在具体案件中合理行使其裁量。〔71〕利益集团提交的证据必须予以充分考量，目的是防止任
183 何具体集团的观点控制或俘虏作出决定的行政机关。因而这是一种“强调程序”的进路。〔72〕行政机关必须证明其选择的正当性，而且根据所有相关考量作出合理决定。这一进路与下述进路形成了对比，即法院以专断与反复无常标准为幌子进行实体性的审查，而且以非理性或不合理为由排除行政部门的某些选择方案。

〔68〕例如见 T. Prosser, *Nationalised Industries and Public Control* (1986); Vickers and Yarrow, *Privatization*。更多例证参见 S. G. Breyer, *Regulation and its Reform* (1982)。

〔69〕见前文第四章第三节（二）。

〔70〕See Breyer and Stewart, *Administrative Law and Regulatory Policy*, pp. 341－73.

〔71〕有关诉讼资格法律与程序权利的相关变迁，见 Craig, *Administrative Law*, pp. 25－7。

〔72〕Ibid. 341.

这一区分在理论上或许可以成立；但在实践中很难划分两种进路的界限。就某项考量是否应视为相关作出决定以及赋予不同当事者观点之权重两个问题而言，法院都可以打着保护程序权利的幌子在确定允许的实体结果方面发挥重要作用。[73] 就司法机关坚持要求充分考量不同政策选择方案的效果而言，也可以得出同样的结论。

这些难题在赋予不同审查标准各异的含义中得到了体现，即难以将案件划分为与“严格审查”或“专断与反复无常”的司法审查标准有关。简单的例证就可以说明这一困境。巴尔的摩煤气与电力公司案[74]被布雷耶与斯图尔特视作[75]狭义专断与反复无常之司法审查标准的例证。原告必须证明行政机关的决定缺乏理性基础，而法院则仅将自身限于确定行政机关是否进行了相关考量并且其间是否具有某种理性的关联。相比之下，伊利诺伊州农场互助汽车保险公司案[76]则是根据严格审查学说进行讨论的。[77] 法院认定，行政机关未能就取消关于机动车消极保护装置的措施提供充分的依据与解释。不过，审查的根据仍然是专断与反复无常标准。不过在此情形下，法院赋予了
该短语更广义的解释。法院承认不应以自己的判决取代行政机关的判 184
断。不过，倘若存在下述缺陷，法院就可以干预：即行政机关以之为据的是国会并未意图其予以考量的因素；未能考虑相关问题的某个重要方面；作出的解释与呈交行政机关的证据存在冲突；或如此不合情理以至于无法获得支持。[78]

英国的评论者无疑会认识到这与变化的温斯伯利原则的学说类似

[73] Ibid. 372－3。另外见 S. G. Breyer, ‘Vermont Yankee and the Courts’ Role in the Nuclear Energy Controversy’, 91 *Harv. L. Rev.* 1833 (1978)。

[74] *Baltimore Gas and Electric Co. v. Natural Resources Defense Council* 462 U. S. 87 (1983).

[75] See *Administrative Law and Regulatory Policy*, pp. 336－41.

[76] *Motor Vehicle Manufactures Assn. v. State Farm Mutual Automobile Ins.* Co. 463 U. S. 29, 42－3 (1983).

[77] See Breyer and Stewart, *Administrative Law and Regulatory Policy*, pp. 354－62.

[78] Breyer 和 Stewart (ibid. 368) 承认，这两起案件很难调和。参见目前不那么彻底的司法审查态度，*Chevron, U. S. A., Inc. v. Natural Resource Defense Council, Inc.*, 467 U. S. 837, 842－3。就该案的不同观点，比较 R. Pierce, ‘Chevron and its Aftermath: Judicial Review of Agency Interpretation of Statutory Provisions’, 41 *Vand. L. Rev.* 301 (1988) 与 Aman, ‘*Administrative Law* in a Global Era’ 以及 Farina, ‘Statutory Interpretation’。

性。〔79〕宽松的不合理标准使法院在下述情况下可以进行干预：即当局未能进行相关考虑；进行了不相关考虑；行为目的不当或存在恶意。即便不存在前述缺陷，倘若作出的决定如此不合理以至于任何理智的公共机构都不会作出该决定，更具体的严格不合理标准就容许司法干预。人们有充分的理由质疑该标准的第二个方面实际是否需要；所有这些都可以被视作与该标准第一个方面相关性与目的适当性相关的情形。与当前讨论关系更密切的是根据审查法院的意见，同一学说亦可能被赋予相当不同的含义。这一点可以从美国赋予专断与反复无常标准不同的解释中看到。在英国则体现为赋予了温斯伯利原则第二个方面不同的含义，法院已经以此为据干预远未达到该原则最初表述设想之极端状况的那些情形。〔80〕

哈登与刘易斯强烈主张在英国发展严格审查学说。〔81〕他们考察了其他确保政府理性考量政策选项之努力存在的难题与缺陷。〔82〕严
185 格审查学说被作为这些难题的补救措施，尽管是部分性的，他们认为这一发展会增强政府决策的责任性。正如美国那样，其目标是要确保充分考量政策选项，提供管制决定的理由，不同利益可以向相关行政机关提出自己的看法并使其获得充分考量。

这一提议并非没有说服力。不过就此可以作出两方面的评析。首先，我们是否具有实现这一结果的学说技术。显然，正如两位作者本人承认的那样，我们将不得不发展一种更笼统的、说明行政决定理由的义务以及制定行为进程笔录的相关义务。正如前述，还应更加关注参与权以便与管制决策合理相关的全部利益主体都能够提出自己的观点。

无论如何，就某个重要的方面而言，哈登与刘易斯在我们当前的法律技术与那些用来发展严格审查学说的技术之间进行的对比是牵强的。他们比较了严格审查进路要求的更宽泛的审查与温斯伯利原则审查的有限性，即倘若决定如此不合理以至于没有理智的机构会作出这种决定就容许法院干预。〔83〕不过，这种严格意义的不合理已经被宽

〔79〕 *Associated Provincial Picture House Ltd. v. Wednesbury Corporation* [1948] 1 K. B. 223.

〔80〕 See Craig, *Administrative Law*, pp. 281 – 7, 292 – 6.

〔81〕 See Harden and Lewis, *The Noble Lie*.

〔82〕 Ibid., ch. 5.

〔83〕 Ibid., 例如 pp. 205, 252, 272。

大地解释，适用于远未达到极端专断的情形。更重要的是，正如前文所见，狭义的不合理只是温斯伯利标准的一部分。我们的法院已在很多情形下以相关性或目的适当性为工具进行了干预〔84〕，其推理与某些属于严格审查学说范围的美国判例并无不同。〔85〕因此，要是认为英国的温斯伯利标准实际上是十分温和的政策分析进路〔86〕是错误的。

其次，提议以严格审查学说为焦点就可以回避实体问题也是不确 186
定的。〔87〕某项具体的考量是否相关，具体的目标是否属于可允许的范围，是否已经赋予了利害相关当事人适当的听证，最终给出的决定理由是否充分，都是直接或间接涉及实体领域的因素。法院或许并非在规定具体的实体性结论，不过可以借助论述与回答前述问题的方式或隐或显地将某些选项排除。司法机关的权利观念以及此等权利与其他社会目标的平衡仍会起到一定作用。

这一问题与前述第一点之间确实具有一定的关联。就典型案例已经产生的大量争论恰是因为英国法院并未采取一种完全“温和的”审查进路，而是运用温斯伯利的实体不合理、相关性标准进行更宽泛的审查。〔88〕在英国公开承认严格审查学说并不能消除这一问题。倘若具体的利益集团对行政机关的决定提出了质疑，声称财产所有者的权利未得到充分考量、环境利益被不适当地排除在外或没有给予福利接受者的情况足够的关注，法院就不得不审查行政机关的决策以确定此等主张的准确性。这种司法审查必然要求某种下述设想，即此等利益在整体宪法框架下的属性、此等利益在该具体法律框架下的相关性及其与其他法律目标的关系。

因此，决定增加关于征求意见权利的规定连同期望行政官员合理考量政策选项，会导致法院作出限制行政机关实体选择范围的判决。促进有效的征求意见权利需要司法审查确保不同利益的观点获得了适

〔84〕 See Craig, *Administrative Law*, pp. 354－8.

〔85〕 比较下述两起案件的推理过程，*Secretary of State for Education and Science v. Tameside Metropolitan Borough Council* [1977] A. C. 1014 与前文注 76 的 State Farm 案。

〔86〕 See Harden and Lewis, *The Noble Lie*, p. 272.

〔87〕 See Harden and Lewis, *The Noble Lie*, 例如 pp. 205－6, 234, 263。

〔88〕 例如见 Craig, *Administrative Law*, pp. 281－7, 292－6; J. P. W. B. McAuslan, 'Administrative Law, Collective Consumption and Judicial Policy' (1983) 46 *M. L. R.*; J. L. Jowell and A. Lester, 'Beyond Wednesbury: Substantive Principles of Administrative Law' [1987] *P. L.* 368。

187 当的考量；促进理性考量政策选项必然需要司法机关就行政机关应当考察哪些选项及其是否这样做了发表看法。这两方面的司法调查都是根据授权立法进行的，而且只能根据授权立法进行。二者都要求法院就授权立法确立的目标进行解释。

（七）强化立法程序？

此前的讨论都集中于如何促进更大程度地参与公共决策，而且将此与多元民主的论题联系在一起。不过，多元主义还有另外一个不同的方面需要我们关注。这就是执行机关与集团绕开议会作出政策的倾向。执行机关征求某些利益集团的意见，而形成的政策根本不具有立法的形式，但仍属于讨价还价或谅解。这就是丹提斯所谓财产权运用的例证。〔89〕政府目标的实现或者可以通过法律命令，他将之界定为统治权（imperium）；或者可以通过运用政府财富为那些遵守政府目标者提供好处，他将之界定为财产权（dominium）。统治权可能既存在局限，亦存在缺点。其可能无法实行，包括冗长、复杂的立法通过程序，而且其影响不确定。〔90〕财产权则具有明确的吸引力。当需要法律干预时，财产权性质的立法由于其重点在于支出的标准，往往会给执行机关留下宽泛的裁量空间。财产权同样亦可以其他方式运用，例如讨价还价与非正式的协定。这可以促进对政策选择的短期试验，而且回避立法授权的必要性。

188 就这些发展带来的宪法与行政法问题的范围而言，部分体现了宪法领域固有的可争辩性。在丹提斯看来，通过财产权实施政府政策并不必然意味着违背现有宪法或宪法惯例。此外，他认为，除非认为是实现政策目标的最佳选择，否则政府不会运用这一技术；而与政府讨价还价者往往不受限制；倘若不满意财产权技术的运作，普通的下院议员可以要求政府加以说明并且确保修改政策实施的方法。〔91〕丹提斯确实承认，财产权的运用可能产生宪法问题，尤其是第三方可能受其并未参与的

〔89〕See T. C. Daintith, ‘The Executive Power Today: Bargaining and Economic Control’, in J. L. Jowell and D. Oliver (eds.), *The Changing Constitution* (2nd edn., 1989), ch. 8. 另外见 T. C. Daintith, ‘Regulation by Contract: The New Prerogative’ (1979) *C. L. P.* 41 和 ‘Legal Analysis of Economic Policy’ (1982) 9 *Jnl. Law and Soc.* 191; Ganz, *Quasi-Legislation*。

〔90〕See Daintith, ‘The Executive Power Today’, pp. 199–201.

〔91〕See Daintith, ‘The Executive Power Today’, pp. 207–8.

协议影响或私人就是否缔结这样的协议没有真正选择权的领域。[92]

不过，有理由就财产权的运用采取更谨慎的进路。无论此等权力的行使是否侵犯我们现有的宪法或宪法惯例，都为我们当前宪法原则的干巴性质以及许多问题尚未经过检验提供了证明。两种技术当前所受限制的反差强有力地证明了这一点。总体而言，政府在不诉诸立法的情况下不得运用改变国民现有法律权利的统治权。就财产权之行使的控制往往没有这么严厉。因此，尽管财产权性质的立法确实需要得到议会的批准，但就笼统的财政立法提到的金额如何开支而言则没有什么预先控制。[93] 当财产权通过讨价还价、协议或非正式妥协独立于立法行使时，这一对比就更加明显。就概念而言，除非在其特有权 189
力之外，政府被认为具有普通人的法律资格，而这就为此等讨价还价或缔约权的行使提供了解释。

前述对比的反差突出了我们宪法原则的有限性。支撑前述划分的规范与实体之分是显而易见的。法律命令会影响个体权利，需要取得立法机关的授权。政府“财富”或“财产”的运用则被置于不同的概念范畴，尽管可以通过不同路线实现同样的目标，但所受限制不那么严格。[94] 不言而喻的是，这与美国赖希的分析类似[95]，即便其提出的解决方案的功效可能遭到质疑亦是如此。即便认为我们现有的宪法并未遭到侵害，但这不应促使我们认定因此就可以满足任何复杂的宪法建构。

我们的宪法在此领域应当灌输什么内容则更有争议，调和宪法原则与有效统治的困难尤为尖锐。无论如何，应谨慎对待执行机关有可

〔92〕 Ibid. 208－18. 另外见 G. Ganz, *Government and Industry* (1977); J. L. Jowell, ‘Bargaining in Development Control’ (1977) J. P. L. 414 和 ‘Limits of Law in Urban Planning’ (1977) *C. L. P.* 63; R. B. Ferguson and A. C. Page, ‘Pay Restraint: The Legal Constraints’ (1978) 128 *N. L. J.* 515。

〔93〕 例如见 A. Robinson, ‘The House of Commons and Public Expenditure’ in S. A. Walkland and M. Ryle (eds.), *The Commons Today* (1981), ch. 7; M. Ryle, ‘Supply and Other Financial Procedures’, in S. Walkland (ed.), *The House of Commons in the Twenties Century* (1979), 329－426; E. Elliott, ‘The Control of Public Expenditure’, in J. L. Jowell and D. Oliver (eds.), *The Changing Constitution* (2nd edn., 1989), ch. 7。

〔94〕 例如根据民营化进程出售国有资产方面的宪法性分析比较缺乏；Craig, *Administrative Law*, pp. 164－6; T. Prosser, *The Privatization of Public Enterprises in France and Great Britain*; *The State*, *Constitutions and Public Policy* (EUI Working Paper No. 88/364; 1988), 37－9。

〔95〕 See C. Reich, ‘The New Property’, 73 *Yale L. J.* 733 (1964).

能把财产权作为实现其政策的最佳方式。倘若可以选择，毫无疑问执行机关往往会选择宪法反对的政策执行方式。统治权与财产权的情境可能都是如此。中止辩论进行投票程序运用的激增就可以提供清楚的例证。此外，很少有人会对立法机关有效缩减其不赞成之政策执行方法的可能性过于乐观，没有什么理由认为立法监督的障碍在财产权领域会更少。倘若有什么不同，就是人们可能怀疑执行机关财产权运用的非正式性，有时还不公开会使问题恶化。

当然可以采取下述观点，即倘若不更彻底地反思整个议会过程，在这一领域就无法取得什么进展。这一观点具有相当的说服力，我
190 们回头还会再讨论。不过，这不应使我们无视法院最近开始以更具实体性的方式审查执行机关权力的运用，抛弃了以往支配司法机关作出回应的某些形式标签。有关特权方面的发展为此提供了最主要的例证。〔96〕财产权的运用，尤其是缺少立法根据的情况下，应当被视作特权还是独立的普通法权力还存在争议。〔97〕但无论持哪种观点，都可以采取某些形式的司法监督。在开始废除法定权力与特权之间毫无道理之形式障碍的情况下，再在特权与普通法权力之间确立新的区分是愚蠢的。

无论如何，这一分析比较简单的部分是为司法机关的干预提供了概念基础；比较困难的部分则是此等干预应采取何种方向。司法机关应以第三方且实际更直接介入此等讨价还价者的程序权利为重点吗？是否可能给某些财产权的运用规定公开的限定条件？这些都是可能的行动路线。不过就矫正我们直接关注的问题而言，即回避正式立法程序的问题，则没有什么帮助。倘若我们希望矫正这一问题，就必须单刀直入。因此，司法机关可以限定财产权的运用，坚持要求倘若执行机关希望运用某些政策，就应取得立法机关的授权，即便这些政策要求的只是重新分配政府财富而非改变权利的传统方法亦是如此。

这一进路与乍看起来相比可能不那么新鲜。在我们宪法史的各个时期，司法机关限制颁行政策的方式都曾出现过。司法机关对特权的控制就是这样一个非常重要的例证，法院借此认为自己是限制此等权

〔96〕 *Council of Civil Service Unions v. Minister for the Civil Service* [1985] A. C. 374.

〔97〕 See Daintith, 'Regulation by Contract', p. 41.

力愈益增多之运用的合格裁判者。[98] 在主张这种管辖权时，法院实际上是在给执行机关如何实现其期望的目标规定限制。倘若目标并不属于传统的特权领域，执行机关要实现其偏好的目的就需要取得立法 191
机关的授权。

这本身提出了关于财产权、特权与普通法之关系的有趣问题。倘若财产权的运用被视作特权的一部分，那么就应如其他方面的特权一样接受同样的司法监督。相形之下，倘若议会之外关于财产权的运用被视作基于普通法的缔约权力，认为这种权力不受限制就会让人奇怪。要是我们接受这种结论，就会造成棘手且不合逻辑的二元主义。司法机关通过主张有权确定特权行使的界限与方式限制着政府行为的模式。倘若执行机关的行为被界定为普通法缔约权的运用，要是主张法院应保持沉默则前后不一。根据最近扩大司法机关监督特权的原理来看，这一点尤为奇怪。前述扩张的部分理由在于执行机关通过特权还是根据法律行使裁量权可能是随机的，在特权与普通法权力之间的选择可能同样不确定。在承认这种偶然归类可以得出实体性差异之前，我们应当三思。

因此，法院可以依赖的先例确实是存在的。法院因而可以通过这种与程序相关的宪法限制强化议会的权力。不过，应当谨记这种方法的局限性与困难，在概念上难以界定哪种政府行为需要议会的授权。在许多领域中，执行机关通过契约行事的能力显然是必要的而且是合法的。强化议会过程必然要确定某一政策选择是否可以说具有立法性质从而接受威斯敏斯特的监督。因此，用特赖布的话来说，法院是在 192
就政府如何合法地影响人民作出实体性的决定。[99] 此外，甘兹提出了一个论点[100]，通过非法律的手段实施政策选择体现了倾向于对社会活动管制采取"自愿性的进路"。之所以选择非法律性规范等是因为与法律的严格合意性相比，其是更灵活且具有合意性的"立

〔98〕 例如 *Case of Monopolies* (1602) 11 Co. Rep. 84b; *Case of Proclamations* (1611) 12 Co. Rep. 74; *Att. -Gen. v. De Keyser's Royal Hotel Ltd*. [1920] A. C. 508; *Chandler v. D. P. P.* [1964] A. C. 763; *British Broadcasting Corporation v. Johns* [1965] Ch. 32; *Civil Service* 案，前注 96。法院通过对议会特权的控制强化了立法程序；见 *Stockdale v. Hansard* (1839) 9 A. & E. 1。

〔99〕 See 'The Puzzling Persistence of Process-Based Constitutional Theories'.

〔100〕 Ganz, *Quasi-Legislation*. 不过关于合意这一术语的模糊性，参见 Craig, *Administrative Law*, pp. 192－3。

法”模式。

更实际的问题将掩盖这些概念性的问题。这整个工作是否值得耗费心神？执行机关控制着立法机关不是意味着议会的批准不过预定的结果与没有意义的姿态而已吗？因而我们是否必须反思整个议会过程？完全可能如此。我们的政治制度缺少对执行机关有效的议会监督或控制已经获得了很好的证明。不过这一点必须单独讨论。即便大大改善了议会就执行机关设计立法的控制，这本身并不会改变执行机关回避既有立法程序并且通过与利益集团非正式的讨价还价实施政策的倾向。为了防止这种情形，就必须对我们的政治过程进行某种根本的重建。在缺少这种大修的情况下，我们无法避免就前述核心问题给出某种回答。既然因此需要作出棘手的实体性决定，我们还希望通过限制执行机关与利益集团如何执行政策决定强化既有的立法程序吗？

三、多元主义、权利与公法

尽管从前述论点显然可以看到两种行政机关决策以及相应的司法审查都必然需要作出实体性的价值判断，但此等判断的性质尚需要更仔细的考察。更明确地说，必须考察权利在行政法与宪法裁判中的作
193 用与地位。不过，这里无法穷尽对这些问题的分析。有关权利性质的任何讨论都会带来复杂的哲学问题，围绕这些问题已经产生了大量的文献。下一章还会回到这一命题并且进行更详尽的讨论。当前的目标则比较普通，即就权利如何与宪法和行政法相关提供某种提纲挈领式的指导。这里需要强调前一个句子采用的是复数形式。有关权利性质的理解或许是与不同的方式相关的，这取决于具体问题的性质。就这些尽管相关但却各异的问题进行描述非常重要。多元民主观与其中应存在之权利形式的关系就是这样一个问题。不过，有必要先讨论某些其他问题。

（一）权利的性质与适用

在最根本的层面上，公法工作者需要对权利的含义保持清醒，因为适用大致属于公法范围之法律的行政机关与法院可能必须就系争的具体法律是否确实赋予了某项权利作出决定。这似乎是老生常谈的问题。但与初看起来相比，其仍然既重要又复杂。其之所以重要，是因

为无论将法律的措辞理解为赋予权利还是赋予决策者裁量权都会对行政机关或法院如何处理其任务产生重要影响。行政法并非全部由裁量权组成，议会很可能赋予根据特定条件取得特定收益的权利。因此，当考察行政机关与法院的适当作用时，承认某一权利存在的能力就具有根本意义。因为多个原因，这一任务比初看起来更加复杂。

首先，就实际是否赋予了某项权利，法律的措辞可能并不明
确。[101] 其可能明确地以权利的术语进行设计，或者虽未明确采用这 194
一字眼，但法律措辞实际上可能赋予了某项权利。即便决策者被赋予了形式上的裁量权，权利亦可能是存在的。加利根很好地记载了这一点。他承认在缺少明确相反指示的情况下，官员可能认为赋予的裁量需要“考察比个体利益更宽的公共政策，而且可能与个体利益因而亦与任何权利观念发生冲突”[102]。不过，这并非唯一可能的解释。

> 某些权力可能需要持续关注公共利益观念；不过其他权力关注的似乎首先是个体的利益，而没有给予之相对的公共政策关注留下多少空间。此处权利观念再度出现；我们好思考的官员可能推断说，在某些情形下，裁量的目的是为了授予个体权利；相应地，唯一应考虑的事项就是找到权利的范围与内容。他可能借下述方式得出这一结论，即承认重要利益具有利害关系，立法目标证明充分关注对那些利益的保护，因而官员提供相关保护的义务就是存在根据的。[103]

其次，就某项不明确的法律是否赋予了权利作出决定可能不仅取决于关于立法目的的设想，而且还取决于某种更基本的、权利谓何的理解。就权利的含义与解释而言，哲学家通常采取的观点有二。“意志论”最有力的鼓吹者是哈特[104]，主张个体是否具有权利取决于法律或道德是否承认其意志（就其选择而言）“就特定事项与特定关系高于其他人的意志”[105]。当前由诸如麦考密克与拉兹等作者提出的

〔101〕 See D. J. Galligan, *Discretionary Powers: A Legal Study of Official Discretion* (1986), 192－4; D. N. MacCormick, 'Rights in Legislation', in P. M. S. Hacker and J. Raz (eds.), Law, *Morality and Society* (1977), 191.

〔102〕 Galligan, *Discretionary Powers*, p. 193.

〔103〕 Ibid. 194.

〔104〕 例如 H. L. A. Hart, 'Are There Any Natural Rights?' in J. Waldron (ed.), *Theories of Rights* (1984), ch. 3; H. L. A. Hart, 'Bentham on Legal Rights', in A. W. B. Simpson (ed.), *Oxford Essays in Jurisprudence* (2nd ser.; 1973), ch. 7。

〔105〕 MacCormick, 'Rights in Regulation', p. 192.

“利益论”则主张权利的本质要素在于，法律或道德“针对其他人或整个世界，通过给其规定对有权一方的义务、限制或责任的方式”〔106〕
195 保护某人的利益。不出所料，相关论点在竞争性理论家之间变得非常复杂。不过，利益论似乎更令人信服。虽然选择与放弃权利的能力往往也是相关概念的组成部分，不过以其作为权利定义必要的组成要素似乎没有什么裨益。〔107〕

根据利益论，某些要件对赋予权利的规则至关重要。〔108〕这些要件牵涉到在接受者看来属于“有利”、“好处”或“利益”意义上的“物品”。这些要件涉及个体单独享有这些物品，而非作为集体成员“享有分散的、所有人都根据无法区分亦无法分配的份额享有的公共利益”。尽管可以适用的规则往往涉及由个体组成的阶层，但每一个体的收益是严格按照相关条件之成就取得的。最终，个体收益的取得在于法律为个体享有这些收益提供了规范性保护。这一保护可能采取霍菲尔德确定的任何（或全部）具体形式。

正如麦考密克所述，可以从三个角度分析利益论承认的权利〔109〕：创设性条款，确立赋予个体此等权利必需的条件；结果性条款，确立权利持有者可以获得之规范性保护的范围；剥夺性条款，规定权利丧失或转移的条件。

现在，可以把加利根指出的那一点与利益论提供的洞见联系起来。“基于权利”的行政法视角的可能性不只是公法工作者可以选择或不选择作为行政机关或法院可能选项的见解，就下述方式而言其必定是不可或缺的。既然法律是不明确的，既然权利甚至在法律形式上
196 并未根据权利加以规定的情形也可能具有利害关系，那么无论行政机关还是法院都不得不形成关于该法律是否应被解释为赋予个体或集团权利的某种观点。与此等权利相伴的创设性与结果性条款可能是不明确的，就此情形而言，无论行政机关还是法院都不得不确定其内容与

〔106〕 Ibid. 参见 D. N. MacCormick, ‘Children's Rights: A Test-Case for Theories of Right’, in D. N. MacCormick, *Legal Right and Social Democracy* (1982), ch. 8; T. Campbell, *The Left and Rights: A Conceptual Analysis of the Idea of Socialist Rights* (1983), ch. 5; J. Raz, ‘Legal Rights’ (1984), 4. *O. J. L. S.* 1 and *The Morality of Freedom* (1986), ch. 7。

〔107〕 See MacCormick, ‘Rights in Legislation’, pp. 207－8.

〔108〕 Ibid. 204－5.

〔109〕 Ibid. 205－7.

影响范围。

（二）权利的内容

因此，前述权利的利益论可以帮助我们确定现有某项立法是否确实赋予了权利。不过，应当谨记该理论的局限性。正如拉兹所述，利益论提供了一种普遍的权利定义〔110〕，其本身并未就具体利益是否应被赋予权利地位的问题给出答案。在从最终价值到义务的论点之间，关于权利的断言就变成了中间性的结论。民众很有可能同意一个人应有权作出承诺或具有言论自由权，但可能会就其以之为据的利益产生分歧。权利术语以中间阶段的方式促进了讨论，从而“不是每当出现实际问题时都要诉诸最终价值以获得答案”〔111〕。就作出承诺的权利存在合意本身就成为可以从中推导其他结论的道理，排除了每当出现此等主题就考察最终价值的必要性。

不论实际上是否是当前立法赋予的，正是为权利一词添加一个形容词的方式开始告诉我们更多观察者认为我们拥有或应拥有之权利的属性。〔112〕像诸如康德式的权利或经济权利就告诉我们某些权利与更一般的政治思想体系的关系，或与讨论的权利内容直接相关的某些东西。

显然，拥有某项具体利益的理由实际上就应该构成权利的基础这
种说法是有争议的。尽管权利可以作为中间性的结论，但权利的存在 197
必然以某些预先的论点为基础，其中包括赋予相关利益应具备之重要性的理由。正如拉兹所述：

> 当且仅当存在能够得出下述结论的坚实论点时利益方足以构成权利的基础，即存在某项具体权利，而且在其必要的前提中存在关于权利持有者具有某种利益的陈述，其他前提则为赋予其必要的重要性提供理由，或者为认定其与某人或某类人有关从而他们而非其他人必须成为权利所有者提供理由。〔113〕

证明相关利益具有必要重要性的理由将随着所论讨之利益的性质以及具体观察者持有的政治与道德理论而有所不同。要是主张民主形

〔110〕 See *The Morality of Freedom*, p. 167.

〔111〕 Ibid. 181.

〔112〕 Ibid. 167 – 8.

〔113〕 Ibid，181；另外见 pp. 182 – 3。

式总是在证明系争利益的重要性方面发挥决定性的作用是站不住脚的。不过，倘若认定其在这一探讨中可以被忽略也是同样错误的。简单考察一番言论自由权的原理就可以证明这一点。

主张言论自由应被赋予权利之地位的理由是多样的。[114] 通常与密尔有关的命题以自由讨论对发现真理具有的价值作为该权利的基础。另外一项命题则将自由言论的主要价值视作确保个体自我发展与实现的机制。还有一种观点认为该权利的正当理由源自民主制度的公民参与；应使公民能够理解政治问题，以便可以有效地参与民主社会的运作。前述观点没有哪一项是没有问题的。其他著作对此已经进行了很好的讨论，在此我不想重复这些论点。[115] 我也不想只是总结说，民主方面的论点在提供某项利益成为权利必需之重要性的理由方面有时具有一定的作用。与当前讨论尤为相关的是，源自民主方面的论点
198 虽然存在缺陷但仍被评论者赋予了实质意义[116]，是如何根据关于民主形式更详尽的描述改变其局面的。

熊彼特式民主观[117]的支持者可能基于下述笼统的背景理由承认言论自由应被赋予权利的地位，即其使个体能够理解政治问题并因而有效参与民主社会的运作。不过，熊彼特式的设想如何塑造该笼统的背景理由本身会直接影响这一权利的范围。正如前文所见，这是一种“自上而下”的民主观。当前与潜在的当选代表为获得人民的选票进行竞争，政治领袖设计提供给选民的一揽子方案。人民进行选择，但是一旦当选，就由政府进行统治。选举之间的政治行为不关普通人的事。在选举之间的阶段，言论自由作为批评当权集团的方法并没有被赋予很高的地位。相关的结社自由与参与观念亦不容易被解释为赋予了个体参与且帮助塑造此等政府政策的宽泛权利。[118]

共和民主观的支持者[119]可能亦会承认言论自由的权利，并且因

〔114〕 See F. Schauer, *Free Speech: A Philosophical Enquiry* (1980); E. Barendt, *Freedom of Speech* (1985).

〔115〕 See Schauer, *Free Speech* 和 Barendt, *Freedom of Speech*。

〔116〕 例如 Barendt, *Freedom of Speech*, pp. 22－3。

〔117〕 关于这一民主观更详尽的讨论及其与多元主义思想的相互关系，见前文第三章第二节（三）。

〔118〕 精英主义理论家与行为主义者正是得出了这种结论，而且或隐或显地以熊彼特式的民主模式为依据；见前文第三章第二节（三）。

〔119〕 见下文第十章与第十一章关于共和主义与参与式民主的讨论。

为使个体能够理解政治问题且有效参与民主社会的运作这一笼统的背景原因予以支持。不过却以不同的方式解释这一权利的范围，因为笼统的背景理由是根据共和主义设想形成的。关于政治问题的理解将被视作更大图像的组成部分。其总体目标是要个体充分参与公共生活，而且在政治体内“自我统治”。关于言论的权利被认为与政府过程的
参与权有关，这些权利不会因为选择政府的行为而穷尽，在随后的政 199
府决策过程中仍然具有不可或缺的意义。言论自由连同各级当选代表与官员考虑这些观点的必要性是这一民主观必需的。[120]

关于个体的考量，即共和主义发展性的层面得出了相关的一点。愈是详尽地思考预设的具体民主形式，就愈会质疑用于证明此等言论自由权之背景理由形式的可分性，特别是其模糊了源于自我实现与民主本身之论点的区分。前者潜在的观念是“除非能够通过公开讨论形成自己的信仰与政治倾向，否则人民就无法在知识与精神方面获得发展”[121]，这是与更基本的人类尊严观念有关的。不过，共和主义的支持者是否认为这一论点不同于源自民主本身的论点是不确定的。共和主义与/或参与式民主本身就体现了一种特殊的自我实现设想。倘若没有或隐或显地预设此等自我实现社会的性质，确实很难想象赋予这种概念具体的含义。[122] 在缺少此等社会设想的情况下，试图赋予该观念内容就必然导致诸如为何言论应当比例如住房更有利于个人实现的问题。[123]

前述关联的存在并非意料之外。拉兹实际上已经认为，基本的道德权利往往被视作“集体物品保护的因素之一，或其价值被认为取决
于某些集体物品的存在”[124]。因而他认为言论自由的某些方面之所以 200
被看重是因为可以保护开放与民主社会的集体物品。[125]

〔120〕 不过，在不同的多元主义理论之间这些观念具体如何实施亦有所不同；见下文第十章。

〔121〕 Barendt, *Freedom of Speech*, p. 14.

〔122〕 即便约翰·斯图尔特·密尔以真理为根据的言论自由这一论点，其实现亦需要一种具体的民主背景；Campbell, *The Left and Rights*, pp. 156 – 7。

〔123〕 See Barendt, *Freedom of Speech*, p. 15.

〔124〕 Raz, *The Morality of Freedom*, p. 254. 集体物品本质上是公共物品。公共物品就是那些在具体社会中，除了潜在的受益者控制自己的收益份额之外，其收益不受任何人自主控制的物品，ibid. 198 – 9。另外见 J. Finnis, *Natural Law and Natural Rights* (1980), 218。

〔125〕 See Raz, *The Morality of Freedom*, pp. 253 – 4.

因而似乎清楚的是，源自民主的论点可以为赋予某项利益必要的重要性提供理由，从而可以赋予其权利的地位；所采取的具体民主观可以明显地改变该权利的性质与范围；而根据更仔细的分析，其可能与其他此类理由存在重叠。

不同的民主观亦会影响在特定社会应得到更广泛体现的权利内容。通过对比前述不同的多元主义模式并且考察实现具体民主设想必要的权利就可以证明这一点。根据更仔细的考察，这一工作的多元主义面相与两种模式更一元化、集中化的核心之间的张力就显现出来。我们可以先考察拉斯基多元国家下的权利观念。

正如前文所见，拉斯基的多元主义观念随着时间发生过改变。在其后来的著作中，他仍然强调存在限制政府权力的集团。他同样还强调下述事实，即国家在与其他社团的关系中处于强势地位，能够运用权力帮助其认为具有一致利益的那些人。国家通过一系列程序性与实体性的限制负责，其中一项重要的实体要素就是承认公民拥有针对国家的权利。

个体作为社会成员拥有某些固有的权利；这些权利对于作为道德存在之自我的实现而言是必需的。[126] 这并未导致个体存在的孤立性。每一个体都“洋溢着”社会意义；权利提供了我们借以行动以便丰富
201 我们社会遗产的机制。[127] 拉斯基关于权利的列举并不限于当前法律或普通法赋予的那些，而是集中于公民应当拥有什么权利。

具体的权利之所以具有正当性，是因为其体现了个体必须具有的事物以便可以对共同福利有所贡献。这些权利既有经济权利，亦有公民权利。虽然并非任何具体职业都是如此，但确实也存在工作权。要成为“最佳的自我”，就必须工作，而且如果出现失业，国家就应提供保险制度。要求适当薪资的权利以及以某种形式参与产业的权利都被视作与此必然相关的。[128] 最低程度的受教育权亦是必要的，以便个体能够就公共物品作出审慎的判断。还有更直接与政治权力相关的权利，诸如选举权、参选权以及被选权。这些权利既是基于经济理由而存在的，亦是基于民主制度公民自由至上的属性而存在的。由此产生的立法将体现那些设计者的信念：言论、结社的自由与获得公正司

[126] See Laski, *A Grammar of Politics*, pp. 39 – 40.

[127] Ibid. 40, 91, 94.

[128] Ibid. 104, 107, 112 – 13.

法机关审判的机会同样要予以保护。[129] 财产权则要被严格限制。[130] 国家权力应进行分散，而且充分征求那些受政府政策影响之集团的意见。[131] 下面就这一权利观念进行几点评论。

首先，可以说因为其明显同情左翼的倾向，拉斯基的著作与公法在多元民主中之作用的相关性遭到了削弱。尽管并没有什么强迫观察者采取相同的立场，但这一异议意见仍然遭到了误解。任何关于多元主义的解释都必然需要就此等政治制度的含义、其运作的缺陷以及矫正方法作出评判。美国早期的多元主义者就作出过这种价值判断，如将政治制度描述为趋向集团交易的均衡，断定公共利益观念无法独立于构成社会之集团的利益。英国的多元主义则几乎没有这一自我矫正特征。因此并不意外的是，某些英国多元主义者认为讨论关于集团权利与经济自由等繁重的实体问题与讨论传统的公民自由一样是恰当 202
的。[132] 同样不意外的是，大西洋两岸的其他作者尽管承认多元主义的失衡，但拒绝干预。他们并不承认有理由赋予相关经济利益足够的重要性以使其获得权利的地位，而且/或者认为不可接受由此产生的、与更传统的财产权的冲突。[133]

其次，可以质疑拉斯基的权利观念就其自身而言是否有道理。这一疑问有两个方面，应当加以区分。一方面，可以根据前述权利一词的含义提出例如“福利权”这样的措辞是否有道理。在不歪曲权利概念的情况下可以容纳此等利益吗？赋予此等福利利益权利的地位似乎没有什么困难。但按照这种方式描述该利益的结果要取决于与之相关的、霍菲尔德式之请求权、特权、义务与权力等的具体混合。[134] 第七章将更详细地探讨这一主题。

另一方面，可以质疑拉斯基的权利观念内在逻辑是否一致而且是否可行。尽管其方案的多元主义面相在后来的著作中消失了，但拉斯基似乎并未充分意识到这一方面与其计划之社会主义面相潜在的冲

[129] Ibid. 116，118－30，162－3.

[130] Ibid. 130，ch. 5.

[131] Ibid. 74－5，133.

[132] 另外见 A. D. Lindsay，*The Essentials of Democracy*（1929），49－78－80；E. Barker，*Reflections on Government*，pp. 107－9，111－17，168－205，418。

[133] 例如 R. Nozick，*Anarchy，State and Utopia*（1974）；R. A. Epstein，*Takings：Private Property and the Power of Eminent Domain*（1985）。

[134] 例如 C. Wellman，*Welfare Rights*（1982）；A. Gewirth，*Human Rights*（1982）。

突。通过考察工作权就可以例证这一点。积极的工作权很可能与市场或资本主义机制不一致，后者的生产与雇佣都是由市场力量确定而非中央政府指挥的。[135] 尽管资本主义国家可能竭力鼓励创造工作的活动，但不可能在不破坏市场机制的情况下整体上实际指挥生产。此外，积极的工作权需要一定程度的中央控制，此等控制与多元主义权力分散的动力存在冲突。正如坎贝尔所述，与工作权相伴的、可直接
203 实施的义务开始就被规定给负责监督共同体提供工作之能力的官员。他承认，在集权程度比较低、满足前述需要的责任分散于整个社会的国家中，关于工作权的解释是值得怀疑的。[136]

第二种模式的多元主义与集中化面相之间的张力可能更明显，而且通过这一模式包含的权利观念得到了例证。

以市场为导向的“新右派”设想的多元主义、分散化的面相由两个关键因素组成。一方面，正如前文所述，承认诸多并不属于形式意义政府之组成部分的利益集团行使着公共权力。这些集团进行竞争以影响政策内容乃政治过程的特征。[137] 另一方面则存在下述信念，即中央对许多经济与社会问题的控制既非必要，亦不公正。之所以没有必要，是因为市场被视作比政府本身更好的分配机制。这一“经验性的”论点具有多个不同的要素，但不变的论题就是政府的干预不起作用，市场的任何替代机制都是存在缺陷的，而政府的管制性失灵比市场的管制性失灵更普遍。[138] 此外，倘若压力集团之间的竞争确实构成了决策过程的特征，那么就进一步推动了普通市场可能是该竞争过程更好的管理者这一论点。政治选择变成最好由市场本身承担的市场选择形式。据称这代表了多元主义权力分散化的最大极限，而且不容易受大量立法干预具有的寻租行为影响。政府干预亦是不公平的这一论点则补充了政府干预没有必要这一论点。这一命题的最强形式是由

[135] See Campbell, *The Left and Rights*, pp. 173, 184.

[136] Ibid. 180, 182. 不过，应当指出的是，就此等权利如何实施而言，拉斯基认识到了其限制；*A Grammar of Politics*, p. 137。

[137] 见前文第五章第四节。

[138] 例如见 F. A. Hayek, *The Road to Serfdom* (1944) 和 *The Constitution of Liberty* (1960)；M. Friedman and R. Friedman, *Free to Choose* (1980)；S. Brittan, *The Role and Limits of Government* (1983)。这一论题同样得到了右翼思想智库的支持，诸如 Adam Smith Institute 与 Center for Policy Studies。

诺齐克提出的。[139] 他主张自然状态下的个体拥有不可侵犯的权利， 204
这些权利中很重要的一项就是财产权。保护其公民之生命与财产的最小国家可以具有正当地位。不过，任何超越这一最低限度之国家权力的运用都变成了强制。重新分配政策是不正当的，因为具体财产权的正当性取决于其取得方式，而非是否符合具体的分配模式。以“自愿”交换为基础的市场并非强制性的；只有诸如政府这等干预此过程的人类机构方具有这种罪行。

该民主设想支持的权利就体现了这一推理。放松管制之所以得到支持，不仅是因为政府干预被认为存在缺陷，还因为其结果相当契合这一政治模式固有的权利观念。正是通过放松管制，相关领域才被交还给市场。消费者的选择在尽可能的范围内占据主导地位。这一设计不仅是希望相关领域更有效率地运作，还因为其前提是以个体选择为基础的自愿交换观念。根据诺齐克的命题，这样的交换是正当的，并未侵犯预先存在的财产权，因而并未构成强制。故而不算十分让人意外的是，例如亚当·斯密协会最终报告[140]常见的论题就是主要按照市场效率界定的责任性观念。无论教育方案还是卫生方案，至关重要的都是回应受相关方案影响的人。这些方案要具有最大可能的个体选择，因而尽可能地体现自愿交换的观念。

不过，新右派设想的权力分散化与多元主义面相遭到了该模式存在的某种一元化、集中化趋向的限定。此等趋向有三。

第一个前面已经有所触及。[141] 这就是中央控制国家权力集团的必要性，这些集团被认为给市场设想的实现施加了限制。正如甘布尔
所述，“迫使市场自由的代价就是强大国家”[142]，而保守党政府不得 205
不采取更强势的措施从而在经济制度中引入更大程度的自由。征求国家其他权力集团的意见是根据非常明确的议程进行操作的，而这一议程的基本原理则几乎没有进行实质协商的空间。

第二，市场分散化的动力本身因两种相关的方式所限。一方面，关于最小国家之适当作用的哲学理论虽然存在，但此等理论的“逻

[139] See *Anarchy, State and Utopia*.

[140] *The Omega File* (Adam Smith Institute, 1985). 各个报告涉及广泛的领域，包括卫生、社会保障、教育、通讯、地方政府与规划以及就业。

[141] 见前文第六章第二节（五）。

[142] A. Gamble, ‘The Political Economy of Freedom’, in R. Levitas (ed.), *The Ideology of the New Right* (1986), 51.

辑”结论并未贯彻始终。在色情作品、生育以及其他大量问题上采用自由市场的进路并未获得赞同。中央政府仍将此等问题留给自己决定，而在诸如同性恋等问题上则将强大的中央观念强加于社会之上。另一方面，即便转交给市场的领域，通常也是根据法律框架进行的，限制了其后个体消费者与相关服务提供者达成自愿交换的形式。例如，高等教育的提供可以采取更具契约性的表现形式，但中央政府关于此等教育之作用与目的的观念会强烈影响因而缔结的契约。同样还需要法律管制以维护市场制度，至少维持经济主体形式上的平等，制止私人形式的强制或歧视则更有争议。[143]

新右派设想第三个集中化的方面是最有问题的一个，这里只能简单提到。这一点关系到前述以市场为导向的设想与主要由斯科拉顿支持的、显然更专横之保守主义的关系。[144] 责任性、效率与个人选择是以市场为基础之新右派的护身标语。支撑诸如斯科拉顿与考林等[145]作者之论点的则是权威、忠诚、传统与国家安全这些概念。最
206 小国家遭到了抛弃，同样还有中央政府不应试图将具体“善”的观念强加给社会的观点。国家与社会的划分遭到了抛弃，因为集权化的国家机关侵入了任何就“社会纽带的力量”而言至关重要的社会生活领域。倘若认定保守党的政策包含了整个这样一幅专横的设想是错误的，但认为其思想并不包含任何这种成分同样也是错误的。新右派思想可以说是以市场为导向的设想与其显然更专横的邻居的尴尬结合。[146]

因此，尽管我们应拥有之权利的内容是一个棘手的问题，但却是宪法与行政法工作者都必须讨论的。关于既有权利或前提假设的批判性分析必然预设了某种所欲的替代性设想。更详细地反思实际与所欲的民主形式是下述因素之一，即为赋予某项利益必要的重要性提供理由从而赋予其权利的地位。其他因素同样也是重要的，包括赋予诸如尊严、真理与正义等概念的含义。无论如何，前述讨论突出了这些问题的相互关联。诸如尊严等某些概念将根据个体生活的民主制度形式

〔143〕 See A. Gamble, *The Free Economy and the Strong State* (1988), 33.

〔144〕 See R. Scruton, *The Meaning of Conservatism* (2nd edn., 1984).

〔145〕 See M. Cowling (ed.), *Conservative Essays* (1978).

〔146〕 See R. Levitas, ‘Competition and Compliance: The Utopias of the New Right’, in R. Levitas (ed.), *The Ideology of the New Right* (1986), ch. 3. 另外见 A. Belsey, ‘The New Right, Social Order and Civil Liberties’, in ibid., ch. 6。

改变其面相。更重要的是关于民主的任何具体描述本身都会体现某种正义观念。本章与前一章的讨论表明了诸如多元民主这类短语的可塑性。只有更深入地探讨赋予这些术语的描述性与规定性内涵，方能揭示在此标签下存在的不同哲学。而且探讨愈是深入，就愈会意识到这些解释正是因为赋予诸如正义与权利等观念的内容不同而有所变化。具体的民主观与其中应存在之权利的关系因此就是相辅相成的。正如菲尼斯所述：

> 我认为，除了谨记某种模式的人类特征、行为与共同体中的互动
> 关系，然后选择支持该模式的权利说明之外，没有其他替代方案。换 207
> 言之，需要具有某种人类之善与个体繁荣的观念，后者体现为促进而不是阻碍此等繁荣的公共生活形式。[147]

〔147〕 *Natural Law and Natural Rights*, pp. 219－20.

第七章
英国的宪法改革与民主*

一、导言

208 现在宪法改革在政治与法律领域都获得了很多人的支持。这是一个相当重要无法忽略的主题。本章将讨论相关辩论的四个核心方面，所有这四个方面都应根据前两章的讨论进行考察，而且与其有关。首先，考察用于支持此等改革的各项理由。[1] 这些理由在相关文献中已经有所涉及，因而这里考察是比较简要的。重点在于第二个问题，该问题与第一个相关但有所不同。这一问题关注的是，倘若我们通过一部权利法案，那么所保护之权利的性质是什么以及由此产生的裁判

* 本书出版于 1990 年，自那时以来无论英国还是欧洲政制都发生了巨大的变化，虽然这些变化仍然可以置于作者的理论框架之下进行分析，但读者仍应对此特别留意。其中欧洲层面的重大变化有诸如欧盟的成立、欧洲制宪等。英国自 1997 年工党上台之后进行了广泛的宪法改革，其中与本章讨论的内容相关的有 1998 年的 Human Rights Act、Government of Wales Act、Scotland Act，1999 年和 2000 年的 Local Government Acts，2001 年的 Regulatory Reform Act 和 2005 年的 Constitutional Reform Act 等。就欧盟对英国宪制的影响，可以参见 Paul Craig，'Britain in The European Union'，in Jeffrey Jowell and Dawn Oliver (ed.)，*The Changing Constitution* (2004)，5th edn.，Oxford University Press，pp. 88－116；关于英国行政法模式的分析，特别是自 1997 年工党政府上台以来第三条道路的分析，参见 P. Craig，*Administrative Law* (2003)，5th edn.，Sweet & Maxwell，pp. 3－46；关于英国地方分权的发展，参见 P. Craig，*Administrative Law* (2003)，pp. 185－222；A. W. Brandley and K. D. Ewing，*Constitutional Law and Administrative Law* (2007)，14th edn.，Pearson Education，pp. 42－50。关于英国宪制各方面变化的笼统分析，参见 Jeffrey Jowell and Dawn Oliver (ed.)，*The Changing Constitution* (2004)。——译者注

〔1〕 See Sir Leslie Scarman，*English Law-The New Dimension* (1974)；P. Wallington and J. McBride，*Civil Liberties and a Bill of Rights* (1976)；J. Jaconelli，*Enacting a Bill of Rights* (1980)；C. Campbell (ed.)，*Do we Need a Bill of Rights?* (1980)；A. Lester，'Fundamental Rights：The United Kingdom Isolated' (1984) *P. L.* 46；M. Zander，*A Bill of Rights?* (3rd edn. 1985)；Lord McCluskey，*Law，Justice and Democracy* (1987)；R. Holme and M. Elliott (eds.)，*1688—1988：Time for a New Constitution* (1988).

涉及的解释问题。考察的第三个问题涉及的是我们的欧共体成员国身份对宪法改革的影响。本章最后讨论苏格兰与威尔士的地方分权或独立前景，而且考察这如何影响英国宪法秩序的修正。

二、宪法变革的理论基础

那些支持通过一部权利法案的人已经提出了大量的论点，但这些论点的描述并非总是清楚明确。尽管如此，可以粗略分为两类。

一方面，可以界定为以权利为基础的论点。这类论点显然有多 209
种，包括下述这些：（1）需要一部权利法案确保少数派的权利不会遭到民选多数派的力量践踏。（2）担心政府立法缺乏对某些公民自由的尊重，这些自由与社会中的多数派和少数派集团都有关系。传统的普通法技术被认为不足以对抗法律对这些自由的限制，根据该技术公民自由很大程度上具有一种剩余属性。在当政政府具有可能剧烈改变此前占支配地位的宪法秩序及野心勃勃、影响深远的立法方案时，这些传统技术的局限性更加明显。（3）前述理由主要都是国内性的，由其他国家的情形得出的结论则强化了这些理由。因而据称英国之所以应通过一部权利法案，就是因为我们是目前少数几个并不具有权利法案的国家之一。与之相关的一种主张是，这是我们目前参与《欧洲人权公约》“自然而然”的一步。通过一部权利法案或将《欧洲人权公约》并入国内法将提供更迅捷有效的人权保护方法。

另一方面，是具有更广泛制度属性的宪法改革论点。这些论点引领我们超越了权利法案本身，涵括更广泛的宪法变革。这类论点可以确定为下述几种：（1）这些当中最“正式”的论点源自要求地方分权从而英国各个部分享有一定程度自治的提议。人们公认任何此等步骤都必然需要某种成文宪法，界分“中央”与“地方”各自的权力。同样还需要某种形式的宪法法院或宪法委员会，能够就领土与管辖事项的纠纷作出裁判。（2）其他以更广泛之宪法改革为目标的论点，则集中关注政府内部权力平衡的变革如何削弱了确保正当性与责任性的传统机制。前述分析已经论及多个这类论题。[2] 这些论题包括执行机 210

〔2〕 见前文第五、六章。另外见88宪章组织表达的担忧。（Charter88是英国的一个压力集团，支持宪法与选举改革，将其根源归于英国缺乏成文宪法。该组织以1988年《致新政治家》的一封信开始，并根据捷克的Charter 77异议运动得名。——译者注）

关相比立法机关权力的增加、外围组织的增加以及公共与私人权力领域的相互渗透。这些发展造成的问题因为关于社会应如何组织的“合意终结”* 而加剧。这本身既具有实体性的维度，亦具有程序性的维度。就应遵循的实体政策形式存在的宽泛合意，由于保守党政府追求的激进政策及市场导向的策略已经发生了动摇，因此产生的张力导致政府与诸如地方当局等政治制度其他组成部分保持联系的程序与技术发生了重大改变。[3]

就此而言可以对支持宪法变革的理由做两方面的评论。第一，就该推理以保守党政府侵犯公民自由和/或打乱不同政府层级之权力配置的相对倾向为根据而言，其并不能得到严格经验证据的支持。这里应将该评论的性质进行清楚的阐述。该推理有理由针对此类政府行为的具体事例，但就该政府相比许多此前的政府而言表现更糟糕则基本找不到详细的历史研究。此外，就这种越界行为的描述往往并未伴有彻底的规范性分析，即为何某行为应被认为属于此等侵犯行为。

第二点与第一点相关。仅仅宪法惯例已被改变这一事实本身并不能表明“新的境况”在宪法上存在问题。这似乎是老生常谈的命题，但却往往被相关文献忽略：宪法变革的“事实”与宪法失当的“事实”常常被认为前后相随。但显然并非如此。不成文宪法且实际上那些成文宪法都往往是以惯例为依据的，这些惯例随着时间而变化，而
211 且期望其如此。这些惯例是被“放弃”还仅仅是“变革”而已，只有通过就新境况进行规范性的评价方能确定。[4]

很简单就可以证明这一命题的重要性。作为一个简单的命题，据称废除民选政府层次（大伦敦市议会及市政当局）显然有悖惯例的神

---

* 这里指的是 post-war consensus 或 collective consensus 的终结。第二次世界大战后至撒切尔夫人上台之前，英国保守党与工党就福利国家等基本理念方面并不存在根本的分歧，都信奉凯恩斯经济学，实行主要工业国有化的混合经济制度，建立国民医疗服务制度以及在英国创建现代福利国家。这一阶段通常以 1942 年的 William Beveridge 报告为基础，1945 年大选上台的工党政府的政策则奠定了战后合意的基础。1976 年国际货币基金组织迫使英国政府放弃了凯恩斯的经济学；与此同时，右翼在 20 世纪 70 年代开始越来越多地视这种合意为英国经济衰退的原因，并且以新右派思想作为解决英国经济困境的方案。1979 年撒切尔夫人的上台标志着英国战后合意的终结。——译者注

〔3〕 例如 M. Loughlin, *Local Government in the Modern State* (1986)。另见前文第六章第二节（五）。

〔4〕 假定此前的情境在规范上是可以接受的。

圣性。[5] 这些当局的废除当然是可惜的，而且认为其有违惯例的论点可能也是有道理的；无论如何，这样一项主张要成立还需更加严密。人们或者必须主张当时地方层面民选权力的实体分配体现了宪法惯例；或者主张只有通过某种程序加以改变，但这种程序并未得到遵守。两个论点任何一个都不是特别容易成立。然后就不得不主张中央与地方政府新近形成的权力划分在宪法上是失当的，而非仅是向“新”惯例的转变。再说一遍，提出这样的论点或许可能，但不能想当然。就其本质而言，激进政府往往会改变此前存在的宪法结构。新的安排方法在宪法上是否失当需要进行规范性的分析，而非简单的断言。

三、宪法改革的属性：权利、正当性与责任性

其他著作已经充分考察了诸如颁布一部权利法案存在的技术困难，在此我并不想进行复述。[6] 本节的目标意在更笼统地讨论英国宪法改革的性质以及与之相伴的问题。

宪法与权利法案等等意在提供限制权力运作方式的“紧身衣”，其规定了三种不同类型的限制。首先，保护某些实体权利。这些权利 212 可以由公民针对国家或国家的某种衍生物行使，而且可以适用于公民相互之间的行为。此外，宪法保护的实体权利可以确定不同政府分支的权力范围，无论中央、地方还是地区当局。此等实体权利的目标是要防止某个政府行为侵犯受保护的权利，而且通常由有权宣布相关立法无效的法院予以保护。

其次，宪法性的文件通常会规定某些程序权利。只要满足正当程序的要求，就可以允许政府或其他某些组织推行特定的目标。要求给予这种程序权利的情形以及赋予这一概念的明确内容很可能存在争议，但大部分制度都存在某种程序性的宪法权利观念。侵犯这种程序权利的行为通常会再次被宪法法院宣布无效。

再次，宪法安排会试图确保社会公共权力正当且负责任地行使。例如可以允许政府推行特定的政策选择，但必须以对因而作出的政策

〔5〕 See R. Holme, ‘Introduction’, in Holme and Elliott (eds.), *1688—1988*, p. 3.

〔6〕 例如 Jaconelli, *Enacting a Bill of Rights*。

选择负责任为条件。显然，前述程序性宪法权利观念在确保这种正当性与责任性方面可以起到必要的作用。不过，同样明确的是，这些权利在现代国家通常并非实现该目标的充分条件，必须由其他各种机制加以补充，而这些机制可能根本没有载入宪法。这些机制可以通过宪法或行政法发挥学说方面的作用，可能包括下述理念：参与政策的形成、理性决策以及财会控制，即评估设计与实施某一具体方案的金钱价值。〔7〕

承认宪法限制可以采取前述三种形式既没有什么争议，亦算不上
213 深刻。不过却可以作为两项更具体命题的适当基础。一方面，当我们思考宪法改革时，必须承认某些权利无论是否纳入宪法性文件以及赋予这些权利的内容，都取决于借以进行观察的具体背景政治理论等。另一方面，同样必须承认三种宪法限制在下述意义上是相互关联的，即诸如正当性与责任性等概念的实际含义受赋予实体与程序权利的含义影响，而且被支撑此等权利之存在与内容的政治理论加以渲染。本节的其他部分就致力于阐述这两方面的论题。

（一）宪法权利的内容

有关将权利法案引入英国的相关文献已经论及了司法机关不得不面临的解释问题〔8〕，不过讨论的重点在于这样一项任务总体而言在多大程度上会使司法机关政治化，我们的法官可以在多大程度上会以其他利益为代价支持特定形式的利益。〔9〕这些当然是重要的，但这里不准备直接进行讨论。本节关注的是法官必须面对且不可避免地解释难题，即便竭力获得就宪法文件之“正确”解释的法官也会遇到这些难题。

显然，这一解释过程的难题无法通过两种具体观念解决，即制宪者的原始意图或宪法文本的“字面”含义。前者已经表明无论在经验方面还是哲学方面都站不住脚。〔10〕后者同样问题重重，即便我们采纳诸如《欧洲人权公约》这样的文件而非自己重新起草亦是如此。简

〔7〕这一论点并不是说在逻辑上不可能将任何这种理念纳入宪法自身，而是说包含所有这些理念的宪法少见。

〔8〕例如见 Zander, *A Bill of Right*? and McCluskey, *Law, Justice and Democracy*。

〔9〕例如见 J. A. G. Griffith, *The Politics of the Judiciary* (3rd edn., 1977)。

〔10〕见前文第四章注释 47。

单的例证即足以说明这一点。《欧洲人权公约》第 10 条保护关于表达 214
自由的权利。第 14 条表明，《公约》的权利不应基于任何理由进行歧视，包括性别、种族、籍贯、背景或财产。倘若合起来看，就有可能主张关于前者的解释应注意该权利对其接受者的“价值”，而非仅是该权利的存在；根据第十四条来看，这一解释是有道理的，甚至是其所要求的；而且这证明国家花钱使弱势群体能够提出其观点以及/或者在政治竞选期间限制富人的开支是正当的。当然，就这两条规定的关系而言可以提出相反的论点。不过十分明显的是，提取关于这些条文“字面”解释的努力注定是要失败的。该问题的这种或那种解决方案都需要权利与权利价值之关系的某种观念〔11〕，以及该关系在具体案件事实中如何发挥作用的看法等等。我们竭力作出关于宪法文件之准确解释的勤勉法官因而不得不进行进一步的探讨，而且承担比字面解释更复杂的任务。

这造成的难题就变得明确了，而且在其分析的两个阶段都是显而易见的。一方面，法官不得不确定前述两种背景性多元民主设想哪一种提供了借以解释宪法条款的最好基础。〔12〕此前的分析还揭示出两种多元民主观都只是更宽泛的、包含不同权利与分配正义观念之政治理论的组成部分而已。〔13〕法官不得不或隐或显地在这些迥异的观念之间进行选择，以便回答其要处理的许多更具体的问题；或者他可以提出一种与二者都不同且更可取的观念。

另一方面，即便法官已经作出了这一初步决定，然后就不得不面
临非常复杂的问题，即此种理论对其处理的案件具有的更明确的后 215
果。这一点可以证明如下。假设法官经过深思熟虑认为公正的社会应包括某种福利权观念，他可能基于多个理由得出了这一结论。他可能相信拉斯基以及其他具有类似主张的人阐述的那种多元民主形式。他的结论可能是以对罗尔斯的解读以及从中可以得出关于福利权的解释这一信念为根据的，或者可能将其推理建立于格沃思的命题之上。我们的法官亦认为这一结论符合其正在解释的宪法文件。这一文件的具体条款，诸如关于平等与非歧视的那些，可以容纳这一结论。

不过，认为福利权的观念在哲学上合理或有意义是一回事，而从

〔11〕关于这一问题的全面讨论，见下文第八章第三节（一）2。

〔12〕See R. Dworkin, *Law's Empire* (1986), and *Taking Rights Seriously* (1977).

〔13〕见前文第六章第三节。

中得出更具体的宪法结果则是另一回事。事实上从罗尔斯的命题中能否得出福利权的观念以及福利权在其命题下能否获得宪法保护将在下一章进行考察。[14] 但集中考察格沃思的著作同样可以说明这一点。

格沃思的目的是既要为人权提供哲学上的解释，又要罗列权利的内容。[15] 其哲学基础的问题非常复杂，这里无法进行考察。不过，其精髓在于人权是人类的必需品，以便“能够进行活动或大体能够实现其行动所欲的目的”[16]。所有人都同样有权获得这些必备条件以满足人类机构的需要。就最笼统的层面而言，权利的目标在于自由与幸福，据称这提供了行动必需的程序与实体条件。

具体的权利于是就被视作幸福与自由的组成部分。幸福被认为由三类物品构成：基本物品、不可克减的物品与附加物品。[17] 基本物
216 品是行动的基本前提，例如生命、身体的完整性与心智的稳定。因而下述情况就侵犯了一个人的基本权利，即被害、挨饿或被造成身体残疾；倘若一个人正在挨饿而另外一个人可以在对自己没有根本代价的情况下分发食物却有意未这样做，亦是侵犯了基本权利。不可克减的物品就是“维持实现某人目的的水准以及从事具体行为的能力不遭减损需要的资格与条件”。在下述情形下，与这些物品相关的权利就遭到了侵犯，即某人被欺骗或未信守承诺的情形；以及当存在用于改进的资源，但他却要忍受耻辱的体力劳动或居住条件时亦如此。附加物品乃“增强实现某人目的的水准以及从事具体行为的能力需要的资格与条件”。例如未能根据某人能力的限度予以教育或当基于种族、宗教或国籍的原因遭到歧视的情形就侵犯了该权利。

当然还有更具体的、源于自由的权利。这由下述权利组成，这些权利对确保某人通过“自己自愿的选择或同意”控制其行为与参与交易而言是必要的。诸如言论、集会、选举等更传统的公民自由皆是按照这种方式推导出来的。[18]

尽管如此，承认某些权利的存在以及其需要其他人的配套义务[19]并不能自行确定因而规定的法律义务类型，亦不能确定这些义

〔14〕 见下文第八章第三节（二）。

〔15〕 See A. Gewirth, *Reason and Morality* (1978), and *Human Rights* (1982).

〔16〕 Gewirth, *Human Rights*, p. 4.

〔17〕 Ibid. 55 - 9.

〔18〕 See Gewirth, *Human Rights*, pp. 62 - 3.

〔19〕 Ibid. 2.

务发生作用的具体层面。更明确地说，其并未告诉我们这些权利应在宪法层面还是以其他方式予以保护。这从格沃思本人的分析就可以体现出来。前述人权对社会规则与社会制度而言具有重要意义。“当规则与制度传达、保护或促进受其支配的那些人的平等自由与幸福时在道德方面就是正当的，而据以行事的人就践行了自己的道德责任。”〔20〕

尽管如此，无论就法律保护的形式还是其运作的层面而言，这些后果的具体性质都还必须加以描述。格沃思提议如下〔21〕，刑事法律保护某些基本权利不受他人侵袭，包括生命权与身体完整权等，同时 217
还确定该保护运作的标准（公正审判、人身保护令等）。通过保护基本权利不受侵犯必需之最低限度的幸福，存在于刑事法律中的社会规则可以起到静态工具的作用。

社会规则同样还具有所谓动态工具的性质，即根据支持性的国家促进人们的幸福，当个体通过自己的努力无法实现基本权利与其他权利时就为其提供保护。格沃思承认，人们实现权利的能力配置是不平等的，而社会规则的目标之一就是要消除这种不平等。〔22〕总的来说，支持性国家保护的是社会与经济权利，包括向那些通过自己的努力无法获得食物与住房的人提供之，废除“危险或耻辱的工作与居住条件”，还包括可以“增加从事建设性工作之机会”的公共物品。

人权的第三种法律实施方法源自社会规则必要的、程序性的解释。这源于格沃思命题中与自由有关的那一面：就人民已经自愿同意而言，社会规则在道德方面是正当的。传统的公民自由就是据此被赋予正当地位的。

可见，承认福利权本身并未确定赋予的保护形式与层面。在格沃思的命题中，人身安全权利受刑法保护，社会与经济权利受支持性的国家保护，而政治与公民自由受“宪法以及就宪法达成合意的方法”保护。〔23〕我们善于思考的法官因而就可以决定，即便谈论国家应予以保护的福利权有意义，即便宪法可以被解读为包含这些权利，但他

〔20〕 Ibid. 60.

〔21〕 Ibid. 59－64.

〔22〕“因此，当静态阶段（刑事法律）试图恢复此前存在的相安无事状态时，动态阶段却试图向新的情形发展，实现或更接近于此前并不存在的配置方面的平等”（Ibid. 62）。

〔23〕 Ibid. 63.

还是应拒绝迈出这一步。他反而可能决定，由这些权利得出的法律责任规定支持性的国家具有保护这些社会与经济权利的义务，但这些权
218 利本身并未被视作宪法权利。因此，个体不能以这些权利遭到侵犯从而立法应被宣布无效为由，试图对相应立法提出宪法质疑。[24]

在解释规定人权、被认为具有宪法性质的文件时，无论该文件是从外面并入的还是自己重新发展形成的，都必然需要进行前述推理。如同比较不善于思考与不谨慎的法官对其选择予以保护的利益存在所谓偏爱造成的问题那般，这些解释性难题结果也是同样繁杂与有争议。

（二）正当性、责任性与宪法改革

关注宪法改革的英国公法工作者整体而言并未花费大量的篇幅考察宪法权利。他们的写作是出于增加政府正当性与责任性的需要，而未详细讨论这些权利的性质。这一关注点太过狭隘，而且有造成扭曲的风险。前面已经指出，诸如正当性与责任性等概念的实际含义受赋予实体与程序权利的含义影响，而且会为支撑这种权利之存在与内容的政治理论渲染。现在就需要探讨这一关联的性质。

这种关联在戴雪的一元化宪法观中得到了体现。[25] 根据一元化的宪法观，所有重要的公共权力都归议会所有，议会具有立法垄断的地位。立法机关控制着执行机关，而立法机关本身则受选民控制。立法是正当的，因为是民主选择过程的结果，通过该过程人民的意愿被控制着执行机关的立法机关准确而忠实地转化为立法。以宪法规定权利并无必要，因为这种一元化的民主观很大程度上亦被视作自我矫正
219 式的：因为立法机关受选民控制且反过来控制着执行机关，议会就不会颁布侵犯个人权利的立法。

这种关联在其他宪法观念中同样是显而易见的。自然权利如何阻碍实现指导政府决策的功利主义计算就严重影响了边沁的观点，即谈论自然权利是“趾高气扬的胡说八道”[26]。不过，边沁敏锐地意识到有必要使公共权力的行使既是正当的又是负责任的，而为达此目的，

〔24〕参见罗尔斯得出的类似结论；见下文第八章第二节（三）、第三节（四）。

〔25〕见前文第二章。

〔26〕J. Waldron, *Nonsense upon Stilts*: *Bentham*, *Burke*, *Marx and the Rights of Man* (1987).

他提出了一套复杂的制度、政治与外部控制措施。〔27〕并不出人意料的是，这些不同机制设置潜在的具体正当性与责任性观念本身就是功利主义的。

不过，前面两个段落例示的这种关联的性质还需要进一步探讨。这里不准备泛泛综述关于正当性含义的复杂文献。〔28〕不过，就目前的讨论而言，那些文献中的某些主题尤为相关。在当前的情境中，某种秩序形成关于自身之正当性信念的能力与该信念本身的真伪尤为重要。因而哈贝马斯就批评韦伯式的正当性观念，认为其以现有秩序是正当的这一信念作为基础，而不是关注此等信念是否具有充分的根据或实际上是否以神秘的事物或错误的意识形态等为基础。在哈贝马斯看来，“每一个有效的正当性信念都被假定与可以检验和批评的真理具有内在的联系”〔29〕。倘若不是按照与真理的这种联系认识正当性的信念，那么就仅具“心理学意义”而已。

这一点的重要性是显而易见的。按照哈贝马斯的观点，批判性理论的任务之一就是要“澄清与证实据以检验正当性（或不法性）信念的理性标准，将值得且获得其成员审慎性忠诚的现代生活形式予以概 220
念化”〔30〕。这就需要某种判断标准。

> 倘若具有社会限制条件与功能规则方面的充分知识，可以而且能够通过杂乱的意志形成过程就社会交往的组织作出决定，某一社会的成员在生产力发展的特定阶段会如何共同且有约束力地解释他们的需要（及其可能承认正当化的规范）呢?〔31〕

目前从这一讨论产生的具体答案很可能是有争议的，如罗尔斯式原初状态推理得出的具体结果那般。〔32〕

不过就此对公法采用之正当性术语的意义而言，现在已很明确了。赋予该术语的具体含义将体现人们认为从前述论述得出的更笼统

〔27〕 See P. P. Craig, ‘Bentham, Public Law and Democracy’ [1989] *P. L.* 407.

〔28〕 见如 J. Habermas, *Legitimation Crisis*, trans. T. McCarthy (1976); C. Offe, *Contradictions of the Welfare State*, ed. J. Keane (1984); W. E. Connolly (ed.), *Legitimacy and the State* (1984); J. H. Goldthorpe (ed.), *Order and Conflict in Contemporary Capitalism* (1984)。

〔29〕 Habermas, *Legitimation Crisis*, p. 97.

〔30〕 W. E. Connolly, ‘Legitimacy and Modernity’, in Connolly (ed.), *Legitimacy and the State*, p. 12.

〔31〕 Habermas, *Legitimation Crisis*, p. 113.

〔32〕 见下文第八章第二节。

的规范；而那些规范是什么本身取决于哪些利益应被视作权利以及社会中的分配正义的某种看法。以此观之，公法的正当性概念既具有实体性的维度，亦具有程序性的维度。

就正当性的实体方面而言可以提供两个例证。第一个得自于前述福利权的讨论。正如前文所见，人们可能试图以不同的思想学派证明此等权利。前述讨论还揭示出为什么人们不愿意直接在宪法中保护此等权利，结果就是个体不能主张由最高法院宣布侵犯此等权利的立法无效。不过，此等权利的存在确实为“支持性的国家”规定了促进相关利益的义务。[33] 就哪些政策能最好地实现这一目的而言，现在当
221 然可能存在争议。尽管存在这种“不确定的适用”范围，但在国家保护或未保护此等利益的范围内讨论国家的运作正当与否还是有意义的。换言之，就该利益而言，任何主张政府行为不正当的陈述都预设了国家应保护该利益，而没有这样做则是有缺陷的。[34]

第二个例子亦可用来阐明弄清正当性与潜在政治理论之关联的重要性，后者提供了具体社会之权利与分配正义观念的基础。据称法院应承认某些实体性原则，诸如比例原则与法律的确定性，而且运用其控制行政官员的裁量行为。[35] 其他著作已经详细讨论了这种可能面临的某些难题。[36] 这里有一个具体的问题是相关的，即实体性原则的适用需要适当阐述某种背景政治理论，解释为何某个具体原则在给定案件中会产生或要求某个具体的结果。

不管怎样，倘若称某一原则是实体性原则就预设着该实体实际谓何的某种阐述。以诸如比例性等概念加以回应并未解决这一问题，因为不同的观念会产生迥异的结果。那些秉持不同政治哲学的人可能都接受某种笼统的比例性概念，但他们关于比例性的具体观念可能存在很大的不同。例如，出于论证假定某种比例性观念是差别对待案件的

〔33〕 参见罗尔斯理论中立法机关促进正义第二原则保护之利益的义务；见下文第八章第二节、第三节（二）。

〔34〕 该段主张的这一点可以推广到任何下述断言，即与特定利益有关的政府行为都是不正当的。

〔35〕 See J. L. Jowell and A. Lester, ‘Beyond Wednesbury: Substantive Principles of *Administrative Law*’ [1987] *P. L.* 368, and ‘Proportionality: Neither Novel nor Dangerous’, in J. L. Jowell and D. Oliver (eds.), *New Directions in Judicial Review* (1988), 51 - 72.

〔36〕 See P. P. Craig, *Administrative Law* (2nd edn., 1989), 297 - 300.

基础[37]，但应赋予该观念的内容却随着评论者是功利主义者、罗尔斯式的自由主义者或现代社群主义者而有所不同。要是将此等观念适用于具体的情形亦会产生类似难题。例如，提供公共汽车交通费津 222
贴[38]是否应被视作不相称地偏好与纳税人利益相对之使用者利益的问题，英国早期多元主义的支持者与作为近来政府政策标志的、更多以市场为根据的多元主义的支持者就会以非常不同的方式进行处理。因而要是主张需要实体性原则以使裁量权的运用具有正当性，就必然需要考察赋予诸如比例性原则等具体观念实际内容的背景政治理论。

正如前文所述，正当性亦具有与公法相关的程序性维度；这同样体现在相关社会的潜在政治理论当中。前述关于参与权的分析就例证了这一关联。[39]

就此而言，据称当前赋予此等权利的范围本身就体现了戴雪阐述的、一元化的自我矫正式多数民主。[40] 倘若所有公共权力真的集中于议会并且通过议会行使；倘若控制着执行机关的立法机关真的准确体现了选民的意愿，那么公共权力的行使既可以说是正当的，又可以说是负责任的。在此模式之下，除了选举保障的参与权之外，就没有什么参与权存在的空间与必要了。在选举间期，人们可以通过自己的下院议员替代性地参与，根据这一模式，这也“很好”，因为限制着执行机关的强大立法机关忠实地执行着选民的意愿。

前面已经阐述了早期多元主义者是如何颠覆这一设想的。[41] 两个并联的认识破坏了前述和谐关系，即议会未能垄断公共权力，议会未能控制执行机关，而是相反。其提出了大量如何正当化公共权力之行使的问题，既包括政府也包括其他机构的公共权力。参与权的增加就是这样一个论题。前面已经考察了支持发展参与权的论点，这里不 223
再重复。[42]

不过还有一个方面必须予以强调。即无论就其范围还是目标而言，具体参与观念都是更宽泛政治理论的体现，参与观念只是该政治理论的组成部分而已。增强参与权的范围与目标在前述多元主义的两

〔37〕 正如 Jowell 与 Lester 在 ‘Beyond Wednesbury’ 和 ‘Proportionality’ 中所称的那样。

〔38〕 *Bromley London Borough Council v. Greater London Council* [1983] 1 A. C. 768.

〔39〕 见前文第六章第二节（五）。

〔40〕 见前文第二章第三、五节。另见 Craig, *Administrative Law*, ch. 1。

〔41〕 见前文第五章第二节。

〔42〕 见前文第六章第二节（三）、（四）。

个变体之间有相当大的差别。〔43〕倘若未看到这一关联的程度，提议采用的参与权隐含有不同于当前政府支持之政治理论主张的参与权价值，就会产生危险。

当然，可以直接质疑当前政府采纳的政治理论；而且可以严格审视其参与权观念及其适当作用。因此，例如人们可以抨击以市场为基础的多元民主观及其包含的参与权观念。这种质疑要有意义就必须直接触及该理论的规范基础。〔44〕与不同民主观相关的某些参与权观念可能以某种方式“附着于”这种以市场为基础的制度，这样主张并非没有可能。但保守党的政策显然并非以下面要考察的社群主义哲学为根据的。〔45〕倘若主张应根据源自社群主义命题的参与权观念正当化保守党政策的核心方面，诸如对私有化产业的管制，就只会遭到那些并不赞成这种命题的人的驳斥。〔46〕

四、宪法改革：欧共体的影响

倘若不考虑我们的欧共体成员国身份，关于英国之宪法改革或变革的任何讨论显然都是存在缺陷的。下述分析将考察这种“欧洲维
224 度”的两个主要方面。首先，讨论欧共体成员国身份对传统议会主权宪法学说的影响。随后更宽泛地讨论欧共体自身内部的民主与决策。这一部分的问题相当重要，但英国公法工作者的关注相对比较缺乏。

（一）欧共体与法律主权

因为篇幅有限，这里无法彻底分析该学术问题；关于该主题的完整分析本身可能就会占一“章”。不过，提纲挈领地讨论欧共体成员国身份对传统议会主权学说的影响就可以传达笔者的观点。出于清楚起见，这里的论点将以几个虽然相关但却分立的步骤提出。

1. 正如前文所见〔47〕，戴雪关于议会主权的观点具有双重维度：议会可以就任何主题制定或废除法律，而且其他任何机构都不能超越

〔43〕见前文第六章第二节（五）。

〔44〕见前文第一章。

〔45〕见下文第十、十一章。

〔46〕比较 T. Prosser，*Nationalised Industries and Public Control*（1986）。

〔47〕见前文第二章第二节。关于主权的文献，见前文第二章注释 1。

或取消这样制定的立法。这种主权观念可以按照下述两种方式之一加以认识。可以主张此种观点乃主权观念本身的“逻辑”产物；倘若认为某个组织是主权组织，但又称其受诸如主题或形式方面的约束，这在逻辑上是不一致的。这里无法讨论该立论能否站得住脚。此外还清楚的是，戴雪并未将其关于主权的结论主要建立在这种推理之上。正如前文所述〔48〕，其论点结构是经验与规范的混合体。其分析的经验方面由对以往宪法实践的考察组成，以便确定是否存在其他制度上的竞争对手成功地限制议会的权力。这一点则由其推理的规范层面加以补充，戴雪试图通过证明其符合国家的民主宪法安排来正当化这种不受限制的权力。前面已经详细考察了这一方面存在的缺陷。〔49〕 225

2. 就前述分析可以得出很重要的一点。根据戴雪本人的推理形式，不受限制的议会权力观念并不会被视作不可改变，其并非一个静态、不可改变的概念，而是一个动态且可以进行转变的概念。这一转变可以通过经验证据的改变实现，即其他某些机构确实开始对议会立法的主题或形式施加控制。由于重新评估戴雪分析的规范基础，同样可能导致这一传统观念进行变革。承认这些基础存在缺陷，甚至戴雪本人进行写作时即如此，而且自那时以来这些基础被进一步削弱，很可能导致诸如法院等其他某些机构考虑是否应控制议会的权力。

3. 前述论点可以以下述加以强化。出于论证的考虑，假设承认戴雪的主权观仍居统治地位，而且构成了英国最终的法律原则或承认规则的主要部分。〔50〕哈特已经表明谈论承认规则的有效性是不恰当的。此等规则“仅被认为适合作为”〔51〕相关制度其他规则之有效性的判断标准加以运用。下面这一段就记录了承认规则的特殊性。

> 关于其存在的断言只能是一种外在的事实陈述。因为尽管某制度的从属性规则是有效的，且就此而言即便通常被忽视也是“存在的”，但承认规则只是作为法院、官员与私人根据特定标准识别法律的复杂但通常一致的惯例而存在。其存在是一个事实问题。〔52〕

关于承认规则属性的卓见可以强化前述第二的论点。既然承认规

〔48〕 见前文第二章第二节。

〔49〕 见前文第二章第四节（二）、（三）。

〔50〕 See H. L. A. Hart, *The Concept of Law* (1961), 102－7.

〔51〕 Ibid. 105－6.

〔52〕 Ibid. 107.

226 则的内容取决于该制度操作者的实际接受，而且只有当此出现时才会存在，那么同样亦可得出，倘若该制度操作者的惯例本身发生了变化，该规则的内容也会改变。

通过考察我们的历史就可以证明承认规则的动态性。显然，只有在17世纪的宪法斗争之后，戴雪式的阐述才开始讲得通。在此之前，承认规则的内容十分不同。另外，尽管戴雪本人进行了经验性的考察，但议会在18世纪的地位与其100年后的地位亦十分不同。戴雪关于议会权力的表述实际上只是自大约19世纪30年代以降才是可信的。他关于议会权力的设想，即下议院实际控制着执行机关，亦被证明是短暂的。[53] 因此，改变承认规则而且对此前被认为不受限制的议会权力进行限制是完全可能的。[54] 承认规则事实上是否发生了改变只有通过考察该制度操作者的惯例方能确定，特别是法院与议会本身的惯例。

4. 关于欧共体及其对主权之影响的现有证据并不十分明确。[55] 1972年的《欧共体法》第2条第4项规定："除了该法本部分包括的之外，任何通过或将要通过的条规都应根据本条前述规定进行解释与实施……"我们可以毫不费力把第2条第4项解释为欧共体法律相对于1972年之前通过的英国立法具有优先地位。根据戴雪式的正统学说，议会可以声明所有此前的立法都要服从更近法律的规定。

当1972年之后通过的法律与欧共体法律发生冲突时就会造成更
227 大的难题，当该法律比具体的欧共体规则出现更晚的时候尤为如此。根据传统的戴雪式推理，任何不一致都应按照有利于法律的方式进行解决。欧共体的法律可以被视作英国法律的一部分，可以根据议会意图的最新表述加以改变或变革。根据传统的理论，第2条第4项似乎甚至在与英国尚未通过的法律发生冲突的情况下亦赋予了欧共体法律优先地位也没有什么影响。根据戴雪式的观点，议会不能限制自己未来的权力，因而倘若第2条第4项意在剥夺议会颁布超越欧共体之法律的能力就是无效的。

〔53〕 见前文第二章第四节（三）。

〔54〕 该分析内在的一点就是，即便对议会权力规定了限制，而且这些限制为相关制度的操作者所接受，这种地位本身在未来某一时期也可能发生改变。增加新的限制形式、改变限制的性质或相关限制被后来的制度参与者"废除"都是可能的。

〔55〕 See T. C. Hartley, *The Foundations of European Community Law* (2nd edn., 1988), 236-45.

于是法院至少有两个选择。一方面，可以采取措施修正戴雪式的正统学说，明确表明只要仍在欧共体的范围之内，议会就必须遵守欧共体的法律，并且赋予与英国法律不一致的欧共体法律优先地位。这是可能修正承认规则的一个步骤，其有效性取决于议会以及其他等等机构的反应。

另一方面，比较不激进的是，法院可以把第 2 条第 4 项作为一项解释规则，意谓假定议会并不意图超越欧共体的法律。根据这一观点，英国法律与欧共体法律之间的不一致性将按照有利于后者的方式进行解决，除非"议会在未来的法案中明确声明要超越欧共体的法律"〔56〕。这至少是某些法官采取的观点，不过法院愿意解释英国法律以符合欧共体法律的程度随着个案有所不同。〔57〕我们属于共同体的时间愈久，法院就愈有可能采取这一解释规则，这在保留戴雪式正统学说外表的同时会破坏其内容。

（二）欧共体、政治主权与民主

不过，要是满足于前述欧共体对英国传统宪法概念之影响的结论，关注点就太过狭隘了。其并未触及欧共体实践更重要的一个方 228
面。这一点如下所述。

只要我们仍属于欧共体，愈来愈多的经济、社会与法律管制领域就会由欧共体的机关支配或决定。因此，只要欧共体就我们越来越多的生活领域进行有效的立法，我们对英国宪法改革的关注就必须将其包括在内。要是谈论英国的民主、权力、正当性与责任性而不提及欧共体的类似问题，就是蒙上眼睛武断地缩小了研究范围。这一点之所以更重要，是因为某些关注英国这种问题的评论者似乎未能充分了解欧共体这类问题的现实与规模。显然，就像前一节关于主权的考察一样，有关这些问题的考察可能变得很冗长。因为篇幅有限，就需要将这一讨论加以限定。无论如何，在此范围内可以就这一问题的性质进行说明。

这一关注的总体属性可以表述如下。关于欧共体决策的任何讨论

〔56〕 Ibid. 243.

〔57〕 比较 *Macarthys Ltd. v. Smith* [1979] 3 All E. R. 325，329 和 *Litster v. Forth Dry Dock & Engineering Co. Ltd.* [1989] 55 C. M. L. R. 194 与 *Duke v. G. E. C. Reliance* [1988] 1 All E. R. 629。

都必须区分两类不同的问题：据此颁布之立法的实体可取性与颁布程序的民主正当性。这是老生常谈的一个命题，之所以以这种鲜明的形式加以表述是因为两类问题往往被忽略或混淆。例如，基于经济的理由，无论人们认为更紧密的货币联盟是否可取，都必须明确评估此等联盟的后果以及因而建立的中央金融机构的责任性。

强调这种二分法的理由可以简要表述如下。按照通常的理解，欧共体决策的民主正当性弱于其他任何受某种民主秩序支配的民族国家。这一命题显然是可以成立的，随后的讨论将根据时间区分 1986 年前存在的情境以及该年公布之改革方案的影响。

欧共体条约创立了三个主要的决策机构：理事会、委员会与大会
229 或欧洲议会。〔58〕欧洲理事会由成员国的部长级代表组成。欧洲委员会由成员国任命的个体组成，但这些人并不或并不意图代表本国的利益。〔59〕他们奉命追求欧共体本身的共同利益。欧洲议会由成员国选举的代表组成。1976 年之前，议员实际上是由其本国的立法机关选择的，只有到 1976 年代表才由直选产生。

在 1986 年之前，问题的核心如下。立法权集中于欧洲委员会与理事会，而“立法机关”欧洲议会则被赋予了有限的具有实际意义的权力。欧洲议会在许多情形下被赋予了就提议的立法进行咨询的权利，但无论欧洲理事会还是委员会都不是必须接受欧洲议会的意见。欧洲议会拥有的权力实际上源自其在预算程序中的作用。〔60〕

尽管欧洲议会具有民主基础，但欧共体条约却将主要权力赋予了非民选的机构欧洲理事会与欧洲委员会。这里无法考察立法过程的具体细节。〔61〕在 1986 年之前，这一过程的主要特征之一就是在欧洲理事会与欧洲委员会之间存在紧张关系以及由此对欧共体决策产生的影响。

欧洲理事会因为是由各个成员国的代表组成的，因而是每个国家寻求保护自己关键利益的论坛。就欧共体的性质而言，在欧洲理事会与欧洲委员会之间逐渐产生了可以察觉到的分歧。欧洲理事会越来越多地按照“政府间的”方式认识共同体。欧共体条约被认为与其他任

〔58〕更详细的讨论，参见 Hartley, *Foundations*, ch. 1。

〔59〕Merger Treaty, Art. 10 (2).

〔60〕对此参见 Hartley, *Foundations*, pp. 39 – 45。

〔61〕参见上书，ch. 1。

何国际条约没有什么两样，其中缔约国家应继续享有支配权。只有当所有国家能够就实现共同体目标之程序的性质与步调达成一致时，这一程序方能继续。倘若不能，就应进一步进行讨论；不应轻易牺牲任何国家的利益来实现共同体更大的福利。欧洲委员会的观点则迥然不
同，在方向上可以被描述为“联邦性的”。欧洲委员会视经济共同体 230
只是走向更紧密的社会与政治联盟的一个步骤，是走向更具有联邦性之欧洲的机制。为达此目的，欧洲委员会尽可能迅速地促使政策通过立法程序，而且尽力利用在建立共同市场最初两个阶段之后，欧共体条约在许多领域只要求欧洲理事会特定多数通过即可。欧共体条约赋予欧洲委员会的重要权力范围，即具有立法、执行、司法与行政性质的范围，似乎使其处于实现其欧共体观念的有利地位。

但政治现实却证明并非如此，因为权力的天平倾向于欧洲理事会。这里无法详细描述这一点是如何实现的故事。指出下述事实即足矣，20 世纪 60 年代与 70 年代出现了大量共同体条约严格字面含义以外的制度发展，成员国借此确保其利益不会在违背自己意志的情况下被牺牲掉。卢森堡协定确立了事实上的理事会全体一致投票的要求，赋予了成员国一项消极权力，否决未得到其认可的、影响其“关键利益”的发展结果。〔62〕而管理委员会程序的设计使成员国能够对欧洲委员会正在策划的立法细节施加更积极的控制，超过了欧共体条约的设想。〔63〕这种对细节的积极控制因各国首脑特别会议这一发展获得了增强，此等会议后来就被称为欧洲理事会的会议。这一制度确保欧共体政策的总体导向以及相关政策的细节都应接受成员国某种程度与形式的控制，这些都是此前未曾设想过的。

因此，1986 年之前的情境并不鼓励真正实现欧共体的目标，亦未
通过已颁布的成功立法鼓励制度的正当性。欧共体并未像期望的那 231
样朝着其经济目标前进；而既有立法的通过方式不具有真正的民主正当性。据大量调查欧共体存在之不协调的组织称，这些事实并未消失，所有这些组织都在某种程度上指责欧洲理事会成员国的扯皮

〔62〕 该协定是欧共体 1965 年危机的结果，在此次危机中，法国人抵制欧洲理事会。法国抵制的主要理由之一就是 1966 年就要开始实行特定多数投票，而法国人反对这一发展。

〔63〕 See C. Bertram, ‘Decision-Making in the E. E. C.: The Management Committee Procedure’ (1967 – 8) 5 *C. M. L. Rev.* 246; P. Schindler, ‘The Problems of Decision-Making by Way of the Management Committee Procedure in the European Economic Community’ (1971) 8 *C. M. L. Rev.* 184.

与自私。〔64〕

1986年的《单一欧洲法》无疑对前述问题已经产生了一定影响。〔65〕就实体方面而言，其确定1992年为欧共体内部市场完成的最后期限，而且以前所未有的力量影响了从雇员权利到货币联盟等一系列问题的讨论。就制度方面而言，欧洲理事会的否决权似乎不像过去那般容易采用。〔66〕《单一欧洲法》还增加了欧洲议会事实上的权力，改革的目标就是赋予欧洲议会在某些要被咨询的领域具有更大的权力。〔67〕

尽管通过了《单一欧洲法》，但要是说已经解决了保证欧共体民主正当性的问题则过于乐观了。欧洲议会仍不具有任何称得上真正立法权或立法资格的东西，而且其控制其他非民选机构的能力仍十分有限。更让人关注的乃下述事实，即欧洲议会此等权力的增强会产生比通常预想的更深远的后果。这里应就此论题进行一番解释，可以提出的问题有三。

第一，真正获得授权的欧洲议会与欧洲理事会、欧洲委员会的关系并非不言而喻的。据称，倘若出现这样一种议会，那么欧洲委员会就得转变成向欧洲议会负责的政府，而欧洲理事会就变成代表国家利益的“参议院”〔68〕。不过，根据这些改变了的情形，很难设想仍然可
232 以解释欧洲委员会当前的成员国身份或权力。倘若以前述方式增加欧洲议会的权力，即便欧洲委员会向欧洲议会负责，要是把由各国非民选代表组成的委员会视作政府也让人感到奇怪的。根据下述更详细的解释，欧洲议会具有各种不同的政治观点，而且可以很自然地期望欧洲议会的多数在“政府”中得到体现，不管这种多数是如何确定的。直选产生的、获得真正授权的立法机关与由各国任命的、非民选个体组成的政府并存，似乎既不合理、不可行，亦不正当。

第二，倘若以前述方式增加欧洲议会的权力，欧洲议会与欧洲委员会以及欧洲理事会之目标存在的张力难以解决。欧洲委员会与欧洲理事会的权力占优势这一事实已经使注意力集中于前者的“联邦”视

〔64〕 例如见 Report on European Institutions (Three Wise Men's Report) (1979)；另外见 L. Tsoukalis (ed.), *The European Community*; *Past*, *Present and Future* (1983)。

〔65〕 See A. Arnull, 'The Single European Act' (1986) 11 *E. L. R.* 358; A. Campbell, 'The Single European Act and the Implications' (1986) 35 *I. C. L. Q.* 932.

〔66〕 See Hartley, *Foundations*, pp. 18－20.

〔67〕 Ibid. 32－5.

〔68〕 Ibid. 45－6.

角与后者的“政府间”立场存在的张力。倘若欧洲议会变成“真正的立法机关”，这一张力会变得更加复杂而非相反。这种议会的立场或进路本身就是存在问题的。尽管欧洲议员是由选民产生的，但他们除了属于政治性的群体之外并不属于国家性的群体。这与以往欧洲议会行为的经验相结合，就会导致人们并不相信其会根据纯粹国家主义的路线处理相关问题。〔69〕

不过，要是断定欧洲议会会采取等同或类似欧洲委员会的联邦视角也是过于简单化的。欧洲议会是由不同政治派别组成的，体现了从左到右以及各种中间信念的观点。就具体问题而言，联邦性的社会民主视角与联邦性的保守或社会主义进路并不必然相同。与具体民族国家相比，欧洲层面的公共利益谓何同样不是不需要解释。答案可能取决于具体政治集团的政治主张，而且由于欧共体处理的主体具有社会与政治属性则更有可能如此。本书的主要论题之一就是民主的含义以 233
及由其得出的关于权利、分配正义与责任性的后果并非不言而喻的。要赋予此等术语的含义愈是明确，就只能通过更具体地描述预想的民主安排形式确定。如同任何民族国家那样，这对欧共体而言同样也是真实的。赋予欧洲议会更多权力很可能是实现欧共体民主正当性的必要条件。无论如何，欧洲公法的形式与内容必然取决于由此出现的具体民主安排形式。这就强化了前述第一点，即很难设想拥有当前社会主义性质的多数派、获得授权的欧洲议会与非民选且并不必然体现同样政治理想的“政府性委员会”会如何互动。

获得授权的议会带来的第三个问题不同于前述两个，不过却同样严重，即政府的“负担过重”问题。政府处理大量问题存在的困难以及由此带来的维持某种议会责任性的困难，即便在单个民族国家也是众所周知的。无论其政府如何形成，获得授权的欧洲议会实现这一点的能力也很让人怀疑。这至少是引起关注的一个原则。这一关注随着欧共体规模与管辖事项范围的扩大同样得到了增强。我们不应低估设计、实施与监督在具有不同社会、文化与法律传统之成员国适用的复杂立法存在的困难。倘若欧洲议会无法就所颁布的立法进行更严格的监督，那么就会削弱通过增加其权力实现欧洲范围内更大的民主正当

〔69〕 获得真正权力的欧洲议会可能证明这一“结论”为假。可以主张说欧洲议会当前的进路，由于这种进路国家性的群体并非典型，这体现了欧洲议会并不具有真正的权力；倘若其真的取得了这种权力，欧洲议员要代表其选民的压力就会变得更强。

性具有的价值。

（三）欧共体：结论

我们是欧共体的成员，而且很可能继续如此。我们不可忽视此等
234 成员身份对宪法改革的寓意。根据欧共体推行的实体性政策而言，人们有理由相信这样的成员身份是“好东西”。虽然如此，但很难认为颁布此等立法的制度过程让人满意，或根据民主而言是正当的。因此，英国的公法工作者必须在关于宪法秩序的现实讨论中将欧共体包括在内，否则就意味着越来越多影响着我们生活的立法会被认为不属于“相关宪法论述”的范围。倘若欧共体要更接近某种形式的欧洲联邦，那么就必须面对制度变革的挑战。这种将实际权力赋予非民选机构的强大政治体是不可接受的。倘若真正赋予民选机构权力，这种政治体还能否存续尚有待观察。

五、宪法改革：国家主义的影响

近来关于苏格兰与威尔士取得某种程度之地方分权的努力已经遭到了失败。〔70〕尽管已经失败，但任何未考虑该问题的宪法改革讨论都忽视了我们宪法秩序的一个重要方面。倘若关于更大程度自治的要求再度出现，倘若这一要求出现在主导政治派别认为有必要支持此等发展或可以获得选举方面之收益的关头，这一主题就很可能具有当下的政治意义。此外，除了此等发展的可能性之外，这一问题固有的意义使得任何关于宪法改革有意义的讨论都应对其加以分析。

（一）改革运动

激励那些渴望苏格兰与威尔士取得更大程度自治的人的原因本身
235 非常复杂，而且因为支持的自治程度本身有所不同。某些人希望有限

〔70〕 See D. N. MacCormick (ed.), *The Scottish Debate* (1970); H. Calvert (ed.), *Devolution* (1975); E. Craven (ed.), *Regional Devolution and Social Policy* (1975); J. Conford (ed.), *The Failure of the State* (1975); A. H. Birch, *Political Integration and Disintegration in the British Isles* (1977); J. Mercer, *Scotland: The Devolution of Power* (1978); V. Bogdanor, *Devolution* (1979); H. Druchker and G. Brown, *The Politics of Nationalism and Devolution* (1980).

的地方分权，其他人则寻求在英国实行更具联邦性质的结构，还有一些人则支持彻底独立。因为不同术语并非总是被赋予相同含义，相关论点就变得更加复杂。下述讨论就试图区分要求改革的不同理由，在必要的时候，将提出的理由与支持的自治形式结合在一起。

1. 国家主义的论点。适合作为开始的是主要目标意在实现独立的论点，这并不是因为此等论点获得了最大限度的支持，而是因为倘若其实现会给现状带来最大限度的变化。

正如尼尔·麦考密克所述，可以根据“十分纯粹的国家主义原则”提出要求独立的问题，这就是“因为苏格兰是一个民族，她应当是一个独立的国家”〔71〕。这为理性讨论留下的唯一问题就是苏格兰是否为一个民族。麦考密克所谓的功利国家主义是与众不同的一种论点：独立是确保苏格兰人民福利的最佳方法。这一论点的精髓如下。

> 当前，苏格兰社会是一个病态的社会，因为其缺少一个民主政治的中心，特别是就处理苏格兰的问题并且确定苏格兰的优先事务向苏格兰选民负责。议会民主并未让选民直接介入问题的解决，但确实使其能够参与确定宽泛的优先事务，而且由于自己为之负责而欣然接受之。在现代国家中，显然在过去 50 年中一直在加速进行的激烈社会与技术变革在很大程度上必须由政府进行管制与实施；现代国家必然是奉行干预主义的国家。但这在诸如苏格兰这样的共同体中形成了一种感觉，即这些变革无论好坏都处于其成员控制之外，这限制了建设性地讨论或自愿实施相关变革。无论什么只要不喜欢，都可以被嘲弄为外来入侵。治疗这一病态的方法，就是在苏格兰创立独立的政治生 236
> 活中心以掌控苏格兰的事务。〔72〕

正如麦考密克本人承认的那样〔73〕，功利形式的论证需要两种形式的限定，或容易遭到两种形式的攻击。一方面，前述论点的内容同样可以用来支持某种更弱的自治，诸如地方分权或联邦主义。另一方面，功利形式的分析预先假定应根据独立（或地方分权）获得的利益权衡独立的不利之处。

不过，国家主义式的论点并不取决于前述分析形式，还可以以其

〔71〕 D. N. MacCormick, ‘Independence and Constitutional Change’, in D. N. MacCormick (ed.), *The Scottish Debate*, p. 52.

〔72〕 D. N. MacCormick, ‘Independence and Constitutional Change’, pp. 52－3.

〔73〕 Ibid. 54－5.

他但相关的方式支持该论点。这里可以简要提两个，一个是历史性的方法，另一个则更具理论性。

历史性的视角并非必须完全依靠甚或主要依靠诸如环绕 1707 年《合并法》的环境。更宽泛的历史考察可以帮助我们理解现代版的一元化民族国家是相对较新的现象。直到 19 世纪下半期，俾斯麦方才统一德意志，加富尔与加里波第才创建了意大利。其他东欧某些国家直到第二次世界大战之后方才成形，而且不同的民族集团之间往往呈现出紧张关系，这些民族集团在或多或少自愿的情形下被推进了某种联邦的形式。这些集团之间的紧张关系随着摆脱苏联霸权的支配而变得更加明显。对国家身份的渴望是一种强大的力量，但倘若认为当前的地理版图是这种身份的最佳体现或固定不变就大错特错了。苏格兰与英格兰于 1707 年合并组成联盟本身，并不应促使人们断定这最好地体现了当今两个民族之间的情感。

更理论性的论点可以以前述多元主义为基础，更具体地说就是在 19 世纪末 20 世纪初形成的早期多元主义形式。[74] 即便只接受下述命题的部分内容，即从权力的分散与个体实际拥有归属感的各种组织可
237 以获得裨益，就很难主张苏格兰与威尔士不应被作为这种权力分散的首要候补者，至少就某些形式的地方分权而言是如此。

2. 经济与行政方面的论点。除了这种或那种形式的国家主义论点之外，尚有其他许多更具有经济与行政性质的论点。就后一种形式的论点而言，区分为几种不同的形式是有裨益的，但同时要承认其不可避免地存在某些重叠。这一笼统的论题可以区分为四个方面。

第一，政府负担过重的命题。现代政府已经承担了范围日益扩大的管制功能，诸如社会福利、规划、地区政策、卫生与安全等等。在坚持依靠伦敦集中行政的国家实施此等政策的困难会随着政府责任领域复杂性的扩张增加。为了防止行政负担过重的问题就引入了各种机制，诸如外包某些职能以及将其他职能分离给外围组织等。不过，这些“解决方案”随之带来了新的问题，包括确保被赋予此等职责之机构的责任性。在谈到现代政府复杂性的增强时，伊恩·麦考密克说，“我们被指责落后于时代；我们被告知按照国家主权的方式进行思考很老套。然而，正是因为我们当前的政府制度没有而且无法满足现代

〔74〕 见前文第五章第二节。

情形的需要，我们才寻求独立。”〔75〕

当然，确实设计了一种行政方面的发展，部分是为了应付行政的复杂性，这就是将某些事项“放权”给苏格兰大臣。〔76〕然而，这并未解决问题，而只是转移了问题。正如博格达诺所述：

> 苏格兰大臣担负的大量职责覆盖了九个英国部门负责的事项，这 238
> 导致苏格兰执行机关负担过重，并且难以确保给予每个政策领域足够的关注。试举一例，教育在英格兰是五个部长的职责，但在苏格兰是由苏格兰大臣以及同时要处理社会工作、体育与艺术工作的议会副大臣负责的。〔77〕

下述事实更加剧了这一问题，即苏格兰大臣承受的压力意味着他实际上只能在苏格兰花费比较少的时间。当议会开会时，他无法在苏格兰花上超过半周的时间，而且“在这段时间里，他还必须处理自己的选区事务、会见苏格兰办公室的官员以及大量要求他接见的压力集团”〔78〕。

第二，存在下述感觉，即就威斯敏斯特那些人关心的问题而言，诸如苏格兰与威尔士的问题是非常边缘的，刚刚沾边。相较于英格兰的人口而言，苏格兰与威尔士的人口只占小部分。结果就是“民主的严酷事实要求政府的首要关注必须放在大多数人口居住而且也是选票最多的大南方”〔79〕。立法主要是根据关照这些地区的方式进行设计的，而较少考虑其在其他条件可能非常不同之地区的影响。中央政府就原则问题作出实际的决定，苏格兰大臣则把这些政策转换为行动，没有多少裁量或灵活处置的余地。〔80〕

20 世纪 60 年代后期困扰英国的经济问题强化了这种边缘化的感觉。例如，苏格兰大臣的存在成为焦点，这有助于确保决策过程不会忽视苏格兰的利益。这种成功隐含地以英国整体的经济增长为前提，

〔75〕 I. S. M. MacCormick，‘The Case for Independence’，in D. N. MacCormick (ed.)，*The Scottish Debate*，p. 96.

〔76〕 有关苏格兰制度的讨论，见 J. G. Kellas，*The Scottish Political System* (3rd edn.，1984)。关于威尔士的讨论，见 A. B. Philip，*The Welsh Question：Nationalism in Welsh Politics*，1945—1970 (1975)。

〔77〕 Bogdanor，*Devolution*，p. 84.

〔78〕 Ibid. 83.

〔79〕 I. S. M. MacMormick，‘The Case for Independence，’ p. 98.

〔80〕 Ibid. 97. 另外见 Bogdanor，*Devolution*，pp. 87 - 8。

239 从而苏格兰的任何收益都不会被视作以英国其他部分的代价获得的。不过，“这一合意被 20 世纪 60 年代后期的经济困难打破了，从那时起很多苏格兰人开始认为经济方面的决策过于迁就英格兰的要求，而苏格兰的问题则没有获得足够的重视”〔81〕。

第三个重要的经济与行政性因素是英国的欧共体成员国身份。这对英国的改革运动产生了双重影响。一方面，强化了苏格兰（以及威尔士）关注的问题相对于主流政治决定而言具有边缘性的感觉。由于更多的事项落于欧洲委员会与欧洲理事会之手，因而感觉苏格兰离实际权力中心更加遥远。不存在关于苏格兰利益的独立代表，人们担心苏格兰事务仅是欧洲地区政策刚刚沾边的一个问题。

另一方面，欧共体的成员国身份增加了某种程度的独立可以获得的收益，而且降低了可能带来的缺陷。独立意味着在欧洲理事会、欧洲委员会与欧洲议会拥有独立的代表以及代表苏格兰利益进行游说的所有相关机制。此外，只要英格兰仍然属于欧共体，苏格兰的产业就没有因英格兰征收关税而遭破坏的危险，因为这在欧共体的范围内是不合法的。因而“像苏格兰这样社会规模很小的成员国，现在就可以获得从属庞大市场进行商品与服务交换的诸多优点，而没有此前必然伴随的丧失地方自治”〔82〕。

经济与行政性论点的最后一个方面主要与那些支持彻底独立的人有关。该方面关注的是一个独立苏格兰的宏观经济前景。这一讨论涉及的经济问题太过复杂且具有争议，在这里难以进行概括。〔83〕

240 **（二）改革的宪法结果**

其他著作已经详细阐述了意在赋予苏格兰与威尔士更大权力之立法的失败，同样阐述了作为该失败之必要组成部分的政治调整。〔84〕

〔81〕 Bogdanor, *Devolution*, pp. 88 – 9.

〔82〕 Birch, *Political Integration*, p. 173.

〔83〕 例如见 D. Simpson, ‘Independence: The Economic Issues’, in D. N. MacCormick (ed.), *The Scottish Debate*, chs. 9. 11b 和 K. J. W. Alexander, ‘The Economic Case against Independence’, in ibid., chs. 10, 11a。此外，该讨论此方面的性质会受欧共体自身的发展影响，诸如那些关于资本流动与货币联盟方面的。

〔84〕 See Report of Royal Commission on the Constitution (Kilbrandon), *Cmnd*, 5460 (1973); T. C. Daintith, ‘Kilbrandon: The Ship that Launched a Thousand Faces?’ (1974) 37 *M. L. R.* 544; Bogdanor, *Devolution*, chs. 6, 7; Drucker and Brown, *The Politics of Nationalism*, chs. 5 – 9; Birch, *Political Integration*, chs. 9, 10.

因此，本节的讨论将集中于未来改革运动必然牵涉到的原则问题；只有当对未来改革运动可能遇到的问题有启发时才会间接提到以往的失败。

显然，我们宪法结构变革的结果取决于该变革的性质。该结构可能的修正主要有三。

最不极端的修正是地方分权。这包括向通常以地域为基础的下级民选机构转移当前由议会行使的功能。〔85〕地方分权的关键特征之一在于新设立的这些机构从属于威斯敏斯特议会，后者仍保留其主权。在宪法理论中，下级民选机构拥有威斯敏斯特议会赋予的权力。后者可以增加或减少下级机构的权力，而且如果愿意还可以废除之。威斯敏斯特议会亦可以决定要转交哪种形式的权力。这些权力可能具有立法性质，亦可能是更有限的执行性权力，其中下级机构有权在威斯敏斯特议会确立的法律框架内作出决定。

任何地方分权方案的影响关键都取决于所转交权力的范围、确定某具体问题是否属于该范围的方法、新设机构的财政来源以及相关地域在威斯敏斯特立法机关的代表。下面分别简单讨论这些问题。

正如前文所述，威斯敏斯特议会能够决定转交哪些事项，并且能
够对此清单进行增减。例如，根据 1978 的《苏格兰法》〔86〕，所转交 241
的事项属于下列领域：卫生、社会福利、教育、住房、地方管理与财政、规划、污染、交通、农地、某些民事与刑事法律问题以及旅游业。不过，下列事项不属于苏格兰议会的立法权限，即倘若其适用于除了苏格兰以外英国的其他地方、征收或废除赋税或结果会修正苏格兰法。

苏格兰议会的立法权限存在限制预设了必要时将由某个机构或某人就这些界限作出裁判。通常，当获得枢密院令批准时，苏格兰议会通过的议案就成为法律。不过，当苏格兰大臣认为议案超越了苏格兰议会的权限时，他可以将该问题提交枢密院（事先司法监督）。倘若枢密院认为该议案越权，那么苏格兰大臣就不能提交相关议案要求以枢密院令的形式加以批准。同样亦有事后的司法监督，从而越权学说可以适用于苏格兰执行机关的行为。苏格兰议会的权力不仅要接受法

〔85〕 See Bogdanor, *Devolution*, p. 2.

〔86〕 该法被撤销了，因为规定在公投中必须有 40%以上有投票权的人支持该立法。在公投中，进行投票的多数确实支持地方分权，但却未达到立法要求的数字。

院审查，同样还要接受威斯敏斯特议会的控制。因此，例如，倘若苏格兰大臣认为苏格兰议会通过的议案可能影响保留事项，而且其公布可能并非为了公共利益，他就可以将该议案提交议会。保留事项就是问题与苏格兰有关，但却不属于苏格兰议会的权限范围。当相关议案被提交议会时，议会可以在 28 天内通过否定性的决议予以废除。

此外，任何地方分权方案成功与否还取决于与之相伴的财政方面的规定。显然，下级立法机关必须有权支出金钱。下述问题则更有争议，即是否应允许其通过直接或间接征税筹集岁入。正如就爱尔兰地方自治〔87〕与苏格兰和威尔士地方分权的讨论表明的那样，这一问题引发了巨大的争议。倘若新产生的立法机关完全依靠威斯敏斯特议会
242 分配的非专用性拨款，那么几乎肯定会限制前者的自由，因为中央政府部门会对实行地方分权地区的开支进行非常严格的审查。正如其他国家的经验表明的那样〔88〕，此等财政问题似乎不是不可能解决。无论如何，财政问题是“地方分权的中枢神经”〔89〕，实行地方分权的当局真正享有自治的程度取决于关于该主题的规定。

新设立的下级立法机关亦提出了在威斯敏斯特的代表这一问题。这既造成了原则方面的问题，亦造成了实际政治活动方面的问题。就议会颁布的立法仅与英国其他地区的内部事务相关而言，没有理由让实行地方分权的地区在威斯敏斯特得到代表。不过，就其他影响整个英国的立法进行投票时，这样的地区不应代表不足。威斯敏斯特实际政治活动的结构加剧了解决这一难题的困难。中央政府很可能要依赖那些来自实行地方分权地区之议员的投票。倘若关于某些主题这些投票被排除在外，那么“执政党”的实际存在就会遭到质疑。倘若英格兰本身同样以地区政府的形式实行地方分权就会缓和这一问题，但这种前景似乎很渺茫。

到目前为止的讨论都集中于地方分权，关于既有宪法结构更激进的修正是**联邦主义**。这涉及在议会与新设立的邦机构之间划分最高权力。每一政府分支各自具有的权力范围将由成文宪法加以界定，并由立法机关加以解释，就像美国那样。威斯敏斯特议会不再是最高的，而且还必须存在下述规定，即关于宪法文件的任何修正都只能在取得

〔87〕 See Bogdanor, *Devolution*, ch. 2.

〔88〕 See Bogdanor, *Devolution*, pp. 194 – 206.

〔89〕 Ibid. 194.

各个议会同意的情况下进行。任何严肃的联邦性提议都需要解决大量的问题，例如，在各个政府分支之间划分权力。在英国，很难确定此 243
等方案会在多大程度上取得成功。在英格兰，任何形式的联邦主义都是极不可能的。因此，就英国整体而言，联邦性的解决方案将意味着组成部分之间权力、人口与财富的极端不平衡。这对改革方案的成功没有什么帮助。

苏格兰与威尔士的彻底独立显然是就现状最极端的改变。这种措施在威尔士或当前的苏格兰似乎支持都比较有限，不过选民偏好变化非常快，尤其是在苏格兰。此外，正如前文所述，欧共体成员国的身份改变了这一辩论的条件。不得阻止其他地区的产业进入英格兰的市场，不得以国籍为由歧视寻找工作的个体，而且不得仅因为公司源于苏格兰就禁止其在英格兰设立。诸如苏格兰的利益可能同样通过在欧洲理事会与欧洲委员会拥有自己的席位而且在欧洲议会拥有自己的代表得到更好的保护。时间会告诉我们，这些考量是否会导致分离主义情绪的复兴。

六、结语

戴雪式命题代表的一元化国家观就描述方面而言是不准确的，而且其规定性基础亦存在问题。以更符合现实而且规定性方面更可取的宪法建构取而代之，这可能是英国公法工作者的主要任务。不过不可能存在捷径，人们必须准备揭示具体建议潜在的民主观念，而且准备就该民主观仅是其组成部分而已的更宽泛政治理论进行申辩。唯有如此，人们方可以明智地讨论具体宪法权利的内容，而且唯有如此方能赋予诸如正当性等术语有意义的内容。

任何此等讨论同时还必须包括“地域性的维度”，无论这关系到当前我们是欧共体成员还是关系到英国未来权力分散的可能性。这两 244
种发展的民主寓意都必须予以适当的评估，而且就此而言二者之间存在某种关联。就欧共体的层面而言，我们不应满足于欧共体对我们主权观念的影响这一比较狭隘的问题。我们还必须意识到欧共体存在的民主正当性问题，只要我们属于欧共体，我们就应对此承担某种责任。赋予欧洲议会权力可能是解决该问题的必要步骤，但由此产生的更具体的民主秩序形式仍有待确定。更民主的欧洲原则上可以选择本书考察的任何具体民主观念。〔90〕同一论题在英国权力分散的讨论中亦是显而易见的。这种形式的宪法修正可以根据此等变革使相关制度更民主等理由进行申辩。出于论证起见，人们可以接受这一点但同时承认仍需解决在此新宪法秩序下推行的具体民主观念。

〔90〕当然，还存在其他的民主形式。

第八章
自由主义：权利、善与公法的范围（一）

一、导言

自由主义本身并非一种民主理论，因而将其纳入本书人们可能会 245
感到惊讶。答案是现成的，而且包括观念与实际两个层面。就观念方面而言，正如前文所述，民主理论在阐述时就会揭示其本身是更广政治理论的组成部分而已，需要某种权利与分配正义的设想。这一点在本书开篇就已经指出。[1] 前几章的讨论亦证明了这一点，例如在这几章中我们首先讨论的是多元民主观，但发现在阐述时，此等观念会根据其仅是组成部分而已的更广政治理论通往不同的方向。[2] 自由主义从另外一个方向体现了这一相互关系。本章首先确立自由主义的政治理论，包括权利的作用与分配正义的含义；然后阐述其对民主产生的结果。[3]

就更实际的方面而言，关于自由主义的考察之所以重要，是因为诸多法律文献从左右两个方面反抗的那个学说就是自由主义。例如，公法工作者质疑自由主义学说是因为其处方的不一致与不确定[4]，其

〔1〕 见前文第一章第一节（二）。

〔2〕 见前文第三、四、五、六章。

〔3〕 这并未假定自由主义仅与民主的社会形式一致。

〔4〕 参见如 M. V. Tushnet，'Darkness on the Edge of Town：The Contributions of John Hart Ely to Constitutional Theory'，89 *Yale L. J.* 1037（1980），and 'Following the Rules Laid Down：A Critique of Interpretivism and Neutral Principals'，96 *Harv. L. Rev.* 781（1983）；G. E. Frug，'The Ideology of Bureaucracy in American Law'，97 *Harv. L. Rev.* 1276（1984），and 'Why Neutrality?'，92 *Yale L. J.* 1591（1983）。另外参见公共选择学者的讨论，前文第四章第一节。

246 他人则试图为自由主义学说进行辩护并回应对其提出的指责。〔5〕自由主义学说是对是错很可能是见仁见智的问题。无论如何，理解自由主义实际谓何是作出此等评价的前提条件。

不过，在确定自由主义的含义时有一个初始的问题，即关于这一概念解释的多样性。目前可以采取的一个进路是从这些不同的解释中抽象出诸多可谓“自由主义的”笼统观念，然后评估由此产生的法律寓意。就这种自由主义的批判性评价可以补充前述方法。尽管并非没有吸引力，但本书不会采用这一进路〔6〕，这种抽象有可能扭曲大量更具体的自由主义概念。〔7〕此外，倘若讨论停留于这一抽象层面，就极难确定自由主义的公法寓意。因此，本书将采取另外一种进路。本书并不试图详细考察那些连篇累牍的自由主义含义。本书将集中关注当前文献中具有突出地位的自由主义主流品牌，该品牌记录了自由主义理念的主要内核，而且是那些反对自由主义的人抨击的焦点。本书将稍稍详细地考察罗尔斯的自由主义观念，并且参考德沃金就同一命题提出的有关但却有别的版本。只有通过详尽考察某种具体的自由主义设想人们方能评价此等观念对公法的寓意。本书还会详尽考察比较抽象的反对自由主义的论点；无论如何，一旦人们就自由主义核心观念需要的内容有了详尽的认识，就能更准确地评价前述论点的说服力。

本章与下一章的分析将按照下述方式组织。首先，考察罗尔斯式的自由主义观念以便认识其列举的权利。其次，考察这对公法作用的
247 寓意。后面这一考察本身再细分为两个部分，个中缘由在分析过程中会变得更加清楚。本章还会讨论公法在“理想学说”下的作用；随后考察其在“非理想学说”下的作用。当然，许多作者已经对罗尔斯的理论进行了细致的哲学审查，指出了其命题的难点。这些批评包括在相关部分的分析当中。再次，某些针对自由主义的更宽泛的批评将在下一章进行考察。这种批评的说服力将根据有关自由主义更具体的考察获致的内容进行评估。

〔5〕例如 R. B. Stewart，'Regulation in a Liberal State：The Role of Non-Commodity Values'，92 *Yale. L. J.* 1537（1983）。

〔6〕两部这种风格的有趣著作，见 R. M. Unger，*Knowledge and Politics*（1975）；B. Barber，*Strong Democracy：Participatory Politics for a New Age*（1984）。

〔7〕See Rawls，'The Idea of an Overlapping Consensus'（1987）7 *O. J. L. S.* 1，5－6.

二、罗尔斯的正义论

罗尔斯提出的正义论闻名遐迩[8]，但在这里罗列其某些核心特征还是有裨益的，尤其因为该理论的某些方面在其最近的著作中已经发生了改变。

（一）权利优先于善

桑德尔在下述摘录中记录了自由主义的核心理念。

> “道义论自由主义”首先是关于正义的理论，尤其是关于正义在道德与政治理想中的优先地位。其核心命题可以阐述如下：社会由众人组成，每人都有自己的目标、利益与善的观念，当该社会并非由本身预设了任何善之观念的具体原则进行支配时，其安排是最佳的；证明这些调整原则具有正当性的，首先并非其最大化了社会福利或以其他方式促进了善，而是其符合权利的概念，这一概念是优先于善且独立于善的道德范畴。[9]

这一基本观念的精髓尚需进一步解释，因为其构成了自由主义哲 248
学核心观念的基础。通过比较自由主义与诸如功利主义和至善主义等目的论理论，就可以很好地提供这种解释。

自由主义者以社会中的人民具有不同的“善”的观念为基本前提，意思是就人生价值与目标而言，个体具有各种相互冲突的观念。就此而言，社会是“多元主义的”[10]，不过就这一术语得出的结论却迥然有别于前几章考察的内容。[11]不能仅出于某些理由认为某些善的观念更可取就运用国家权力予以支持而牺牲另外一种观念。因此，

〔8〕关于罗尔斯著作主要援引的是 J. Rawls, *A Theory of Justice* (Oxford, 1973)(此后引为 *TJ*)；'Fairness to Goodness' (1975) 84 *Philosophical Review*, 536；'Kantian Constructivism in Moral Theory' (1980) 77 *Journal Pub. Affairs*, 223；'The Basic Liberties and their Priority' in S. M. McMurrin (ed.), *Liberty, Equality and Law* (1987), 1－87 (此后引为 Basic Liberties)；'The Idea of an Overlapping Consensus'；'The Priority of Right and Ideas of the Good' (1988) 17 *Phil & Pub Affairs*, 251；'The Domain of the Political and Overlapping Consensus', 64 *N.Y.U.L.Rev.* 233 (1989)。

〔9〕M. J. Sandel, *Liberalism and the Limits of Justice* (1982), 1；重点符号乃原文所有。另外见 Rawls, 'Justice as Fairness' 和 'The Idea of an Overlapping Consensus'; R. Dworkin, *A Matter of Principle* (1985), chs. 8－10。

〔10〕例如 Rawls, 'The Idea of an Overlapping Consensus', pp. 4－5。

〔11〕见前文第三、四章。

就不同善的观念而言，国家必须保持中立，容忍个体之间的不同价值，而居于核心地位的是国家对这些多样目标的容忍。[12]

自由主义者将前述分析与诸如功利主义和至善主义等目的论理论进行了对比。在目的论理论中，善是以独立于权利的方式进行确定的。[13] 善的性质在不同的目的论理论之间亦有所不同。至善主义认为实现表现为各种文化形式的人类卓越之处是应予以促进的善；享乐主义以快乐界定善；古典功利主义将善界定为实现“所有个体净满足的最大化”[14]。国家权力则可以而且应当被用于促进所支持的任何善的观念。

自由主义者基于多个理由对此持异议。选择某种具体善的观念调整整个社会关系被认为极有争议。因为选择一旦作出就可以超越个体秉持的善的观念，倘若公共福祉如此要求，就会容许“牺牲”个体以追求前者。[15]

249 **（二）权利之确定：方法**

无论如何必须对社会进行调整。如何实现这一点而又不预设某种善的观念呢？我们如何判定社会物品的分配是否公平，用什么标准指引立法者实现其任务呢？简而言之，倘若声称权利概念先于善且独立于善而存在，随后又提供了社会据以运作的调整原则的理由，这到底何谓？罗尔斯提供的是关于构成“权利”之正义原则如何形成的描述。就这一方案而言，有三个观念至关重要：薄的善理论、原初状态与无知之幕。

罗尔斯显然希望得出的正义原则同时避免下述缺陷。一方面，不易遭到过于抽象或玄奥这种指责。另一方面，同样重要的是不容许个体地位偶然与任意造成的差异影响此等原则的选择。倘若某人知道她是富人，或喜欢歌剧，这种知识就很有可能影响该人选择的正义原则。薄的善理论与原初状态和无知之幕一起分别回应了这些问题。

薄的善理论提供了关于处于原初状态的那些人的动机假设。这一

〔12〕 See Rawls, ‘The Idea of an Overlapping Consensus’; ‘Justice as Fairness’.

〔13〕 See *TJ* 25, 30, 325 – 32. 比较 W. Kymlicka, *Liberalism, Community, and Culture* (1989), ch. 2。

〔14〕 *TJ* 22, 25, 26. 当然，存在着不同的功利主义形式；D. Lyons, *The Forms and Limits of Utilitarianism* (1965)。

〔15〕 例如 Rawls, ‘The Idea of an Overlapping Consensus’, pp. 4 – 6。

理论先于尚待确立的权利概念。〔16〕为了不危及权利对善的优先地位，这种善理论只能是“薄的”。因此该理论仅限于“最低必需品”〔17〕，而目标则是要确立演进到正义原则必需之基本物品的假设。薄的善理论声称，不论要促进的目标为何，个体需要的是更多而非更少的基本物品。〔18〕基本物品是：基本的自由；迁徙自由与在具有多种机会的背景下选择职业的自由；担任需承担责任之职位的权力与特权；收入与财富；自我尊重的社会基础。〔19〕

无知之幕与原初状态是为了防止个体偶然的情形过度影响其关于 250
正义原则的选择。因而罗尔斯提出了假设的缔结协定的原初状态，其中包括正义原则的内容。〔20〕正义原则之所以出现，是因为就其知识与信念存在限度而言，正义原则代表着每个人实现自己目标的最佳方式。〔21〕因而目标就是要确立公平的程序，“从而取得同意的任何原则都是公正的”〔22〕。“纯粹程序性的正义”〔23〕是该理论的基础，但要发挥作用，根据原初状态缔结的协定就必须在无知之幕之下作出。因而没有人知悉其在社会中的位置、阶层或社会地位；任何人亦都不知悉其财富、智力或天赋；任何个体都不知道其善的观念；而且也没有文明化与福利已达到的具体程度方面的知识。〔24〕尽管如此，某些信息是可以获得的，包括关于政治事务的认识、经济理论与心理学的一般观念以及其他任何有助于决定正义原则的一般信息。〔25〕在接受前述信息限制的情况下，原初状态下的当事人就会如“理性的自主代表”那般行事。〔26〕当事人并不受任何先在的权利或正义原则指引（因为

〔16〕See TJ; Rawls, 'Basic Liberties', pp. 21 – 2.

〔17〕*TJ* 396.

〔18〕See *TJ* 142 – 3, 397.

〔19〕See Rawls, 'Basic Liberties', pp. 22 – 3; J. Rawls, 'Social Unity and Primary Goods', in A. Sen and B. Williams (eds.), *Utilitarianism and Beyond* (1982), ch. 8.

〔20〕*TJ* 21, 120. 关于原初状态概念存在的难点，见 R. Dworkin, 'The Original Position', in N. Daniels (eds.), *Reading Rawls* (1975), ch. 2。

〔21〕See *TJ* 118 – 9.

〔22〕Ibid. 136.

〔23〕纯粹程序性的正义在不存在关于正确结果的独立判断标准时发挥作用：“相反，存在着正确或公平的程序，无论结果为何，只要严格遵守了程序，因而结果也同样是正确或公平的”（*TJ* 86）。

〔24〕See *TJ* 137.

〔25〕Ibid. 138.

〔26〕See Rawls, 'Basic Liberties', pp. 20 – 1.

尚不存在）；而只是根据认为“确实有利于其所代表之人的内容”[27]进行推理。那么由原初状态形成的正义原则谓何呢？现在我们就开始讨论这一问题。

（三）权利之确定：内容

在分析原初状态形成之正义原则的内容时，分两个阶段进行可能
251 是有帮助的，首先说明那些原则是什么，然后分析为什么选择这些
原则。

从原初状态得出的原则有两个，这两个原则构成了具体的正义观念。

1. 每个人都有平等的权利充分享有平等的基本自由安排，该安排与所有人的类似安排一致。

2. 社会与经济方面的不平等要满足两个条件。首先，必须同时伴有公共职位在同等机会条件下向所有人开放；其次，必须是为了社会中处于最不利地位成员的最大利益。[28]

两项优先规则对这些基本的正义原则提供了补充。[29] 第一项优先规则（自由优先）申明的是正义原则以词汇次序进行排列。词汇次序指的是在任何具体次序中，首先必须满足第一原则方能进入第二原则，满足第二原则方能进入第三原则，依此类推。[30] 用于正义原则，这就意味着只能因自由之故限制自由。这在下述两种情形下都会出现，即更小的自由强化了所有人共享的整个自由制度；不平等的自由对那些拥有较小自由的人而言是可以接受的。自由不可为下述内容所限，即不能被第二正义原则所限；不能被用于“交换”财富或其他金钱利益的增加。第二优先规则（正义优先于效率与福利）申明的是第二正义原则在词汇方面优先于效率原则与利益总合最大化的原则；机会公平优先于差别对待原则。因而机会的不平等必须能够增加那些拥有更少机会之人的机会；过高的储蓄率总体而言必须能够减轻那些承受这一困难之人的负担。

“理性的自主个体”是通过什么推理得出这些原则、按照这种次

〔27〕 Ibid. 21.

〔28〕 这一表述摘自罗尔斯的“Basic Liberties”，p. 5，修正了 *TJ* 302－3 的内容。

〔29〕 See *TJ* 302－3.

〔30〕 Ibid. 43.

序进行排列呢？关于这一问题的回答不仅复杂，而且存在争议，其在罗尔斯的著作中占了相当大的篇幅。不过，这里还是可以提供其论点的大概。相关分析存在的难点则会在随后讨论的各个适当阶段中提出。 252

原初状态的当事人知道其无法获得所希望的全部；其他人的存在会阻止其实现。[31] 他们亦无法因为其身份“类型”而获得特别的好处，因为无知之幕排除了这一点。因此，理性的出发点就是平等区分一切，包括平等的自由、平等的收入与财富。[32] 不过，不必以此作为最终的选择。某些不平等可能会使每个人都变得更好，而且在原初状态下可以接受这些不平等。这一推理形成了罗尔斯所谓的一般正义观念，与前述具体正义观念相对。一般正义观念申明的是所有基本物品（自由与机会、收入与财富以及自我尊重）都要平等地进行分配，除非任何或所有这些物品的不平等分配是为了处于最不利地位之人的利益。[33]

那么，我们如何从一般正义观念得出具体正义观念及其两个正义原则的词汇次序呢？罗尔斯就此问题的看法已经发生了改变。最初的推理是，一旦当事人认定其基本自由能够得到有效的行使，就不会以更小的自由换取经济福利方面的改进。[34] 就其对我们的好处而言，随着生活条件的改善，相较于自由方面的利益，社会与经济方面进一步改进的边际意义就会降低，“而随着平等自由行使的条件得到更充分的实现，则会变得更强”[35]。这一论点遭到了哈特的批评[36]，哈特辩称，断定那些*原初状态下*的人必然倾向于禁止在自由与其他基本物品之间进行交换的社会是没有根据的。这种断言是以某种隐含的“人观”为根据的，即这种人把政治活动视作生活中有价值的主要事物之一，而且不会容忍仅仅为了额外财富而缩减此等自由。罗尔斯部分接受了这一批评，而且提出了一种修正的论点，即为什么应赋予自由优先地位。这一优先地位现在据称源于某种公民观，即作为自由且 253
平等之人的公民。这一论点非常复杂，但是通过下述方式将几个命题

〔31〕 See Rawls, *TJ* 118－19.

〔32〕 Ibid. 150－1.

〔33〕 Ibid. 302－3.

〔34〕 Ibid. 151－2, 542.

〔35〕 Ibid. 542.

〔36〕 See H. L. A. Hart, ‘Rawls on Liberty and its Priority’, in Daniels (ed.), *Reading Rawls*, pp. 250－2.

联系起来，还是可以展现该论点的核心内容。

（1）罗尔斯提出了某种“人观”（conception of the person）与社会协作的理想。[37] 社会协作的可能条件是，作为平等的人，根据那些条件“我们愿意终生与社会所有成员诚信协作”[38]。罗尔斯提出的“人观”有三个特征。公民被视作拥有权利与正义感方面的能力，而且具有形成善的观念的能力。这两个方面的道德人格据称源自公民拥有的进行社会协作的能力。[39] 个体拥有的第三个特征是具有关于善的不同具体观念，只要未侵犯所选正义原则的界限就应当予以尊重。[40]

（2）这些潜在观念提供了原初状态讨论的背景，同时还提供了关于薄的善理论与无知之幕的适当假设。社会协作的理想与“人观”被用来指出基本自由及其优先地位如何属于社会协作的可能条件。不过，正如罗尔斯承认的那样，即使存在（1）中的潜在观念，关于基本自由本身及其优先地位的理由亦会在不同自由之间有所不同[41]，他接着举例说明了这些背景观念与具体领域之具体自由的关联形式，以便说明自由及其优先地位的理由。

（3）通过指出良心自由与前述之人的两项特征的关联为其申辩：存在善的具体观念以及形成善的观念的能力。[42] 尽管个体确实具有
254 关于善的具体观念，但无知之幕会防止其了解自己在原初状态下是什么人。不过，这种具体观念仍会促使那些处于原初状态的人选择平等的良心自由。为什么呢？因为他们无法知道自己的观点是少数派的还是多数派的。因此，他们无法趁机赋予少数派的信念更小的自由，因为这样就不会认真地对待人民关于宗教或道德的具体信念。这种善的观念是“不可剥夺的”，不能因为正义第二原则被牺牲。[43]

由形成善的观念的能力得出的论点对前述论点进行了补充。这一能力包括下述观念，即我们可以形成、修改而且理性地追求具体善的观念；良心自由以及因而犯错误的自由可以被视作行使该权力之社会

〔37〕 See Rawls, ‘Basic Liberties’, p. 13；这些观念的起源见 *TJ* 505，561。

〔38〕 Rawls, ‘Basic Liberties’, p. 17.

〔39〕 Ibid. 15－16.

〔40〕 Ibid. 14，17－18.

〔41〕 Ibid. 18，23－4.

〔42〕 罗尔斯还运用了源于形成正义感的能力的论点；ibid. 29－39。

〔43〕 See Rawls, ‘Basic Liberties’, pp. 25－6. 另见 *TJ* 206－7。

条件的必要组成部分。[44]

后面还会更详尽地考察该推理是否充分回应了哈特提出的要点及其具有多大的普遍性。[45] 现在我们必须继续考察该论点另外一个至关重要的组成部分，倘若两个正义原则的词汇次序要站得住脚，这一点就必须成立。

（4）罗尔斯欣然承认，即便某人接受步骤（1）到（3）的内容，在确定自由的优先地位之前还要面对另外一个障碍。这就是下述异议，即除非个体拥有借以实现其目标的物质手段，否则基本自由及其优先地位可能是无法接受的。[46] 在《正义论》中，罗尔斯已经区分了自由与自由的价值。因为财富的匮乏而无法利用某人的权利仅被定位为自由的价值问题，“正义第一原则界定的权利对个体的价值”。尽管如此，不应认为自由的价值较小就侵犯了自由的平等性，第一原则对第二原则的词汇次序并未受影响。这种不平等仅是通过正义第二原则中的差别原则进行矫正的。[47] 这一命题遭到了丹尼尔斯的质疑，丹尼尔斯有力地指出，导致原初状态之人保护平等自由的同种考量形式亦会促使 255
其主张平等的自由价值[48]，而且对处于社会最不利地位的人而言，差别原则的适用不是在任何情况下都必然会最大化自由的价值。[49]

就这一批评进行某些回应是至关重要的，因为两个自由原则的优先地位取决于自由（由第一原则保护）与其他基本物品（由第二原则保护）之分。罗尔斯的回应如下。现在据罗尔斯称，就政治自由而言，第一原则包括某种“公平价值”概念。[50] 就每个人都有“平等的机会担任公职并且影响政治决定的结果”[51] 而言，政治自由的价值对所有公民都必须大致平等，而不考虑其社会与经济地位。当赋予自由优先地位时，原初状态那些人将被理解为按照这种方式对待政治自由。就政治自由而言，公平价值观念被纳入了第一原则，因为“对

〔44〕 See Rawls, ‘Basic Liberties’, pp. 16, 27－8.

〔45〕 见下文第八章第三节（一）2。

〔46〕 See Rawls, ‘Basic Liberties’, pp. 39－40.

〔47〕 See *TJ* 204－5; ‘Basic Liberties’, pp. 40－1.

〔48〕 See N. Daniels, ‘Equal Liberty and Unequal Worth of Liberty’, in Daniels (ed.), *Reading Rawls*, ch. 11, pp. 263, 268－9.

〔49〕 Ibid. 270－1.

〔50〕 See ‘Basic Liberties’, pp. 41－2. 另见 *TJ* 224－8，233－4，277－9，此处讨论了政治自由的公平价值，但不如后来的著作直接。

〔51〕 ‘Basic Liberties’, p. 42.

于制定公平的立法以及确保宪法规定的公平政治过程在大致平等的基础上对所有人开放而言，这是必要的”[52]。就其他自由而言，同样的公平价值观念则遭到了否定，因为这是非理性的、多余的或会造成社会分歧。[53] 罗尔斯这一回应的说服力在后面还会进行更详尽的讨论。

(5) 贯穿罗尔斯整个分析的重要线索是两个正义原则的选择应优先源于功利主义或某些至善主义形式的原则。[54] 由于篇幅有限，这里无法对其推理进行评析。

(四) 权利与善的关系

让我们暂且接受罗尔斯命题的主要宗旨。不过，在继续考察这一
256 自由主义脉络的法律寓意之前，我们必须进一步澄清权利与善的关系。前文已经看到，自由主义哲学的基础之一就是人们拥有关于善的不同具体观念，而且不应用国家权力支持某种观念而牺牲另外一种。不过，我们同样看到，就两个正义原则而言，权利优先于善。这一优先地位限制了社会可以追求之善的观念的范围。公民不能追求严格来说*任何*善的观念，而只能是那些与已选择的正义原则一致的观念。[55] 应当谨记罗尔斯考虑的主要是理想社会中的正义，社会中的人会严格遵守正义原则。权利给各种善的观念规定的限制可以从三个方面进行说明。

第一，正义原则适用于社会的基本制度。正义原则被选定之后，接着就按照下述方式调整可供社会制度选择的范围。罗尔斯提出了一个四阶段的次序[56]，第一阶段是选择原则本身。此后就是制宪会议，设计旨在实现被选原则的宪法。该宪法应规定正义第一原则包括的自由。[57] 不过，罗尔斯认为正义第二原则不适合在宪法中规定，因为关于经济政策之影响的看法分歧严重，因而是否违反差别原则往往是不明确的。[58] 制宪会议本身之后是立法，而立法机关不仅有义务推行维护平等自由的政策，还有义务根据差别原则推行促进最不利者

〔52〕 Ibid. 45.

〔53〕 Ibid. 44.

〔54〕 例如 *TJ* 122－4，161－75，183－92。

〔55〕 例如 *TJ* 446－7。

〔56〕 Ibid. 195－201.

〔57〕 Ibid. 197，199.

〔58〕 See *TJ* 199；‘Basic Liberties’，pp. 51－2，54.

之利益的政策。[59] 最后一个阶段关系到执行、裁判以及公民普遍遵守规则。

因此，罗尔斯的四阶段次序限制追求不同善的观念。理想的立法机关只能颁布与两个正义原则一致的立法[60]，这会给立法行为规定 257
重大的限制。正如哈特所述，许多法律限制关于言论、私人财产的运用以及迁徙方面的自由，不是基于自由之故而对自由进行限制，而是为了防止“使人愉悦的环境或其他具有实际效用之因素的损害或损失”[61]。现在可以根据为了自由限制自由的方式说明诸如环境法的理由。几乎任何立法的理由形式上都可以通过这种方式加以说明，但此等解释的真实性很快就变得牵强。[62] 因此，两个正义原则规定的权利概念给自由国家可以颁布的立法形式规定了限制。下面还会更充分地考察这对法律论述具有的寓意。

第二，权利亦限制个体行为与选择体现出来的善。在前述分析中，我们已看到正义原则可以适用于社会基本结构意义上的制度。适用于个体的自然责任与义务原则为正义原则进行了补充。[63] 这些原则被视作权利概念必要的组成部分，而且由原初状态的个体予以选择。自然责任具有多种形式，其中最重要的就是“支持与推进”公正的制度，意味着我们应服从公正的制度，而且应帮助建立尚不存在之公正的安排。[64] 这一具体的自然责任源于公正社会的存在，而不取决于个体的自愿行为。相比之下，义务则取决于在公正的框架之下自愿接受某项收益[65]，因而当选公职者就具有此等义务。

给原初状态下选择的权利概念增加自然责任与义务以下述方式限制了个体关于善的具体观念。尽管个体就对他而言什么构成了生活的
价值可能具有某些看法，但却不可支持有悖两个正义原则的政党或政 258
策。某人私下可能认为智力更高者应拥有额外的特权，而且追求学术生活是可以实现的最高之善。不过，自然责任的概念要求理性的公民支持最符合正义原则的政党，而这就会排除支持竭力赋予那些智力更

〔59〕 See *TJ* 199.

〔60〕 Ibid. 198，357，563－6.

〔61〕 See Hart，'Rawls on Liberty'，p. 245.

〔62〕 Ibid. 245－7.

〔63〕 See *TJ* 108－17，333－50.

〔64〕 Ibid. 333－5.

〔65〕 Ibid. 342－3.

高者不平等的自由或额外财富的政党。[66]

权利借以限制善的第三个也是最后一个方法与前述两个相当不同。不过，因为罗尔斯在《正义论》第三编中花了相当篇幅进行讨论，这一问题也是不能被忽略的。这一问题关系到正义与善在秩序良好的社会中如何保持一致。[67] 这里再次只能就复杂论点提出简单的概要。

罗尔斯已经向我们解释了正义的起源与内容。他接着详细探讨善的观念需要的内容。这一点可以通过理性观念实现：我们的善“是由某种生活方案确定的，倘若能够准确预知未来且设想的未来能够充分实现，我们就会十分慎重地理性选择这一方案”[68]。在接受正义原则限制着这些方案内容的情况下，现在善的观念当然可以有所不同。不过，据称就下述意义而言正义会产生自己的证明，即个体道德发展的方式是个体自愿或自然取得某种正义感，这种正义感支配着其善的观念的形成[69]，某人理性的生活方案（善）会支持与肯定正义感（权利）。具体善的观念仍然可以有所不同，但所有此等选择都被框定在权利提供的“明确界限之内”[70]。总体而言，个体不会试图设计与正义原则相冲突的理性生活方案。在秩序井然的社会中，个体通常不会规划自己的生活以取得超越正义原则允许的、针对他人的权力。用罗尔斯的话说就是：

259 因而在拟定生活方案时，我们不是从头开始；不是要求我们在没有确定结构或固定轮廓的情形下从无数可能当中进行选择。因而尽管没有确定我们善的运算法则，没有第一人称的选择程序，权利与正义的优先地位仍安全地限制着这些考量，从而使其更易于操作。[71]

三、理想理论下的公法

正如前文所见，罗尔斯描述的正义设想关注的主要是理想理论，

〔66〕 See *TJ* 334－5.

〔67〕 Ibid. 395，513－14，563－7.

〔68〕 Ibid. 421.

〔69〕 Ibid. 456，462－91.

〔70〕 Ibid. 563；另外见 pp. 513，528，567。

〔71〕 Ibid. 563－4.

其正义原则是为“秩序井然的”社会设计的，而且该社会的制度与个体都承认且适用这些原则。在就非理想社会中的罗尔斯式自由主义作出评价之前，必须先考察其在理想社会中对公法的寓意。这些寓意的性质随着正义第一与第二原则而有所不同，下面分别述之。

（一）平等自由

正义第一原则的适用会产生四个主要问题。首先，自由之间的冲突如何解决？其次，由政治自由的公平价值可得出什么寓意？再次，正义第一原则可以在多大程度上限制理想立法机关通过的立法形式？最后，该制度下司法审查的作用是什么？

1. 自由之间的冲突。正义第一原则最初的表述是为了确保每个人都享有“最广泛的整体自由制度”，这一制度与所有人的类似制度一致。不过，罗尔斯修正了这一表述，用“充分的安排”取代了“最广泛的整体制度”，这就是前述第一原则的措辞。[72] 这一修正是罗尔斯对哈特批评的回应，后者认为第一原则的最初版本没有就如何解决自由之间的冲突给出多少看法。[73]支持罗尔斯修正版本的推理如下。 260

赋予自由的真正目的并非简单地在定量方面最大化什么东西，赋予这些自由实际上是确保所有公民都平等享有公民道德力量“充分发展必需的社会条件”[74]。现在我们知道罗尔斯秉持某种具体的“人观”，而且运用这一观念证明自由的优先地位具有正当性。这一观念亦被用来解决自由之间的冲突。自由保障公民道德力量的充分发展，即促进形成正义感的能力以及关于善的认识能力。因此，就正义感的能力而言，平等的政治自由与思想自由是必要的组成部分；其保证“自由而且有见识地适用”正义原则。[75] 良心自由与结社自由有助于确保关于善的认识能力；使个体能够发挥审慎的理性，而且终其一生追求某种善的观念。

这种关于自由目的的解释同样提供了评价自由冲突的标准。罗尔斯引入了“重要性”的观念。[76] 某项自由的重要性取决于下述因素，

〔72〕 见前文第八章第二节（三）。

〔73〕 See Hart, ‘Rawls on Liberty’, pp. 239 - 44.

〔74〕 Rawls, ‘Basic Liberties’, p. 47.

〔75〕 Ibid. 49.

〔76〕 Ibid. 50.

即就前述个体道德力量充分且有见识地运用而言，其本质上的介入程度以及作为保护其运用之制度手段的必要性程度。重要性据说可以作为定性的标准[77]解决两种形式的冲突。一方面，具体自由可能只是与不同的自由发生冲突；两种自由的相对权重即可以根据重要性的观念予以判断。另一方面，具体自由亦必须自我限制。[78] 既然任何基本自由对所有人都必须是相同的，赋予我某项具体的自由，例如根据言论自由权不受阻碍地进入公共场所的权利，就必须赋予所有人这种
261 权利。不过，赋予每个人这种权利的结果可能具有分裂性以至于缩小了言论自由的有效范围。因此，原初状态下的公民就会接受某种更有限的、受管制的言论自由权，而这与前述重要性理念并无二致。该标准在具体情形的运用显然可能存在争议。不过，这一观念确实可以作为解决自由冲突的标准，而且罗尔斯详细地例示了这一技术如何操作。[79] 不过，就这一源自“人观”的技术而言可能还存在更根本的问题。这将在下面进行探讨。[80]

2. 政治自由与公平价值。我们已经看到为什么就罗尔斯支持两个正义原则之词汇次序的论点而言有必要就下述主张作出回答，即原初状态的那些人会像选择平等自由本身那般乐于选择平等的自由价值。倘若无法扭转这一批评，那么就无法以最初的形式维持自由对于其他基本物品的优先地位。罗尔斯的回应是，承认政治自由的公平价值由正义第一原则保护，但这一理念不能扩展到其他自由。罗尔斯并未称这种区分体现了政治自由对个体而言乃首善的信念；这不符合自由主义在竞争性善的观念之间保持中立的原则。公平价值的保障之所以规定在正义第一原则当中，是因为“其对于制定公正立法是必要的”，对于确保公平政治程序在大致平等的基础上对所有人开放是必要的。这会得出什么结果呢？[81]

由此会产生某些形式上的结果。政治自由会规定在宪法当中，包括该自由公平价值的保障措施。[82] 立法应与正义观念保持一致，包括政治自由公平价值的规定。个体有支持公正制度的自然责任，包括

〔77〕 Ibid. 56 n. 28.

〔78〕 Ibid. 56 - 7.

〔79〕 Ibid. 55 - 79.

〔80〕 见下文第八章第三节（一）3、第九章第三节。

〔81〕 See Rawls，‘Basic Liberties’，p. 45. 另外见 *TJ* 224 - 5，227。

〔82〕 See Rawls，‘Basic Liberties’，pp. 52，53.

保护这种自由公平价值的责任，而公职人员同样有义务这样做。这些 262
在相当程度上源自前面关于正义的一般分析。

实际结果则比较难以确定。罗尔斯告诉我们，政党应独立于集中化的庞大私人经济与社会力量，而且他支持立法对竞选捐款等规定限制。[83] 要推动自由的公共讨论就必须有钱可用，而且应用税收收入使政党不受私人经济利益影响。[84]

从下述方式来看这一分析似乎是存在问题的。关于政治自由公平价值的讨论是在理想理论的情境下进行的，这一点在罗尔斯最初的著作以及后来的作品中都很明显。[85] 尽管他讨论的是理想理论，但还是向我们提供了两个支持政治自由公平价值的论点。一个是工具性的论点：缺少公平价值，就不会制定公平的法律；那些拥有更多财富的人就会对立法产生更大的影响，而特权集团的诉求会得到“过分的关注”[86]。第二个是尊严性的论点：当平等政治自由的公平价值获得保障时，就会对公民生活的道德品质产生“深刻的影响”[87]。

因此，让我们承认即便在理想理论下，为了制定公平的法律，防止有利于特权利益的偏见，公平价值亦是必要的。不过，倘若这就是将公平价值纳入正义第一原则的原理，与罗尔斯似乎支持的措施相比，或许还需要更广泛的措施确保其实现。仅通过提供公共资助或限制竞选捐款无法将政党从私人社会与经济利益中解放出来。就立法形成施加更大影响的能力可能采取各种更间接的形式，这与社会全部基
本物品的总体分配有关。因此罗尔斯陷入了两难。一方面，他将公平 263
价值纳入正义第一原则的根据源于经济与社会方面的不平等可能造成有利于某些阶层的不公正立法。另一方面，宽泛地界定公平价值的“矫正措施”会间接破坏自由与其他基本物品的总体划分并因而颠覆两个正义原则的词汇次序。

3. 立法的界限。在理想理论下，只有满足两个正义原则以及宪法规定的任何限制，立法者方能通过法律。就应采取“多个宪法或经济与社会安排”[88] 中的哪一个实现正义原则并非总是明确的而言，前

〔83〕 See Rawls, ‘Basic Liberties’, 42－3。另外见 *TJ* 225－6。

〔84〕 See Rawls, ‘Basic Liberties’, pp. 75－8; *TJ* 226.

〔85〕 See *TJ* 221－7; ‘Basic Liberties’, pp. 41－2, 45.

〔86〕 Rawls, ‘Basic Liberties’, p. 45; *TJ* 225－6.

〔87〕 Rawls, ‘Basic Liberties’, p. 45; *TJ* 233.

〔88〕 *TJ* 201；另外见 pp. 198－9。

述标准可能是不确定的。不过，假定关于宪法的选择以及据此颁布的法律都在允许的范围之内，也就是满足了正义原则。因而人民可能存在分歧的就是可以实现差别原则而且有利于处于最不利地位之人的最适当经济安排。可能并不存在立法机关可以采取的、获得同意的唯一经济进路，这一点比较没有争议。不过立法行为的界限却变得更有问题了。

显然只可以因自由之故而限制自由。我们已经简单论及哈特在此情境下提出的一个问题：现代社会的大量立法并非为了其他自由之故而限制自由，而是为了防止“使人愉悦的环境或其他具有实际效用之因素的损害或损失”〔89〕。理想的立法机关不可颁布此等立法；其不在允许的范围之内，而且会侵犯正义第一原则。

罗尔斯并未直接回应这一问题。不过，他在后来的著作中确实提出了三个与此相关的论点。第一，他区分了基本自由的限制与管制。〔90〕当自由受到管制时，例如辩论的顺序规则，自由的优先地位并未遭到损害。第二，他还承认基本自由是自我限制的。〔91〕赋予我某项自由的结果就是平等地将其赋予每一个人，而这会产生“不可实
264 行或导致社会分裂的”结果。例如，根据言论自由不受妨碍地进入公共场所就是这种情形。既然存在这些结果，原初状态的那些人就不会将具体的自由推进到这一程度，因为否则即会缩小其有效的范围，例如就可以运用该推理证明环境立法的正当性。关于排他性地利用财产的权利是“自我限制的”，从而排除了该自由赋予我运用财产的能力会破坏环境的可能性。某种具体自由的普遍适用就意味着所有人都有权这样做；这会导致社会分裂而且无法运作，因而在原初状态下就不会获得同意。罗尔斯回应哈特异议的最后方式就是通过主张此等环境立法具有正当性从而允许其存在，因为你的财产自由不受限制地行使会影响到其他某些自由。

所有这三个论点要应对最初的异议都有可能破坏正义第一原则的优先地位以及相应的、禁止自由与其他基本物品的交换。通过指出自由的普遍化如何限制其有效范围，由自我限制得出的论点就限制了正义第一原则自由的范围。该限制是通过该自由不受限制的行使与由此

〔89〕 Hart, ‘Rawls on Liberty’, p. 245.

〔90〕 See ‘Basic Liberties’, pp. 9 - 11.

〔91〕 Ibid. 56 - 7.

可能给其他利益造成之不利后果的交换实现的，这些后果包括“破坏个体否则就可以获得的社会生活形式或使人愉悦的环境”〔92〕；自我限制是正当的，否则就会产生“不可实行与导致社会分裂的结果”。自由与其他基本物品之间的交换是在第一原则之内进行的，因而削弱了只可因自由之故而限制自由的主张。通过主张自我限制只保护该自由的“核心领域”亦无法应对这一异议。〔93〕这并未否认交换的存在。此外，就原初状态的那些人而言，核心领域的准确范围并不明确而且存在争议，可能取决于个人性格方面的差异。〔94〕

诸如通过指出个人财产自由不受限制之运用影响到其他自由证明 265
环境立法的正当性，这一论点的遭遇也好不了多少。这一推理很可能难以置信或非常牵强。〔95〕更重要的是这一技术带来了与前述自我限制技术类似的危险。正义第一原则意在防止自由与其他基本物品的交换。倘若任何立法都通过“搜索”其他某种自由，令人信服地说法律现在限制的自由会影响到后者，借此在形式上获得维持，那么这一点就会遭到根本的破坏。倘若这种立法的实际目标是某种需要限制该自由的笼统社会福利，假装第一原则神圣仍然完美无缺而且仅是因自由之故而限制该自由，那么获得的只不过是伪装而已。因此，理想的自由主义立法机关实际上可以就什么进行立法仍然存在问题。

考虑到其总的性格，某些人可能相当支持自由诽谤他人或侵犯隐私，或者以任何喜欢的形式利用其财产，而且可能甘愿承受面对其他人这样做的风险，承受其他人这样做给其本身与整个社会与物质环境造成的后果。其他人则不会为这些方面不受限制的自由买单，因为考虑到其性格，与不受限制的自由相比，他们更珍视由限制提供的保护。

4. 司法审查的作用。司法审查在理想理论下的可能作用还很不明确。为秩序良好的社会制定宪法的那些人当然会建立司法机关以就立

〔92〕 Hart，‘Rawls on Liberty’，p. 247.

〔93〕 See Rawls，‘Basic Liberties’，pp. 9－10，56－7.

〔94〕 正如哈特所述（‘Rawls on Liberty’，p. 246）：考虑到其总的性格，某些人可能相当支持自由诽谤他人或侵犯隐私，或者以任何其喜欢的形式利用其财产，而且可能甘愿承受其他人这样做的风险，承受其他人这样做给其本身与整个社会与物质环境造成的后果。其他人则不会为这些方面不受限制的自由买单，因为考虑到其性格，与不受限制的自由相比，他们更珍视由限制提供的保护。

〔95〕 Ibid. 245.

法产生的争议进行裁判。正如米歇尔曼指出的那样[96]，这种宪法是否会赋予司法机关进行宪法性审查的权力从而使其能够针对立法机关的意志强制实行宪法权利还很不清楚。正义原则适用于制度，而自然责任与义务的概念则适用于个体。立法者应颁布符合宪法与两个正义原则的法律，就此而言理想立法机关似乎会使司法审查变得多余。由于期望理想社会中作为公平的正义与作为理性的善重合，这就进一步
266 强化了这种审查没有必要的观念。[97]尽管存在这种推理，但根据下述方式宪法性审查还是有理由存在的。

制定了正义两个原则的公民代表现在开始起草宪法，他们将必须决定宪政机制应在多大程度上限制多数规则的程序等等。[98] 这种机制能够“限制多数规则的范围，多数派拥有最终决定权的事项以及多数派目标的实施速度”[99]。公民代表承认实际政治过程是不完善的程序正义，意思是尽管就正确的结果而言存在独立的判断标准，但该结果是否总会实现并不确定。[100] 正确的结果就是宪法以及根据宪法制定的法律应符合正义原则，但这一点能否总会实现并不确定。[101] 因此，限制多数派规则的任何机制都必须以下述根据进行论证，即倘若存在此等宪法限制更有可能产生符合正义的立法。于是引入此等限制在正义第一原则之下就是存在正当理由的：赋予其他自由更大的安全地位相对于较小的政治参与自由（源于宪法对多数派规则的限制）而言更重要。自由可以因自由之故受到限制，据此规定司法审查的权利法案大体上就是正当的。[102]

不过，这种审查的适用仍然还存在问题。通过考察其在前述三个领域的作用就可以证实这一点：自由之间的冲突；政治自由的公平价值以及可允许之立法行为的限制。

罗尔斯声称，违反正义第一原则比违反第二原则更容易识别，他这样说可能是正确的，但不应低估就自由的冲突作出裁判这一问题。

---

〔96〕 See F. I. Michelman, ‘In Pursuit of Constitutional Welfare Rights: One View of Rawls' Theory of Justice’, 121 *U. Pa. L. Rev.* 962, 993 (1973).

〔97〕 见前文第八章第二节（四）。

〔98〕 See *TJ* 228, 356 – 62.

〔99〕 Ibid. 228.

〔100〕 Ibid. 85 – 6.

〔101〕 Ibid. 229.

〔102〕 另见 Rawls, ‘Basic Liberties’, p. 54。

正如前文所见，解决这一冲突的标准是自由的重要性这种观念，该观
念本身则以罗尔斯主张的“人观”为根据。显然这种观念的具体适用 267
很可能存在争议。当前相关的问题则是，为什么法院就这一问题的看
法应优于由渴望实现正义的代表组成之**理想**立法机关的看法？答案很
可能是沿着下述路线得出的。既然政治过程**是**不完善的程序正义过
程，不同的人尽管可能就制定公正的法律这一目标存在合意，但就在
具体领域如何最好实现这一目标却可能存在分歧。例如，当言论自由
与其他某种自由发生冲突时，多数派的观点尽管可能亦很真诚，但可
能赋予少数派表达信念的机会微乎其微；司法审查以及法院就该冲突
应如何解决的意见之所以具有正当理由，是因为倘若存在此等宪法限
制就更有可能产生符合正义的立法。

司法审查在保护政治自由的公平价值方面存在的问题则是源于十分不同的理由。罗尔斯关于立法行为的假设可以从一般与具体两个视角加以认识，但二者的契合程度并不明确。关于理想理论下之立法行为的一般假设是立法者有义务根据正义的要求行事，立法者自己理性的、关于善的观念将引导他们朝这个方向发展，立法机关作为机构会努力制定法律推动实现达成合意的正义结果。〔103〕关于理想理论中之立法行为的具体假设则使整个画面进入了政治自由公平价值的讨论。赋予政治自由公平价值最重要的理由是确保不会出现偏向某些居支配地位利益的不公平立法。〔104〕除非公平价值得到保障，否则立法者就会屈服于这种集中化的权力。这就是**原初状态**设计正义原则的那些人确保以这种方式处理自由优先地位的原因。〔105〕因此，关于立法行为的具体假设**在原因上**先于一般假设。只有当公平价值获得保障时，我们方能期望立法者根据前述一般假设行事。

这对司法审查显然具有重要意义，因为**除非**公平价值得到保障， 268
否则我们不可能确定立法机关及其代表会按照一般假设断定的那样推
动实现正义。由此得出我们不可由立法机关决定当前是否实现了公平
价值。多数派可能认为诸如限制竞选捐款的法律已经足以确保公平价
值。不过该观点可能只是体现了支持多数派之权力集团的存在，就可
能削弱其特权地位的事情而言，这些集团只希望维持在最低限度。必

〔103〕 See *TJ* 198－201，343－4，356－62.

〔104〕 See Rawls，‘Basic Liberties’，p. 45；*TJ* 225.

〔105〕 See Rawls，‘Basic Liberties’，p. 42.

须有一个法院来评判少数派的主张，即关于政治捐款的法律存在大量漏洞。此外这种法院必须愿意以更积极的方式进行运作。法院必须就是否责令提供公共资金资助相关政党作出裁判，理由是此乃公平价值必要的组成部分，但是当前的多数派拒绝这样做。

法院就所允许之立法行为的界限作出评判则更有问题。就理想理论而言，立法者根据宪法以及宪法本身以之为据的两个正义原则行事十分重要。这一安排最重要的特征之一，或许是最重要的特征，就是正义第一原则优于第二原则，禁止自由与其他基本物品进行交换。因此可以期望法院维护所允许之立法行为的界限，推翻以被禁止的交换为根据的立法。下述事实则强化了这一观点，即罗尔斯认为正义第一原则会载入宪法，而第二原则不会。[106] 因此，宪法性审查可以保护宪法列举的权利，防止源自诸如公共福利、以“政策”为根据的论点限制这些权利。

不过，只有同时引入在自由冲突情形下运用之论点的修正版，这一结论方可成立。谨记我们是在理想理论下进行操作的，我们亦可推定关于立法行为的“一般假设”是成立的。这意味着立法机关作为机
269 构希望根据正义行事，立法者有这样做的义务，而且他们自己关于善的观念促使其朝这一方向发展。他们并不希望通过抵触正义原则之语汇次序的立法。已知这些假设，问题就成为法院是否比立法机关本身更适合确定自由因某些其他基本物品遭到了牺牲。正如前文所见，就自由是否因此遭到了牺牲作出决定可能非常棘手。因而就需要修正源于不完善之程序正义的论点以便完成对宪法性审查的解释。该情境适用的推理如下。既然政治过程是不完善的程序正义过程，不同的人尽管可能就制定公正的法律这一目标存在合意，但就具体领域如何最好地实现这一目标而言可能会存在分歧。他们选择的法律可能并不总是成功的，意即并非总是符合正义的；多数派可能真诚地认为他们只是出于自由之故而限制自由，但实际提议之法律的主要效果却是因公共福利之故限制言论自由的权利，给少数派造成了过重的负担；因而宪法性审查就应当存在，因为法院关于所允许之立法行为界限的超然观点更有可能是正确的。更有可能的是其意见可以成功确定具体法律是否真正符合宪法以及两个正义原则。倘若司法审查要在该领域发挥作

〔106〕 See ‘Basic Liberties’, pp. 51, 53; *TJ* 198 - 9.

用，就必须接受某种这样的推理。

（二）机会平等与差别原则

倘若要认识适用正义第二原则时公法在理想理论下的作用，就需要讨论四个方面的问题。首先，倘若要评估由其得出的可能的法律后果，就必须探讨机会平等与差别原则的观念基础。其次，分析正义第二原则的制度基础。再次，考察由正义第二原则得出的法律寓意。最后，考察法院在这一领域的作用。

1. 正义第二原则的观念基础。我们已经看到就正义第一原则的优 270
先地位以及自由冲突的解决而言，某种“人观”是非常重要的。具体的“人观”同样还提供了正义第二原则的观念基础，在进一步讨论之前认识到这一点非常重要。

罗尔斯承认正义第二原则可以按照多种方式进行解释。一种解释被界定为自然自由。这一解释申明的是“下述基本结构将导致公平的分配，即满足效率原则而且其中的职位对那些有能力且愿意为之奋斗的人开放”[107]。这一解释之所以遭到驳斥，是因为其容许“从道德的视角而言非常任意”[108] 的因素确定分配的份额。这些因素就是社会地位与自然天赋，个体不应获得由这些因素产生的任何优势，因而以这种机缘巧合为基础建立分配制度是难以让人满意的。

罗尔斯同样驳斥了其所谓自由主义平等的第二种解释。这一平等观念将自然天赋的分配视作既定的，然后试图确保那些具有同等资质之人“应具有同样的成功机会，而不考虑其在社会制度中的最初地位如何”[109]。因此，自由主义的平等不同于自然自由制度，因为根据前一制度要努力阻止社会地位对发展个体自然天赋之能力造成的影响。不过，罗尔斯仍然抛弃了这一解释，因为“与根据历史和社会运气相比，容许根据自然天赋确定收入与财富的分配同样没有什么道理”[110]。

罗尔斯倾向的解释被界定为民主平等。根据这一观点，自然天赋与社会运气都被视作在道德方面具有任意性。天赋与财富的自然分配

〔107〕 *TJ* 66.

〔108〕 Ibid. 72.

〔109〕 Ibid. 73.

〔110〕 Ibid. 74.

本身无所谓公平与不公平，不公平的是“公共机构处理这些因素的方
式”[111]。既然“与任何人都不应获得其在社会的最初起点一样，任何
271 人都不应获得其在自然天赋方面的地位”[112]，差别原则的目标就是把
这些自然天赋视作“共同的资源，分享这种分配的收益而不论如何分
配”[113]。因而只有那些处于最不利地位的人可以有所改善的情况下，
方才允许那些确实好运具有可观自然天赋的人从中获益。[114]

以这种方式解释机会平等而且将其与差别原则结合起来，目的是为了让纯粹程序性的正义观念可以在正义第二原则中发挥作用。该程序正义观念在下述情况下就可以实现，即就正确的结果而言不存在独立的判断标准，但存在公正的程序，无论结果为何，只要严格遵守了适当的程序，结果就是正确的。[115] 不过只有当存在包括公正的社会与经济制度安排的基本社会结构时，这种形式的程序正义方能发挥作用。[116] 这种公平结构的必要组成部分就是不允许根据具有道德任意性的标准进行分配。一旦确立了这种公平框架，纯粹的程序性正义就可以发挥作用，再就没有必要就具体个体拥有的具体收益进行复杂且不断的计算。[117]

罗尔斯用于支持自由优先地位的“人观”与作为正义第二原则基础之“人观”的关系，下面还会进行更充分的讨论。[118] 这里很重要的一点是要指出后者引发了特别的争议。个体与其属性被认为是分离的。这就是自然天赋与社会地位被视作具有道德任意性且不应造成的结果。而据称正是这一假设证明将这种自然天赋视作其他人可以分享的共同资源是正当的。

2. 正义第二原则的制度基础。前述“人观”提供了正义第二原则的观念基础。不过在这一原则可以作为纯粹程序性的正义发挥作用之前，尚必须公正地组织社会制度。这一制度结构可简单概述如下。

272 存在保护前述自由的宪法，立法机关以颁布公正的立法为目标。机会平等要求政府通过公立学校制度或补助私立学校确保那些具有类

[111] Ibid. 102.

[112] Ibid. 104.

[113] Ibid. 101.

[114] Ibid. 101－2；另见 p. 75。

[115] Ibid. 86.

[116] Ibid. 87.

[117] Ibid. 87－8.

[118] 见下文第九章第三节。

似资质的人拥有平等机会。通过维护公司的行为、实行意在打破进入壁垒的竞争政策等促进经济机会平等。政府通过家庭津贴、失业救济金等或分级增补收入提供社会最低保障。

四个政府分支在实现该总体方案中发挥着不同的作用。[119] 这些分支并不与政府现有部门相对应，而且每个分支可能都由不止一个机关组成。“配置分支”调整市场力量并确保市场制度有效运作，“稳定分支”则帮助维持合理的充分就业。社会最低保障是“转移分支”的职责，而“分配分支”则通过税收与调整财产权维持分配份额的大致公平。下面就讨论这些政府分支从事的工作可能具有的法律寓意。

3. 正义第二原则的法律寓意。通过考察前述不同政府分支的工作可以很好地讨论由正义第二原则得出的法律寓意。法律发挥作用的范围将根据这些不同分支履行的职能而有所差别。

因而相对比较明确的是，配置分支的运作要求机关关注竞争政策与反垄断，从而防止形成不合理的市场力量与进入壁垒。通过初始管辖或监督首先负责实施此等政策的、更专业化的机关，法院在这一领域可以发挥裁判性的作用。

正如前文所见，分配分支的任务是通过税收或调整财产权维持分配份额的公平。继承权将受到限制，从而财富的不平等不会超越某一界限因而危及政治自由的公平价值与机会平等。倘若在这一情境下出 273
现了纠纷，法律与普通法院就是最显而易见的仲裁者。

源自转移分支工作的法律寓意则更有争议，而且福利权可以在多大程度上产生也是不明确。转移分支要确保每个人都获得“最低社会保障”。通过立法机关创设符合生存与健康等需要的最低服务标准可以实现这一主张，但亦可以通过诸如最低收入补贴等总体金钱转移方案来实现。[120] 米歇尔曼的结论是很难从差别原则本身推导出福利权，因为就处于不利地位的人而言，尽管该原则包含某种权利，但与其说是比较难以由法院审理的取得收入权，不如说是更适合由法院审理的福利权。[121] 不过，他对从机会平等的观念推导出此等权利更为乐观。罗尔斯认为机会平等原则意味着那些具有类似资质与动力的人具有平

〔119〕 See *TJ* 276－7.

〔120〕 Ibid. 275. Michelman, ‘In Pursuit of Constitutional Welfare Rights’, p. 976.

〔121〕 See Michelman, ‘In Pursuit of Constitutional Welfare Rights’, pp. 966, 976.

等的受教育机会。不过正如米歇尔曼指出的那样，不关注生存或健康[122]就很难理解受教育的机会如何能够实现机会平等这一观念。自我尊重在罗尔斯命题中的一般作用于是为这种支持福利权的论点进行了补充。正如米歇尔曼指出的，自我尊重在某种意义上是最显著的社会福祉，是正义两个原则的根本目标。倘若除了正义两个原则包含福利权之外，还能在其他什么方面表明其是自我尊重的必要组成部分，那么“作为公平的正义在该其他方面同样会包含这种权利”[123]。

4. 司法审查的作用。前一节已经触及法院在适用正义第二原则方面的作用。无疑，就反垄断规则以及限制遗留财产的能力包含的财产权运用规则而言，法院可以在确定其适用方面发挥裁判机构的作用。不过，与正义第一原则的情形相比，在此情形下法院作为推翻立法行为之
274 宪法性审查机关的作用同样存在问题。两个例子就可以阐明这些问题。

首先，假定从正义原则中可以得出福利权。但关于保护这种权利的宪法性审查以及随之撤销侵犯这种权利之立法的解释仍然问题多多。[124] 该问题的根源与前面关于司法审查之讨论遇到的问题是相同的。在理想理论之下，我们假定立法机关以通过公正的立法为目的，立法者亦有这样做的义务，而且他们自身关于善的观念将引导其朝这一方向发展。鉴于这些假设，鉴于就可以最好地实现正义第二原则的社会与经济政策存在争议，那么为何还选择审查法院的意见而非立法机关的意见呢?[125] 难以确定哪种社会与经济政策可以最佳地实现正义第二原则促使罗尔斯得出了下述观点，即这一原则根本不应载入宪法，但当立法机关制定法律时应发挥指引作用。[126] 因而不得不再次利用从不完善的程序正义得出的论点，经过适当修正后适用于这一情境以解释这种宪法性审查。毫无疑问，这样一项论点在形式上是可以成立的，但本质上有多让人信服则不是很明确。

其次，尽管如此，正义第一原则与第二原则的相互关联意味着在该领域不能排除宪法性审查的可能性。该问题如下所述。自由的优先地位只可因自由之故进行限制；自由与其他基本物品的交换被排除在

〔122〕 Ibid. 989. 另外见 *TJ* 275。

〔123〕 Michelman, ‘In Pursuit of Constitutional Welfare Rights’, p. 990.

〔124〕 See Michelman, ‘In Pursuit of Constitutional Welfare Rights’, pp. 993 – 7.

〔125〕 Ibid. 995 – 6.

〔126〕 See *TJ* 199; ‘Basic Liberties’, p. 53.

外。就立法机关可以进行立法的事项而言，前面已经讨论了由此造成的难题。立法机关适用正义第二原则时亦可能产生同样的难题。理想理论下的立法机关会通过法律实现机会平等与差别原则，但在这样做时，立法机关不可牺牲正义第一原则包含的自由或以其与其他基本物品进行交换。不过，就旨在实现正义第二原则的具体立法政策是否确 275
实侵犯了个体权利会存在争议。

在下述问题的讨论中显然就可以看到这一难题的例证，即赞助性行动方案影响诸如大学新生的正当性。这种政策可以说成是确保正义第二原则教育机会平等的一个方面，或基于更笼统的社会功利主义理由，即增加少数族裔在各行各业的存在会降低社会的种族主义意识，而大学教育是进入这些行业的前提。不过，不管其对社会福利是否带来了有益的影响，倘若其侵犯了个体权利，这种政策就无法维持。因而决定是否侵犯了个体权利就是至关重要的。那些否认侵犯个体权利的论点非常复杂，这里无法详细讨论。[127] 不过，这种主张的基础最终似乎仍在于前述“人观”[128]。该观念的必要组成部分就是由社会地位获致的自然天赋与优势具有道德任意性，这种属性并非“应得的”，而不应得的不平等就需要进行矫正。[129] 因而具备聪明的属性并不意味着某人就“应当”被接受入学，因为这种能力不过是运气问题而已；而且任何人都无权要求大学颁给具体形式的资格证书。[130] 需要根据具体标准进行评判的先在权利并不存在，个体权利因而并未遭到侵犯，赞助性行动政策就可以继续。

就目前的论点来说，是否同意这一推理并不重要。这一讨论表明的是根据意在实现正义第二原则的立法（或其他）行为，个体权利与其他基本物品的交换是否存在的问题会在非常重要的情形下出现，而答案往往取决于关于人性的基本假设。

就宪法性审查而言，这种问题的寓意还需要再进行推导。我们的
操作是在理想理论下进行的。宪法性审查在此情形下是否应当存在还 276
要取决于进一步的推理阶段，该推理阶段亦是源自作为政治过程标志

〔127〕 例如见 R. Dworkin，*Taking Rights Seriously*（1977），ch. 9。

〔128〕 Sandel，*Liberalism and the Limits of Justice*，pp. 135 – 47.

〔129〕 See *TJ* 100，103.

〔130〕 See Sandel，*Liberalism and the Limits of Justice*，p. 137，文中讨论内容大量都来源于此。

的不完善程序正义理念。这种推理类似于前述所允许之立法行为界限情形的推理，因此可以参照。[131] 除非某种这类推理可以成立，否则法院就不应作为此处这类问题的裁判者。

四、非理想理论下的公法

此前讨论关注的都是理想理论以及从这种模式应得出的公法寓意。现在我们就开始考察非理想理论的含义以及公法在此模式下的作用。罗尔斯著作大部分都用于讨论理想模式，而对非理想模式的讨论相对较少。不过，理想理论的实现显然可以因为各种方式受到阻碍，或换言之，因为多个理由社会可能是非理想型的。

（一）经济发展的程度

应当谨记罗尔斯的两个正义原则及其词汇次序体现的是具体的正义观念，该观念是从更一般的观念发展而来的，后者申明社会的全部基本物品，包括自由与机会、收入与财富以及自我尊重的基础，都要平等地分配，除非任何或所有这些物品的不平等分配是为了处于最不利地位之人的利益。[132] 该一般观念在非理想理论之下亦可能存在，因而允许自由与其他基本物品进行交换。这一点的基本原因在于，除非“个体的基本需要可以得到满足，否则就无法预先稳固地确定其自由利益的相对紧迫性”[133]。因此，非常原始的经济发展阶段可能使社会模式是非理想型的，意即正义两个原则的整个词汇次序都无法确
277 立。倘若社会处于这一阶段，那么否定平等自由就是可以接受的，“只要其对于提升文明化的质量而言是必要的，从而在适当的时候所有人都可以享有平等自由”[134]。当更长期的收益足以使“比较不幸的社会转变为可以享有平等自由的社会”[135] 时，就可以放弃某些政治自由与机会平等权。

罗尔斯最初的论点试图解释正义两个原则的形成以及自由的优先

[131] 见第八章第三节（一）4。

[132] See *TJ* 303.

[133] Ibid. 543.

[134] Ibid. 542.

[135] Ibid. 247.

地位，该论点是以下述假设为根据的，即一旦确立了合理的经济福利水准，个体就不会以较小的自由换取经济地位的进一步改善。由此得出正义两个原则的词汇次序“是根据比较有利的条件追求一般观念的最终趋势”〔136〕。正如前文所见，罗尔斯已经明显修正了其对自由优先地位的解释。不过，这一转变并不影响此处讨论的要点。某个社会可能是非理想的，因为其经济发展阶段使得无法有效地确立自由。在此情形下，基本物品与某些自由的交换就是可能的。

（二）偏离正义

非正义可能以下述两种方式产生。〔137〕一方面，立法或行政在具体情形下偏离基本公平的标准。另一方面，国家行政实际上符合社会的正义观念，但这一观念本身是不合理的，是由统治阶级强加的。这二者的界线很可能会变得模糊。面对此等情形之公民的地位可能如下。

首先，具体法律不公这一事实并未消除个体服从此等法律的责任，至少当整个社会处于接近正义的情形下是如此。〔138〕理由源于不完善的程序正义概念，这一概念的特征就是存在确定正确结果的独立
标准，但却不存在实现这一目标的非常确定的方法。多数派有时会犯 278
错误，即便他们热心地试图实施正义原则时也是有可能的。每个公民负有支持公正制度的自然责任因而约束他们服从不公之法，或者不以非法手段对抗之，“只要其并未超越某些非正义的界限”〔139〕。

其次，当更接近第二种非正义的情形时，前述服从责任就是存在问题的，就像总是处于少数派地位的集团那般，其忍受非正义的结果已有多年。公民只在下述程度上方有义务服从不公之法，“即就平等负担宪法制度不可避免的缺陷而言是必要的程度”〔140〕。

再次，作为不公之法受害者的公民完全可以通过公民非暴力反抗表达其不平。在罗尔斯（与德沃金）看来，这种行动是由那些接受社会的根本基础而且承认其正当性的人采取的。〔141〕非暴力反抗是诉诸共同体之正义感的模式；个体试图说服共同体其正义观念在此情形下

〔136〕 Ibid. 542.

〔137〕 Ibid. 352.

〔138〕 Ibid. 353 - 4.

〔139〕 *TJ* 355.

〔140〕 Ibid.

〔141〕 See *TJ* 363. Dworkin, *A Matter of Principle*, p. 105.

遭到了践踏。这种行为的形式是“与法不合的、公共的、非暴力的、良心的但具有政治性的行动”[142]，其目的是要促进政府政策方面的改变。个体只有就真正重要的问题方能诉诸这种非暴力反抗，即非常明显且实质性地侵犯了正义原则，例如拒绝给予社会某些阶层选举权或镇压某些宗教集团的情形。[143] 相比之下，差别原则可能遭到侵犯就不应提供公民非暴力反抗的根据，因为经济理论就如何可以最好实现该原则而言分歧很大。[144] 在罗尔斯看来，公民非暴力反抗的宪法理论是以某种正义观念为基础的。

> 279 通过进行非暴力反抗，人们意欲诉诸多数人的正义感，而且告知下述内容：即据某人真诚且经过深入思考看来，自由合作的条件正在遭到破坏。我们是吁求其他人重新进行考虑，将他们置于我们的地位而且承认他们不可能指望我们无限默许他们强加于我们的条款。[145]

（三）法院的作用

就法院在非理想理论下的作用而言，必须讨论两个相关但却不同的问题，一个是具体的，另外一个则更抽象。具体问题关系到司法机关对公民非暴力反抗情形的回应。抽象问题则与宪法性审查在下述情形中的作用有关，即颁布的法律并不符合根据理想理论形成之法律。

1. 公民非暴力反抗与法律。罗尔斯对该具体问题没有花费多少笔墨。不过，他确实谈及法院应考虑个体行动之非暴力反抗的性质，而且根据宪法的潜在原则其行为似乎情有可原；就此而言，法律制裁应“暂缓或缩减”[146]。

德沃金提出的论题类似，但实际上遵循的思路有两条。[147] 一方面，法院可能判定看来违法的行为实际上获得了宪法本身的认可。另一方面，当就检控裁量的运用与惩罚的适当严厉程度作出决定时，应将所打击的行为具有非暴力反抗性作为正当因素纳入考虑范围。

2. 宪法性审查与非理想理论。法院与宪法性审查在非理想理论下的作用带来了非常复杂的问题，与正义的两个原则都有关系。这些问

[142] *TJ* 364.

[143] Ibid. 364.

[144] Ibid. 372－3. 另外见 Dworkin，*A Matter of Principle*，p. 112。

[145] *TJ* 382.

[146] Ibid. 387.

[147] See *A Matter of Principle*，pp. 113－7. 另见 *Taking Rights Seriously*，ch. 8。

题最好分别讨论。

正义第一原则保护的自由被载入了宪法。尽管如此，正如前文所见，在理想理论之下这并不会自动要求存在宪法性审查。[148] 在正义第 280
一原则下会出现三个主要问题：自由之间的冲突、确保政治自由的公平价值与确定所允许之立法行为的界限以便保证不会发生第一与第二原则的交换。这些领域的任何一个都不必然需要宪法性审查，不过在所有这些领域当中都可以推测支持其存在的论点，尤其是第二个。

这种审查在非理想理论下的作用需要单独讨论，这是因为源自理想理论的推理假设现在已经被排除了。理想理论的首要假设就是立法机关会努力实现正义原则，而且立法者有这样做的义务。这一假设在多大程度上仍然成立取决于偏离理想模式的形式。前面已经指出，社会可能以两种方式偏离理想模式：可以说某项具体立法偏离了基本公正的制度；或立法可能符合社会的正义观念，但该观念本身是不合理的，是由统治阶级强加的。

根据讨论的是哪种形式的偏离，司法机关的作用也会有所不同。倘若所谓的偏离是前一种形式，那么司法机关倘若要发挥作用仍会带来前述诸多问题。[149] 因而倘若个体声称立法机关就两种自由冲突的解决不当，那么任何宪法性审查的正当性都取决于前面提出的论点。既然立法过程被描述为不完善的程序正义过程，就不得不主张法院就这一冲突应如何解决的观点是具有正当理由的，因为倘若存在此等宪法限制就更有可能产生公正的立法。

不过，当所谓的偏离是后一种形式时，宪法性审查的潜能可能会更大。罗尔斯告诉我们，在此情形下遵循的行动路线很大程度上取决于公认的学说有多合理以及“可以用什么手段改变之”[150]。倘
若社会是按照有利于有限阶层利益的原则进行调整的，人们可能就不 281
得不对抗“盛行的观念以及因可能取得某种成功而取得正当理由的制度”。这就很可能引入宪法性审查，尤其是理想理论潜在的关键性假设（即立法机关试图实现的是正义原则）不再能够成立。至少这会强化下述论点，即法院应进行审查以确保政治自由的公平价值，监督所允许之立法行为的界限。倘若没有此等监督，立法机关代表的主要阶

[148] 见前文第八章第三节（一）4。

[149] 见前文第八章第三节（一）4。

[150] *TJ* 352－3.

级利益就会试图限制某些自由，从而进一步增加其拥有的其他基本物品的价值。

就其对正义第二原则的影响而言，宪法性审查在非理想理论下的作用更加棘手。前述有关理想理论的讨论揭示了从罗尔斯正义第二原则得出可由法院审理的福利权问题以及相关但却不同的问题，即是否应承认保护此等权利的宪法性审查。[151] 现在问题就变为，当社会偏离理想模式时可在多大程度上就福利权提出更强烈的请求？我们已经看到，当社会仍处于比较低的经济发展水平时允许偏离两个正义原则的词汇次序。在社会的正义感而非经济能力更欠发达时，福利权的作用就更不确定。

米歇尔曼就此问题首鼠两端。[152] 一方面，即便在非理想理论下，他对维护与基本自由结合并不紧密之福利权的司法审查能否得到支持亦表示怀疑，要是进行审查就会抵触自由的优先地位。假设所有人都被赋予了基本自由而且有效享有基本自由，“作为公平的正义很可能会坚持其他所有主张都应在参与式的论坛中获得承认”。另一方面，即便基本需要已经得到满足，福利权亦可以促进自我尊重，而自我尊重是正义两个原则潜在的最终目标。因而“为了保证某些最终都指向自我尊重之权利的实施，通过授权政治中立的法院推翻民选立法机关
282 意志的方式，制宪者可能已经准备牺牲平等政治自由方面的某些权利”[153]。

另外一个支持福利权在非理想理论下存在的论点可以采取下述形式。首先，应谨记自由与其他基本物品的区分，无论在一般还是具体正义观念中都是相关的。一般正义观念断定所有基本物品都应平等分配，除非任何或所有这些物品的不平等分配是为了处于最不利地位之人的利益。具体正义观念则引入了两个正义原则以及在二者之间发挥作用的词汇次序。显然，即便根据具体正义观念，两个原则也是紧密相关的。就原初状态的那些人一揽子选择二者而言，它们是“一体的”。我们已经看到证明第一原则对第二原则之优先地位存在的难题，这里没有必要再进行重复。[154] 不过与该论点相关的一个方面在此是

[151] 见前文第八章第三节（二）3、4。

[152] See Michelman, ‘In Pursuit of Constitutional Welfare Rights’, pp. 1000 - 2.

[153] Michelman, ‘In Pursuit of Constitutional Welfare Rights’, p. 1001.

[154] 见前文第八章第二节（三）。

有关系的。即使人们接受罗尔斯支持自由优先于其他基本物品的论点，如果要对其他这些基本物品提供保护，原初状态的那些人也只会同意前述“一揽子”的形式。原初状态下的个体代表并不清楚其经济地位，因而需要正义第二原则提供保障措施。

其次，我们已经看到正义第一原则被载入了宪法，而第二原则起到的作用是指引立法机关的行为。假定出现了前述所谓偏离正义的情形，我们因而就处于非理想理论的范围，其中居统治地位的阶级在相当程度上控制着立法过程，颁布违反正义第二原则的立法。虽然很难证明，但还是假定尚不发达的正义感至少正通过这种方式体现出来。在此情形下，下述推理似乎是有道理的。宪法本身只保护正义第一原则，而第二原则要指引立法行为。无论如何，贯穿宪法与立法过程的潜在理论是具体正义观念，其中两个正义原则紧密相关。倘若允许那 283
些具有“不完善”的正义感的人侵犯第二正义原则，则有悖于下述潜在理论，即不允许其推行并非有利于处于最不利地位之人的经济政策。于是宪法性审查就可以被视作这一不当状况的矫正措施，不过只是局部的。就确保充分实现该“深奥的宪法理论”而言，与获得最低收入的权利相比，福利权可以被看作更适合由法院审理的机制。通过运用关于政治自由公平价值的讨论还可以进一步支持该论点。正如前文所见，罗尔斯承认保护政治自由价值的必要性。〔155〕不过，倘若要有效地保护这些自由，所需要的控制与他乐意接受的相比，可能还要更多。确保政治自由价值的现实规定本身就可能要求存在某些福利权，为了政治自由本身能够得到运用，为了打破本身就是不完善正义感之成因的统治集团对立法机关的支配，这种福利权是必要的。

〔155〕见前文第八章第三节（一）2。

第九章
自由主义：权利、善与公法的范围（二）

一、导言

284 近年来自由主义已经遭到了大量的批评。这些批评在程度上各异，而这些批判性评价的内容也因作者的不同而有别。[1] 本章并不意图就所有这些批评提供全面的导读，无论其源自哲学还是人类学。个人能力以及篇幅都排除了这种担当。本章的目标更为适度，即以对自由主义的主要批评为重点，评价其与公法工作者的相关性以及公法工作者对其的运用。

承认关于自由主义的挑战实际上是各种虽然相关但却不同的批评非常重要。这些批评必须加以区分并且分别进行评价。法律工作者喜欢泛泛地抨击自由主义；流行的是大手笔描绘，或可能是丑化。不过，为了评价这些论点的准确性需要进行更详尽的考察。在下述讨论过程中将会用到前述对罗尔斯理论的分析。

二、激进的批评：不确定与不一致

关于自由主义的一种著名批评意见可以被称为“激进的批评”。这种批评的重点在于法律结果的不确定与不一致，据称这源自自由主

〔1〕 参见如 R. M. Unger, *Knowledge and Politics* (1975)；M. J. Sandel, *Liberalism and the Limits of Justice* (1982)；R. Bernstein, *Beyond Objectivism and Relativism: Science, Hermeneutics, and Praxis* (1983)；M. J. Sandel (ed.), *Liberalism and its Critics* (1984)；B. Barber, *Strong Democracy: Participatory Politics for a New Age* (1984)；A. MacIntyre, *After Virtue* (2nd edn., 1984) 以及 *Whose Justice? Which Rationality?* (1988)；R. N. Bellah, R. Madsen, W. M. Sullivan, A. Swidler 和 S. M. Tipton, *Habits of the Heart* (1985)。

义理论本身的张力。那些采取这一进路的人很可能亦不会喜欢源自自 285
由主义学说之法律规则的实体内容。不过，结果的不确定与不一致本身，被视作针对自由主义理论的一个论点。后面还会从有些不同的角度讨论这种批评。〔2〕无论如何，本章必须将注意力集中于这一点，因为其在自由主义的笼统批评中占据重要地位。因此，我希望读者忍受两处讨论的部分重叠。图施奈特与弗鲁克的著作分别从宪法与行政法角度体现了这种批评形式。

图施奈特认为宪法理论的特征是努力调和关于法律与社会的三个核心命题：即正当化原则、限制原则与价值中立裁判原则。〔3〕第一个原则断定证明司法审查有理由取代立法决定的情形是存在的；第二个原则确认法官无论如何必须接受对其行为的限制；第三个原则申明安排社会制度的客观价值标准是不存在的，意谓不管是否能够发现哲学上有效的正义原则，就这些价值无法达成合意。没有宪法理论能令人满意地调和这些原则，由此产生的不一致据称体现了自由主义本身固有的张力。〔4〕前两项原则据称是为了回应昂格尔所谓任意欲求的原则（arbitrary desire），根据该原则任何人都会被驱使满足不存在评价标准的欲望。〔5〕这两项原则体现了避免“任意欲求的某人当权产生专制”〔6〕的必要性。因而司法审查的存在是为了防止多数人专制，而为了排除司法专制就需要司法克制。不过自由主义并不能提供实现
这一结果的手段，法治似乎可以作为候选。不过法治或者是根据形式 286
的、中性的方式进行界定而空洞无物；或者被赋予实体内容，这就使其从属某种具体的政治观因而抵触价值中立裁判这一原则。

弗鲁克的批评同样尖锐。〔7〕他认为，证明官僚机构权力正当性的任何努力都要取决于主客观因素的具体结合，但具体的结合是不可能被证明的。所有这些努力都担负着两方面的任务。一方面表明某种

〔2〕见下文第十一章第四节（一）、（二）。

〔3〕See M. V. Tushnet, ‘Darkness on the Edge of Town: The Constitutions of John Hart Ely to Constitutional Theory’, 89 *Yale L. J.* 1037, 1038 (1980).

〔4〕Ibid. 1057. 另外见 M. V. Tushnet, *Red, White and Blue: A Critical Analysis of Constitutional Law* (1988)。

〔5〕See *Knowledge and Politics* (1973), pp. 42－6；昂格尔关于理性与欲望不兼容更笼统的论点，见 pp. 49－55。

〔6〕Tushnet, ‘Darkness on the Edge of Town’, p. 1061.

〔7〕See G. E. Frug, ‘The Ideology of Bureaucracy in American Law’, 97 *Harv. L. Rev.* 1276 (1984).

客观性、某种共有价值限制着这些权力，另一方面证明官僚阶层并未抑制自我表现，即并未否定个性的主观价值。实际上这些说法中每一个都是另一个“危险的补充”，不断威胁蚕食另一个的领域。它们是无法分离的，而任何分离或混合只是体现了具体评论者的偏好而已。例如那些试图通过利益代表模式正当化公共官僚机构的人必须确保决策过程囊括了所有相关的主观利益，否则就是不合法的，而同时要处理客观性的问题，意即确保利益集团代表的结果不会超越立法机关确定的界限。〔8〕

实际上，罗尔斯承认导致这一问题的自由主义内在张力即便在秩序井然的社会也是存在的。〔9〕在后面的讨论中，还会更详细地评述这一点以及自由主义思想主客观之分具有核心地位的哲学问题。〔10〕

尽管如此，只有当更详细地阐述某个政治理论的结构时，我们方能评估这种批评的效力。当揭示这些结构特征时，也就削弱了前述批评的说服力。

我们可以以德沃金的构成性与派生性政治立场的重要区分开始讨
287 论。〔11〕构成性政治立场指的是因其自身之故而受到珍视的政治立场，“因而倘若无法充分保障该立场或程度有所降低都是整体政治安排相应的损失”。某个具体理论可能由多个构成性立场组成，没有任何一个是绝对的；这些立场彼此之间很可能会存在冲突。派生性立场就是实现构成性目标的策略。因而某一理论可能认为自由企业值得重视，并非因为其本身，而是作为实现效率这一构成性立场的机制。由这一二分法可以得出非常重要的两点，其中一点显而易见，另外一点则比较不明显但最终却是更重要的。

一方面，就实现构成性目标的最佳方式而言，任何政治理论都会存在分歧。可以最好地实现功利主义、共和主义或自由主义核心目标的策略或派生性立场总是一个争论不休的问题。构成某一政治理论核心的构成性立场并不必然规定其据以实现的某种具体派生性策略，不过可能排除某些选择。就此而言，可能存在图施奈特与弗鲁克所述的那种不确定形式。此外，就实现构成性目标的具体策略亦会存在类似

〔8〕 Ibid. 1301.

〔9〕 See J. Rawls, *A Theory of Justice* (Oxford, 1973), 228–30, 240–1, 497–8.

〔10〕 见下文第九章第三、四节。

〔11〕 See R. Dworkin, *A Matter of Principle* (1985), 185, 408 n. 1.

的争论，即便以某种参与式民主替代自由主义理论也是如此。[12]

另一方面，实际产生或得到支持的具体派生性策略事实上亦会体现构成性目标的竞争性张力或倾向。这需要解释一番。我们已经看到某个政治理论可能由多个构成性立场构成，而当确定更具体的派生性策略时就必须对其进行权衡。不如前者那么明显的一点则是，每个这种抽象的构成性立场本身可能就是某些对抗性倾向的产物，而产生的更具体的规则就有赖于这些倾向之间的混合。

因而巴伯确认在自由主义中有三种倾向在发挥作用：无政府主义、现实主义与极简主义。[13] 无政府主义倾向视人为生活于自然自由状态下的自主存在。这种所有人都拥有的自由存在自我毁灭的风险。现实主义倾向提出创设主权者以阻止个体之间的这种“战争”。不 288
过，这是以对自由的一种威胁取代了另一种威胁，必须限制无节制国家权力存在的危险。自由主义当中这两种倾向的张力带来了第三种倾向，也就是极简主义。通过只赋予国家有限的作用容许个体追求自己善的观念，通过包含具有司法性质的制衡在内的制衡措施保护重要的权利，从而限制无节制国家权力存在的风险。罗尔斯尽管没有运用这些标签，但是提出了同类的要点。[14] 因而他承认，即便在秩序井然的社会中，政府的强制性权力对确保社会合作的稳定性而言也是必要的。人们可能对彼此缺乏充分的信任，可能不确定每个人都在“尽自己的职责”。“有效刑事机关的存在可以作为人们彼此的保护措施”，而罗尔斯明确将此界定为霍布斯式的命题。[15] 不过，赋予国家此等权力有可能导致惩罚措施“错误地干涉”某个人的自由。因此必须设计针对国家权力的限制措施，包括诸如确保法律正规且无偏见实施的法治。

无疑某些人就巴伯给出的具体标签会持异议。不过，在评价关于自由主义的形式性批评时，前述段落表达的观念是很重要的。任何政治理论都具有构成性的立场，而且任何理论都具有前述对抗性倾向从而影响更具体的策略。有关派生性策略的决定会或隐或显地体现那些倾向之间的平衡。关于是否运用罗尔斯理想理论下的司法审查与其他宪政机制以及这种控制程度的决定，都体现了某个具体领域倾向之间

〔12〕见下文第十一章第四节（三）、（四）更详细的证明。

〔13〕See *Strong Democracy*, pp. 6 - 20.

〔14〕See *TJ* 238 - 40, 240 - 1, 497 - 8.

〔15〕Ibid. 240.

的互动。〔16〕即便某种具体政治理论仅具有或据称仅具有一种构成性立场，就实现预期目标的最佳派生性策略而言还是可能会存在分歧。

289 因此关于自由主义的这种批评必须以下述两个假设之一为根据。一个假设是不同的政治理论不会如自由主义那样受竞争性倾向折磨。但这一论点是经不住检验的。诸如共和主义或某些参与式民主等不同政治理论都具有自己的构成性立场，而且具有自身的倾向。这些理论固有倾向的具体混合将会影响关于更具体派生性策略的决定。这一权衡或混合过程的性质是存在争议的，而且与自由主义本身存在的问题同样复杂。关于这一点后面的章节还会进行更详细的考察。〔17〕

这一批评另一个潜在假设可能是自由主义的具体倾向在某些方面“存在缺陷”，而且这些缺陷在某些替代理论中是不存在的。现在看来这可能正确亦可能不正确。不过，显然这是对自由主义学说之实体或内容进行的批评，因此必须据此进行评判。这不再是基于法律结果之不一致或不确定的批评，据称自由主义理论应对这种不一致或不确定负责。关于自由主义的实体性挑战能否成立本身是一个非常复杂的问题，必须予以严格的评析。

不过，当前的批评仍然是有价值的。用前述分析语词来说，其有助于让我们认识到把构成性原则转换为更具体的法律术语时派生性策略的宽泛性。这一解构传统法律学说并且展示其内在张力的过程很有启发性，是有裨益的。〔18〕不过，就其他政治理论使我们的选择比较不复杂而言，自由主义却不对此“负责”。任何政治理论都具有构成性立场；任何这种理论都具有影响该理论的对抗性倾向。这些倾向的具体权衡会影响我们就派生性策略的选择，包括具体的法律学说。

三、立法行为的界限：自由主义的“人观”

290 关于罗尔斯正义论的分析还揭示了两个相关的论题，二者构成了正当立法行为的界限：禁止正义第一原则与第二原则之间的交换；正义第二原则允许而且实际上要求重新分配经济财富的立法行为，只要

〔16〕见前文第八章第三节（一）4。

〔17〕见下文第十章第五节，第十章第四节（三）、（四）。

〔18〕见下文第十一章第二节。

因此并未侵犯正义第一原则。前述讨论还表明这一结论潜藏着某种“人观”[19]。下面就要探讨这一方面。首先考察支撑正义第二原则的“人观”，因为该论点在罗尔斯理论的这个层面更明显。这之后考察正义第一原则，指出类似问题亦困扰着该阶段的分析，同时还会援引其他重要的自由主义理论指出其中存在的类似难题。

（一）“人观”与正义第二原则

前述关于正义第二原则的讨论揭示了为什么罗尔斯会采取他称之为民主平等解释的原因。其他可能的解释之所以遭到否定，是因为据称其有赖于具有道德任意性的标准。[20] 这一推理过程的每个阶段都展现了桑德尔所谓“对人的剥离”。

> 随着每一次转变，充满具体特征的实体性自我被逐渐剥夺了那些曾被视作对其身份具有实质意义的特征；随着更多的特征被视作任意赋予的，其就被从假定的组成要素降低为纯属该自我的属性而已。[21]

因此在桑德尔看来[22]，可以如下认识走向民主平等的进程：（1）贵族的/世袭的社会：就生活前景与某人生来所属的社会等级紧密相连 291
而言，这种自我的“构成非常深厚”。（2）天赋自由：取消了因出生造成的固定地位，允许个体在市场中“自由地”竞争。不过，就社会地位与自然天赋的差别被视作给定的而言，个体的构成仍然非常深厚。矫正这种因素之影响的立法行为并未得到支持。（3）自由主义的平等：取消了基于社会地位造成的差异，因为其被认为具有道德任意性。容许立法机关矫正这种不平等，而自我变得“更稀薄”。不过，源于自然天赋差异的不平等仍然是可以接受的。（4）民主平等：还试图消除源于自然天赋差异的不平等，因为“与任何人都不应获得其在社会的最初起点一样，任何人都不应获得其在自然天赋方面的地

〔19〕见前文第八章第二节（三）。

〔20〕见前文第八章第三节（二）1。

〔21〕*Liberalism and the Limits of Justice*, p. 93. 罗尔斯并不认为自由主义理论与这种“人观”紧密相关（‘Justice as Fairness: Political not Metaphysical’（1985）14 *Phil. & Pub. Affairs*, 223, 239 n. 21），但是并未对桑德尔的分析提出详细的批评。关于桑德尔命题中更极端层面的敏锐分析，见 W. Kymlicka, *Liberalism, Community, and Culture*（1989），52－61。

〔22〕See *Liberalism and the Limits of Justice*, pp. 93－4.

位”〔23〕。根据差别原则重新分配“财富”的立法行为现在就具备了观念基础。自我作为人的特征变得更稀薄，价值与信念被降低为“自我状况的偶然特征，而非我这个人的构成要素”〔24〕。正如贝尔所述，斯人已逝，唯有其属性留存。〔25〕

个体并不“应当获得”源于其自然天赋之收益的观念以及与之相关但不同的推论，即这种收益应被视作可以由国家重新分配的“共同资源”，一直是哲学争论的主题。〔26〕这里并不打算重复这种学说方面的争论，而是要表明接受这一“薄”的自我理论给自由主义造成的张力。下面试举一例，证明此等理论给分配正义领域之立法行为的合法界限造成的难题。

即便诸如民主平等这样将自然天赋的初始分配视作具有道德任意
292 性因而应接受立法机关矫正的理论，在更精确地决定哪些方面的自然天赋应被视作这里所谓的任意性时亦会遇到困难。德沃金的著述证实了这一难题。〔27〕他主张，倘若人民确实具有平等的天赋，那么他们选择按照不同的方式过活以及由此导致某些人比其他人积累更多的财富是没有理由进行经济方面的重新分配的。“资源平等”必须就整个一生进行判断。因而倘若X与Y具有平等的天赋、同样的资源，但X选择一心一意努力工作，而Y更重视休闲的时间，Y后来就不能抱怨说他拥有的有形物品比X少。〔28〕不过，人们并不具有平等的天赋，而德沃金如罗尔斯一样认为自然天赋或“天生才能”方面的差异是不应获得的。天赋或天资被德沃金视作不同于志向的东西。这就给国家带来了一个难题。就体现前述X与Y的选择而言，资源分配必须“对志向保持敏感”。这些选择可以站得住脚。不过，资源的分配还必须“对天资保持敏感”；源自不同天赋的不平等必须予以矫正。〔29〕德

〔23〕 *TJ* 104.

〔24〕 Sandel, *Liberalism and the Limits of Justice*, p. 94.

〔25〕 See D. Bell, *The Coming of Post-Industrial Society* (1973), 419。比较 W. Kymlicka, *Liberalism, Community, and Culture* (1989), 70 n. 3，他否认这造成了脱离实体的“人观”。这一反驳的说服力取决于赋予“自我的构成要素”这一短语的含义。

〔26〕 桑德尔的著作中有很好的概括与分析，*Liberalism and the Limits of Justice*, pp. 96-107；关于不同的自由主义观点，见J. Gray, *Liberalism* (1986)。

〔27〕 See R. Dworkin, ‘What is Equality? Part 2. Equality of Resources’ (1981) 10 *Phil. & Pub. Affairs*, 283.

〔28〕 Ibid. 304, 310.

〔29〕 Ibid. 306-8, 311-12；*A Matter of Principle*, pp. 206-7.

沃金式的自我观念因而同样也是薄的，但动力或志向被视作人的构成要素，而天赋或天资则否。后者只是碰巧拥有的偶然与幸运属性，而且具有道德方面的任意性。

不过这一二分法是难以成立的。这种区分似乎是以各项品质是否是自愿取得的为基础。因而“天生才能”（或天资）“不是因人们自己的选择”而形成差别；就这些方面而言人们受“机遇的不同垂青”。相形之下，志向据称是某人就如何过活“选择”的结果。〔30〕这一理据是存在严重问题的。一方面，志向并非存在于真空中的心理事实，其必然以非常复杂的方式与其他大量变量相关，包括社会地位、职位与天赋。〔31〕倘若这些被视作不应得的偶然属性，即在具有道德任意 293
性，结果是由此产生的收入差别应予以矫正，那为什么应把志向放在另一个“单独的范畴”？另一方面，将不同个体具有的志向**形式**视作其选择之体现本身也是存在问题的。正如我具有金融方面的卓见或对小提琴的天赋那样，我是否以**市场经济制度赞成的方式**表现得志向远大似乎同样也是偶然心理因素的结果。因而为什么志向就是一个人的构成要素，个体可以保有由此带来的收益，而此人机缘巧合拥有的偶然属性则否呢？

（二）“人观”与正义第一原则

此前我们关注的是自由主义的“人观”如何影响正义第二原则以及该原则允许的立法机关在分配正义领域的行为界限问题。现在我们开始考察同样重要但探讨却较少的一个问题，即自由主义的自我概念如何影响正义第一原则，而且如何禁止立法在正义第一原则与第二原则之间进行交换。因此，这里核心的问题就是“人观”如何证明从一般的正义观念，即全部基本物品都平等分配，除非**任何**此等物品的不平等分配是为了处于最不利地位之人的利益，转向**主张**自由具有优先地位的具体正义观念。

前述讨论揭示了罗尔斯最近著作中显而易见的转变。〔32〕关于自由优先地位的最初解释是，一旦当事人认定其基本自由可以得到有效

〔30〕See Dworkin, ‘Equality of Resources’, pp. 310－11; *A Matter of Principle*, p. 207.

〔31〕见如 C. R. Sunstein, ‘Legal Interference with Private Preferences’, 53 *U. Chi. L. Rev.* 1129 (1986)。

〔32〕见前文第八章第二节（三）。

的行使，他们就不会以更小的自由换取经济福利方面的改善；随着生活条件的改善，相较于自由方面的利益，社会与经济优势进一步发展的边际重要性就会降低。[33] 哈特就该论点的批评促使罗尔斯明确地
294 以某种“人观”作为自由优先地位的根据。个体拥有形成正义与善的观念的能力，二者都源于社会合作的能力。个体还具有不同的具体善的观念，只要其并未超越正义原则的界限就应予以尊重。关于人的这些特征然后就根据前述方式证明自由以及其优先地位的正当性。[34]

由这一分析形成的“人观”脱离了实体，被剥离出来，不过方式不同于前述那种。那些拥有这种善与正义观念的个体处于原初状态之下，因而并不知道自身具体的天赋或天资。这正是无知之幕的目标，个体在无知之幕背后作出关于正义原则的决定。不过，以此描述个体是一回事；推定这一概念可以完成被赋予的任务则是另一回事，即提供令人信服的、关于自由以及其优先地位的论点。只有通过更仔细地考察其推理，方能确定这一方案是否成功。

在界定了原初状态下的个体具有的两方面道德品格之后，罗尔斯接着就这些能力进行推理。罗尔斯假设了哪些基本物品能最好地实现所讨论的能力。形成善的观念的能力被界定为“形成、修正并且理性地追求某种具体善的观念”[35] 的能力。良心自由以及“因而”犯错误的自由被视作这一力量发展与运用的必备社会条件，而且这被认为是确定该自由及其优先地位的理由。[36] 形成正义感的能力先于实际选择具体的正义原则。这一能力意味着具有相应正义感的个体会促使形成所选择的正义原则。[37] 罗尔斯接着指出，正义两个原则及其词
295 汇次序形成了最稳定的正义观念，而且非常好地保护着自我尊重。[38] 由这两项能力得出的假设得到了我们更熟悉的论点的强化，即个体具体但尚未知的善的观念。因而之所以需要良心自由，就是因为个体不

〔33〕 See *TJ* 151－2，542.

〔34〕 见前文第八章第二节（三）。

〔35〕 J. Rawls，‘The Basic Liberties and the Priority’，in S. M. McMurrin（ed.），*Liberty*，*Equality and Law*（1987），16，27.

〔36〕 Ibid. 27.

〔37〕 Ibid. 30：“这意味着只有当事人从可能的方案选出什么原则时，当事人所代表的人，作为社会的公民方可能在当事人的商讨（熟悉常识、知识与关于人性的理论）表明可能而且可行的程度上发展相应的正义感。”

〔38〕 Ibid. 30－4.

愿冒当揭开无知之幕时自己可能属于少数派这种风险。这种信念是“不可剥夺的”，而且不可根据正义第二原则放弃。[39]

罗尔斯的回应是否真正克服了哈特最初提出的异议还很不确定，哈特辩称，断定原初状态下的那些人必然偏好禁止在自由与其他基本物品之间进行交换的社会是没有根据的。这一断言是以某种隐含的“人观”为根据的，这种人认为政治活动属于生命中最重要的物品之一，而且不会因额外财富之故容忍对其进行任何缩减。[40] 根据个体关于善的具体观念进行设计的、罗尔斯式的回应，仅仅通过申明公民应将宗教或道德信念视作不可剥夺的对此进行质疑。不过他确实承认倘若某人主张在不同的人类利益之间存在某种交换比率，那就会产生僵局。[41] 罗尔斯从善的观念得出的答案似乎同样存在问题，无法必然从良心自由推广到其他自由。某些处于原初状态的人可能认为，某种水平的物质福利（高于罗尔斯的最低保障）是“修正且理性追求具体善之观念”的力量“发展与运用的必备社会条件之一”。他们很可能认为，在运用这一能力时这种基本物品比某些传统自由更重要。正如哈特所述[42]，他们可能还愿意“放弃某些政治权利……倘若有很好的理由相信这会大大促进物质繁荣”，而这种繁荣会推动运用其形成善的观念的能力。其他处于原初状态的人可能会同意罗尔斯政治自 296
由对该能力的行使而言确实更重要的看法，亦同意应保护政治自由的公平价值以防止形成歧视性的立法。不过他们可能认为不可孤立看待政治自由的公平价值，因为只有通过考察社会全部基本物品的总体分配方能矫正特定集团对形成立法施加不当影响的能力。经济与社会方面的不平等是问题的成因，只有通过禁止正义两个原则之间的交换等措施方能有效地矫正这种不平等。[43]

（三）问题与张力

罗尔斯式的自由主义既要证明从一般转向具体正义观念的正当性，还要证明据此允许之资源重新分配的正当性。正如前文所见，

〔39〕 Ibid. 25 – 6.

〔40〕 See H. L. A. Hart, ‘Rawls on Liberty and its Priority’, in N. Daniels (ed.), *Reading Rawls* (1975), 250 – 2.

〔41〕 Rawls, ‘Basic Liberties’, p. 26.

〔42〕 Hart, ‘Rawls on Liberty’, p. 250.

〔43〕 见前文第四章第四节。

"人观"提供了实现这些目标的核心工具。这一概念既被用于证明正义第一原则对第二原则之词汇优先次序的正当性，又被用于证明在后者之下进行财富重新分配的正当性。就形成的"人观"而言，存在的问题有三。

第一个方面的难题是这一自我概念的界限问题多多。自由主义的一个根本原则就是个体拥有众多关于善的不同观念，这些观念应给予尊重且受正义的约束。一个推论或可能的前提是，组成社会的个体拥有不同的天赋或天资，这些天赋或天资与不同的社会地位、家庭背景等一起塑造着公民拥有的具体善的观念。尽管如此，他们并不应获得任何这种属性，因而尽管社会应尊重其追求不同善的观念，但在把由此产生的回报作为可由国家重新进行分配的"共同资源"时不应感觉内疚。因此就出现了薄的自我理论，最初被用来证明关于正义第二原则的解释。正是这一自我观念的界限给该理论带来了张力。这些张力在正义的两个原则中都很明显，而且即便给定薄的自我理论的潜在前
297 提，关于这些界限的解释也是存在争议的。

一方面，该理论之"薄"为志向与天赋之分所限，这一区分形成了实现分配正义之立法行为的适当范围。志向被视作"我"的构成性部分，而非仅仅我碰巧拥有的属性。我就如何过活作出的选择也就是我具有的志向形式，国家要予以接受。这些选择并不能如"不应获得的"天赋差异造成的不平等那般提供分配政策的依据。

另一方面，由于主张与证明自由的优先地位这一过程，自我之薄在正义第一原则下亦是有限的。根据一般的正义观念，全部基本物品都应平等进行分配，除非任何或所有这类物品的不平等分配是为了处于最不利地位之人的利益；容许在自由与其他基本物品之间进行交换。[44] 用于证明自由优先地位的推理过程则禁止这种交换，如此就设定了薄的自我概念的界限。传统自由被视作是我的组成部分，不再被视作我碰巧拥有的偶然属性。假定一个人天生就具有下述特征：他有足球天赋，而且是电脑专家；他同时还具有特定的道德信念以及对政治参与的兴趣。前两个特征被视作该个体偶然拥有的天赋，但这并非他道德上应当获得的天赋。因此，社会可以通过重新分配其收益而分享由这些天赋带来的回报，此外，倘若对于实现差别原则的目标是

〔44〕 See *TJ* 303.

必要的，社会还可以设计政策影响这些职业的吸引力甚或生机。第三与第四个特征被视作该个体的构成性要素。构成具体善的观念的道德信念被视作是不可剥夺的，是该个体的构成性部分，总体的经济需要不可凌驾于这些信念以及政治参与的渴望之上。这些只可因其他自由之故而受到限制。

现在当然可以说这正是将某些利益规定为权利且赋予其优先地位 298
的目标，其目的就是为了提供一个自主领域，与其他基本物品的交换不得践踏该领域。不过，这一“目标”必须予以证实方可。自由主义者既试图表明处于原初状态的那些人确实会赋予自由优先地位，又试图表明这些自由只是传统的公民自由而非更具经济或社会属性的权利。正如罗尔斯提出来仅只是证实这一结论的复杂论点表明的那样，这并非不证自明的命题。前面已经考察了这种推理的难点所在。

自由主义自我概念第二个方面的难题源自第一个，而且与立法行为的正当范围有关，该问题在前面的分析已经有所触及。[45]就禁止个体权利与某些更宽泛的社会利益进行交换而言，罗尔斯与德沃金赞成的自由主义理论形式是以权利为基础的。不过，正如桑德尔指出的那样，“二者都有赖于某种具有自相矛盾效果的主体理论，这种理论肯定个体最终的脆弱性甚至是松散性，而要保护的却正是此等个体的权利”[46]。正是前述自我之薄导致了这一结论。在权利与志向之间没有什么东西真的属于我。处于两个变量之间的我的特征没有一个是应当获得的。立法行为的正当性于是就取决于特征描述这一细微的问题，而个体则有点战战兢兢地期待着结果。赞助性行动方案之所以可以得到支持，是因为其并未侵犯那些否则就有机会进入大学之个体的权利。据称在权利与可欲的社会目标之间并不存在冲突。没有人可以选择其智力水平或应当获得其具有的具体智识能力；任何人亦不能要求大学颁给具体的资格证书。既然个体的权利没有遭到侵犯，那么社会政策就可以根据适当的功利主义考量进行确定；通过让更多的种族集团在各行各业得到体现，社会就会从中获益。[47]尽管如此，这一结论并不是自动得出的，即便接受自由主义赞成的薄的自我理论亦是如此。

个体资源之任意性反对的只是个体拥有它们或对其收益具有特别 299

〔45〕见前文第八章第三节（一）3。

〔46〕Sandel, *Liberalism and the Limits of Justice*, p. 138.

〔47〕见前文第八章第三节（二）3。

请求权的命题，但并不支持某个具体的社会拥有之且就其拥有特别请求权的命题。除非这第二个命题能够成立，否则似乎就没有理由支持就这些资源与天赋进行功利主义的分配而不是让其呆在原来之所在。〔48〕

自由主义自我概念第三个方面的难题源自第二个，正如第二个源自第一个那样。如前述引语所见，自由主义者很可能不得不支持某种共同体理论，这种理论提供了将个体不应获得的天赋视作可以用于整个社会之共同资源的根据。不过，自由主义的自我假设是否容许实现这一点则并不明确。确定该难题的理论基础是非常重要的。

这一问题并非源自假定自由主义忠于某种自我观念，即按照原子主义的方式认识个体，个体就像是没有任何公共或连带感觉的“自我主义者”。自由主义并未与这种“人观”绑在一起。组成自由社会的公民具有不同善的观念，而这些观念很可能具有连带性、公共性或利他主义性。这些公民并非必须拥护主要是个体主义性的价值，“倘若这意味着个体追求自己的生活而不关心他人利益的生活方式的话”〔49〕。此外，权利对于善的优先地位以及构成前者之正义原则的内容，都不符合这种过于简单化的自由主义自我观念。罗尔斯式的公民接受两个正义原则，这两个原则必要的组成部分就是薄的自我理论。这就提供了借以把天赋视作可用于共同体利益之共同资源的中介。因此，即便某一个体具体善的观念碰巧并不包括前述个体主义性的价值，他仍然具有支持公正的制度以及据此制定之法律的自然责任。这会要求就该个体通过差别原则为自己取得的利益重新进行分配。〔50〕

300 这一困难实际上在于自由主义确实支持的某种共同体观念。例如罗尔斯就拒绝承认下述观念，即公共纽带应被视作仅意图促进每一个体之私人目标的社会安排。不应认为公共机构本身没有价值；不应按照在其中进行活动是种负担的方式来认识社会安排。〔51〕

共同体本身被认为是有价值的。〔52〕共同体观念使个体可以参与到其他人的集体资源当中。通过时间的紧迫以及自然天赋的偶然，每一个体都只能发展特定的技能。共同体则提供了其他人借以享有这些

〔48〕 Sandel, *Liberalism and the Limits of Justice*, p. 141.

〔49〕 例如 J. Rawls, ‘Fairness to Goodness’ (1975) 84 *Philosophical Review*, 536, 550。

〔50〕 见前文第八章第二节（三）、（四）。

〔51〕 See *TJ* 521.

〔52〕 See *TJ* 520－30; Rawls, ‘Basic Liberties’, pp. 34－9.

不同机能的手段。具体个体形成的天赋往往具有互补性，而且只能通过社会组织的方式方能充分实现。

就这种自由主义共同体观念的批评是其太过有限。这种批评的精髓在于，在自由主义者看来，共同体观念向来只是秩序井然社会的属性而已，同样人的天赋与价值仅是自我的属性而非构成性要素。自由主义对共同体的描述据称是个体主义式的，意谓共同体观念是预先给定之个体可能的目标之一，该目标必须与其他可能的目标进行竞争；同样其不可能是个人身份的构成性要素。[53] 这种设想与更强势的一种观点形成了对比，桑德尔将这种更强势的观点界定为构成性的共同体观念。

> 根据这种强势的观点，声称某个社会的成员受共同体观念约束并不只是说他们当中的多数公开宣称社群主义的观点并且追求社群主义的目标，而是说他们认为其本身作为组成部分之一的共同体在某种程度上界定着他们的身份——即其感觉与志向的主体而不只是客体。在他们看来，共同体描述的不仅是他们作为公民**拥有**的东西，而且还有他们**是**什么，不是他们选择的某种关系（就如自愿结社那般）而是其发现的某种联结，不仅仅是其身份的一种属性，而且是其构成性要素。[54]

据称正是这种有限的自由主义共同体观念不足以作为社会主张将 301
个体“不应得的天赋”视作共同资源的根据。[55] 正是采取更强势的、构成性的共同体观念这种希望，构成了最近某些自由主义与参与式民主作品的基础。

因为两个相关的原因，这一具体的批评是否有道理还是可以争辩的。一方面，人们可以主张社会可以重新分配个体恰好拥有的资源，即便根据罗尔斯支持的共同体观念亦是如此。例如，可以辩称社会之所以就这些资源产生的回报具有特别请求权，是因为这些回报只有在某种社会秩序下方可实现。根据罗尔斯采取的共同体观念，这样一项论点似乎很有道理。

〔53〕 See Sandel, *Liberalism and the Limits of Justice*, p. 64. 关于批判性的评价，见 L. Green, *The Authority of the State* (1988), ch. 7。

〔54〕 Sandel, *Liberalism and the Limits of Justice*, p. 150；重点符号乃原文所有。

〔55〕 Ibid. 152－4。另外见 C. Taylor, ‘Hegel: History and Politics’, in M. J. Sandel (ed.), *Liberalism and its Critics* (1984), ch. 9。

另一方面，桑德尔提出之强势的、构成性共同体观念的含义本身也是存在问题的。这种共同体观念使个体在多大程度上受社会目标所限并不明确。古特曼很好地记载了这一点。

例如，通过把罗尔斯的共同体观念解释为“只是一种感觉”，桑德尔诱导我们把亚里士多德的观念解释为完全构成性的身份。桑德尔批评罗尔斯通过把其勉强结合到具有“主体间个体主义映象”的理论而背弃了“无法共存的承诺”，这种解释模式同样可以让我们批评桑德尔提出的共同体乃“作为我们身份之部分构成性因素的自我理解模式”〔56〕。

四、立法行为的限制：自由主义与中立性

与前述批评相关的另外一种批评试图削弱自由主义关于中立性的主张。由于两方面的原因，这一批评的适当性必须慎重加以评析。首先，这些挑战的共同线索是自由主义国家的正当行为形式以及其中的
302 立法机关实际上并未在竞争性善的观念之间保持中立。不过该论点的具体形式存在明显的差别，必须分别进行评析。其次，为了不歪曲自由主义关于中立性的主张，谨慎也是应该的。

（一）“对抗的正义，竞争的理性”

关于自由主义中立性最全面的抨击之一来自麦金太尔。他认为不同的正义观念本身就是以理性含义的差别为根据的。理性论证这一目标本是启蒙运动的产物，试图以理性的力量取代权威与传统。理性的解释就是“任何诉诸理性的人都无法否认的原则”，是从偶然的历史与社会环境中抽象出来的。〔57〕不过，这一理想结果无法实现；出现了大量的竞争性原则，每一组原则据称都是以理性论点为根据的。〔58〕麦金太尔主张采取另外一种进路，在该进路下，理性探讨的过程无法

〔56〕 A. Gutmann，‘Communitarian Critics of Liberalism’（1985）14 *Phil. & Pub. Affairs*，308，317. 重点符号乃原文所有。另外见 Kymlicka，*Liberalism*，pp. 52 – 61；Green，*The Authority of the State*，pp. 209 – 15。

〔57〕 MacIntyre，*Whose Justice*?，pp. 1 – 2.

〔58〕 Ibid，6：“一种答案是由百科全书派的作者给出的，第二种是由卢梭给出的，第三种是由边沁给出的，第四种是由康德给出的，第五种是由苏格兰启蒙哲学家及其法国与美国的追随者给出的。”

与其得以具体体现的社会与智识传统分离；“根据该观念，理性解释的标准本身源自某种历史而且是该历史的组成部分，其在该历史中得到证实的方式就是超越共同历史传统前身的局限性并且矫正其缺陷。”〔59〕

他认为，自由主义实际上并不包含独立于传统的理性，而是包含着自身的具体传统，该传统在不同善的观念之间并未保持中立。〔60〕这一论点的精髓如下。〔61〕首先，个体偏好的表达对自由主义而言至关重要。个体具有不同善的观念，不同的需要，国家不应支持其中某些而牺牲其他的。在公共领域内，在服从正义原则的情形下，个体就可以追求这样的偏好。个体在构成其生活的不同“区分”领域（政治、家庭、经济）可能具有多种善的观念。这些领域对资源的请求权 303
是通过“个体偏好的集合与类似市场选择的讨价还价”确定的。

其次，承认关于欲望的表达本身就是行动的理由，就是实践推理的前提，该过程本身就是十分新颖的。

> 在亚里士多德式的实践推理过程中，进行推理的乃是作为公民的个体；在托马斯式的实践推理过程中，进行推理的个体是探究其善或其共同体之善的探究者；在休谟式的实践推理过程中，进行推理的个体是社会中具体相互关系与互惠性之有或无财产的参与者；但在自由主义的现代性实践推理过程中，进行推理的则是作为个体之个体。〔62〕

再次，自由主义正义规则的功能是根据自由主义的理性观念确定的。这一功能既具有消极的一面，也具有积极的一面。就消极方面而言，据称其并未昭示某种具体的人类之善观念，“因为没有任何整体性的人类之善理论可以说获得了正当证明”〔63〕。就积极方面而言，这种规则可以限制个体借以表达其偏好的讨价还价过程。〔64〕即必须就以某种方式权衡作为个体之个体的偏好给出正当理由，同样亦必须就区别对待不同人提供正当理由。因而要求就所有人都可能珍视的物品实现表面上的平等：“表达与实现偏好的自由，共享有效实现偏好所需要的工具”〔65〕。于是自由主义理论家之间的争论就取决于赋予这些

〔59〕 Ibid. 7.

〔60〕 Ibid. 335，343，345.

〔61〕 Ibid. 335－46.

〔62〕 Ibid. 339.

〔63〕 Ibid. 343.

〔64〕 Ibid. 337，344.

〔65〕 Ibid. 344.

观念什么样的具体含义。

因而就麦金太尔看来，自由主义推理的起点从来就不是中性的，而总是自由主义式的起点。

自由主义因而提供了一种不同的公正秩序观念，该观念与在自由政体设定的条件下进行公共交易需要的实践推理观念密切相连。就对立与冲突的人类之善理论而言，贯穿这一实践推理过程的原则以及该
304 政体之下的正义理论与实践都不是中立的。当其收效时，就那些愿意或不愿意接受自由主义程序与自由主义辩论条件的人而言，它们就强加了某种具体的美好生活、实践推理以及正义观念。自由主义最重要的善正是自由主义社会与政治秩序的持续。〔66〕

就前述分析可以进行两方面的评论。首先，许多现代自由主义理论家接受而且实际上承认自由主义存在于某种具体的历史传统当中。例如，罗尔斯就强调在现代民主国家寻求正义的社会与历史条件。他认为这些条件起源于宗教改革之后的宗教战争以及“随后宗教宽容原则的形成、宪法政府与大规模工业市场经济制度的发展”〔67〕。罗尔斯认为正是这些条件深刻影响着可行的正义观念；而且正是这种历史环境为下述观念提供了基础，即任何这种现代正义观念都必须容忍对立的以及不可通约的善的观念。〔68〕区分现代自由主义者与其批评者的可能并非前者的推理源于摆脱了历史、社会与经济环境的立场。分歧实际在于应当从那些条件得出的结论以及这些条件本身的易变性，正如更激进的理论家要求重新思考既有思想模式潜在的等级模式体现出来的那样。〔69〕

其次，自由主义者是否主张麦金太尔归于他们的那种中立性尚不明确。我们现在就开始讨论这一主题。

（二）两种中立性观念之一：基本中立性

1. 问题的性质。自由主义在不同善的观念之间保持与可以保持中
305 立以及可以保持中立的程度已经引起了相当复杂的辩论。既然这一问

〔66〕 MacIntyre, *Whose Justice?*, pp. 344 – 5.

〔67〕 Rawls, ‘Justice as Fairness’, pp. 223, 225; J. Rawls, ‘The Idea of An Overlapping Consensus’ (1987) 7 O. J. L. S. 1, 4. 另外见 Kymlicka, *Liberalism*, pp. 63 – 70。

〔68〕 比较 MacIntyre, *Whose Justice?*, p. 356，他承认某些自由主义者以具体的传统作为其理论的基础。

〔69〕 见下文第十一章。

题在自由主义思想中居于核心地位，这也是不让人意外的。这一争论特别值得公法工作者关注，因为实际的宪法案例可能或隐或显地取决于司法机关秉持的关于政府行为适当界限的观念；正如麦金太尔所述，法律工作者正是自由主义的传教士。[70] 随后的讨论将区分两种不同意义的中立性。

"基本中立性"可以描述如下。我们已经看到，罗尔斯正义论存在的社会与历史条件必然容许"学说的多样性以及冲突而且实际上不可通约的多元善的观念"，这些观念获得了既有民主社会成员的认可。原初状态连同无知之幕的目标是为了在下述意义上形成中立的原则，即这些原则不应当基于某些个体碰巧拥有的具体善的观念，不应允许任何这种观念成为"单一、笼统与全面的观念"[71]，只有压迫性地运用国家力量方能维持这种观念。罗尔斯接着运用前述"人观"以及基本物品的清单确定要形成的正义原则。这一工作的基本中立性已经遭到了批评。

据称这种中立性之所以存在缺陷，是因为基本物品本身"在追求所有善的观念时并不是具有同等的价值"[72]。尽管罗尔斯可以断定原初状态等机制排除了追求任何具体善的观念，但内格尔仍然可以反驳说，这种中立性之所以存在缺陷是因为基本物品的清单偏向的就是某种笼统的善的观念而不是其他。因而他主张，基本物品在实现下述观念时并不是很有用，即"美好生活只有在某种精心界定的社会结构或只有具备某种人类经济关系时方才容易实现"[73]。内格尔称支撑原初
状态的一般善的观念并不是中立的，而是体现了"自由主义式的个体 306
主义观念，根据该观念某人可以希望的最好东西就是不受干涉地走自己的路，只要没有干涉其他人的权利"[74]。这些看法得到了拉兹的响应，他说某些善的观念比其他观念更难满足；非个体主义善的观念就属此种，因为这种观念需要其他人的合作，这种合作可能不得不通过

〔70〕 See *Whose Justice?*, p. 344.

〔71〕 Rawls, 'The Idea of an Overlapping Consensus', p. 4.

〔72〕 T. Nagel, 'Rawls on Justice', in Daniels (ed.), *Reading Rawls*, pp. 1, 8–10. 关于罗尔斯的回应，见 'The Priority of Right and Ideas of the Good' (1988) 17 *Phil. & Pub. Affairs*, 251, 265–8。

〔73〕 Nagel, 'Rawls on Justice', p. 9.

〔74〕 Nagel, 'Rawls on Justice', p. 10.

交易来取得。[75] 麦金太尔的批评大意也是如此，即自由主义最重要的善正是自由主义社会秩序之持续。[76]

2. 个体主义的偏见？个体主义偏见的准确性质与含义[77]并不是十分清楚，据称这种偏见影响着或潜在于罗尔斯赞成的一般善的观念。该偏见似乎部分基于罗尔斯进路的个体互不关心与不存在嫉妒这种动机假设；该假设据说具有“可以削弱下述主张，即关于善的观念严重依赖某人与其他人的地位关系”[78]。不过，这种假设并不必然是与个体主义伦理相关的。实际上，相反的假设在这种哲学中似乎更得心应手。“原子主义式的个体”羡慕其他人的财产并且以牺牲他人的代价改善自身正是典型的、经常被视作占有欲极强的市场个体主义的社会形式。

据称中立性之所以存在缺陷部分是因为在追求所有善的观念时，基本物品并非具有同等价值。“具有同等价值”这一短语模棱两可，可能具有下述两个含义。

一方面，可以被解释为意谓[79]市场机制会确定需要用于追求善之观念的基本物品的价值；某些善的观念的实现需要更大价值的基本
307 物品；罗尔斯式的理论排斥更加难以满足的豪华享受[80]；而非个体主义的观念可能就在此中。这是可以讨论的。这种解释整个依赖于某个人试图满足的是个体主义还是非个体主义的善的观念形式。要是认为后者通常比前者更昂贵是没有道理的。这些观念要求一个人让其他人相信其地位或出钱让其他人放弃其地位的事实并不能提供答案，因为实现这一点需要支出的基本物品取决于在此情形中那些基本物品受到多大程度的重视。此外，没有必然的理由认为以非个体主义的方式追求善的观念会超过以个体主义方式进行追求的成本。阿瑟关于善的观念是要挽救濒危物种。他可以自己这样做，但是他认为全国性的联合

[75] See Raz, *The Morality of Freedom*, pp. 119 – 20.

[76] 见前文第九章第四节（一）。

[77] 正如随后的讨论所见，批评者赋予“个体主义式的”这一术语的准确含义并不十分清楚。文中的讨论因此采取了多种假设。

[78] Nagel, ‘Rawls on Justice’, p. 9.

[79] See Raz, *The Morality of Freedom*, pp. 119 – 20.

[80] 罗尔斯并不承认他的理论必然具有这一效果；见 ‘Social Unity and Primary Goods’, in A. Sen and B. Williams (eds.), *Utilitarianism and Beyond* (1982), 159, 168 – 9。

会产生更大的影响。这种联合组织将给阿瑟带来诸如说服其他人或出钱让他们放弃自己的地位等方面的成本。当通过这种合作策略进行时，阿瑟为实现期望的善承担的成本相较于他自己促进同样目标的实现，仍然是比较小的。例如，阿瑟可以从其他致力于同样善的观念但却拥有其不具备之信息之人的专业知识中获益。[81]

这第一种意义的“较小价值”还存在另外一个难题。断言罗尔斯的理论充斥着个体主义偏见往往具有下述寓意，即这是一种倾向于个体主义市场经济制度的偏见，反对其他某些形式的社会秩序。就当前分析的论点确有道理而言，其会与这一寓意有悖，或是必须严格加以限定。倘若用于促进非个体主义善的观念的基本物品价值更加昂贵，那么这就会排斥建立联合体，如贸易协会、消费者压力集团、竞争性体育的特许经营或许多其他市场资本主义的典型特征。或许可以主张这些实际上都是个体主义善的观念的例证。但这本身是存在问题的。 308
这种特征会把非个体主义善的观念限于追求下述目标，即需要某种形式的合作，但这些合作行动却并非市场机制的“核心组成部分”[82]。

另一方面，基本物品在追求全部善的观念时并非等值但却引入了个体主义偏见这一论点可能还具有不同的含义。其可能意味着基本物品并不是很有用，这不是在前述“量的”意义上（即某些善的观念的实现需要具有更大价值的基本物品）这样说的，而是在更具“质的”意义上这样说的，即促进某些形式善的观念的责任更小。这似乎就是内格尔提出的例证的本质，即“基本物品在实现下述观念时并不是很有用，即美好生活只有在某种精心界定的社会结构中，在联合实现某些更高的人类能力与压制更基本能力的社会中，或只有具备某种人类经济关系时方才容易实现”[83]。

这一批评的说服力取决于两个相关的假设：即基本物品确实会排除或妨碍实现这等善的观念，而且这揭示了据说支撑整个工作的个体主义偏见。不过，这一论点能否成立并不明确。通过考察内格尔的第二个例证就可以证明这一点。彼得可能赞成要求社会培育更高人类能

〔81〕关于个体与合作行动之比较优势的笼统分析，见关于公共选择理论的讨论（前文第三章第二节（二））。

〔82〕这种非个体主义之含义的一致性很可能存在问题。无论如何，不管具体成本为何，为什么这些领域基本物品的成本必然高昂？

〔83〕Nagel, 'Rawls on Justice', p. 9.

力的善的观念，而且认为智识进取心是其中之首。确实，罗尔斯的分析排除了原初状态的那些人促进高于其他的、具体善的观念。这就是其核心目标，是通过无知之幕实现的。不过基本物品的清单没有什么东西以这种或那种方式影响到该例证，而且很难看到为什么其结果体现了什么个体主义偏见。前述观念似乎认为某些善的观念的实现需要
309 某种具体的社会背景，某种与他人的具体关系形式；而这就是非个体主义善的观念的含义，而且更难以实现。不过，大部分甚至全部善的观念都需要或假定某些这类社会背景。[84] 戴维的具体善的观念是以下述信念为根据的，即社会应促进贪婪的文化，允许那些挣得更多的人保留其大部分而承担最低的社会责任。他的善的观念采取的显然是与其他人的具体关系形式。但我们因此就把他善的观念描述为非个体主义的吗？实现彼得与戴维秉持的具体善的观念存在的困难，并非源于基本物品固有的倾向于个体主义善的观念的偏见，而是源于原初状态的那些人不能进一步发展自身具体善的观念这一关键假设，无论是个体主义性质的还是非个体主义性质的。

3. 中立性、基本物品与“人观”。无论如何，就某种关键意义而言，自由主义的基础可能并非中立的，但这与前述论点不同。

正如前文所见，要设计的正义原则被置于某种具体的社会与历史传统当中，其目标是要在已知这些条件的情形下设计可行的正义观念。现在我们已经熟知的原初状态与无知之幕的构造被引入发挥作用。不过，正是两种道德品格的力量（形成正义感的能力与关于善的观念的能力）以及基本物品的清单提供了推导正义原则的基础。

这些因素之间的“关联”非常重要。基本物品的清单主要不是通过下述方式确定的，即“询问就实现笼统的经验性或历史性考察表明人民通常或一般情况下共同拥有的最终目标而言，哪些一般手段是必要的”[85]。这种目标可能为数寥寥，而且或许不能满足正义观念的目
310 的。基本物品的确定确实涉及关于社会生活之要求的某些一般知识，但也“只是根据预先给定的‘人观’”[86] 确定的。正是这种拥有两种道德力量的“人观”以及某人具体但却尚未知的善的观念决定着为什

〔84〕 萨利关于善的观念可能是要过与世隔绝或隐居式的自我省思生活；这仍需要某种具体的社会结构形式或与他人的关系使其能够做到这一点。

〔85〕 Rawls，‘Social Unity and Primary Goods’，p. 166；‘Basic Liberties’，pp. 21 – 2.

〔86〕 Rawls，‘Social Unity and Primary Goods’，p. 167；‘Basic Liberties’，p. 22.

么需要这等基本物品并且确定自由优先于其他基本物品。[87]

罗尔斯承认这幅原初状态的图像以及其中的“人观”在道德方面并非中立的。[88] 当然，这并不会必然偏向某种具体善的观念。不过，倘若基本中立性存在缺陷，该缺陷就体现在下述方式当中，即根据“人观”进行的推理过程证明自由及其优先于其他基本物品具有正当性的方式。破坏或削弱中立性主张的正是这一点，而不是其他假设的基本物品方面的偏见。

前面已经考察了这一推理过程的性质。[89] 从中得出的结论就是，传统公民自由之所以被赋予优先于其他基本物品的地位，是因为其在实现下述能力方面的重要性，即关于善的观念、正义观念以及保护赋予个体明确但尚未可知的善的观念。正如我们所见，这一推理是存在争议的，而且针对具体公民自由的这一论点能否推而广之亦不明确。[90]

由这一推理可以得出两个问题。首先，该推理在多大程度上指明了潜在于整个工作的一般善的观念？这一推理过程的效果是使正义原则的确定取决于潜在的一般善的观念，这种观念就下述意义而言具有个体主义性质，即任何人在追求任何善的观念时，基本物品都不是被视作等值的；其在实现自我的两种能力方面或保护仍未知具体善的观 311
念方面，并非被视作同等重要的。在满足这些目标方面，传统的个人自由被视作比其他基本物品更重要，因而具有优先地位。这一优先地位禁止在自由与其他基本物品之间进行交换。就此而言，自由不属于政治议程的范围[91]，而是形成了每一个体身份的构成性部分，只能因其他自由之故受到限制。一般正义观念容忍的任何基本物品之间的交换现在则遭到了禁止，只有当属于正义原则词汇优先次序允许的框架时，方可推进具体善的观念。

第二个问题是这是否破坏了该理论的基本中立性？倘若我们认为政治中立意味着赋予所有人“在生活或社会中追求与促进其选择之任

〔87〕 See Rawls, ‘Social Unity and Primary Goods’, pp. 165 – 6; ‘Basic Liberties’, pp. 24 –46. 另外见前文第八章第二节（三）。

〔88〕 See ‘Basic Liberties’, p. 20. n. 20; ‘The Priority of Right’, pp. 251 – 3, 265 – 8.

〔89〕 见前文第八章第二节（三）。

〔90〕 见前文第八章第二节（三）、（四）。

〔91〕 See Rawls, ‘The Idea of an Overlapping Consensus’, pp. 13 – 4.

何善的观念的平等能力”[92]，前述论点就不会破坏这一点，因为原初状态的那些人同意按照前述方式设计其善的观念。原初状态下的当事人就像理性的自主代表那般行事，同意他们认为最有利于其所代表之人的那些原则，正如从这些人关于善的观念及其修正这种观念的能力体现出来的那样。[93] 因此原初状态的那些人只会选择符合前述一般推理的善的观念，他们就是那些决定基本物品不应被赋予同等价值而且自由应具有优先地位的个体代表。

这一调和显然只是形式上的。前述潜在的一般善的观念并未破坏中立性，因为所有理性代表都会接受而且根据这些假设进行推理。不过，这里争论的问题是该推理以及从中得出之假设的正确性。就此更深的意义而言，基本中立性就遭到了限制。具体善的观念是根据前述个体主义的一般观念进行设计的。

312 不过，这种中立性的某些限定是不可避免的，甚至没有必要采取前述形式。基本物品并非不“言”自明。原初状态的那些人必须由此开始进行推导，而现在他们根据人的能力进行推理。任何这种推理都必然体现某种一般善的观念，这会限定个体更具体的选择。就此非常根本的意义而言，不存在什么中立性而言，无论罗尔斯还是德沃金[94]可能都不会对此命题提出异议。不过，作为背景的善的观念只是笼统的，而在其界限范围内，就更具体的善的观念而言自由主义仍竭力保持中立。下一节就考察这种中立性可以在多大程度上实现以及应在多大程度上努力追求。

（三）中立性的观念之二：内在中立性

围绕“基本中立性”进行的辩论必须区别于一种相关但却不同的辩论，即所谓“内在中立性”。后一术语可以被赋予下述含义，即正义原则一旦选定，国家应在多大程度上在不同善的观念之间保持中立；在通过原初状态那些人之推理建立的制度之内应保持多大程度的中立？关于这一问题的回答引发了相当复杂的问题。不过，澄清辩论理由的性质可能有助于理解这一讨论的本质。

1. 无异议的理由。某些关于“自由主义中立性”的讨论与批评认

[92] Raz, *The Morality of Freedom*, p. 115.

[93] See Rawls, ‘Basic Liberties’, p. 19; ‘The Priority of Right’, pp. 260 - 3.

[94] 例如见 Dworkin, *A Matter of Principle*, ch. 9。

为，正义原则一旦选定，自由主义者不管怎样就会拒绝就不同善的观念作出判断。这是完全错误的，而且还非常严重。理由如下。

正义原则一旦选定，就限定了对更具体善的观念的追求。[95] 立法机关只应公布符合正义两个原则的立法，而个体则有自然责任支持公正的制度。尽管某个体就什么构成了其生活价值而言秉有具体观念，但他不应支持与正义两个原则相悖的当事人或政策。具体善的观 313
念可能存在差别，但所有选择都是在正义原则权利概念提供的“明确界限范围内进行设计的”[96]。

因此，自由主义并没有而且也没有假装在受正义原则支配的社会中实现不同善的观念方面保持中立。倘若追求善的观念会破坏正义两个原则中的任何一个，那就不会得到支持，而且可以通过法院在宪法上予以禁止。[97]

就公法工作者而言，这一点一旦阐明显然就相当重要。公法中许多有争议的问题之所以都是由自由主义者提供答案的[98]，只是因为其实际上属于前一段落所述的领域。自由主义者并未根据否则就会违反中立性的假定理由拒绝给出这些问题的答案。恰恰相反，当善的观念侵犯正义原则的情形下，就提供了答案而且强制实施。因此，倘若侵犯了宪法规定的自由，当前立法机关多数派支持的具体善的观念就不能得到维持。因而自由主义者在言论自由、歧视、结社、保护弱势群体等等方面并非中立的，就许多其他构成公法核心的问题而言亦如此。倘若立法行为侵犯了分配正义原则同样也会受到谴责。正如罗尔斯所述：

> 权利原则同样亦是正义原则给有价值的满足规定了限制；它们给什么是合理的善的观念规定了限制。在起草规划与就志向作出决定时，人们就要考虑这些限制。因而在作为公平的正义方面，无论为何，人们的倾向与爱好并不是被视作已知的，然后寻找最好的实现方式。相反，他们的愿望与志向一开始就受正义原则所限，正义原则详细规定了人类目标体系必须予以尊重的界限。在作为公平的正义中，

[95] 见前文第八章第二节（四）。
[96] 例如 *TJ* 513，528，563，567。
[97] 见前文第八章第三节。
[98] 当然，这并不是说这些答案没有争议。见前文第八章第三节（一）1、2。

我们说权利的概念优先于善的概念就是这一点的体现。[99]

314 2. 异议的理由。关于异议理由的性质可以表述如下。有人主张罗尔斯与德沃金的道义论自由主义并未赋予政府足够的行动空间。不仅在捍卫正义原则方面应容许国家介入，而且为了促进生命中珍贵与美好的东西亦应容许国家介入。这种“至善论自由主义”在拉兹最近的大作中得到了支持。[100]“‘至善主义’只是用来表明下述内容的术语，即就政府行为而言，虽然在某些案件中存在许多策略方面的限制，但没有基于任何有效道德理由的根本原则性限制。”[101]

这里无法详细考察支持与反对至善论自由主义论点的性质。它们涉及复杂的哲学问题，超出了本书的范围。不过简单浏览该主要论题对于理解就中立性及其对公法之寓意的争论本质还是有启发意义的。可以分四个步骤提出支持至善论自由主义论点的概要。

第一，“称某种事态不错但该事实并未提供任何就其做点什么的理由，这样说是没有道理的。”[102] 因而至少就表面而言，某一行为不错这一事实就是一个去做的理由。

第二，道义论自由主义者愿意与不愿意就其表态的问题形式实际上源于共同的道德根源。这就破坏了下述主张，即只就那些正义原则包含的道德问题表态但不就由此独立产生的道德问题作出判断方是可以接受的。[103]

第三，政府应出于指引其国民并且适用于他们的理由而采取行动。不过政府不应总是以促进善为目标。只有当其行为能够有效实现预期目标的情况下方允许如此；而当“该问题最好留给国民自己决定比获得正确结果”更重要时，政府就不应介入。[104]

第四，在接受前述限定的情况下，政府应推行促进社会福祉的政
315 策。在实现这一点的同时还可以接受“道德多元主义”，即存在“许多彼此不兼容的有价值生活形式”这种观念。[105] 此外，拉兹认为，就如言论自由等人民同意应影响政治行为的道德考量那般，认为政府就

〔99〕 *TJ* 31.

〔100〕 See *The Morality of Freedom*.

〔101〕 J. Raz, ‘Facing Up: A Reply’, 62 *S. Cal. L. Rev.* 1153, 1230 (1989).

〔102〕 Ibid.; Raz, *The Morality of Freedom*, pp. 134－7.

〔103〕 See Raz, *The Morality of Freedom*, pp. 110－3, 136－7, 140, 193－216.

〔104〕 Ibid. 140－2, 以及 ‘Facing Up’, p. 1231.

〔105〕 See Raz, *The Morality of Freedom*, pp. 161, 369－429.

美好生活的性质同样有可能犯错误也是没有什么道理的。[106]

这些论点很有影响，但同样亦存在争议。[107]正如前面所述，这里无法探讨这些争议。不过，可以冒昧做两项简单的评论，这两者都起到缩小不过并非取消两种自由主义区分的作用。

一方面，在追求道德上有效之理念的过程中，被至善论自由主义者视作合法政府行为某些政策可能同样会得到道义论自由主义者的支持，即将这些政策视作正义原则本身的正当适用。例如，拉兹认为，禁止涉及婴儿之商业交易的政府规则就是政府应当介入以维持道德上有效之理念的领域。[108]不过，罗尔斯模式的道义论自由主义者可能会得出同样的结论，主张这种交易应受到禁止，因为其侵犯了儿童的人身自由与尊严。[109]

另一方面，就至善论自由主义者本身将其干预建立在支持合理的道德理念并且以分配正义为根据而言，两种进路的“隔阂”可以被缩小。拉兹已经就关于其提议的批评进行了回应，即要诉诸赋税等来支持合理的道德理念，拉兹则主张该批评假定的是赋税并没有基于重新分配理由得到合理证明。他强调这误解了其分析的本质，而“保护与 316
促进自主就提供了确定正义与分配问题的基本理由”[110]。无论如何，就实现分配正义有必要进行开支而言，罗尔斯与德沃金显然也会认可而且实际上是要求这样做。

五、结语

通过结语可以说明两点。

首先，前述分析揭示了针对自由主义提出的一般批评的复杂性与

〔106〕 Ibid. 160.

〔107〕 例如 J. Waldron, ‘Autonomy and Perfectionism in Raz's *Morality of Freedom*’, 62 S. Cal. Rev. 1098 (1989)。另外见 Raz 的回应，‘Facing Up: A Reply’, pp. 1225－35. 另外见 T. Morawetz, ‘Persons Without History: Liberal Theory and Human Experience’, 66 *Boston U. L. Rev.* 1013 (1986); Rawls, ‘The Priority of Right’, pp. 262－9; Kymlicka, *Liberalism*, ch. 2。

〔108〕 See ‘Facing Up’, p. 1231.

〔109〕 另一个更棘手的例子是对艺术的尊重。至善论自由主义者可能希望为此进行开支。道义论自由主义者可以这样做吗？见 Dworkin, *A Matter of Principle*, ch. 11。

〔110〕 ‘Facing Up’, p. 1233.

可争辩性。只有通过认真关注这些批评的不同性质方能就其说服力作出评价。

其次，那些提出这些批评的人本身可能以下述方式遭到质疑。自由的规范基础在某些方面可能是存在争议的。不过吊诡的是，人们可以揭示自由主义理论的扭曲与张力正是其分析本身精致化的结果。因此，质疑自由主义及其对权利与分配正义之描述的那些人就必须提出不同的社会安排观念；必须揭示其政治观念详细的规范基础以及由其得出的对公法的寓意。前述讨论已经揭示了利益集团多元主义之规范性立论的弱点[111]，随后的讨论将指出支持某种社群主义或参与式民主的那些人面临的不同难题。[112]

〔111〕 见前文第四章。

〔112〕 见下文第十、十一章。

第十章 共和主义、公民美德与参与式民主

一、导言

利益集团多元主义〔1〕与自由主义〔2〕的批评者就可替代社会设想 317
的形式与内容而言都存在分歧。一个显著的论题，也即当前讨论的焦点是，某种更富参与性与社群性质的民主形式是否可取。用于表述这一问题的措施是各式各样的：某些作者直接以参与式民主的形式进行讨论。其他人则利用共和主义的措辞描述核心论题乃参与、公民美德与公共福祉的社会。两种标签之下的具体内容本身亦是变化的，因为作者们试图描述这种参与性社会在现代世界如何“显现”与“运作”。本章以及随后一章将考察参与式民主与共和主义的一般概念及其与公法的关系。

本章将集中讨论共和主义以及由其得出的论点的结构。首先，本章将对这一理论的含义与方向进行历史考察。这一讨论还包括分析由于新兴资本主义社会之社会与经济条件变化给共和主义造成的张力。其次，这一讨论将分析共和主义在美国独立与宪法起草辩论中的作用。

〔1〕 参见前文第三章第二节（四）。注释 2 中的文献亦与此有关。

〔2〕 例如 R. M. Unger, *Knowledge and Politics* (1975)；M. J. Sandel, *Liberalism and the Limits of Justice* (1982)；R. Bernstein, *Beyond Objectivism and Relativism: Science, Hermeneutics, and Praxis* (1983)；A. MacIntyre, *After Virtue* (2nd edn. 1984)；M. J. Sandel (ed.), *Liberalism and its Critics* (1984)；B. Barber, *Strong Democracy: Participatory Politics for a New Age* (1984)；R. N. Bellah, R. Madsen, W. M. Sullivan, A. Swidler, and S. M. Tipton, *Habits of the Heart* (1985)。本章还会进一步提到相关的文献。

318 第三个阶段将考察现代公法工作者对共和主义的运用，试图修正古典共和理论并且将其用于宪法与行政法。本章将考察这一修正共和主义的学说寓意。

本章最后一部分将批判性地考察现代共和主义的复兴。该分析着眼于这一复兴的两个相关方面。一方面，考察修正共和主义的规范基础。本章认为这些基础的某些关键点十分模糊，而这种模糊性对该理论得出的法律结果具有重要寓意。另一方面，本章还关注共和主义复兴需要的制度、社会与经济条件。本章认为，历史证据表明难以在容忍财富差别悬殊的资本主义社会促进共和主义。当前支持复兴共和主义的作者将其重点放在司法学说重组社会的力量方面。对于社会秩序而言，这一以法院为中心的重点只会带来微不足道的变革。倘若需要更多，那么就需要更激进的制度、社会与经济转变。修正共和主义可能包含这种激进变革的种子。不过倘若没有前述更全面的变革，这些就不可能有什么结果。

二、共和主义：历史基础

（一）自我统治、政治联合与公民美德

作为一种政治思潮，共和主义具有深远的历史谱系。这一学说的某些方面或许存在争议，但其基本原则可以描述如下。

波科克曾以下述方式说明了现代共和主义的根源。[3] 到中世纪末期，存在着这样一种信念，即只有普世、永恒的才是真正理性的。
319 这就产生了一个相关的问题，即如何理解特殊性与暂时性。15 世纪佛罗伦萨的人文主义者试图在亚里士多德式城邦的框架中找到普适性。谈到人文主义者时，波科克称：

让特殊性变得可以理解的必要性促成了对话观念的产生，即普适性是参与生命与语言网络固有的，因而最高价值，即便那些非政治性考虑的最高价值，就被视作只有通过对话与社会协作方能实现。但必须接着说明的是，该协作本身是一种重要且必须的善，是取得普适性

〔3〕 J. G. A. Pocock, *The Machiavellian Moment*: *Florentine Political Thought and the Atlantic Republican Tradition* (1975), chs, 1, 2; J. G. A. Pocock, 'Civic Humanism and its Role in Anglo-American Thought', in J. G. A. Pocock, *Politics*, *Language and Time* (1971), 80-1.

的前提，而且整个雅典与亚里士多德式的传统强调的都是人类协作的最高形式是政治性的，就是亚里士多德在城邦中看到的分配、决定与行动的共同体。[4]

雅典模式不仅促进了政治性的协作，还提供了与普适性的必备关联。

在雅典的政治传统中确实存在可以作出如下主张的方法，即共和国是所有人的合作关系，目的在于实现所有的价值。果真如此，那它就是一个普遍的整体；但这一主张是以下述理论为根据的，即该整体能够实现某种权力分配从而使每个公民的道德属性都能得到实现。否则，共和国则既不可能普适、公平，亦不可能稳定，而且其公民不能像国王与臣民那样得到宇宙秩序的支持，因为该政治体制并未像君主政体那样体现了宇宙秩序。城邦理论及其宪制结构因而对人文主义事业至关重要。[5]

这一宪制结构的某些关键因素是显而易见的。[6] 公民身份与政治协作具有核心地位。公民参与政治过程乃积极生活的最高形式，而其目标是追求优于具体个人福祉的公共福祉。至关重要的是政治权力的分配不得存在不平等。不能让某个集团把自己的具体福祉等同于所有人的福祉，这将导致社会全体美德的丧失。只有公民足够平等从而保证独立自主时方能追求公共福祉。倘若某一部分变得过于强大就会产生腐败，共和国然后就会进入波利比乌斯循环的进一步堕落阶 320
段。[7] 经济与贸易多样化之所以遭到怀疑是因为具有破坏性的腐蚀能力[8]，以该多样性为基础的社会为个体以公共福祉为代价促进自己的私人满足提供了越来越多的机会。这给共和主义理论造成的张力是一个不断出现的论题，在下面还会进行更详尽的考察。

〔4〕 *The Machiavellian Moment*, p. 64.

〔5〕 Ibid, 66. 另外参见 'Civic Humanism', in *Politics, Language and Time*, p. 86。

〔6〕 Pocock, 'Civic Humanism', in *Politics, Language and Time*, pp. 86 – 7.

〔7〕 Pocock, 'Civic Humanism', in *Politics, Language and Time*, p. 88.（Polybius，古希腊历史学家，代表作有 *Histories* 等。其将政体分为三种好的政体与三种坏的政体：前者分别为君主、贵族与 politieia；后者与前者对应，分别为专制、寡头与 democracy。前者中 politieia 在现代英语中很难直接找到对译，一般作"民主"；后者中的 democracy 并非 18 世纪以来的民主，而是暴民政治，是 mob rule，等同于 ochlocracy。Polybius 认为三种好的政体都是微弱与不稳定的，必然迅速堕落为三种对应的坏的形式。基于罗马共和国的经验，Polybius 认为最稳定的政体形式是三种的混合政体。——译者注）

〔8〕 Ibid. 89 – 90.

自文艺复兴时期的意大利至英格兰然后再到美国，共和主义参与式理论的推移非常复杂。[9] 公民参与与公民身份的思想观念不易与君主政体和帝王秩序观念相容，混合政体的规范观念无法与都铎王朝的继承权威理论进行调和。[10] 因此，英格兰共和主义思想出现的必要步骤就是君主政体自愿接受混合与平衡政体的存在。毫不奇怪的是，这一观念方面之激进转变的发端是由剧烈的社会变革引起的。[11] 查理一世的顾问敦促他发布公告声明英格兰政府属于三个等级，即国王、贵族与平民，而且该体制的健全取决于三者之间的平衡。政府并未被视作某种神圣权威的直接产物，君主是这种神圣权威活的化身。[12] 偏离继承权威的观念被说成是“保王党辩论者具有灾难性的战术错误”[13]，但却被那些希望限制王权的人迅速接受。

尽管勉强接受混合与平衡政体是趋向共和主义修辞的必要步骤，但并非充分步骤。只是因为传统的君主制宪法秩序与习惯遭到了如此严重的动摇，英国人方才采纳了平衡与共和国这种措辞。[14] 诉诸古典共和主义只是解决这一困境的途径之一，但并非采用的唯一概念工
321 具。[15]詹姆斯·哈灵顿充分阐释了既有秩序崩溃部分显示的人文主义张力。

哈灵顿的“乌托邦”论题既有消极的一面，亦有积极的一面。[16] 就消极方面而言，哈灵顿抛弃了霍布斯式的设想及其基础，即人类贪婪、好斗，只有让其臣服于全能主权者方能予以平定。[17] 他亦表明回归传统或古代宪制是不可行的，亦是不可取的，其中的权力分配总是导致这种宪法结构不稳定。[18]

〔9〕关于这一复杂转变的考察，见 Pocock, *The Machiavellian Moment*, ch. 10。

〔10〕Ibid. 355.

〔11〕Ibid. 361.

〔12〕Ibid. 362.

〔13〕Ibid. 361. 关于这一方面发展的详细讨论，见 C. C. Weston, *English Constitutional Theory and the House of Lords* (1965)。

〔14〕Pocock, *The Machiavellian Moment*, p. 365.

〔15〕Ibid. 366, 370-1.

〔16〕J. Harrington, 'The Commonwealth of Oceana', in *The Political Works of James Harrington*, ed. J. G. A. Pocock (1977).

〔17〕Ibid. 161-6, 184-5. 不过，霍布斯与哈灵顿的分歧也有几处并不十分明显；见 Pocock, *The Machiavellian Moment*, pp. 397-8。

〔18〕Pocock, *The Machiavellian Moment*, pp. 385, 389, 404.

哈灵顿思想积极的一面采用的是马基雅维利的观念与平衡共和国的理想：共和国的目标是追求公共福祉，这种共同福祉总是优于社会特定部分追求的福祉。[19] 自我统治意义上的私人自主对古典共和主义具有重要意义，就哈灵顿版的共和主义而言亦是如此。哈灵顿尤其关注这一自主的根据。因而他认为拥有完全保有的土地是公民自主参与政治活动不可或缺的基础。[20] 完全保有土地的目的在于防止个体陷于依附他人的关系中，这种依附必然导致特定利益超越普遍福祉。正因如此，哈灵顿认为财产分配方面的缺陷是腐败的首因。公民行事不再正直，不只是因为某种形式的道德腐败，亦因为偏离平等所有权的私有财产分配使某些人被迫成为附庸，其他人则被提升到领主的地位。[21] 军事与财产方面的依附同样具有根本意义。成为附庸就意味着 322
某人的武器属于领主，完全保有土地则确保武器属于自己所有，由共和国支配。财产的功能就成为“出于自由的公共行动与公民美德而解放武装并因而解放个性”[22]。

哈灵顿式的共和国政府形式是参与式的、混合的，采取的是一人、多人与多数人组成的古典政府观念。[23] 就下述意义而言，这种政府是参与性的，即共同体整体具有公民进行表达与选择的众多层面。个体通过选举与抽签任职，后面这种方法强调的是由此被选中的个体与其说是正式意义的代表，不如说是轮到他参与共同体与担任公职。[24] 就

〔19〕 Harrington, ‘The Commonwealth of Oceana’, pp. 161 – 2, 171 – 2; Pocock, ‘Civic Humanism’, in *Politics, Language and Time*, pp. 90 – 1.

〔20〕 Harrington, ‘The Commonwealth of Oceana’, pp. 164 – 5, 180 – 2. （Freehold land，与 lease land 相对，意谓自己本身完全保有相关财产主要是土地的权利，可以以自己的名义不受时间限制地占有并且进行处置。传统上，除了 freehold land 之外，其他土地一般为 crown land。对于完全保有土地而言，公共机构仅能基于协议进行购买；只有当无法达成协议时，才能强制性地购买并且支付补偿。——译者注）

〔21〕 Ibid. 231 – 41. See Pocock, *The Machiavellian Moment*, pp. 387 – 8.

〔22〕 Pocock, *The Machiavellian Moment*, p. 386. 需要指出的是，有人就哈灵顿的财产观念提出了不同看法。关于哈灵顿著作的这一解读主张哈灵顿实际上认为人与人之间的关系是市场关系，是正在发展的资本主义强调企业活动的结果；见 C. B. Macpherson, *The Political Theory of Possessive Individualism: Hobbes to Locke* (1962), ch. 6。关于 Pocock 的回应，见 *The Machiavellian Moment*, pp. 390 – 1。关于更详细的讨论，见 Pocock, ‘Machiavelli, Harrington, and English Political Ideologies in the Eighteenth Century’, in Pocock, *Politics, Language and Time*, pp. 110 – 14；以及 ‘Authority and Property: The Question of Liberal Origins’, in J. G. A. Pocock, *Virtue, Commerce and History* (1985), ch. 3。

〔23〕 Harrington, ‘The Commonwealth of Oceana’, pp. 172 – 4, 210 – 89.

〔24〕 Pocock, *The Machiavellian Moment*, p. 393.

下述意义而言，这种政府是混合性的，即在中央政府中，元老院进行提议，人民作出决议，而地方行政长官负责执行。共和理论意在实现一人、多人与多数人之间的和谐平衡。因为人们之间存在自然天赋方面的差异，结果在任何决策程序中通常都会出现少数领导者。就其拥有分析政策选择、设定日程等等需要的天赋而言，这些人是领导者。不过，倘若允许这些领导者就应推行什么具体政策作出决定性选择则是不明智的。这将导致具体福祉超越整体福祉，因为这会诱使领导者把自己关于福祉的看法等同于共和国整体的需要。前述组建政府的原理就是要以上述方式预防这种结果：即多人提出动议而由立法机构代表的人民作出决定。

323 哈灵顿的政治理论为共和思想从英格兰转向美洲殖民地提供了关键性的联系，在美洲其理论对革命者与制宪者产生了相当大的影响。更晚的时候，共和主义则被说成是美国宪法与行政法的组织原则。不过，在考察这些发展之前，有必要审视意大利与英国共和主义之间的张力。这样做并非仅仅出于历史兴趣，这些张力影响到美国关于共和思想的认识。在评估共和主义作为现代社会组织思想的生存力与含义方面，这些张力也是至关重要的。

（二）共和主义：美德的张力

无论在意大利还是英格兰的政治思想中，实现与维持共和政体的难题似乎都是反复出现的。社会的实际状况、曾经的状况以及可能的状况是这一类文献特有的论题。无论圭恰迪尼〔25〕还是马基雅维利〔26〕都在分析派系、派系的腐蚀作用与预防派系的方法方面着力甚多。公民美德的理想与抑制个人私利是否曾得以充分实现这一点并非不证自明的，或至少没有长时期地实现。最近就被高度赞扬的威尼斯共和国的研究也给我们留下了相当的疑问，即贵族阶级在多大程度上确实是正直的，卑鄙的动机在多大程度上指引着其行为。〔27〕不过，在复辟之后的英格兰，共和主义理想内部的张力变得非常明显。这一时段的

〔25〕 Ibid. 126－7，132－3，135－6.（Guicciardini，1483—1540，意大利历史学家与政治家，马基雅维利的朋友与批评者，是意大利文艺复兴时期的重要政治作家，被认为是现代历史学之父。——译者注）

〔26〕 Ibid. 208－10.

〔27〕 D. E. Queller，*The Venetian Patriciate*：*Reality versus Myth*（1986）.

冲突十分有意思，因为其体现了日益依赖商贸与公共财政的社会难以接受共和主义的理想。就其性质而言，政治辩论是共和主义性的，而且大量运用腐败与美德等措辞。问题在于这如何用于不再完全属于农耕的社会。这一辩论是在新哈灵顿主义者〔28〕（主要是“乡村派”的成员）与其对手（主要是“宫廷派”的成员）之间展开的。. 324

在 17 世纪末 18 世纪初的乡村派意识中，核心论题在于社会是由宫廷与乡村组成的。〔29〕宫廷是行政部门，而议会则由宫廷与乡村的成员共同组成。乡村派是由拥有财产的人组成的，而财产正是自由之泉。英格兰应处于平衡政府的治下，其中议会的作用是监督执行机关。不过，这样的均衡状态与其中议会的功能遭到了以多种形式行使之执行权力的危害。〔30〕执行机关通过为议员提供职位或抚恤金或通过劝说其支持诸如常备军或国债等方面的措施引诱之，这些活动超越了议会权力的控制范围。这种诱惑无情地导致了腐败，导致了独立性的丧失，并因而导致自由的终结。〔31〕

在日益关注贸易与信贷的年代里，美德的存在与献身公共福祉成为激烈辩论的主题，其中论点的细节会模糊派性的分歧。〔32〕新哈灵顿主义者出于种种交叉但又可以区分的理由担心正在出现的资本主义社会。其中一种思路强调的是缺乏独立性且因而缺乏美德，这就是商业社会造成的那种个体的特征。他们有可能腐败，依靠借给国家公债获得收入的公债持有者与官僚阶层都属于这种可疑的类型。正如波科克所述：“这些个体的社会罪行在于其存在可以根据与政府的依附关系进行阐释，而公民的存在，也就是唯一确实正直而且真实的人类，

〔28〕关于哈灵顿与新哈灵顿主义者之间的主要区别，见 Pocock，‘Machiavelli，Harrington and English Political Ideologies，’ in *Politics*，*Language and Time*，pp. 135 – 6。

（学界通常将两派分别译作乡村党与宫廷党，为英国近代史斯图亚特王朝复辟年间（1660—1688）出现的近代政党雏形。乡村派主要由来自农村地区的独立乡绅议员组成，主张限制王权，保持议会的独立；宫廷派主要由担任政府官职或者接受年金、封号的议员组成，主张加强王权，限制议会的权力与作用。论者通常将二者视作辉格党与托利党的前身，但实际上并不轮流执政，主要是标明其相对政府所处的地位。——译者注）

〔29〕Pocock，*The Machiavellian Moment*，chs. 12，13，esp. pp. 446 – 8；Pocock，‘Machiavelli，Harrington and English Political Ideologies，’ in *Politics*，*Language and Time*，pp. 124 – 5.

〔30〕Pocock，*The Machiavellian Moment*，pp. 406 – 7.

〔31〕Ibid. 408.

〔32〕Ibid. 447 – 9.

则是根据其相对于所参与之政府的独立性进行阐释的。”〔33〕

325 另一种论点路线则强调所有商业交换活动的腐败效果。个体除了“自由及其为之献身的公共福祉之外不应期望得到更多的东西”〔34〕。商业交换的现实使这一理想处于危险当中。这种交易内含了这样一种可能性，即以个体的自主换取其他某种满足。公民身份是以财产为基础的，其交易必然导致独立性的丧失。

商业社会引起关注的第三个且不那么形而上的方面是集中关注具体而非普遍福祉的趋向。〔35〕商业活动在共和国的具体利益集团之间形成了权力关系。商业是造成奢侈的重要原因，同时该词对 18 世纪的思想而言还具有可耻的寓意。商人被要求节俭以便将其存在造成的腐败效果降至最低。作为正在形成的资本主义社会的特点，职业专门化与分工导致更加关注与普遍性相对的具体性。〔36〕

初生的资本主义社会给共和主义美德造成的最后一种张力就是弱化公民身份的经验基础且使其处于危险当中。尽管哈灵顿自己的公民身份观念严格而言并不是以某种经济秩序观念为基础的，但正如前文所见，却是以完全保有土地为基础的。这一财产的分配对共和国的稳定至关重要，倘若其分配太过不平衡，继之而来的就是腐败。共和国的标志性特征之一就是社会中“人民整体是地主”而且对土地进行分配从而任何人或集团都不能“压倒”其他人。〔37〕相形之下，倘若贵族阶层拥有一半，人民拥有一半，那么除了“一个吃掉另一个之外”没有什么其他补救措施；倘若国王拥有一半，人民拥有一半，那么政府就“非常不稳”。“人类帝国而非法律帝国”，这一短语界定的社会当中法律确实存在，但体现的却是具体集团的私人利益而非众人的普
326 遍福祉。〔38〕这种法律是共和国当中的不平等的必然副产品。这会造成“永远分歧”的双方，一方竭力维持其显赫地位，而另一方面则竭力实现平等。〔39〕正因如此，哈灵顿特别重视农业方面的法律，目的就在于确保完全保有土地的分配非常平等。哈灵顿说明了就这一制度可

〔33〕 'Civic Humanism', in Politics, *Language and Time*, p. 93.

〔34〕 Pocock, *The Machiavellian Moment*, p. 431.

〔35〕 Ibid. 444 - 5.

〔36〕 Ibid. 501 - 2.

〔37〕 Harrington, 'The Commonwealth of Oceana', pp. 163 - 4.

〔38〕 Harrington, 'The Commonwealth of Oceana', p. 161.

〔39〕 Ibid. 180.

能存在的异议并且对其进行了驳斥。[40]

新哈灵顿主义者或许并非现代意义的平等主义者，但其仍敏感地意识到贸易给哈灵顿的公民身份与美德观念造成的问题。哈灵顿的农业法意在实现公民美德物质条件方面的平等，其目的在于确保公民必需的独立性与权力。就新哈灵顿主义者而言，困境在于日益认识到“土地无法摆脱对贸易的依赖，或贸易无法摆脱对信贷的依赖”。在那时，人们尚不知为投机社会设想类似农业法的东西，而且也是无法想象的。[41] 以完全保有土地为基础的道德自主在正在形成的经济秩序中无法得到维持，而由满足有别于普遍福祉之私人欲望造成的腐败则被视作投机经济制度特有的东西。

乡村派的异议与担忧并非没有得到回应。宫廷派的回应不如其对手的论点那么突出与有条理。不过，这些回应对于理解共和主义思想而言尤其重要。就评判美国的共和主义思想以及共和主义思想作为现代公法组织力量的最终是否成功而言，美德的转换都是十分重要的。

宫廷派的文献中显然存在不同的论证思路。例如，笛福（Defoe）
所持的论题就是土地、贸易与信贷的交互性。[42]没有贸易，土地就无 327
法兴旺；没有金钱，贸易也就不可能存在；而金钱则需要信贷。还有人把信贷描述为某种积极的东西，本身就是高尚的。因此，尽管不断有人援引马基雅维利的措辞，即混乱或运气（fortuna）[43]，提到信贷的不稳定与明显的非理性，但日渐增长的趋势是将其描述为高洁的。倘若社会是健康的，信贷亦是如此。[44] 倘若信贷兴旺发达，就会创造出造福社会的实际财富。宫廷派论点的第三个方面体现于正在形成的、将私人利益等同于公共福祉的命题。现代经济学虽然尚待发展，但 18 世纪早期即已产生了曼德维尔的著作[45]，他富有创造性地把私

〔40〕这些论点被进行了详细的展示，而且非常深奥。不过仍值得进一步关注。Ibid. 231－41.

〔41〕Pocock，*The Machiavellian Moment*，p. 485. 正如 Pocock 在第 486 页所述：“所谓乡村派的思想意识是以某种关于不动产的假设与公民生活的精神为基础的，其中自我知晓……在组成政治体的情况下，其自身与……公共福祉有关，但却一直遭到私人欲望与错误意识形成之腐败的威胁。”

〔42〕Ibid. 449. 乡村派的追随者愈来愈多地认识到了这一事实。

〔43〕Ibid. 452－4.

〔44〕Ibid. 456.

〔45〕B. Mandeville，*The Fable of the Bees*，ed. J. P. Harth (1970).

人恶德等同于公共利益。

就乡村派之担忧最后一个也是非常重要的回应，体现于诸如休谟等人为商业、艺术以及执行机关对立法机关施加重要影响的政府形式进行积极辩护的著作中。〔46〕休谟认为，商业与知识就解救人民于附属地位而言至关重要。他抨击认为原始社会或某些远古祖先乃美德之真正榜样的那些人。斯巴达不是被视作应当加以重温的理想，而是被视作不专横地执行平等与简朴就不能被命令追求公共福祉的证据。在有意义的文明化过程中，商业是必要的催化剂。倘若没有发展实业的动力，人类就必然堕入懒惰或放荡。在 18 世纪晚期，这种对商业的辩护又从亚当·斯密与苏格兰学派的著作汲取了进一步的力量，亚当·斯密与苏格兰学派把社会发展描述为狩猎、放牧、农耕与商业四个阶段的自然发展进程。

波科克记录了那些泛泛而言属于宫廷派思想之人的思维转变具有
328 的普遍意义。信贷被承认为实现经济价值的措施，而激情与利益则被视作人类行为的标准。

> 其以追求自我满足取代了美德……而且开始探讨下述理论，即如何掌控或协调热切且自利行为的多样性或这些多样性自身如何魔术般地或机械地配合从而促进不再与个体内在道德生活密切相关的公共福祉。因为其不再把美德视作政治典范，亦不认为政府是以需要不断重申的美德原则为根据；其欣然承认人具有宗派性，是一种有私心的生物，而非倘若这些特征不受美德与政府所制就是致命的，这里的政府意图以强大的中央执行机关进行控制，而政府本身则不必受美德原则约束，但却可能因诉诸人们的热情与利益受到伤害。其认为个人道德是私人而非公共性质的……〔47〕

乡村派与宫廷派之间的紧张大大凸现了共和主义面临的困境。如何在目睹资本主义经济制度正在形成的变化世界中追求共和主义关于公民身份、公民美德与公共福祉的理想呢？这一困境不仅困扰着英格兰，在美国的共和主义中也是显而易见的，下面我们就对此进行探讨。

〔46〕 在 David Hume, *Writings on Economics*, ed. E. Rotwein (1970) 与其他相关的著作中可以找到休谟论述商业与艺术的文章。

〔47〕 Pocock, *The Machiavellian Moment*, p. 487.

三、共和主义与美国宪法

(一) 美国的独立

在过去 20 年里，美国革命及由此产生之宪法本质上基本属于自
由主义与洛克式的。[48] 这种一度盛行的映象遭到了重大的修正。尽
管不是没有争议[49]，最近的研究[50]强调，独立前的美国弥漫着浓烈 329
的共和主义情感与思想观念，美国革命文献的语言大量运用腐败、罪
恶与美德等。乡村派的那些人是英雄；宫廷派的那些人则是恶棍。

18 世纪中期是美国社会的新古典主义阶段。城镇被赋予了古典的名称，建筑则竭力复制古代杰作的对称美。为了公共福祉牺牲个人利益构成了“共和主义的核心”与“美国革命的理想主义目标”[51]。美国人认为自己是在进行一场具有历史意义的事业，某位作家曾将其界定为以实现公共福祉为政府唯一目标之共和国的“最后一搏”[52]。欧洲之所以被认为是腐败的，是因为具体福祉优先于公共福祉而盛行，因为狭隘的寡头利益控制着政治领域。担心这一腐败传染新兴的美国政体就提供了与英王分离的动力，而且日渐增强。共和主义强调公共福祉作用的潜在假设就是人民乃具有共同利益的同质组织。

> 因为共同体的每个人都与其他人有机联系在一起，所以对整个共同体有益的东西最终对所有组成部分都是有益的。人民实际上是单一的有机体……具有整体性的关注，这种关注就是唯一正当的政府政策目标。这一共同利益并非如我们如今认为的那样只是组成共同体之特

[48] 例如见 L. B. Hartz, *The Liberal Tradition in America: An Interpretation of American Political Thought since the Revolution* (1955)。

[49] 例如见 I. Kramnick, ‘Republican Revisionism Revisited’, 87 *Am. Hist. Rev.* 629 (1982); J. P. Diggins, *The Lost Soul of American Politics: Virtue, Self-Interest and the Foundations of Liberalism* (1984)。另见 M. J. Horwitz, ‘Republicanism and Liberalism in American Constitutional Thought’, 29 *Wm. & Mary L. Rev.* 57 (1987-8)。

[50] C. Robbins, *The Eighteenth-Century Commonwealthman: Studies in the Transmission, Development and Circumstance of English Liberal Thought form the Restoration of Charles II until the War with the Thirteen Colonies* (1959); B. Bailyn, *The Ideological Origins of the American Revolution* (1967) and *The Origins of American Politics* (1970); G. S. Wood, *The Creation of the American Republic*, 1776—1787 (1969). 关于共和主义研究文献的评论，见 R. E. Shalhope, ‘Republicanism and Early American Historiography’, 39 *Wm. & Mary Q.* 334 (1982)。

[51] Wood, *The Creation of the American Republic*, p. 53.

[52] Ibid. 54.

殊利益合意的总合。实际上它是一个自在的实体，先于而且有别于各个集团与个体的私利。[53]

这一观念的推论就是党派是危险的，必然会支持偏离公共福祉的那些目标。[54] 人民的代表应支持公共福祉。追求公共福祉与个体自
330 由之间之所以没有什么张力，主要是因为最重要的自由是政治自由、人民集体抵抗统治者利益的公共权利。倘若政府在人民当中[55]，政府就不可能是专制的。这种权力滥用导致的是无政府状态而非专制。古典共和主义强调的公民美德是实现共和主义理想的前提条件在18世纪晚期的著述中很盛行。倘若公共福祉居于支配地位，那么人民必定具有公共精神。大多数人都抛弃了曼德维尔公共福祉可以通过私人恶德实现的观念，过度与自私地追逐私利对于公共福祉而言意味着灾难。[56]

不过，美国共和主义的“物质”基础中弥漫着潜在的张力。我们已经看到，就哈灵顿的政治理论而言，大致平等的完全保有土地法非常重要。[57] 在殖民地的共和主义中，平等的概念则摇摆不定，一方面强调可能会造成社会差异的机会平等，另一方面则强调否认这些社会差异的条件平等。在1776年，美国人并未笼统地考虑社会均平的进程，杰出地位仍被作为能力或美德差异导致的结果存在，源自诸如英王人为拔擢形成的附属关系则会加以消除。不过，人们还是认识到了机会平等与条件平等之间具有一定的因果关系。

人们普遍认为机会平等必然导致地位方面的大致平等，只要关于地位上升或下降的社会渠道是开放的，任何人造贵族与畸形发展的富豪都是不可能长久维持的。由于社会运作完全以功绩为基础，差别就没有机会进行巩固。[58]

这一推理背后的可疑假设在下一个世纪将困扰美国的共和主义。然而加剧社会不平等的幽灵同样可以被当作革命的动力。因而潘恩就

〔53〕 Ibid. 58.

〔54〕 R. Hofstadter, *The Idea of a Party System: The Rise of Legitimate Opposition in the United States*, 1780—1840 (1970), ch. 1.

〔55〕 Wood, *The Creation of the American Republic*, pp. 61, 63.

〔56〕 Ibid. 69.

〔57〕 参见前文第十章第二节（二）。

〔58〕 Wood, *The Creation of the American Republic*, p. 72；另外在第73页，伍德描述了这一理想潜在的张力。

可以主张必须寻求独立，因为迟延就会有毁灭的风险。美利坚合众国主要还是一个农业国，源于不断增强的商业活动的腐败会导致财富增长与社会分裂，共和主义的理想会永远丧失。美国人本身认识到其社 331
会同样面临旧大陆盛行的腐败影响，这就加剧了共和主义处于危险当中这一担心。人们承认奢侈与伤风败俗的存在，不论如何这起到了刺激革命的作用。只有切断与不列颠的联系，合众国方能免受这些病害进一步感染。[59] 革命成为防止道德进一步腐化的手段，这一论题得到了牧师们越来越多的支持。建立共和主义形式的政府被视作将共和主义价值注入人民以及阻止进一步趋向腐化堕落的方法。[60]

不过，美国独立之后的阶段结果令人失望。殖民地的枷锁已经被摆脱了，然而共和主义则被认为遭到了新的威胁。现在很难区分以促进公共福祉为目标、值得称赞的追求优胜地位的愿望与为了促进个体排他性私利而扩大权势的可耻目标。为了推行宗派性的目标就出现了政党，政党被认为非常类似疾病，倘若“不消灭于萌芽状态”就会扼杀新生的共和主义政体。[61] 各州新的立法机关通过了大量的法律，但这种立法产物让人怀疑。许多法律都被认为构想很拙劣，是宗派压力的结果。共和主义的试验则被认为遭到了威胁，而这一担忧因为越来越多的证据表明私人贪婪已经压倒了追求公共福祉而加剧。各州为了缓和对美国政治行为的日渐失望而进行的宪法改革收效甚微。[62] 正是各州政府存在的问题连同《邦联条例》的贫弱在趋向强大联邦政府的运动中发挥了重要作用。[63]

(二) 美国宪法

共和主义理想在多大程度上渗透于美国制宪者的思维当中是很有分歧的一个主题。就区分联邦主义与反联邦主义思想的主要论题而言，相关意见分歧明显。

有一种对制宪辩论的解读以多元主义而非共和主义的方式描述联 332
邦主义者的论点，特别是麦迪逊的论点。[64] 麦迪逊认为，除非以某

〔59〕 Ibid. 107 – 8, 110.

〔60〕 Ibid. 116 – 17, 123.

〔61〕 Ibid. 403.

〔62〕 Ibid. 415 – 16.

〔63〕 Ibid. 467.

〔64〕 R. A. Dahl, *A Preface to Democratic Theory* (1956), ch. 1.

种方式加以限制，否则个体或集团就会对其他人施加暴政，此乃公理。[65] 麦迪逊式的策略就是预防这种危险的发生。为确保非专制共和国的存续，就要防止所有权力——立法权、司法权与执行权——集中于一人之手。作为美国宪法特征的许多制衡措施正是以此作为基础发展而来的。政府权力分立并非非专制共和国的唯一条件，另一个条件就是要防止宗派以不利于其他公民权利或共同体整体利益的方式行事。少数人宗派可以通过投票的方式予以压制，多数人宗派的可能性则更加棘手。麦迪逊的回应是扩大选举权。选民的利益愈是广泛与多样，多数人宗派就愈不可能存在，就愈不可能以统一体的方式行事。在扩大了的共和国中，多数派会缺乏稳定性，因而降低了对少数派利益的威胁。因而关于麦迪逊思想的多元主义解读强调的就是权力分立与制衡、避免强大宗派以及利益之间进行竞争。

这一解释遭到了另外一些人的挑战，他们认为联邦主义者的思想不能被简化为利益集团多元主义，而是更准确地体现了某种修正共和主义。要理解关于美国宪法的这种解释，就必须理解这一辩论的性质。联邦主义者部分是在回应反联邦主义者的论点。[66] 后者认为政府应致力于追求公共福祉，地方分权对确保人民参与政府过程是必要的。只有在充分实行权力分散化的社会中方存在充分的同质性利益从
333 而容许公共福祉战胜异质性的宗派利益；只有地方化的政府方能防止公民与各州疏远。反联邦主义者承认代表而非直接公民参与的必要性，但担心远在天边的国家政府会导致丧失对代表的控制。

联邦主义者的回应[67]据称[68]并不是要抛弃共和主义原则，而是对其加以修正。腐败以及由此产生的宗派是人固有的本性。在小规模的共和国内，强大集团很容易就能取得政治上的控制，因此同样是非常危险的。因而重点就在于大规模的共和国以及不同集团之间的冲

〔65〕 这些论点许多都可以在《联邦党人文集》第 10 篇找到；见 C. Rossiter (ed.), *The Federalist Papers* (1961)。

〔66〕 H. Storing (ed.), *The Complete Anti-Federalist* (1981); H. Storing, *What the Anti-Federalists Were For* (1981); R. Ketcham (ed.), *The Anti-Federalist Papers and the Constitutional Convention Debates* (1986).

〔67〕 这并不意味着在所有联邦主义者之间存在统一、固定的看法。他们在许多重要问题上都存在分歧：Wood, *The Creation of the American Republic*; G. Stourzh, *Alexander Hamilton and the Idea of Republican Government* (1970)。

〔68〕 C. R. Sunstein, 'Interest Groups in American Public Law', 38 *Stan. L. Rev.* 29 (1985); 'Constitutionalism After the New Deal', 101 *Harv. L. Rev.* 421, 430 – 7 (1987).

突，这种冲突会防止特定集团在特定时段取得支配性的地位。关于麦迪逊思想的这种解读因而强调集团在防止特定宗派居于支配地位方面的作用。政府的本质目标仍在于促进公共福祉，据称在麦迪逊与联邦主义者的思想中不存在下述多元主义观念，即利益集团的竞争结果就是公共福祉。[69] 大规模的共和国同样不太可能产生与地方利益联系过于密切的代表，因而可以增加代表代理公共福祉的几率。[70] 美国宪法的组织条款与权力分立意在实现同样的目的。联邦层面的制衡是“万一国家官员未能践行其就公共福祉立法的职责”[71] 时作为抗衡宗派专制的限制措施。用孙斯坦的话来说：

> 就很多重要方面而言，就传统共和主义偏离得已经不能再偏了。麦迪逊欣然抛弃了古典共和主义关于公民通常应直接参与政府过程的理解，大规模共和国有助于保障自由而远非对自由的威胁。同时，麦
> 迪逊的理解与现代多元主义者的理解截然不同。他希望超越冲突的国 334
> 家代表能够使自己摆脱地方压力，商讨并且带来类似客观公共福祉的东西。那些代表拥有与古典共和主义公民相关的那种美德。[72]

四、共和主义与美国现代公法

最近对共和主义政治理论表示出兴趣的法律工作者并非纯粹是由历史兴趣推动的。他们试图利用这一历史传统确定现代公法应追求的方向，其目标既具有规范性，亦具有描述性。就规范方面而言，据称修正共和主义提供了较利益集团多元主义更可取的理论。就描述方面而言，据称应根据有助于实现共和主义目标的方式解释法律。孙斯坦与米歇尔曼是这一进路的两个主要支持者。

尽管承认存在多种共和主义式的进路[73]，但孙斯坦认为共和主

〔69〕 Wood, *The Creation of the American Republic*, p. 505.

〔70〕 Ibid. 505－6, 508－1.

〔71〕 Sunstein, ‘Interest Groups’, p. 44.

〔72〕 Ibid. 42. 另见 G. Wills, *Explaining America: The Federalist* (1981); D. F. Epstein, *The Political Theory of the Federalist* (1984); R. W. Krouse, ‘Classical Images of Democracy in America: Madison and Tocqueville’, in G. Duncan (ed.), *Democratic Theory and Practice*, ch. 5。

〔73〕 C. R. Sunstein, ‘Beyond the Republican Revival’, 97 *Yale L. J.* 1539, 1547－8, 1564－71 (1988).

义的规范层面必然与四个核心信念有关：商讨、政治平等、普遍主义与公民身份。商讨意味着政治主体参与政治过程并不具有“作为外生变量”的利益。政治的目的并不是要集合私人偏好，而是要“与盛行的欲望和惯例保持一定的批判性距离，让这些欲望与惯例接受监督与审查”〔74〕。商讨并非只具有程序的意味，同样亦具有实体的意味。无论就对话的投入还是要予以容忍的结果都被规定了限制。商讨的要求因而体现了“在某些情境下导致唯一正确结果的实体性限制”〔75〕。

335 共和主义意义的政治平等要求所有个体与集团都有机会参与政治过程。因而诸如意在减少财富对政治过程的影响或为媒体提供参与机会的措施都得到了称赞。〔76〕不过，孙斯坦在政治与经济平等的准确关系方面摇摆不定。

普遍主义需要的是下述“信念”，即通过讨论与对话调和认识政治的不同进路或关于公共福祉的不同观念。〔77〕这一对话过程意在形成“按照平等政治主体最终协议的标准认为”实体方面正确的结果。不过，共和主义者也没有被说成信奉某种一元化的公共福祉观念，而且似乎承认个体拥有对抗性的、即便就其进行商讨亦不可能得以调和的善的观念。〔78〕

公民身份要求公民具有控制国家机构的机制，同样还要求“权力分散化、地方控制与地方自决”的机制。〔79〕参与得到了重视，不仅是基于工具性的理由，亦可以作为灌输执著、美德与共同体感的媒介。

下面还会讨论困扰修正共和主义这些规范基础的难题与模棱两可之处。〔80〕在此之前可以先说明遵循共和主义思想的学说寓意。

因而孙斯坦认为，平等保护与正当程序条款的理性要求就修正共和主义而言很容易解释，而对那些视政治活动为纯粹利益集团多元主义的人而言则难以理解。〔81〕在这些情形中要求存在独立的“公共利益”而非只是赤裸裸的政治交易就为共和主义关注追求公共福祉提供了例证。

〔74〕 Ibid. 1548 – 9.

〔75〕 Ibid. 1550 – 1；另外见该书第 1550 页注释 54。

〔76〕 Ibid. 1552 – 3，1576 – 8.

〔77〕 Ibid. 1554 – 5.

〔78〕 Ibid. 1555.

〔79〕 Ibid. 1555 – 6.

〔80〕 参见本章第五节。

〔81〕 ‘Interest Groups’, p. 49.

要求只有出于促进正当公共价值的考虑方可以撤销合同以及类似的、用于证明根据征收条款进行财产剥夺的公共利用原则，据称亦体现了同一论题。[82]孙斯坦谴责完全基于私人压力的立法商讨，力劝代表们将自 336
己的关注点放在公共福祉方面。[83] 不过孙斯坦承认他自己的命题具有局限性。实际上法律很少被宣布无效，而法院往往愿意假定立法的目的是正当的，即便相关目的实际上并不能解释该立法时也是如此。他承认自实体性正当程序衰落以来，要是说法院还曾真的认真维持利益集团式政治活动的运作就是愚蠢的，但他断定，要是试图把当今的法律解释为利益集团式政治活动获得彻底接受的制度同样也是愚蠢的。[84]

据说在行政法领域亦存在类似的论题。与行政机关决定具有利害关系之集团的参与促进了公民对政府过程的介入，其目的是防止任何个别派别取得决策机构的排他性听证权。严格审查学说推进了这一目的，该学说有助于确保因此产生的行政机关决定考虑相关的证据，而且没有不当地体现某些私人宗派而非整体公共福祉的关注。[85]

米歇尔曼最近也提供了一种整体的规范分析[86]，他仿效波科克追溯了哈灵顿式的共和主义与18世纪晚期美国思想中弥漫的共和主义意识之间的联系。米歇尔曼认为，哈灵顿的共和主义观念由七个主要原则组成：自我统治、实际商讨或对话、统治者与被统治者平等、反对直接中央集权、可以理性认知的价值（公共福祉）、借助平衡政府与财产独立实现公民美德的角色分殊化宪法、通过法律采取行动。[87] 自我统治被视作主要的组织性论题，哈灵顿论述中的其
他要素都是围绕这一论题进行的。这些要素中某些被视作自我统治的 337
主观方面或意志方面，描述的是共和主义思想的参与层面。这些要素是实际商讨、统治者与被统治者平等和反对中央集权。其他组成部分则被视作客观要素：公共福祉、公民美德与合法性。在米歇尔曼看

〔82〕 'Interest Groups', p. 50.

〔83〕 Ibid. 52.

〔84〕 Ibid. 53 – 4, 59.

〔85〕 Ibid. 61, 63, 65. 另见 C. R. Sunstein, 'Naked Preferences and the Constitution', 84 *Col. L. Rev.* 1689 (1984); C. R. Sunstein, 'Public Values, Private Interests, and the Equal Protection Clause', (1982) *Sup. Ct. Rev.* 127; Sunstein, 'Beyond the Republican Revival', pp. 1576 – 89; Sunstein, 'Constitutionalism', pp. 463 – 74.

〔86〕 F. I. Michelman, 'Foreword: Traces of Self-Government', 100 *Harv. L. Rev.* 4 (1986).

〔87〕 Ibid. 47.

来，后面这些要素“对哈灵顿的观念而言不可或缺，但并非根本性的”[88]；属于那种倘若自我统治要是真实的或可能的就必须真实或可能的要素。

米歇尔曼考察了后哈灵顿式共和思想从英格兰到殖民地的转变，并且承认关于美国宪法是多元主义还是共和主义政府观念的不同解释仍然存在。[89] 他然后竭力阐述一种将自我统治置于宪法设计最主要地位的共和主义设想。正如他承认的那般，这不是一项简单的工作，“因为美国宪法规定的显然并非参与式民主，而是不同于被统治者的统治者之最高权威……”[90] 孙斯坦的命题获得了米歇尔曼的共鸣，即美国宪法意图保证代表按照共和主义的美德行事，在审查法院给予谨慎关注以免其偏离规定任务的情况下出于公共福祉进行商讨。不过，米歇尔曼认为阿克曼的命题更有成效地楔入了关于自我统治的宪法设想，阿克曼的命题将公民美德赋予了每一个公民。[91]

阿克曼认为美国宪法体现了一种二元立法制度。[92]“普通政治”由个体私利十分明显的日常多元主义立法讨价还价构成。“宪法政治”的出现相对较少，由那些人民展示出共和主义公民公共精神的情形构成。这种活动的特征是诉诸公共福祉，“取得了大量被动员起来通过特殊制度形式表达其赞同意见之美国公民的认可”[93]。司
338 法审查的正当性就体现于这种理想性质的政治活动当中。国会是以私人压力为标志之普通政治的制度场所，进行讨价还价的政治家是人民的替身。当这种代表以危及美国宪法基本原则的方式回应特殊利益时，法官就有责任“为他们揭示其应当做的：即仅仅是人民本身的‘替身’”[94]。司法审查因而起到的是警钟作用，警告公民大众权力殿堂正发生某些特殊的情形，而其代表正试图进行立法的方式，“在美国历史上很少有政治运动能令人信任地以这种方式进行”[95]。

〔88〕 Ibid.

〔89〕 Ibid. 48 – 50.

〔90〕 Ibid. 57.

〔91〕 Ibid. 59 – 61.

〔92〕 B. Ackerman, ‘The Storrs Lectures: Discovering the Constitution’, 93 *Yale L. J.* 1013, 1022, 1042 (1984).

〔93〕 Ibid. 1022.

〔94〕 Ibid. 1030.

〔95〕 Ibid. 1050.

这就是当宣布某项法律违宪时法院发挥的功能，法院成为“我们人民”的守护人。通过向人民指出国会正在考虑的是基本合宪的动议，法院起到了传达信号的作用。据阿克曼看来，这就是法院最初因传统原则之名抵制新政观念时所做的。不过，法院肯定不能只起到传达信号的作用；法院还必须是灵敏的感应器。“人民”可能会表明，正如 20 世纪 30 年代那样，认可新政政策体现的政治转向。这就成为宪法政治的例证，“人民”明确了其关于公共福祉的设想，而且以具有公共精神而非派性的方式行事。[96] 当这一点变得明显的时候，法院就要接受这一“结构性的修正”，不再阻碍社会的新道路。阿克曼说，这正是法院对新政政策 180 度大转弯时发生的现象。[97] 阿克曼最后劝告读者接受并且运用其二元主义设想。[98] 应该承认通过结构性修正给美国宪法带来的变革，抛弃陈旧落后的内容，认可“以人民的名义”宣布新原则的形式给宪法学说带来的转变。在过去两百年间，所有这种“通过人民颁布”的高级法律原则都应被组织为一个连贯的整体。

米歇尔曼对阿克曼命题的态度有些矛盾。他赞同公民美德属于每 339
个公民的观念，赞同其所理解的阿克曼的最终目标，即公民身份的复兴。[99] 不过，他对“人民”在宪法政治时期是否属于任何现实意义上之自我统治的人民表示怀疑。[100] 米歇尔曼说，设想人民在 20 世纪 30 年代有意识地转变过去宪法事件的含义并不是历史事实，而是幻想。此外，如何区分作为自我统治的例证、具有公共性的热烈公民参与与同样热情但却是上层控制与意识形态操作之结果的参与呢？正因如此，他将阿克曼的观点解释为最终把自我统治放在司法机关。法院成为人民缺席之自我统治的代表。正是司法机关表明了由危及公认宪法原则之异常立法造成的宪法危险。就其感应器角色而言，正是司法机关最终确定公众对政府的新策略是否表示出充分的同意从而证明承认宪法学说的转变是正当的。正是法院会发挥阿克曼在其结论中向我们推荐的整体性叙述工作的作用。

[96] Ibid. 1053－4.

[97] Ibid. 1055－6；关于阿克曼对结构性修正这一观念的运用，见第 1051～1057 页。

[98] Ibid. 1071－2.

[99] Michelman，‘Foreword’，pp. 59－60，62.

[100] Ibid. 65 and n. 352. 另见 F. I. Michelman，‘Law's Republic’，97 *Yale L. J.* 1493，1520－1 (1988)。

不过，米歇尔曼并不为阿克曼命题中自我统治从人民向法院的“迁移”感到痛心。[101] 实际上，这被其解释为自我统治在现代社会最可行的表现形式。日内瓦的公民能够设想直接民主式的自我统治，是“统治者与被统治者之间非主权的过程”。合众国的公民就不能真正期望全国性政治活动提供以自我统治实现积极自由的可能性。统治者与被统治者的分离对美国政府而言是必要的。因而就要由法院担负“模拟”公民自己实际力所不能的自我统治工作。

米歇尔曼运用德沃金最近的著作[102]来证实这一司法机关作用的
340 图像。因而构成德沃金命题核心的法律完整性观念被认为非常类似人身完整性或自我统治观念。个体根据影响其整个生活的信念而非任性的理由行事就会表现出这种完整性或自我统治。德沃金式的叙述性法律解释模式是“关于具有社会性的个体借以实现道德自由或人身完整性之政治自我统治的组成部分”[103]。法官借叙述的方法实现完整性并因而体现自己的自我统治。公民可以在双重意义上参与这一自我统治过程。他们可以认为是统治者决定的创造者，无论统治他们的是立法者还是法官。[104] 不过，对许多人而言，这一创造者的感觉可能过于牵强。果真如此，法律完整性的价值就变成代表性的。法官代表着完整性并因而代表共同体的自我统治。虚拟的代表在政治领域也会再现，法官“通过自己的自我统治代表我们丧失的自我统治，通过他自己的实践理性代表我们丧失的对话”[105]。

五、共和主义复兴的规范评价

（一）商讨与公共福祉：立法者的困境

从前述讨论很明显可以看到商讨对于孙斯坦的命题而言具有核心地位；这给立法者带来的困境还不是很明确，本节就对此进行考察。

在孙斯坦看来，公共层面的代表会超越或缓和个体以私人身份活动时贪婪、自私的一面。代表是正直的，通过商讨确定哪些偏好通过

〔101〕 Michelman, ‘Foreword’, pp. 66, 74－5.

〔102〕 R. Dworkin, *Law's Empire* (1986).

〔103〕 Michelman, ‘Foreword’, p. 69.

〔104〕 Ibid. 69.

〔105〕 Ibid. 73；另外见第 72 页的讨论。

社会不平等、社会地位等遭到了扭曲。[106] 按照这种方式就可以获得与纯粹私人效用集合截然不同的善的观念。这一进路存在两个问题。 341

第一个问题，正如孙斯坦本人的著作表明的那样[107]，几乎所有的偏好都可以被视作扭曲环境的产物。我们所有的私人效用都可以说是视财富、工作、地位与其他变量等社会环境而定的。个体是社会性的存在，因而可以把形成的偏好描述为被这些环境“扭曲的”偏好。不过该事实揭示了相关问题的持续性。我们进行商讨的代表面临两种选择。

比较不极端但仍然深远的选择是在寻求公共福祉的过程中把所有或大部分偏好的表达都视作是可疑的。那么代表如何“选择、评估与塑造这些偏好”而不只是“落实”[108] 呢？而且在这一选择过程是否存在什么保障措施，保证那些由诸如财富等确定的偏好与那些源自其他情形的偏好相比或多或少是给定的？

更极端的选择是欺骗性地实现 18 世纪与 19 世纪的理论家认为根本不可能实现的东西。传统共和主义认为道德自主与公民独立建立于财产独立之上。这就是哈灵顿农业法的原理，确保完全保有土地的分配方面大致平等。新哈灵顿主义者意识到的困境在工商业社会如何侵蚀这些原则。在他们看来不可能为投机社会设想与农业法对等的东西，在改变了的经济秩序之下，这样一部法律对于提供公民自主需要的平等而言是必需的。孙斯坦笔下立法者的极端选择就是尝试那样做。倘若所有或大部分偏好都是由财富、工作或地位等决定的，那么“解决方案”就是要矫正造成这些效用差异的社会偶然原因。个体自己的偏好以及他或她自己善的观念由于上述方式遭到了扭曲。进行商讨的代表并非只是实施这些偏好，而且要决定尽可能消除造成扭曲的 342
原因。这要求矫正作为其原因的社会与经济不平等，以便个体可以实现公民独立需要的道德自主以及关于公共福祉的“真正”认知。存在于代表当中的公民美德与对公共福祉的拥护则被用来创造平等的条件，在此条件之下普通公民可以不受财富或工作差异造成的扭曲影响

---

[106] Sunstein, 'Interest Groups', pp. 81, 84; 'Beyond the Republican Revival', pp. 1548 – 51.

[107] C. R. Sunstein, 'Legal Interference with Private Preference', 53 *U. Chi. L. Rev.* 1129 (1986); 'Disrupting Voluntary Transactions', in J. W. Chapman and J. R. Pennock (ed.), *Markets and Justice*: *Nomos* 31 (1989), ch. 10.

[108] Sunstein, 'Interests Groups', p. 82.

作出判断与确定偏好。

当然，新哈灵顿主义者有可能是错的，这样一种社会状况是可以实现的。在过去两百年里，有关资本主义与平等的观念毕竟发生了相当大的变迁。不过这一变化并非只存在一个方向。现在有迹象表明更加关注平等，但对资本主义秩序的拥护亦在相当程度上存在，而且被许多人接受作为典范。在美国仍然处于资本主义精神下时，推行极端选择的可能性是非常有争议的。与建国时期相比，如今的合众国更不可能成为基督徒斯巴达的替补。因而很难相信极端的选择结果是可以接受的，根据下述共和主义思想的转变尤为如此。倘若激进的选择结果不可接受，那么独立于私人偏好之公共福祉的内容就是有限的。当法律确实采取公共层面的私人讨价还价形式时，修正共和主义将对这种赤裸裸的交易施加一定的控制。但这仍不过是隔靴搔痒，该学说矫正造成这种权力运作的社会与经济差异的效果非常有限。

第二个问题与第一个有关，但与其不同，而且更严重。耿直的立法者无法确定其应追求比较不极端的、更极端的还是其他任何策略，因为预期由这一商讨过程产生的公共福祉的性质未曾明确地界定。

正如前面所述，商讨既有程序性的维度，亦有实体性的维度。前
343 者体现的是下述观念，即现有偏好不应被视作外在的变量，而应当接受监督、审查与修正。[109] 后者体现的是商讨既对投入亦对结果规定了限制这种观念。[110]

然而，倘若这一修正的共和主义形式要用于指导进行商讨的立法者或法院，就必须详细阐述潜在的、证明这些限制具有正当理由的政治理论。唯有如此，进行商讨的立法者方能就如何修正或审查现有偏好作出决定；唯有如此，立法者为之奋斗的公共福祉观念方具有意义。通过考察其对共和主义权利与分配正义观念的影响，就可以更充分地理解这一点的重要性。

（二）共和主义的权利与分配正义：立法者的地位

这一部分关注的是共和主义政体下的权利内容与分配正义观念。倘若我们进行商讨的立法者要了解其试图促进的公共福祉，就必须对这两个问题予以回答。

---

〔109〕 Sunstein, 'Beyond the Republican Revival', pp. 1548 – 9.

〔110〕 Ibid. 1550 – 1.

进行商讨的耿直立法者要修正或审查现有的偏好，要对商讨过程的投入与结果规定实体性的限制，其目标则是要实现公共福祉。不过，必须详细阐述“指引”这一商讨过程的政治理论以及其中权利与分配正义的作用，因为唯有如此立法者方能实现前述任务。不过，现代共和主义支持者关于权利与分配正义的描述存在着非常严重的模糊性与不确定性。

孙斯坦认为共和主义理论对权利的保护并无不利，而且详细列举了几种在共和政体下存在的权利。[111] 良心与表达自由以及选举权被视作“共和主义商讨的基本前提”。在共和主义理论中，财产权传统上被视作重要的安全保障与美德。[112]孙斯坦承认这一点，不过告诫 344
说，共和主义者不应敌视意在使政治影响均衡化的财富重新分配。就这一图像可以进行两方面的相关评论。

一方面，这些权利的解释严重依赖诸如罗尔斯等道义论自由主义者的推理，而且事实上孙斯坦强调自由主义与共和主义之间存在关联。[113] 前文已经详细讨论了罗尔斯式的理论及其对公法的适用。[114] 然而，倘若以这种方式认识共和主义，就难以准确理解其对政治思想有什么贡献，而且这种贡献是自由主义理论家尚未更详细地进行评析的。前面已经考察了证明自由主义权利正当性的复杂推理。[115] 这一分析的复杂精致超越了现代共和主义支持者提供的分析，而且这些自由主义者拒绝任何以赤裸裸的立法交易为基础的社会公正观念。倘若我们进行商讨的立法者真正希望促进公共福祉并且了解其意义，就可以直接从罗尔斯那里获得更多的指导。

另一方面，共和主义权利与分配正义观念的内容在某些关键方面还不明确。前面关于自由主义的讨论揭示其分配正义观念存在争议，正如权利与分配正义的关系那样。正义第一原则对于正义第二原则的词汇优先次序的原理仍会激起讨论。[116] 不过，这一分析同样揭示了与目前讨论相关的两个问题。赋予公民的权利与分配正义观念是密不可分的；二者是以一揽子的形式出现的。该分析亦揭示了立法者必定

〔111〕 Ibid.

〔112〕 参见前文第十章第二节（一）。

〔113〕 ‘Beyond the Republican Revival’, pp. 1551, 1566 – 9.

〔114〕 见前文第八章。

〔115〕 见前文第八章第二、三节。

〔116〕 见前文第八章第二节（三）。

要有某种分配正义观念进行指引，否则其完全不可能知道要促进公共福祉他们应颁布哪种形式的立法。

正是在此关键之处现代共和主义的支持者非常不确定。因此，尽
345 管孙斯坦拥护某种财富分配措施以实现政治影响的均衡化[117]，但亦承认以经济平等为基础的政治平等观念在共和主义理论家当中还存在争议。[118]

这一不确定性在分析中造成了相当大的“断裂”。我们进行商讨的耿直立法者在试图审查现有偏好并且促进公共福祉时，在最需要一幅地图的关头却找不到。他在两个核心问题方面没有明确的指示。他不确定分配正义对现代化的共和主义到底意味着什么，而且就是否可以通过限制权利促进经济平等而言，他亦缺乏指导。正如前述关于自由主义的讨论揭示的那般，这些问题在确定立法机关的义务方面具有根本的意义。

就这些问题的不确定性还为共和主义分析的相关组成部分造成了相应的困难。对前述问题的回答显然会直接影响就商讨过程投入与结果方面的实体性限制。[119] 例如，为了促进某种经济平等的观念，限制某些财产或政治权利的政策是否可以接受就取决于对前述两个核心问题的回答。

目前为止的讨论都集中在共和主义权利与分配正义观念的不确定性以及由此给立法机关造成的难题。此外，该问题还有另外一个维度。前面关于自由主义与公法的分析表明，尽管国家应力求保护与促进正义原则，但就善的观念而言则应在其他方面保持中立。前面已经考察了关于这一条件的解释与存在的难题。就孙斯坦将共和主义与自由主义联系在一起而言，他是否赞成这一二分法尚不明确，或于他而言更具有吸引力的自由主义实际上是否是拉兹支持的至善主义形式亦不明确。

正如前文所见，就立法活动的正当范围而言，在两种版本的自由
346 主义之间进行“选择”具有重要意义。至善论自由主义支持国家行为追求道德上正当的理想，但道义论自由主义者则会拒绝这种方式。

孙斯坦采用的中立性观念对于该重要问题的回答并不清楚。因而

〔117〕 ‘Beyond the Republican Revival’, p. 1551.

〔118〕 Ibid. 1552 – 3.

〔119〕 Sunstein, ‘Beyond the Republican Revival’, pp. 1550, 1568.

倘若中立被认为“前后一贯适用正确的实体性理论甚或前后一贯地适用言说者自己的实体性理论”[120]，据说中立性就是似是而非的。这是否会让立法机关有权追求至善主义的目标是不确定的。共和主义思想的历史与公共福祉理念的核心地位会促使人们作出肯定性的回应。不过，倘若进行商讨的立法者要确定政府行为的正当界限，就此问题进行澄清，那么选择这条还是另外一条路就是十分重要的。

（三）共和主义的权利与分配正义：法院的作用

在阐述法院的作用时，支持修正共和主义的那些人会遇到两方面的问题。

1. 共和主义解释的原理。第一个问题在于，建议法院就待审问题作出裁判时应完全采取共和主义视角的原理何在。孙斯坦与米歇尔曼对这个问题的处理不同，但没有哪一个进路不存在问题。

正如前文所见，孙斯坦认为进行商讨的立法者是共和主义衣钵的主要继承者。孙斯坦通过援引制宪者特别是麦迪逊的辩论中呈现出的共和主义论题支持这一作用。不过，正如孙斯坦承认的那样，援引麦迪逊思想中的共和主义要素本身并不能解决关于当今宪法解释的基础问题，除非依据某种被其拒绝的原旨主义形式。[121] 实际上，孙斯坦的回应是敦促法院将其推理建立在修正共和主义的原则之上，这既是因为该观念在美国宪法思想中确实具有历史渊源，亦是因为与“赤裸裸的多元主义讨价还价”相比这是一种更好的政治理论。不过，即便
共和主义被视作比“赤裸裸的多元主义”“更好的”政治理论，应当选 347
择共和主义而非全盘接受罗尔斯提出的道义论自由主义这一点也不是不言而喻的。

米歇尔曼的进路则迥然有别。他告诉我们由法院提供公民丧失的自我统治这一点问题多多。自我统治是一个具有可塑性的概念，权力从公民向法院“转移”这一点就表现得非常清楚。正如米歇尔曼主张的那样，让我们暂且接受德沃金意义上的法律完整性大致相当于人身完整[122]，再假设无论人身还是法律完整性都意味着自我统治。[123] 个

[120] Sunstein, ‘Beyond the Republican Revival’, p. 1568.

[121] Ibid. 1563.

[122] Michelman, ‘Foreword’, pp. 68 – 9. 这一等式能否成立本身是可以讨论的。

[123] Ibid.

体根据影响其整个生活的信念而非任性的方式行事就体现出完整性；法官则通过下述方式体现出类似的完整性，即借助叙述技术坚持贯穿共同体整个法律准则的原则完整性，包括证明判决具有正当性所必要的原则。米歇尔曼告诉我们，法院要塑造公民本身实际上力所不能的、积极的自我统治。这似乎表明法院应运用其权力构筑有助于实现共和主义伦理的权利。尽管米歇尔曼并未详细界定这种权利的性质，但还是为其思想提供了某些暗示。因而他告诉我们，共和主义是一种“彻头彻尾、不可改变地以程序为基础与核心的理论”[124]；共和主义的权利应当关注“参与、赋予资格与解放”[125]。

这一观点的问题在于忽略了“技术”与“结果”。人们完全有可能同意德沃金式的法律叙述与完整性观念，认为共和主义的权利是可取的。但由前者是否会得出后者还是很不明确的。众所周知，德沃金本人是自由主义著名且有力的支持者[126]，他似乎认为自由主义的观
348 点可以获得他阐述的叙述理论的支持。[127]他承认自我统治这一语词是对司法完整性过程的描述。不过，由这一叙述过程得出的宪法权利的内容却有别于共和主义支持者提出的内容。[128] 德沃金与自由主义正是那些拥护某些现代共和主义或参与式民主之人的显著抨击目标。[129]在米歇尔曼本人的分析中，参与式民主就发挥着重要的作用。[130]

现在当然可以回应说该“技术”毕竟确实适合期望的“结果”。实际上，消息灵通的大力神是可以得出下述结论的，即共和主义提供了适合所有材料的最佳观念以及证明其正当性的必要原则框架。但没有人明确进行过这一工作，而且这种主张也不容易获得证实。制宪者

〔124〕 Ibid. 42 n. 223.

〔125〕 Ibid. 43 n. 229；另见第 41 页注释 214。关于这些观念的评论，见下文第十章第五节（三）3。

〔126〕 R. Dworkin，‘Liberalism’，in S. Hampshire (ed.)，*Public and Private Morality* (1978)，pp. 113－43.

〔127〕 德沃金并未明确表示这一点，但参见 *Law's Empire*，pp. 271－3（针对批判法学研究对自由主义进行的辩护）；pp. 354－9（美国宪法）。尽管德沃金对自由主义与保守主义的区分有所保留，pp. 357－9，但一旦就职最高法院之后，大力神的推理就更类似德沃金式的自由主义者，参见 pp. 397－9；pp. 407－10 的概述（“法律的理想”）强化了这一观念，正如 pp. 276－312 的讨论一样（普通法）。另见德沃金的政治哲学，特别是‘What is Equality? Part 4. Political Equality’，22 *Univ. of San Francisco L. R.* 1 (1987－8)。

〔128〕 见前文第八、九章。

〔129〕 见前文第十章注释 2。

〔130〕 Michelman，‘Foreword’，pp. 17－33.

熟知共和主义论题的历史证据无疑是存在的，但就美国宪法整体而言，应在多大程度上被视作共和主义性质的而非多元主义、洛克式或自由主义式的，仍会引起分歧。[131] 随后19世纪的社会与经济发展表明了共和主义思想的变动性。[132] 据称符合麦迪逊式共和主义的司法判决同样可以被理解为修正的多元主义。此外，大量法律与非法律方面的文献表明自由主义代表了现状中的“主导因素”，而从某种更具公共性的视角而言，这种现状是应当加以改变的。[133]

提出前述论点的目的不是要牺牲共和主义赞成自由主义，而是要指出，在共和主义的公民映象中，借助德沃金式的技术从公民自我统 349 治转向法院塑造的自我统治需要迈出的观念步骤并不是看起来的那么容易。实际存在的危险是，该技术可能会塑造出一个迥异于共和主义映象的公民自我统治观念。

2. 宪法权利的内容一。现代共和主义支持者面临的第二个问题关系到由法院实施的宪法权利与原则的**内容**。

这里我们可以阐明这一困难存在的双重性，而且这一性质体现了前述讨论，即相对比较确定的宪法权利实际上是从自由主义那里逐渐借来的，这回避了共和主义的独特性问题。其他宪法裁判原则有些是新的，有些则否，其适用之所以不确定是因为共和主义权利与分配正义的具体内容本身就是模棱两可的。

通过集中考察孙斯坦提出的某些具体的共和主义宪法裁判就可以看到这一双重难题。

孙斯坦赞成管制竞选资助，不赞成最高法院宣布这种管制无效的判决。[134] 这种管制的原理在于促进政治平等。这一论点明确采用了罗尔斯式的观念，即应通过宪法裁判确保政治自由的公平价值。[135] 这一进路可以说是可取的，但共和主义者的推理则可以进行两方面的评论。一方面这突出了下述事实，即当共和主义的权利观念直接借自道义论自由主义时往往就是十分明确的。另一方面，根本没有触及区分保护政治自由公平价值与不保护其他自由公平价值的问题。同样没

〔131〕 见前文第十章注释49、50。另见J. Appleby, *Capitalism and a New Social Order: The Republican Vision of the* 1790*s* (1984)。

〔132〕 见下文第十章第六节。

〔133〕 这是许多文献流行的论题，见前文第十章注释2。

〔134〕 ‘Beyond the Republican Revival’, pp. 1576－8.

〔135〕 Ibid. 1577 n. 206.

有进行考虑的是倘若不就其他自由价值提出更普遍的关注，政治自由
350 的公平价值能否得到有效保护。前面已经讨论了这些论点的性质，这里可以参照。[136]

正如前文所述[137]，理性审查被申辩为共和主义政治之商讨面相的自然推论。立法不可能是赤裸裸的多元主义讨价还价，美国宪法要求“负担的规定或利益的剥夺是出于强势阶层政治权力以外的某种原因”[138]。

当然，理性审查的观念并不新鲜，而且人们完全可以同意立法不应被视作赤裸裸的讨价还价。不过，就法院应如何运用这一审查而言，共和主义并未提供任何确切的指导。商讨的条件要求立法者审查或修正现有的偏好，要求就立法过程的投入与结果规定实体性的限制。不过，除了极为明显的情形，实体政治理论就共和主义权利与分配正义之性质从未给我们提供足够的指导以便确定应修正哪些偏好，应给投入与结果规定哪些限制。这使法院难以确定给具体集团规定的负担是否合理而且有利于公共福祉或强势阶层政治权力的行使是否不当。

同样的难题也困扰着关于弱势集团的论述。共和主义据称提供了反对依诸如种族、性别和贫富等进行分类的根据。据称支撑这种分类的价值是社会权力的产物，因而必须接受监督与审查。针对这些集团的歧视是通过共和主义对政治平等与商讨的信念进行处理的。[139]

与理性审查的概念一样，通过平等保护条款保护某些弱势集团是宪法裁判既有的特征。共和主义处理这种集团的进路突出了其权利与分配正义观念存在的不确定性。这可以描述如下。

351 首先，倘若要保护诸如穷人等集团，令人怀疑的是这是否可以通过诸如“政治平等与商讨”等概念真正实现，即便以具有共和主义意蕴的方式运用这些术语也是如此。倘若只有当立法机关实际上按照某种方式对穷人“进行分类”时方能发挥作用，这样的保护同样无法实现。穷人或种族集团可能会因立法并未考虑其特殊需要而受到伤害，与以“令人难以接受的”方式对其进行分类是相同的。共和主义理论

〔136〕 见前文第八章第三节（一）2。

〔137〕 见前文第十章第四节。

〔138〕 Sunstein，‘Beyond the Republican Revival’，p. 1579.

〔139〕 Ibid. 1580 - 1.

关于经济平等是否以及在多大程度上指引着立法者或法院的模糊性在此得到了最明显的体现。

其次，倘若没有某种详细的分配正义观念就难以确定立法者或法院应如何回应这一问题。前述关于自由主义的讨论表明，就这一问题的回答是先于诸多关于如何处理弱势集团等更具体与富有开创性之问题的前提。[140]

例如，具体分配正义观念的阐述与申辩将巩固关于是否应承认福利权的决定。这一观念还会影响诸如下述决定，即是否这种分配方面的利害关系应产生可以由法院保护的宪法福利权，或其是否给立法机关本身规定了某种义务。[141] 具体分配正义观念的实现与其他获得承认的权利之间的关系同样十分重要。例如，立法机关为了实现分配目标在多大程度上有权或无权限制其他权利，只有通过考察潜在理论这两个方面之间的关系方能予以回答。只有当现代共和主义理论为这些问题提供了答案时，方能就认识弱势集团的地位形成一致的进路。

3. 宪法权利的内容二。前述讨论揭示了不同现代共和主义理论在细节与进路方面存在的差异。因而，倘若不更仔细地讨论米歇尔曼关于共和主义宪法裁判性质的独特推理，当前的讨论就是不完整的。 352

米歇尔曼最近的著作[142]发展了其早期的作品。[143] 他明确提到了传统共和主义与现代多样化的自由社会之间存在的张力，前者预设了一定程度的道德合意，而后者则不存在这样的合意。[144] 合意与多元性之间的张力是他试图解决的核心问题之一，而且由此他详细阐述了法院的作用。

其论点的精义如下。公民就法律原则与内容方面形成的合意是其可接受性的先决条件。[145] 不过，考虑到现代“前政治性异议”的假设，没有哪种“理想的言论状况”足以保障其必要的有效性。这一多元性据称意味着只有满足特定条件时，个体本身才会接受政治过程确认为法律的某项规范：参与该过程促使某些参与者改变认识；存在“规定性的社会与程序”条件防止这种修正具有强制性或违反某人的

[140] 见前文第八章第三节（二）。

[141] 见前文第八章第三节（二）3、4。

[142] ‘Law’s Republic’.

[143] ‘Foreword’.

[144] 例如‘Law’s Republic’, p. 1526。

[145] Ibid. 1500，1526.

特性；这些条件在论证过程中实际发挥作用。[146]

政治多元性于是就是按照下述方式进行认识的，对话过程期望“自我的特性与自由部分在于下述能力，即自发批判性地重新思考其已经拥有而且使之成其为我的目标与努力”[147]。这一多元性观念以及米歇尔曼所谓的商谈宪政显然都利用了诸如桑德尔等社群主义作家的著作。

由此得出的法律多元性理念是以下述不确定性为根据的，即政治对话的目标是鼓励与促进自我反思与转变。法律的不确定性通过促进诸如解构、偏离以及主观批评等学说鼓励政治对话，这些学说可以防止封闭与促进重新思考此前的“给定事物”[148]。下述摘要有力地体现了法院与宪法裁判在促进自我统治方面的作用。

353 最高法院有助于防止公民投身政治活动的共和主义状态堕入自我牺牲的政治活动。最高法院挑战“人民”自我封闭的趋向，即往往认为自己的道德完备性就是现在的样子并因而为自身否定了具有转变性的自我更新能力要依赖的多元性。[149]

就前述分析及其对更具体之宪法权利的寓意而言，可以进行两方面的评论。

第一项评论是关于法院在确立对话过程的条件中起到的作用。只有当存在特定“规定性的社会与程序条件”防止这种修正具有强制性或侵犯某人的特性时，这一过程方才能够运作。正如米歇尔曼指出的，这一条件既至关重要，亦问题多多。[150]

不过，正如法院在其实现过程中的准确作用那样，这些条件的具体性质也是不清楚的。前面提到的“参与、解放与赋予资格”[151] 的宪法权利很可能是要提供法院实现前述规定性条件的基础。果真如此，那么很大程度上就取决于这些术语的具体内容。当然，这些术语可以被赋予符合共和主义论述之历史论题的激进解释。例如，可以将其用作所有权大致平等的基础，该平等被视作公民美德与自我统治之

〔146〕 Ibid. 1526 – 7.

〔147〕 Ibid. 1528.

〔148〕 Ibid. 1528 – 9.

〔149〕 Ibid. 1532.

〔150〕 Ibid. 1527.

〔151〕 Michelman, ‘Foreword’, p. 43. n. 229；见前文注释 125。

必要条件。正如前面[152]与随后的讨论[153]所揭示的那样，这在现代资本主义秩序之下能否实现是更有争议的问题。

此外，恰是必须满足这些规定性条件让人怀疑下述主张能否成立，即共和主义可以被视作“彻头彻尾且不可改变地”[154] 以程序为基础的理论，或至少就其实现而言，倘若以某种方式加以解释就只有接受这一主张。正如米歇尔曼描述的那样，共和主义可以被视作围绕对话程序进行的。不过，要确立该程序运作的必要规定性条件几乎必然 要求法院进行实体性的干预。 354

尽管方式不同，但该讨论让我们想起讨论孙斯坦的命题时面临的同样问题：充斥于该理论的观念模糊与不确定性以及与具体宪法权利之阐述相关的不确定性。那些必须存在以防止对话程序具有强制性、侵犯性或侵犯某人特性的规定性社会与程序条件，取决于就“强制性”或“侵犯性”这些术语谓何作出的规范性评价。唯有如此方能赋予这种强制性之宪法矫正措施明确性，这些矫正措施是以解放与赋予资格等观念为根据的。

关于米歇尔曼分析的第二项评论与司法机关评估对话过程结果的作用有关。现在，倘若对话过程必需的规定性社会与程序条件可以实现，那么这种控制可能就没有必要。严格来说此后形成的规范就是自我指定的法律，应被视作是有效的。[155] 由于两个相关的原因，这一观点是错误的。一方面，这些条件的实现需要花费时间方能实现，而且可能或永远是不完善的。另一方面，米歇尔曼承认这些条件的成就并不必然会解决基于视角差异导致之理性且强烈的分歧。[156]

因而我们面临的情形如下。公民可能参与对话，在对话的过程中愿意倾听其他人的观点，而且按照这一推理过程重新思考自己的信念。不过，就具体善的观念而言，他们可能仍会具有“理性且强烈的”分歧，即便推理过程会使他们以新的方式看待这些信念也是如此。[157] 多数派可能希望将其信念转化为社会规范，法院于是就不得不确定这一规范在宪法上是否可接受。法院不得不决定谁可以做什

〔152〕 见前文第十章第二节（一）。

〔153〕 见下文第十章第六节。

〔154〕 见前文第十章第四节。

〔155〕 Michelman, ‘Law’s Republic’, pp. 1526 – 7.

〔156〕 Ibid. 1527.

〔157〕 Ibid.

么、对谁做以及如何做的问题。在如此裁判时，法院必然会就对话过
355 程可允许的结果作出实体性的价值判断。

因而鲍尔斯诉哈德威克案[158]的判决就被批评否决了自由与隐私，法院在该判决中维持了佐治亚州一项将同性成年人之间私下合意的鸡奸行为入罪的法律。佐治亚州的法律并不适用于异性伴侣，这被认为否认或损害了同性恋者的公民身份与构成性身份。[159]

不过在其他领域中，无论确保当前对话的规定性条件还是监控由此产生的结果，法院的作用都可能更加复杂且富有争议。通过集中考察财产权就可以证明这一点。

前面已经考察了财产权之于共和主义公民身份观念的核心地位。[160] 财产独立被视为取得公民美德所需要之独立性的构成性条件。不过，是否可以通过强调宪法财产权的占有或重新分配很好地促进实现这种独立性，则是与偶然的社会与历史环境相关的问题。宪法财产权的占有意味着保有已经拥有的财产；宪法财产权的重新分配则意味着对特定资源或份额的积极请求权。[161] 法律方面的讨论强调的往往都是财产权占有性的一面。不过，有可能当初美国制宪时，财产持有的模式（生产被视为以少量大致平等的财产为基础）意味着通过保护所有权的占有观念实际上就可以保证政治独立。[162] 大规模资本主义生产模式的出现使人们对这一假设产生了怀疑。倘若要维持政治独立所需要的条件，财富的差异以及个体对其他人之财产权力的依附就造成了需要重新分配的感觉。[163]

356 正如米歇尔曼所述，这一重点转变存在的问题是，难以形成以抽

---

[158] *Bowers v. Hardwick*, 478 U. S. 186 (1986).（该案已经为 2003 年 *Lawrence v. Texas* 案的判决推翻，后者在美国宪法史上具有里程碑意义。最高法院大法官以 6∶3 的裁决推翻了得克萨斯州将同性鸡奸入罪的法律。Lawrence 案裁定 Bowers 案认定的自由利益过于狭隘。多数意见认为亲密的合意性行为属于第十四修正案实体性正当程序保护的自由。因此，Lawrence 案推翻了美国各地将同性成年人之间私下合意的性行为入罪的法律，同时亦推翻了仅基于道德方面的理由将异性鸡奸入罪的法律。该案受到了同性恋者的欢迎，被认为是对其权利的认可。——译者注）

[159] Michelman, 'Law's Republic', pp. 1532 – 7.

[160] 见前文第十章第二节。

[161] F. I. Michelman, 'Possession vs. Distribution in the Constitutional Idea of Property', 72 *Iowa L. Rev.* 1319 (1987).

[162] Ibid. 1332 – 3.

[163] Ibid. 1334 – 7. 另见下文第十章第六节。

象、简单与客观的法律标准表现出来的、可以在实体上成立的分配规范；而且同样难以调和分配性与占有性的财产主张。倘若采取基于分配理由的司法干预，就会导致重新定位司法机关的作用并且明显改变通常认识的法治。〔164〕

尽管这一问题有些棘手，但倘若共和主义要构成公法的可行基础，就需要有某种解决方案。否则就不可能确定法院在该领域内应做些什么以保证对话的规定性社会条件；而且同样难以确定法院应对结果规定何种限制措施。为了得出这种解决方案，就必须向共和主义者提出两个不同的问题并由其作出回答。

首先，为什么公民需要财产份额，在现代以共和主义原则为基础的国家中他们应获得或需要多少份额？这一原则问题应当先于机构权限方面的考量，即要给出的答案能否产生可由法院实施的法律规范。尽管存在分歧，自由主义〔165〕与利益集团多元主义〔166〕都对这一原则问题作出了回答，而共和主义者同样必须如此。前述问题的两个方面（为什么与多少）显然是相关的。就“为什么”的问题而言，传统而且实际上现代的〔167〕回应都是，财产之所以是具有基本政治利害的问题，是因为其提供了公民献身公共生活所需之独立性的基础。在现代资本主义秩序之下，支持这一分配份额的原理是否仍然可信或可行将在下面进行讨论。〔168〕目前假定该原理仍然可信，这种公民需要之分配份额的性质同样还必须被赋予更大的明确性。例如，这些份额可以采取最低收入要求还是福利权的形式。

其次必须解决的问题关系到期望之分配权利的制度实现问题。有 357
两种选择可供考虑：立法机关与法院。倘若因为前述原因分配权利不容易载入法律规范，这种分配目标的阐述仍会给立法机关带来政治性的义务。例如这就是罗尔斯采取的、实现其分配正义观念的进路。〔169〕

此外，就这种分配方面的关注容易或不容易在法律上表达而言，人们应区分两种不同的含义。要求法院笼统规定诸如最低收入权利以及这对经济政策方向带来的重要寓意可能是极度困难的。不过这并不

〔164〕 Michelman, ‘Possession vs. Distribution’, pp. 1321, 1334 – 6, 1349 – 50.

〔165〕 见前文第八章。

〔166〕 见前文第四章。

〔167〕 例如 Michelman, ‘Law's Republic’, pp. 1504 – 5, 1535。

〔168〕 见下文第十章第六节。

〔169〕 见前文第八章第三节（二）。

意味着法院应把立法机关进行重新分配的努力以不合宪为由加以否定。[170]

六、共和主义复兴：制度化的实现

倘若要适当评估共和主义复兴的可取性，对共和主义思想的规范基础进行考察就是十分必要的。此等机制的制度化实现需要的社会与经济前提同样重要，本节就准备对此进行考察。就其非常根本性的方面来说，这提出了共和主义理想与资本主义经济秩序的兼容性问题。前面已经考察过商贸与公共财政的出现给英国共和主义造成的张力。在此经济环境之下如何维持公共福祉与公民美德观念形成了争议的重要焦点之一。在19世纪美国共和主义思想的发展中亦可以看到类似的张力。

358 **(一) 共和主义思想的连续性与变革**

美洲人进行革命时认为人民是社会中与统治者对立的同质实体。但这种假定与美国的经历相矛盾，而且仅仅独立后几年就让美国那些最有头脑的人相信社会中的差异是“多种多样并且不可避免的”，多到了无法在政府中得到具体体现的程度。一旦人民被认为由彼此不同的各种利益集团组成，社会等级制度中所有循序渐进的有机链条就都变得没有什么关系，而是日渐强调社会契约的映象。人民不是根据利益的统一性有机结合在一起的团体，而是为了共同利益组建社会走到一起的对立个体的聚合。美国人以英国人一个世纪之前转换统治者的同样方式转换了人民：他们打破了人民之间的利益关联性，将其置于彼此冲突的状态，就像17世纪英国人把统治者与人民的利益分离并使其彼此对立那样。[171]

伍德如此总结他对美利坚合众国之创立的研究，因而回应了他此前的话，即美国革命是实现追求公共福祉之传统共和国理想“最后的

[170] See *Buckley v. Valeo* 424 U.S. 1 (1976); Michelman, ‘Possession vs. Distribution’, pp. 1340 – 5; O. Fiss, ‘Free Speech and Social Structure’, 71 *Iowa L. Rev.* 1405 (1986); L. Be Vier, ‘Money and Politics: A Perspective on the First Amendment and Campaign Finance Reform’, 73 *Cal. L. Rev.* 1045 (1985).

[171] Wood, *The Creation of the American Republic*, pp. 606 – 7.

努力”与“绝望的努力”[172]，代表着控制“正在形成的、无法得到证明之资本主义社会的自私与个体主义冲动”[173] 的努力。美国革命标志着“古典政治的终结”，标志着以混合宪法与均衡社会等级制度为基础、强调永恒与有序性社会之政治秩序设想的终结。[174] 无论如何，美国革命日趋紧张。结果或者是保留共和主义的措辞但逐渐改变其实体含义；或者是抛弃这一措辞，并且以更直接体现了私人利益等同于公共福祉的修辞取而代之。[175] 这一转变的原因非常复杂。变化中的经济秩序造成的张力与不同但却相关之政党概念的转变都是共和主义理念内容变化的重要原因。下面依次考察这两个问题。 359

对革命者而言，共和主义政府需要的是能够在其公民中培育美德的经济与社会秩序这一点乃是公理。[176] 正如前文所见，制宪者注意到了英国乡村派与宫廷派的辩论，在这一辩论中显而易见的是，在日渐由本质上自利的资本主义秩序推动的社会中难以献身公共福祉。因为担心被染有宫廷派诡计的腐败侵蚀是独立本身的一个重要缘由。与商业相伴之奢侈与贪婪的危险也是不断出现的论题。美国宪法的通过推动了如何最好地保护新生共和国以对抗类似罪恶的辩论。这就不得不以具体的术语界定共和主义，并且思考其存续需要的社会与经济条件。两种设想就逐渐显现出来，一种是麦迪逊与杰斐逊式的，一种是汉密尔顿式的。

麦迪逊与杰斐逊式的策略需要的是某位作者所谓跨越空间的发展。[177] 可以通过集中于农业生产很好地避免旧世界的罪恶，大量无主土地可供利用又会促进这一点，西部大开发提供了解决问题的关键。农业的剩余然后可以用来交换美国人自己拒绝制造的工业产品。[178] 美国社会因而能够维持在中等的社会发展阶段，并且防止堕入此前共和国特有的波利比乌斯式的衰退。以完全保有土地为重点就强化了古典共和主义的理念，即视拥有土地的人为致力于公共福祉之

〔172〕 Ibid. 54.

〔173〕 G. S. Wood (ed.), *The Rising Glory of America*, 1760－1820 (1971) 5.

〔174〕 Wood, *The Creation of the American Republic*, p. 606.

〔175〕 关于英国与此并无不同的发展，见前文第十章第二节。

〔176〕 D. R. McRoy, *The Elusive Republic: Political Economy in Jeffersonian America* (1980), 7.

〔177〕 Ibid. 136.

〔178〕 Ibid. 186, 236－7；另外见 pp. 83－5 早期类似论题的发展。

自主正直公民的典型。汉密尔顿式的策略则与这一理想形成了鲜明的对比。在休谟理念的影响下，汉密尔顿支持的是另一幅历时性的发展
360 愿景。[179] 他对经济上平均地权运动的可行性与可取性表示怀疑，并且接受社会的商业化不仅是不可避免的，而且是有益的。不太奇怪的是，人们担心汉密尔顿成为另外一个沃波尔*，在一开始就决定破坏纯洁的共和国。针对经济政策进行的辩论愈来愈类似乡村派与宫廷派之间的辩论，这一事实并非没有引起参与者本身的注意。

杰斐逊 1800 年当政以后，决定回到真正的共和主义经济原则，遏制汉密尔顿造成的破坏。[180] 尽管秉有这一愿望，但商业与制造业并不是很容易被挫败，其原因很有启发意义。一方面，相信完全保有土地之特性可以灌输某种公民美德的信念开始遭到质疑。[181] 许多土地投资的投机性及迅速转让以及随着西部大开发取得土地的相对容易，都共同促成了弱化完全保有的土地与其他财产形式之间的二分法。独立自耕农对美德的“垄断”遭到了动摇，商人与其他小制造商主张具有同等程度的公民忠诚。[182] 另一方面，商业仍然施加影响并且开始发展，这部分是因为麦迪逊—杰斐逊式的模式从来就不像前面表现得那么简单。体现为外贸的商业活动一直是共和主义设想不可或缺的组成部分，正是这种贸易吸收了过剩的农产品。体现为“必需品”制造的商业活动同样也获得了接受。让人不悦的更多是大规模工业与奢侈品的生产。不过，即便这一担心也必须与游手好闲和颓废造成的罪恶进行权衡。[183]

〔179〕 Ibid. 136，146.

* Walpole，1676—1745，英国政治家，被认为是英国事实上的第一位首相。首相一词的正式官方使用出现于 1905 年。英国的财政由委员会进行管理，沃波尔当时担任 First Lord of Treasury，该职位后逐渐成为同僚中最尊者。在 1827 年之前，倘若 First Lord 是平民，则同时担任 Chancellor of the Exchequer，即通常所说的财政大臣；倘若 First Lord 是贵族，则由 Second Lord of Treasury 担任 Chancellor of Exchequer。在 1905 年之后至今，无论平民或贵族，First Lord of Treasury 同时就是首相；而 Second Lord of Treasury 就担任 Chancellor of Exchequer。注意，当时汉密尔顿担任的职务就是财政部长。——译者注

〔180〕 McCoy，*The Elusive Republic*，pp. 152－3，185－6.

〔181〕 R. Berthoff，‘Independence and Attachment，Virtue and Interest：From Republican Citizen to Free Enterpriser，1787—1837’，in R. L. Bushman，N. Harris，D. Rothman，M. Solomon，and S. Thernstrom (eds.)，*Uprooted Americans：Essays to Honor Oscar Handlin* (1979)，110－12.

〔182〕 Ibid. 113－15.

〔183〕 McCoy，*The Elusive Republic*，pp. 112，113，116，150－1，237，242，243.

政治危机往往会导致重估社会与经济规范。18 世纪 80 年代的商业问题促使某些人修正了其关于共和政体制造业之作用的观点。[184]
1812 年的英美战争及其后果导致共和主义的支持者进行类似的重新定
位。企业利益早就形成了共和派的一种因素[185]，而战后的辩论就更明 361
确地强调国内制造业的发展以及为美国产品提供广阔的国内市场。某些杰斐逊党人开始接受大规模制造业的必要性与不可避免性。但这并没有“突然倒向汉密尔顿式的设想”[186]，而是微妙调整共和主义的理念以适应变化世界的迫切需要。因而共和主义者开始把制造业的价值理解为确保充分就业与避免游手好闲的手段。

不应过分夸大共和主义思维的这一转变及其对现代性的调适，对农业社会的留恋与对工业的惧怕不是在一夜之间摆脱的。尽管在形式上仍然留恋日益陈旧的理念，但评论者们既注意到共和主义措辞实体含义的逐渐变化，亦注意到其逐渐被更直接体现私人利益等同于公共福祉的措辞取代。因而伯特霍夫指出，古典理念愈是在 19 世纪经济制度的动态现实面前后退，美国人就愈喜欢按照这种方式认识自己。[187] 商人们声称是旧式自耕农经济美德、节俭与诚实的继承者，私人在物质方面的成功和国家繁荣与公共福祉的等式变得更加接近。尽管正在形成的自由放任经济理念可被明显用于支持这一推理，但人们仍偏好以更受尊重的共和主义意象表达同样的结论。辛勤工作、自我牺牲与追求物质私利可能被描述为公民美德的精髓，与游手好闲和罪恶的鬼怪形成了对照。[188] 自由企业开始被视作“共和主义伦理的核心”，而“企业家的成功”被视作对公共福利的投入。伯特霍夫很好地记录了这一变革的力量。

> 其造成的无政府状态与寡头政治比古罗马或沃波尔时的英格兰的
> 任何东西都更有诱惑性，因为变革的动力是共和主义理念本身。早在 362
> 美利坚合众国一百周年庆之前，1776 年时“同样自由与独立的”公民在 1876 年已经开始堕落为汇集两种古典幽灵的现代化身：被美国人高尚的独立梦想解放了的企业家统治着变得如此贪得无厌以至只羡慕

〔184〕 Ibid. 106，112 – 13.

〔185〕 Ibid. 188.

〔186〕 Ibid. 238.

〔187〕 ‘Independence and Attachment’，p. 106.

〔188〕 Ibid. 119 – 20.

其成功的社会。[189]

正如前文所述，与变化经济秩序造成之张力相伴的还有相关但却不同的政党概念的转变，这一转变同样起到了改变共和思想实体内容的作用。

政党或宗派在18世纪的讨论中是一个不光彩的称号。[190] 宗派利益抑制了否则就会形成的总体合意；是局部利益借以把其意志强加给社会的机制；是与追求公共美德与公共福祉对立的。前面已经考察了在制宪者看来宗派起到的作用。自私被植入了人性当中，并且通过宗派在政治生活中得到了体现。正如前文所见，这一问题的麦迪逊式“解决方案”以及其在多大程度上可以被解释为多元主义或修正共和主义还存在异议。

不过，与这里相关的是政党在随后年代里起到的作用。制宪者很可能认为宗派是不可避免的，但并未笼统地认为是可取的。因此并不让人意外的是，新生共和国最初50年里的显著的论题就是试图终结政党冲突。这一点的实现主要不是通过调和不同政党的利益，而是通过尽可能地吸收反对派，而让剩下的作为重要的少数派。[191] 寻求一致同意这一点十分符合传统共和主义之合意、献身公共福祉与避免派别冲突的理想，但这并不要求消除政党的所有意见分歧，而只要消除不可调和的与强烈的分歧即可。

363 只有后来政党竞争是一件积极事情的理念才发生改变。范布伦是其首要设计师。据称政党可以被视作将冲突制度化的手段，以及在全国层面培育普罗大众不同派别之凝聚性的手段。[192]“反对派”应受到重视，其本身是对政府权力的制约。[193] 政党应被视作正当的，就其存在的条件来说也是如此。官职委派与预备会议不再被视作执行机关腐败的重要表现。[194] 共和主义的修辞被召来提供援助，即政党竞争

〔189〕 ‘Independence and Attachment’, p. 120. 另见 R. Berthoff and J. M. Murrin, ‘Feudalism, Communalism and the Yeoman Freeholder’, in S. G. Kurtz and J. H. Hutson (eds.), *Essays on the American Revolution* (1973), 282 – 4。参见 Wood 表述的类似论题，*The Rising Glory of American*, pp. 8 – 9; McCoy, *The Elusive Republic*, p. 188。

〔190〕 Hofstadter, *The Idea of a Party System*, pp. 12 – 13, 41.

〔191〕 Ibid. 151, 152.

〔192〕 Ibid. 226.

〔193〕 Ibid. 251.

〔194〕 Ibid. 225 – 6.

能够“鼓舞人民，消除冷漠，遏制欺诈与腐败并且有助于更大的社会安宁”[195]。就像无法掩饰前述经济秩序转变那样，援引共和主义的论题同样不能隐藏这一情境下实体变更的显著性。

英国摄政时期政治家采取的最具决定性的改变在于其打破了国家全体一致的陈旧理念，或者超政党合意的理念，并且接受了持续存在的反对派具有其自身价值这一理念。他们看到了放弃从博林布鲁克到华盛顿与门罗一直萦绕人们心头之社会和谐这一古老理念的必要性，并且接受政治竞争与冲突之有益、建设性的贡献。这样做最终意味着接受反对派是永久存在的事实。[196]

日渐接受政治竞争与冲突、抛弃超然和谐的观念为现代政党制度的发展铺平了道路。这为党内竞争提供了基础，每个政党内的不同利益都会设法谋取权力。这符合经济秩序变动的认识，这种认识越来越多地把私人利益之间的竞争视作是有利于公共福祉的。

（二）制度化的实现：困境与未来前景

孙斯坦与米歇尔曼提出之修正共和主义的制度化实现的首要关注
点是有限的。两位作者都把其重点放在全国性的代表与指引社会趋向 364
共和政体之法院的作用。由于经济与社会政治方面的缘由，这一关注点太过狭窄了。

认为这一关注点过于狭窄的经济缘由源于前述分析。就规范方面而言，倘若共和主义的分配正义观念被认为要求某种形式的经济平等，倘若不可能通过法律规范实现，那么要实现这一目标就必须给予经济组织的总体结构更多关注。这一观点可以得到前述历史性考察的支持，该考察证实了难以调和共和主义理念与正在形成的资本主义秩序。倘若维持现有秩序的基本经济制度不变，而重点放在司法学说的修正方面，那么结果共和主义将在多大程度上复兴呢？[197]

由于社会政治方面的缘由，集中关注法院与全国性代表亦是过于狭窄的。以法院与全国性代表为重点会转移下述关注，即公民无论在全国还是地方政府过程发挥更直接作用的可能性。公民参与政府本身

[195] Ibid. 251；另见 pp. 252－3.

[196] Ibid. 248.

[197] 这一点获得了一定程度的承认；例如见 Sunstein，‘Interest Groups’，pp. 72，76，77；和‘Beyond the Republican Revival’，pp. 1552－3，1576－9。

这种更极端提议的可行性以及现代社会容纳这一提议需要的制度变革因而没有进行怎么详细的讨论。[198] 此外，可以说包括宪法对话在内的政治对话都是在各种机构中进行的，包括诸如公司与公民协会等名义上属于“私人性的”组织；而由这些机构产生的价值亦会影响司法学说。[199]

不过，不能以大而化之的方式简单支持进行更激进变革的可能性。任何此种取向的变化都必须接受与更温和之建议相同的审查。为了确定其规范有效性、其实现需要的制度条件以及对公法的寓意，就
365 必须认真评估要求进行激进变革的提议。下一章将就最近两项激进变革的提议进行这些方面的讨论，唯有如此方能就我们面临的选择作出实际的评价。

---

〔198〕 诸如产业民主这样的题目有所提及，但分析仍然集中于法院与全国性代表。

〔199〕 P. Brest, ‘Further beyond the Republican Revival: Toward Radical Republicanism’, 97 *Yale L. J.* 1623, 1624, 1628 (1988)；另见 P. Brest, ‘Constitutional Citizenship’, 34 *Clev. St. L. Rev.* 175 (1986)。

第十一章
激进的参与式民主观

一、导言

从前述讨论明显可以看到，孙斯坦、米歇尔曼与阿克曼具有刺激 366
性的著作可以导致相当激进的变革，但也可能影响十分有限。社会既
有的制度结构通常得到了维持，公民美德或者被置于法院监督之下的
全国性代表，或者存在于提供公民实际上无法实现之自我统治的法院
本身。其重点在于司法学说将社会导向共和政治体的力量。[1] 反思
与经验让我们相信实际上可以实现的只是相对适中的变革方向，而最
近著作中更激进的寓意是行不通的。不过在认同此等结论之前，人们
必须理解关于参与式民主更激进的解释，而且对公法在此制度下可能
的作用进行评估。

本章的论点将按照下述方式进行组织。首先，考察最近巴伯与昂
格尔提出的关于参与式民主或赋权民主的两种设想。正如前文所见，
某种参与式民主的可能性是多元主义批评者当中反复出现的论题。[2]
以巴伯与昂格尔的著作为重点的理由在于两位作者都相当详细地描
绘了这种社会安排的理论与制度层面。这就促进了考察该理论的规
范基础、其实现需要的制度环境以及公法在这种社会中的作用。只 367
有通过考察这些问题方能就这种事业的可取性与可行性作出实际

〔1〕 不过孙斯坦（C. R. Sunstein, 'Interest Groups in American Public Law', 38 *Stan. L. Rev.* 29 (1985)）承认通过自主行动的法院可以使政治过程更接近麦迪逊式的观念是极不可能实现的（p. 68）。

〔2〕 例如 T. B. Bottomore, *Elites and Society* (1964)；C. Pateman, *Participation and Democracy Theory* (1970)；C. B. Macpherson, *The Life and Times of Liberal Democracy* (1977)；P. Bachrach, *The Theory of Democratic Elitism: A Critique* (1967). 见前文第三章第二节（四）。

判断。

其次，本章的讨论将集中于这些并非总是不证自明的理论潜在的核心规范假设。本章将批判性地分析这些假设。该阶段的分析还会考察实现这些目标需要的社会制度秩序，更明确地揭示权力分散化与集中化之间存在的张力，而且质疑这些理论实际上在多大程度上能维持自身的主张，即社会应进行持续性的变革。

最后，讨论公法在参与式民主中的作用。这包括讨论这种理论能在多大程度上成功避免据称困扰自由主义政治理论之下法院的困境。

二、两种参与式民主设想

(一)“强势民主”

强势民主显然是现代形式的参与式民主。该民主依靠的是由公民组成之共同体的自我统治观念，这里的公民与其说是由同质利益不如说是公民教育结合在一起的，与其说是其利他主义或良好品性使之具有共同目的与共同行动，不如说是根据其公民态度与参与制度。强势民主符合——实际上依赖——关于冲突的政治学、关于多元主义的社会学以及公私行动领域的分离。其并非天生敌视现代社会的规模与技术，因而既不墨守古老的共和主义，亦不墨守面对面的乡土观念。然而，其挑战了西方伪装成民主的精英与大众政治活动，而且如此为我们具有工具性、代议制以及自由主义三个倾向的所谓薄民主提供了相关的替代选择。[3]

368 巴伯就这样开始他对强势民主的阐述。下面依次考察该命题的理论与制度层面。

就强势民主理论而言，以公民行动体现出来的参与具有不可或缺的意义，公民行动是目标所在。正是这一活动促进了共同体的创立。[4] 参与必须包括那些进行自主选择的公民，不过这种选择承认

〔3〕 B. Barber, *Strong Democracy: Participatory Politics for a New Age* (1984), p. 117. 巴伯提供了下述强势民主的“形式”定义（p. 132）：“参与模式的政治活动，其中冲突是在缺少独立基础的情况下通过下述方式解决，即不断进行的、类似自我立法的参与程序以及创建能够将依附性的私人个体转化为自由公民、将局部私利转换为公共福祉的政治共同体。”

〔4〕 Barber, *Strong Democracy*, p. 133.

公共行动即便不能说是完全正确的但至少必须是理性的。[5] 冲突的存在被视作既定的，但强势民主试图通过公民参与、公共商讨与公民教育的中介转换这种冲突。转换对该理论而言处于核心地位，由此与自由主义民主的讨价还价和裁判形成了对照。[6] 参与的方法与目标包括：个体利益表达；价值再造；能够进行公共思考[7]而且能够“根据真正公共福祉设想共同未来”[8] 的公民团体。

就独立于诸如自然权利或契约论等外在规范而言，这一理论被认为是自足的。[9] 转换在这里再次起到了作用。行动的正当性并非取决于抽象的权利概念或人民同意本身，而是取决于“进行参与的公民的积极同意，这里的公民通过确定与感受其他人价值的过程以想象的方式重建了其自身作为公共规范的价值”[10]。就此而言，该理论是一种程序理论，借助公共对话这一媒介辩论、提炼与转换个体价值而使之正当化。因而，公共行动并非是从某种预先假设推演出来的，而是通过公众参与以及共同体的商讨行为创立的。诸如自由、平等与正义 369
等观念并没有起到预设的决策标准的作用；其具体内容是争吵不休的政治辩论主题，就其内容的回答亦不断被重估。[11]

强势民主描述的关于人的设想据称完全不同于自由民主理论的。后者据称把人描述为孤立、对抗的，是出于恐惧或需要而缔结社会关系的生物。[12] 参与式民主把人设想为通过社会达到自我实现的社会性动物。个体依附于他人，但这种依附性只有通过共同的公民身份方能被充分正当化。

公民与国家之间关系的性质相应地也是不同的。[13] 自由民主理论假定个体为自治主体，通过诸如先在契约约束自己。公民身份成为公民与政府之间的一种关系，而平等公民之间的纽带仍是私人性的。公民与国家之间的关系成为交互控制与责任性的关系。这一协定通过

〔5〕 Ibid. 135.

〔6〕 Ibid. 119, 135.

〔7〕 Ibid. 178.

〔8〕 Ibid. 197.

〔9〕 Ibid. 42－4, 135.

〔10〕 Ibid. 137.

〔11〕 Ibid. 151, 156－7.

〔12〕 Ibid. 213－15.

〔13〕 Ibid. 217－23.

代表本身以及诸如司法机关等外部媒介进行监督。而在强势民主主义者看来，社会行为并非基于个体独立性的某种东西。人被视作社会性的存在，依附于他人。公民之间的纽带就成为这种自然依附的正当化手段，而不存在自由民主标志性的政府与公民的严格界分。个体通过参与自我统治的公共机构介入政府。

前述强势民主的理论框架可以通过考察其制度化的实现进行补充。巴伯充分认识到用“令人信服的现代做法”补充“引人注目的理论”存在的问题。他承认，强势民主的制度框架必须是现实的，而非乌托邦的。[14] 这种框架必然不能屈从于罗曼蒂克式地回归此前的做法，必须能够处理现代社会特有的规模与科技问题。正因如此，巴伯建立了自己的制度框架以补充“大规模现代社会的主要代表机构”[15]
370 而且与之兼容。只有通过修正自由民主方能实现强势民主。

这一修正呈现为多种形式。[16] 邻里集会应引入所有地区，这些集会提供了各地讨论地方与全国问题、表达不满与保护地方利益的论坛。另外亦需要更宽泛的论坛考量地区性与全国性的问题，而且巴伯支持运用科技促进沟通并且防止由规模造成的问题。应当建立新的公民沟通协作组织，负责建设性地运用通讯与科技。为了促进公民教育，应资助邮政部门提供政治与经济方面的信息。地方公职应通过抽签决定，对直接参与来说过大的城镇集会应该采取代表制，代表亦由抽签决定然后进行轮换。无论在各州还是国家层面，都应更多运用公民复决。应当试行某种形式的教育券，交通与住房亦可如此。应当考虑普遍的公民服役，包括军事性质与非军事性质的，而且应试行产业民主。

（二）“赋权民主”

昂格尔最近的著作无论在厚度还是广度方面都是非常显著的。[17] 总结通常很复杂之论点的精髓很难，但却是必需的。就最笼统的层面

〔14〕 Ibid. 261－2.

〔15〕 Barber, *Strong Democracy*, p. 262.

〔16〕 Ibid. 261－311.

〔17〕 这一著作包括三个部分：R. M. Unger, *Social Theory: Its Situation and its Task* (1987); *False Necessity: Anti-Necessitarian Social Theory in the Service of Radical Democracy* (1987); *Plasticity into Power: Comparative Historical Studies on the Institutional Condition of Economic and Military Success* (1987)。

而言，其目标是提供解释性的社会理论，提出社会重建的方案。这两个论题最好分别讨论。

1. 解释理论。昂格尔社会发展与变迁的解释理论既有消极的一面，亦有积极的一面。

消极的一面专用于削弱其所谓的两种主要社会解释模式：深度结 371
构理论（deep-structure theory）与实证社会科学。[18] 马克思主义被视作深度结构理论的主要例证，该理论据称具有下述某些核心特征：一方面，“区分每种历史情形下实际与想象路线的冲突与造成这些日常冲突但同时抵制其破坏性效果的基本框架、结构或背景”[19]。这种框架本身被视作不可分割的社会组织形式，不过却可以在不同社会与不同时期进行重复。另一方面，这些框架被视作“类似规律的趋势或深层经济、组织与心理制约”[20] 的结果。深层结构理论之所以遭到否定，既因为并不存在“少数可能的社会发展轨迹”；亦因为所谓类似规律的趋势或具有决定性的限制“无法解释社会生活框架的实际特征与结果”[21]。那些“如此模糊结果事后可以被用于解释一切”[22] 的规律完全掩盖了解释方面的失灵。

实证社会科学据说是一种迥然不同的社会解释进路。该进路将社会生活视作不断调和利益与解决问题的一系列事件，否认起塑造作用的背景与被塑造的路线之间的对比具有核心地位，结果削弱了我们的下述能力，即把“社会生活制度性与想象性的整体安排视作某种相关、不同而且可以取代的东西”[23]。实际上，这种框架无论如何仍然存在，但是遭到了掩盖，结果是支撑该框架的前提并不容易显现或进行驳斥。[24]

昂格尔著作**积极**一面在于提供了一种可选择的社会理论，避免了其认为深层结构理论与实证社会科学存在的问题。这些复杂观念的精髓可以表述如下：

个体不断陷入困境。他实际上无法如一切都任君选择那般行事，

〔18〕 *Social Theory*, pp. 1－18, 87－113, 130－65; *False Necessity*, ch. 1.

〔19〕 *False Necessity*, p. 14.

〔20〕 Ibid. 15.

〔21〕 Ibid.

〔22〕 Ibid.

〔23〕 Ibid. 16.

〔24〕 Ibid. 16－17.

372 但同样没有理由认为任何具体情境都是确定的。同样，个体必定生活于某种共同体当中，然而任何这种共同体都具有压制个体的风险，使其接受不合理的等级制度与支配关系。〔25〕昂格尔的核心论题在于这些张力可以在下述程度上降低，即我们可以设计情境“给予我们修正这些情境本身的工具与机会并且因而帮助缩小维持情境与转换情境斗争之间的反差”〔26〕。

构成性情境在抗干扰能力方面有所不同。“世袭等级、以社团方式组织的等级以及社会阶层标志着制度性与想象性框架越来越容易遭到挑战与修正。”〔27〕构成性情境背景越是容易改变，个体被赋权的感觉就越大。打破构成性情境会破坏稳定的社会等级制度，并且通过下述方式对人民进行授权，即赋予其对共同的活动条件更大的个体与集体掌控度。

具体的构成性情境并未被视作“要么存在要么解体”的不可分割整体，也不属于“社会组织预先确定的可能存在形式”〔28〕。不过，正如下面会看到的那样，具体的构成性情境并不是“可以自由组合或置换因素的随机排列”〔29〕。要实行具体的构成性情境可能需要某种具体的社会经济制度。通过寻找最不稳固、最容易转换的构成性情境，就削弱了不合理社会等级制度存在的风险，提升了真正赋权给个人的可能性。

2. 社会重建与赋权民主。昂格尔主张的社会重建方案同样具有所谓消极与积极的方面。

其分析的消极一面意在表明我们当前采用的构成性情境仍然“太过固定”。这些情境保护某种社会等级划分而且将某些支配关系永久
373 化。据称任何社会存在的构成性情境都会受工作组织联合体、私人权利联合体与政府组织联合体影响或塑造。〔30〕昂格尔接着提出，当前赋予这些核心论题的解释并不能让人满意，因为相关解释起到的是固化某些支配模式与等级制度的作用。通过考察其在私人权利组织与政府组织中的运用就可以很好地理解这一论点。

〔25〕 *False Necessity*, pp. 32 - 3.

〔26〕 Ibid. 32.

〔27〕 Ibid. 35.

〔28〕 Ibid. 36 - 7.

〔29〕 Ibid. 37；另见 pp. 95 - 6，126。

〔30〕 Ibid. 68 - 75.

在昂格尔看来，目前的私人权利制度是以某种绝对或几乎绝对的财产权观念为轴心的，意谓“就社会资本可分割的部分存在几乎绝对的请求权”〔31〕。就时间方面而言，这些权利是绝对的，意即通过自愿转让或继承而不被破坏；这些权利在范围方面同样几乎是绝对的，意即就这些财产的用途而言几乎没有什么限制。这一财产观念“预设”了某种契约学说并且“由其预设”〔32〕，其中相关规范就是详细阐述的协议。要是容许由信任与依赖得出义务就会破坏“统一的财产权以及仿照其建立的整个权利制度”〔33〕。

据称前述权利观念具有两项互补的功能。〔34〕一方面界定了一种“前政治空间”，该空间尽管在理论上可以为立法机关控制，但实际上仅通过选举政治受微不足道的影响。另一方面，将“组织市场的具体方式及其支配与依附方面的影响与个体保卫其自主空间的工具联系起来”〔35〕。构成性环境的这一方面因而就通过赋予“老板与投资经理人有权凭借积聚的财产组织劳动者”并且设定“抽回资本就可以阻挠改革的条件”〔36〕巩固某种具体的社会安排。

现有的私人权利制度遭到了批评，既是因为其限制社会变革，亦是因为其被削弱本身的悖论所困扰。因此据称契约与财产制度“倘若
没有与整个制度明显精神相对的安排，就无法调整人民实际交易的关 374
键性特征”〔37〕。雇佣关系与共同体纽带可以作为这一张力的例证，其中“对明显共同弱点的承认超过了针锋相对的严格算计”〔38〕。此外，古典财产权与合同法律的核心特征不断遭到例外学说的侵蚀，这些例外给核心观念留下的作用空间很小。〔39〕

当前的政府组织同样遭到了批评，原因在于其使与修修补补相对的实际变革运动变得徒劳无功。保护公民不受国家侵害的制度安排同样可以确保社会安排的基本结构保持不变；可以防止权力的构成性情

〔31〕 Ibid. 70.

〔32〕 Ibid.

〔33〕 Ibid.

〔34〕 Ibid. 71.

〔35〕 Ibid.

〔36〕 Ibid；另见 pp. 195－6。

〔37〕 *False Necessity*, p. 200.

〔38〕 Ibid. 201.

〔39〕 Ibid. 204－7.

境发生改变，即便改变该情境就是某个政党的竞选纲领也是如此。削弱就国家重建能力规定之限制的企图遭到了质疑，因为这给个体面对统治者的安全问题造成了威胁。[40]对于政府的制衡有所增强，这同样增加了“要加以控制或说服其同意方能有效动员国家权力支持变革目标之独立权力中心”[41]的数量。

结果是政党冲突往往围绕着实现某个集团微不足道之利益的可能性进行，而不是认真重构权力的实际构成性情境。[42]

> 在西方发达民主国家中，政党政治实践属于某种独特的政府组织和政党竞争形式。这种形式不是与市场一起体现自由意志之联合的单纯方法，而是帮助再现一种独特的社会组织，这种社会组织有多个具体阶层与等级，而且致力于实现某种可能且可取的协作方案。[43]

昂格尔分析的积极一面是描述了一种可替代的社会安排形式，这种形式缩小了情境维持路线与情境转变斗争之间的区分，而且使个体更真实地成为自己生活的主人。

375 该方案提供的这样一种社会设想，其中人民通过制度安排的发展获得了更充分的授权，这种制度安排既缩小了框架维持路线与框架转变斗争之间的鸿沟，亦弱化了既有的社会划分与等级制度。这之所以是一种赋权民主方案，是因为其有希望提供个体与集体赋权的各种形式，其中部分是通过赋权民主本身实现的：即通过将从属性的社会生活扩展到民主参与与冲突。[44]

昂格尔接着详细描述了这种授权民主将采取的形式。这幅图像描述了在此等民主制度下存在的政府与经济组织形式，还描述了其中存在的权利制度。为了从整体上理解与评估该理论，我们就必须简要考察一番这些因素。

在赋权民主下，政府组织的目标就是要提供一种制度，既防止任何宗派持续支配国家权力，又为转变性活动提供最大的机会。[45]为了实现这些目的，昂格尔超越了将国家权力分为执行、立法与司法分

〔40〕Ibid. 72.

〔41〕Ibid.

〔42〕Ibid. 72－3，207－8.

〔43〕Ibid. 219.

〔44〕Ibid. 362.

〔45〕Ibid. 450.

支的古典技术，因为这种组织模式会抑制创新活动并且巩固既有的秩序。[46] 昂格尔政府组织的核心论题是增加政府分支的数量，同时把交叉的职能赋予不同的国家机关。[47]

政府的决策中心包括传统的执行机关与立法机关，但据称并非按照传统方式进行运作。立法机关本身具有两项职能：确保执政党实施其纲领、负责解决其他政府分支之间的冲突。立法本身是由执行机关设计的，而“内阁与理事会在服从立法机关与其他权力分支规定之限制的情况下进行统治”[48]。

这一方案最新奇的一点是建立按照赋权民主方案设想的方式在社
会转变中发挥主要作用的政府分支。这一分支的具体性质并不十分明 376
确，但其原理与性质似乎如下：我们已经看到政府组织的两个目标就是要防止国家被某个具体宗派操纵，促进所有可能的转变活动。这些目标据称需要建立一个机关负责扩大获得“通讯、信息与专门知识手段”的机会，而且有能力“通过赞成或否决的倡议干预所有其他社会机构并且改变其运作”[49]。

无论司法机关还是立法机关都被认为不适合承担这一重要任务，结果该工作被赋予了一个新的政府分支。这一分支的官员由“国家其他权力分支、舆论团体与全体选民联合投票”[50] 决定。在该组织任职的那些人应从下述领域中挑选，即“使其熟知社会中具有重要意义的各种不同思想模式”的领域。[51] 这一新政府机关拥有重组主要机构与重建社会的宽泛权力。似乎更传统的政府分支可以抵制这一新机关的命令[52]，但至于这些政府分支的相互关系如何，很多尚未得到解释。[53]

并不让人意外的是，政府结构仍然强调权力的分散化，但这要采取的两种形式与通常的建议有所不同。[54] 其中一种进路容许拥有在更高当局确立的规范之外进行选择的附条件权利，只要这样做的当事

〔46〕 Ibid. 444－8，456，457.

〔47〕 Ibid. 449－51.

〔48〕 Ibid. 460.

〔49〕 *False Necessity*，pp. 450－1.

〔50〕 Ibid. 451.

〔51〕 Ibid. 453.

〔52〕 Ibid. 453，457.

〔53〕 参见下文第十一章第四节（五）关于该问题的某些讨论。

〔54〕 Unger，*False Necessity*，pp. 474－6.

人是相对平等的，只要这种关系并不会使其中某人处于“永远的被压制关系当中”。另外一种进路则更为传统，试图重新分配从更高到更低政府当局的权力，只要这种地方分权不会支持“地方性的等级堡垒”。那些鼓励自愿联合的建议则为权力分散化的建议提供了补充。[55]

377 赋权式民主下的经济组织从根本上偏离了既有的安排。现有的经济组织形式遭到了批评，因为其赋予了一小撮人在作出投资决定方面发挥不成比例的影响从而损害了自由。这就因减少在社会与经济生活方面进行试验的机会降低了经济安排的“可塑性”[56]。

昂格尔经济纲领的核心论题在于我们应抛弃支撑既有经济安排之绝对、统一的财产权观念，而且用具有多层资本获取者与投资者的循环投资基金取而代之。最终的投资者是执政党控制的社会投资基金；最终的资本获取者是工人、企业家等对这一资金“可分割部分提出临时与附条件请求权”的一批人。[57] 资本不是由中央基金直接分配，而是由中央基金将资源分配给诸多半独立的专门进行某种投资的投资基金。中央政府则通过下述方式进行控制，即分配资本、停止其运作以及设定更具体的基金分配资本给最终获取者的界限。[58] 具体的投资基金可以为了资源彼此竞争，可以通过拍卖或循环对资本进行分配。资本拍卖意味着下述观念，即在允许的范围之内，主要的资本获取者可以通过给相关基金支付比当前利用者更高的价格购买彼此的资源。资本循环或资金配额需要投资基金发挥更加直接的作用，必须主动重新分配资本给新的获取者，并且聚拢可能的获取者。[59]

资本获取者在很多方面都受到了限制，所有这些都与绝对财产权的瓦解有关。因而其并未取得所获得之资本的永久权利；一旦达到了私人致富与经济投资的具体界限，额外的资本就要返回投资基金进行重新分配。同样不允许公司通过内部增长或兼并不断扩张。[60] 据称源自绝对财产权及其培育之财富积累的等级制度与支配关系造成的危
378 险，可以通过瓦解此种权利并且防止形成庞大金融帝国的方式予以抵

〔55〕 Ibid. 476－80.

〔56〕 Ibid. 483－4.

〔57〕 Ibid. 491.

〔58〕 Ibid. 491－2.

〔59〕 Ibid. 495－6.

〔60〕 Ibid. 492－3，496，497－500.

消。这一经济框架以及该方案其他部分存在的难题还会在下面进行讨论。

正如昂格尔承认的那样[61]，这些经济目标的实现预设了一种不同的背景**权利制度**，现在人们就必须求助于这些权利。这里潜在的观念是权利必须以下述方式保护个体的安全，即“既要将制度安排免于挑战与冲突的可能性降到最低，又要将某些个体轻易把其他人降为依附地位的可能性降到最低”[62]。

昂格尔具体列举了四种权利形式。豁免权（immunity rights）保护个体“不受公共或私人权力集中造成的压迫，防止被排除在影响其生活的重要集体决定之外，反对经济与文化方面之剥夺的极端情形”[63]。这种权利既包括传统的公民自由，亦包括福利权。[64]

打破稳定的权利（destabilization rights）保护的是“公民下述的利益，即敲开大规模的组织或仍对普通冲突的破坏效果封闭并因而维持社会等级与优势地位不受影响的广大社会实践领域”[65]。这种权利既具有消极性，亦有积极性。就消极方面而言，当机构因不受冲突的影响已经导致了稳定的支配关系时，这种权利就拒绝保护其对抗打破稳定的冲突性活动。就积极方面而言，打破稳定权利促成的干预应改变现有的实践或机构。这种权利可以借由前述关注社会重建的政府特别分支而非普通法院予以实施。[66]

市场权利（market rights）机制起到的是实现前述经济组织方案的作用。[67] 这种权利具有两个一般的层面。一方面，源自投资基金与资本获取者之关系的权利。这些权利强化了下述观念，即获得资本的途径是附条件的、暂时的，例如设定取得资本的时间或资本的用 379
途。另一方面，在资本获取者之间发挥作用的权利。个体在政治当局规定的范围内互相之间可以自由缔结契约，而“普通的”契约与财产权规则在此情境中亦可以发挥作用。[68]

〔61〕 Unger, *False Necessity*, pp. 502, 509.

〔62〕 Ibid. 513, 516.

〔63〕 Ibid. 524.

〔64〕 Ibid. 526 – 9.

〔65〕 Ibid. 530.

〔66〕 Ibid. 532.

〔67〕 Ibid. 520 – 3.

〔68〕 Ibid. 522 – 3.

社会连带权利〔69〕是昂格尔赋权民主下的最后一种权利。这种权利意在赋予依赖与信任的社会关系以法律形式。这种权利体现了一种共同体理念，这并不是说预设了共享价值必要的同一性，而是体现了社会当中共存之个体的共同弱点与相互依赖。这种权利无须通过普通法院实施，其中某些借助仲裁可以得到很好的推进；而其他的则可能根本无法严格实施。

三、规范基础

显然巴伯与昂格尔的观点在许多方面都是不同的。这些分歧不止在于框架的细节方面，更重要的是在于支撑其观点的规范基础方面。此外，这两种理论支持社群主义目标的程度也存在巨大的差异。只有通过揭示这些基础我们方能评价其规定方面的可行性。

（一）强势民主：没有基础的基础？

在巴伯看来，强势民主理论是一种程序理论。他不断重申这一点，而且将其与其他依赖诸如正义、权利或自由等独立理由的民主理论相提并论。那么，用什么可以“防止共同体自我立法的权利变成多数派专制的伪装”〔70〕呢？倘若不诉诸先在的标准，那么用什么防止将严苛法律强加于弱势的少数派呢？巴伯承认这一问题是存在的。他
380 的解决方案不是要退回到极端道德怀疑论者的立场，道德怀疑论者因为没有什么可被视作确定的而不愿意进行介入。他的方案依靠的是内部的自我管制。合理性、共同性、参与和公民身份为对抗这种多数派行为提供了主要的防范措施。程序保护的是实体，该实体是能够不断转化与修正的实体。〔71〕选择内部自我管制而非外部控制部分是基于实用主义的缘由，部分是基于观念的缘由。倘若容许司法审查对抗多数派专制就会从后门引入预设权利的观念，而这种观念正是该理论急切要驱除的。此外，这种外部控制会妨碍该理论标志性的可转化性与灵活性。就此分析可以进行两方面的相关评论。

〔69〕 Ibid. 535－9.（Solidarity rights，我国大陆有学者译作团结权，台湾地区学者一般译作连属权。——译者注）

〔70〕 *Strong Democracy*, p. 158.

〔71〕 *Strong Democracy*, pp. 160－2.

首先，尽管巴伯不断否认，但似乎他也是从某种独立的理由出发建构该理论其他部分的。他似乎认定某种独立理由的概念、外部控制或先于政治存在的原理都必然具有明确的实体性。〔72〕因而罗尔斯与诺齐克无论在进路方面差别多么明显，因其分别依赖与原初状态、正义和权利有关的断言都遭到了巴伯的谴责。〔73〕相形之下，程序则被视作自我限制与自我矫正式的。但根据巴伯质疑诺齐克的方式，即“为何是权利”或“为何不是义务”，同样可以提出“为什么是程序”的问题。

当然，现在的情形是所有民主形式与其他决策形式一样都需要某种程序。不过，正因如此，作为出发点的具体程序设想才是至关重要的。某人据以奠定基础的程序形式隐含着本身就存在争议的前提假设。强势民主设想的程序就体现了具体的共同体、自治与转变性观念。如此构想之程序的支配地位以及因而否认抽象权利的观念体现了下述观点，即这些前政治性权利的观念都是建立在“沙滩”〔74〕之上。但很难理解的是为何整个这种具有争议的命题就不能像罗尔斯或诺齐克的观念那样作为建立政治制度的“独立理由”〔75〕。应当采用的程序 381
类型及其与其他目标之间的关系构成了不同民主形式关键性的区别特征之一。比较不直接但更具代表性、通常与自由主义民主相关的程序观念选择的是在代表参与、有效执行公务与维护某些权利之间保持平衡。〔76〕

其次，在这种参与式民主设想下，宪法性审查可以采取的方向仍然问题重重。司法审查之所以遭到排斥，部分是因为无论根据权利、正义、公平还是其他什么进行界定的“前政治性规范”亦遭到了排斥。〔77〕因此，即便如前文所述，巴伯本人的命题确实具有建立该理论其他部分的“独立理由”，亦与德沃金或罗尔斯的命题不同，其拒绝接受以这些理由为依据对司法审查进行解释。

不过，关于司法审查的这一研究还应稍稍推进一步。巴伯渴望表

〔72〕 Ibid. 42，156.

〔73〕 Ibid. 135.

〔74〕 Ibid. 43；另见 p. 137。

〔75〕 仅下述事实并不能满足这一点，即强势民主内含了支持变革与转变的能力。虽然具体的结果可以变化，但强势民主的框架仍然是不变的。

〔76〕 关于罗尔斯理论中这一点的详细讨论，见前文第八章。

〔77〕 Baber，*Strong Democracy*，pp. 130，142－3.

明其理论并不会牺牲自由、平等与社会正义等传统民主价值。其中心思想是我们不应集中关注“前政治性的”根源、抽象的正义或权利的“认识论地位”。参与者而是以自身的道德典范、利益、善的观念以及原则接受政治活动的检验。[78] 这些价值完全可以从自由主义者提供的那种制度形式中得出。不过，这种价值的正当性则源自其被民主政治过程“接受而且借由其实现转换”。诸如正义等概念并不是以抽象的方式进行对待的，而是被视作竞争性观念的象征，这些观念不断遭到挑战、修正与重新解释。参与式民主因而并不是以道德怀疑主义为基础的。事实恰恰相反。“强势民主主义者希望将不确定性转化为合理的集团行为，而非因不确定性之名保护个体对抗所有的集团行为。”下述观念是不存在的，即道德真理方面的怀疑主义证明关于就政治选择采取不可知论是正当的。[79]

382 这一政治活动设想会给法院带来某种宪法方面的作用，不过巴伯本人的看法与此相反。该理论确实具有源自社会冲突的某种公共福祉观念。冲突被用作实现合作的手段，而不是所有共同行动的障碍。强势民主的首要目标就是要创立“能够真正进行公共思考与政治判断并因而能够根据真正的共同福祉设想共同未来”[80] 的公民集合。无须依赖“自由主义的”权利观念，宪法性审查是可以被用来推进这一设想的。

（二）赋权民主：没有结构的结构？

昂格尔的社会理论相当复杂。本章并不试图处理其提出的所有重要问题，其中许多都超出了本书的范围。此处的讨论集中于那些与当前研究直接相关的方面，讨论的问题有三：第一，考察转变性事业的界限。第二，分析这些界限隐含的规范假设。第三，评估实现期望的规范性结果与借以实现该结果的制度机制之间存在的张力。

1. 转变的界限

只有当我们日常的社会经验赋予我们挑战与修正社会基本制度结构之各个方面的机会与手段时，更彻底地将社会生活从虚假需求中解放出来的努力方会取得成功。就这一结构的每一主要特征而言，都必

[78] Ibid. 152，156.

[79] Ibid. 161，162.

[80] Barber，*Strong Democracy*，p. 197；另见 pp. 226，232。

然对应于一种使其易于实现的实际或想象活动；且这一活动必须是我们在日常冲突与关注中可以利用的。

昂格尔诸如这段的引语[81]在其最近的著作中经常出现。这传递的印象是赋权民主的运作没有任何限制性结构。任何事情都必须是易于实现的；没有什么社会安排可以被视作是不可改变的；转变是持续 383
不断的过程，可以进行选择、检验试验，而且现状无论多么短暂都是可以被动摇的。偶像破坏者、打破稳定者既是理想中的公民，亦是赋权民主的支持者。

这一印象是错误的。并非任何事情都是易于实现的，而且只有当其破坏使制度朝向正确方向发展时偶像破坏者才会受到尊重。打破稳定本身是不对称的，因为赋权民主是以某种善的观念为根据的，这种观念必然会给转变性活动的方向规定界限。仔细解读昂格尔本人的推理就可以明显看到事实确实如此。正如昂格尔所述："需要明确的是，正如赋权民主方案并非基于至善论假设那样，其同样并不意味着在竞争性的人格与社会观念之间保持中立。"[82]

这一点一经阐明似乎就是显而易见或不言而喻的。不过由此得出的关于赋权民主支持的转变性活动之界限的结果却是十分极端的。这些结果赋予了该方案完全不同于诸多前述那种引语的"感觉"。两个相关的论题说明了赋权民主下转变性活动所受限制的性质。

一方面存在着源于社会经济条件方面的限制，这些条件被视作建立赋权民主必备的前提条件。前面已经叙及昂格尔不喜欢深度结构理论。不过，同样明确的是昂格尔认为某些社会经济制度形式与赋权民主不相容。[83] 因而尽管人们可以否认制度秩序以整体的形式存在或瓦解，但这并不意味着"所有的制度安排与想象的前提条件可以与所有其他因素结合在一起"[84]。就形成构成性情境的制度要素而言存在着限制，而且历史经验"表明某些东西并在一起根本不起作用"[85]。倘若其"包含了摆脱虚假需求的迥异措施"，具体制度安排就无法融合为稳定的构成性框架。[86] 384

[81] *False Necessity*, p. 449；另外见如 pp. 572－5。

[82] Ibid. 365；另见 pp. 557－60。

[83] Ibid. 126，134，164，166，168，169.

[84] Ibid. 126.

[85] Ibid. 166.

[86] Ibid. 166.

因此打破稳定的目标在于帮助确立昂格尔所谓最优程度授权的社会经济条件。打破稳定的政府分支并非把任何事情都视作是易于实现的，而仅是那些支撑相关命题之赋权方面的制度发展。那些会被认真对待的变化与“修正”就是有助于实现这一目的的那些。其他大量提议进行的改进，无论与财产占有形式、公司规模的限制有关还是与权利资格的根据有关，都会面临充耳不闻的遭遇。更温和一点说，这些建议会被客气地加以考虑，且被客气地加以拒绝。

另一方面，转变性活动所受的限制还体现于承认哪些权利。正如前文所见，赋权民主是保护豁免权的。不过豁免的意思受到了严格限定。

> 尽管赋权民主的政制要求存在有效的豁免，但其并不是与所有可能的安全观都兼容的。例如，个体可能感觉其关键方面的保护要求其生活于静态政体之下，而且具有可支配的、体现为统一财产权形式的私人财富。可能只有当其具有终生从事某项工作的保障或以某一特定等级惯有之方式生活时，他才会感到安全。赋权民主的政制体现的社会与个人理念与这种形式的安全理念并不相容。〔87〕

关于豁免权的性质，下面还会进行更充分的讨论。目前讨论的目标只是要强调因此给转变行为规定之限制的范围。支持与当前制度类似之契约与财产权形式的论点是不可能被接受的。“将大量经济生活从其影响范围有效排除而且大大限制生产与交换组织环境革新机会的权利制度会挫败”〔88〕赋权民主。权利与其存在的制度环境一样也不
385 是易于实现的。权利资格观念的试验与革新遭到了严格限制。转变与打破稳定作为导向所期望之民主设想的步骤受到了鼓励，不过却无法将以权利为基础的论点转变为其他某种民主观念。

2. 超级自由主义。显然昂格尔认为其理论是对自由主义而非共和主义的发展。据称“古典自由主义”的目标是赋予社会个体权利，昂格尔把自己的理论视作“超级自由主义”，可以在双重意义上更彻底地实现前述潜在目标。昂格尔的理论更彻底地摧毁了允许存在支配关系的结构，而且以承认人们不可能在不同善的观念之间保持中立为前提。〔89〕这一设想确实具有某种共同体意识，但却是建立在冲突与观

〔87〕Ibid. 514.

〔88〕Ibid. 169.

〔89〕Ibid. 557－60.

念分歧之上的。这一共同体设想的核心在于“明显共同弱点范围的观念，根据该观念人民有机会更充分地解决自我主张之成就条件存在的冲突：即忠诚和参与集体生活的需要与担心这种活动给其造成征服与丧失人格之虞的冲突”〔90〕。如此构想的赋权民主具有参与性质，更大范围的社会、政治与经济生活被引入了集体决策领域，而且相当强调权力分散与公民参与。不过这并不是基于共同理念与防止冲突意义上的社群主义设想。

昂格尔认为此等社群主义社会之实现不仅在经验方面不可行，而且在规范方面不可取。〔91〕据称古典共和主义理想〔92〕的实现既会带来物质方面的成本亦会带来精神方面的成本。之所以会带来前者，是因为其通过限制重建社会构成性情境的范围而限制革新等等。之所以会带来后者，是因为其会巩固某种不可取的社会形式。

> 这一社会学说的支持者一直主张可以预期其期盼之共和国的公民
> 会把集体福祉置于私人利益之上。但这一集体福祉的内容在捍卫权利 386
> 不可侵犯的范围对抗国内外之敌人时已经被消耗殆尽。只有通过共同的空洞方能确保各种主观性的同一；任何主观经验的丰富都会造成不和的积聚或无望的自私自利。〔93〕

关于这一规范框架可以进行三方面的评论。第一是重申前一章阐明的一点。共和主义可能易于也可能不易于招致昂格尔提出的那种批评〔94〕，即该学说给革新与试验规定了限制。不过，由于前述理由，认为赋权民主的转变性活动不受限制则是错误的。

第二，支撑“超级自由主义”的心理假设存在争议。邓恩曾经提出为何任何人都应相信“各种好斗的机会主义实际上有利于人类生活”，断定“对无休止自我重建的热情就像没有什么前途的集体政治方案一样，在个人层面就像是发高烧”〔95〕。高尔斯顿更有力地表达了类似的观点：

> 进行重建以满足现代空想家破坏偶像之渴望的世界，是一个任何

〔90〕 Ibid. 562.

〔91〕 Ibid. 556, 585－8.

〔92〕 见前文第十章关于共和主义的讨论。

〔93〕 Unger, *False Necessity*, pp. 587－8.

〔94〕 见前文第十章。

〔95〕 J. Dunn, ‘Unger’s Politics and the Appraisal of Political Possibility’, 81 *Nw. U. L. Rev.* 732, 748 (1987).

其他人都会望而却步的世界。大部分人类满足于既有的情境，并且体会到那些情境的断裂并不是赋予权利，而是剥夺权利。昂格尔如此轻蔑的日常生活并不是由少数人强加给多数人的，其之所以保留着通常的形式完全因为这是最合适绝大多数人的存在模式。〔96〕

第三个方面的评论与充斥于昂格尔规范框架的权利与分配正义观念有关。此前关于自由主义与公法的讨论表明这些概念的具体内容是
387 该理论更具有争议性的一个方面。尽管就这些问题得出了不同结论，但其论证模式具有某种共同线索。这些争议会围绕下述内容展开，即：有理由作为权利加以保护的利益；追求权利与追求其他社会目标之间的关系；个人保留本人某些属性的程度以及其对评论者支持的具体分配正义观念的寓意。

昂格尔本人的分析几乎没有直接援引这些观念。关于赋权民主的解释及其承认的权利形式与国家具有的广泛分配作用是以完全不同的方式进行的。这一论点模式的精义如下〔97〕：从赋予社会个体的权利这一前提出发，证明当前存在的或到目前为止存在的权利制度与分配正义仍允许某个宗派控制着社会并且借由确定的等级制度容忍支配关系的存在。

该推理形式就下述方面而言是存在问题的。有关权利的经验事实本身无法“证明”任何随之产生的支配关系在规范方面都是可疑的。双亲在限度范围内可以对孩子行使具有等级性的权力之所以不会招致批评，是因为我们承认证明这种权力具有正当性的规范理由。其他领域则更有争议。雇主对雇员行使的事实权力能否被证明具有正当性，取决于资本与劳工关系具有争议性的规范假设。换言之，权力的存在可能需要正当的理由。其他理论是通过下述方式提供这种正当理由的，即通过论证表明为何某种利益有理由作为权利加以承认，指出为何应按照相关理论支持者提议的方式解释对此等权利的拥有。

目前昂格尔确实承认这一难题而且试图以两种相关的方式加以回应。〔98〕一方面是隐含地运用以权利的利益论为基础的推理。〔99〕昂格

〔96〕 W. A. Galston, ‘False Universality: Infinite Personality and Finite Existence in Unger's Politics’, 81 *Nw. U. L. Rev.* 751, 759 (1987).

〔97〕 Unger, *False Necessity*, pp. 362－95.

〔98〕 Ibid. 365－8.

〔99〕 见前文第六章第三节（一）关于这一概念的讨论。

尔申明：“赋权民主的论点取决于下述信念，即我们关于安全、自由 388 和交际的通常需要确实具有内在关联以及我就赋权进行讨论时援用的制度寓意，而且我们的渴望几乎没有什么不是与这些形式的赋权有关。”〔100〕 昂格尔因而试图给关于经验性的假设披上规范的力量，方式就是主张这些利益之所以值得保护，是因为我们对其足够重视从而会按照其描述的方式进行解释，同样接受其阐述的由此给制度结构与权利带来的结果。

当然在这种笼统的层面上该回应是无法解决问题的。例如，我们对自由的需求应该按照昂格尔阐述的方式进行解释绝不是不言而喻的。前述关于该理论潜在之心理假设的讨论就很清楚地揭示了这一点。个体是否真的会把自由解释为不断进行自我矫正的能力与冲突，或者这种易变性是否应被视作剥夺权利都是极有争议的。因而“我们对自由的通常需要”是否确实具有昂格尔假定的内在关联与制度寓意必然是不明确的。我们“对安全的通常需要”是否必然会按照其描述的方式进行解释同样也是不明确的。例如，虽然可能导致某种事实上的支配关系，但人们很可能认为昂格尔希望废除的绝对财产权制度实际上比取而代之的制度为安全提供了更大的保护。与该结论相关的理由有很多。个体信奉的可能是洛克式的权利资格观念，或者可能认为与替代性的循环资本伴随的国家侵犯行为会造成不同形式的支配关系以及安全的相应缺失。〔101〕

另一方面，昂格尔试图通过讨论赋权民主经验主张与规范论点之关联解决两种讨论的关系问题。〔102〕 他提议将“规范论点理解为多种易变的历史性实践”。这些实践根据有关社会、人格、思想与语言的 389 不同理解而发生变化。关于“制度与想象情境之属性及其变化方式”的经验观念则有助于重塑我们据以讨论的规范假设。

这能否解决前面讨论的问题并不明确。不同派系的作者都在不同程度上接受了规范论点可以在某种意义上被视作植根于多种易变的历史性实践这一命题。〔103〕 造成困难的则是该论点的下一个阶段。该阶

〔100〕 *False Necessity*, p. 367.

〔101〕 见下文第十一章第四节（五）关于这一问题的讨论。

〔102〕 *False Necessity*, pp. 367－8.

〔103〕 例如 Rawls；见前文第九章第四节（一）；A. MacIntyre, *Whose Justice? Which Rationality?* (1988)。

段要求人们证明下述观点，即赋权民主要求的结果及其关于权利、制度与分配正义的具体说明即便在前述规范层面亦确实可以证明具有正当性。

假定这种制度与其他制度相比可以降低支配关系这一事实是真实的，但仍未解释为何这种事实上的支配关系在规范方面是可疑的。倘若要以循环投资基金取代绝对财产权，那必然不能仅根据后者赋予了所有者太多权力这一可以争辩的事实进行申辩。要使该论点让人信服，就必须表明为何这种权力在规范方面没有根据。〔104〕这就要求人们注意为何个体需要财产权的不同论点。因此将一般规范论证视作在历史上容易发生改变并未解决此等论点在某个临时框架中的具体运用。在讨论由赋权民主得出的公法寓意时还会再考察其他相关的难题。

3. 制度化的实现。本节将集中讨论实现赋权民主的目标与实现这些目标的制度机制之间的张力。通过集中关注循环投资基金与打破稳定分支这两个方面就可以例证不断自我修正的期望与源自赋权民主制
390 度结构的集中化约束条件之间存在的张力。

前面已经阐述了该经济制度的基本要素。倘若新的经济秩序要发挥效力，就必须以两种相关的方式增强中央政府的权力。一方面，中央政府必须对现有资本市场进行广泛控制。准独立的投资基金在对资本进行分配时必须受制于社会投资基金确立的界限。据称这些投资基金起到的作用"非常类似当代的中央银行"〔105〕。不过，倘若经济方案要发挥效果，不仅中央政府必须设定投资基金发挥作用的框架，其还必须节制其他诸如现有银行等机构根据其规定的以外的条件提供资本。实际上，倘若通常的投资活动被认为与投资基金的运作不相容，中央政府就必须加以阻止。

另一方面，倘若要有效实施被赋予的任务，就必须赋予投资基金本身宽泛的权力。取消绝对财产权制度等是为了防止不断聚集巨额资本。一旦企业投资达到了特定的界限，额外的资本就要返回投资基金重新进行分配。无论通过内部增长还是兼并形成的企业帝国都是要予以避免的。倘若这一制度要发挥实效，就必须赋予投资基金广泛的权

〔104〕 当然，这种论点可以以多种形式提出：例如 R. A. Dahl，*A Preface to Economic Democracy* (1985)；Paterman，*Participation and Democratic Theory*；J. Cohen and J. Rogers，*On Democracy：Toward a Transformation of American Society* (1983)，chs. 3，6。

〔105〕 Unger，*False Necessity*，p. 495.

力监控企业的规模、设定可允许之资本潜力的界限（行业与行业之间显然不同）、收回最初的资本重新进行分配。在此制度下进行操作的个体这样想是情有可原的，即与这种经济监督相伴的缺乏安全是赋权与可塑性的高昂代价。他们甚至会认为因而赋予投资基金的权力导致的支配系比此前存在的绝对财产权更有威胁。

打破稳定分支行使的广泛权力进一步例证了追求所谓给公民个人 391
赋权的目标时可能产生中央控制的危险。在前述讨论中显然可以看到打破稳定分支在打破既有等级制度方面的重要性。该分支的权力确实非常宽泛：其有能力通过否决或积极倡导的方式介入所有其他社会机构并改变其运作。下面还会讨论这可能带来的法律问题。这种权力的存在、其适用的裁量性与不确定性以及必然在中央层面运作这些因素都会导致创制权的集中化。难以使这种机构承担责任而且防止其成为新的压迫性支配关系这一点是非常现实的，即便当其从事对抗既有等级制度的工作时亦是如此。

昂格尔知道其方案显然存在集权化的危险〔106〕，其矫正方法就在于“最大限度地激励政府机构以外的冲突性集体动员活动而同时使政府机构最大限度地渗透这种动员活动的结果”〔107〕。这一矫正方法的功效很让人怀疑。为了实现制度的目标，就需要赋予赋权民主机构宽泛的权力。这就造成了前述其他民主理论中存在的困境：由强有力的中央政府使个体保持“自由”的必要性〔108〕或者以相关制度希望的方式进行“赋权”。正是因为昂格尔的赋权需要不断进行转变与修正，所以就需要强大的中央权力连同与之相伴的所有危险来维持这种转变的条件。利维坦的危险可以表现为多种形式。

四、参与式民主下的公法

本节的分析分两个阶段进行。首先，考察对传统宪法与行政法理论
更激进的批评者，这些批评者本身往往支持某种形式的参与式民主。其 392
次，讨论强势民主与赋权民主下宪法与行政法的属性自身。这里会考察就参与式民主本身而言是否不存在据称困扰传统理论的困境。

〔106〕 Ibid. 502－5.

〔107〕 Ibid. 505.

〔108〕 参见前文第五章第四节、第六章第二节（五）。

(一) 关于宪法理论的激进批评

图施奈特的著作可以最好地例证关于宪法理论的激进批评。他认为这种理论以调和有关法律与社会的三个基本命题为标志。〔109〕正当化原则断定司法审查被证明有理由取代立法决定的情形是存在的。限制原则申明法官不能为所欲为，而必须尊重对其行为规定的限制。价值中立裁判原则表明，在多元社会当中不可能存在作为安排社会制度标准的客观价值。〔110〕图施奈特认为伊利关于当时宪法理论的批评未能调和这些原则。他接着认为伊利本人的程序理论存在着同样的问题：例如，容许司法机关进行控制就违反了限制原则，而要求运作用客观价值标准则违反了价值中立裁判原则。〔111〕

结论就是这种不一致本身体现了自由主义的内在张力。〔112〕前两项原则回应的是昂格尔〔113〕所谓任意欲求的原则，根据该原则任何人都会被驱使满足不存在评价标准的欲望；这两项原则体现了避免“任意欲求的某人当权产生专制”〔114〕的必要性。因而司法审查的存在是
393 为了防止多数人专制，而为了排除司法专制就需要司法克制。据称自由主义并不能提供前后一致的、确定审查范围的机制，因而未能提供如何组合正当化与限制原则的方法。法治似乎可以填补这一角色。不过，法治或者是根据形式的、中性的方式进行界定但空洞无物；或者被赋予实体内容使其成为某种政治观点的婢女并因而抵触价值中立裁判这一原则。结论就是自由主义传统使宪法理论是必要的，但却又不可能存在。

> 之所以必要，是因为其提供了自由主义传统要求我们加于既包括当权者又包括立法者与法官的限制。之所以不可能，是因为没有宪法进路能够既有效地限制立法者又有效地限制法官：倘若限制法官，我们就会使立法者不受限制；倘若限制立法者，我们就会使法官为所欲为。〔115〕

〔109〕 M. V. Tushnet, 'Darkness on the Edge of Town: The Contribution of John Hart Ely to Constitutional Theory', 89 *Yale L. J.* 1037, 1038 (1980).

〔110〕 就不可能就提供这种基础的客观价值达成合意而言如此，而非必然不可能发现哲学上有效的正义原则；ibid, 1038 n. 2。

〔111〕 Ibid. 1045 – 47.

〔112〕 Ibid. 1057.

〔113〕 R. M. Unger, *Knowledge and Politics* (1975), 42 – 6.

〔114〕 Tushnet, 'Darkness on the Edge of Town', p. 1061.

〔115〕 M. V. Tushnet, *Red, White and Blue: A Critical Analysis of Constitutional Law* (1988), 313.

根据某种共有价值与公民美德占据支配地位的共和主义制度，宪法理论则是可能的。不过，既然“该共有的制度而非我们人为设计的统治机构限制着立法者”，那宪法理论也就没有必要了。[116]

（二）关于传统行政法理论的批评

弗鲁克的著作可以作为对行政法激进批评的例证。他对以利益集团多元主义作为正当化与调整官僚机构权力的方法提出的抨击并不仅仅是指出前述利益界定等方面的困难。他的著作更为激进。弗鲁克的异议是，利益集团多元主义需要某种主客观因素的结合，这些因素的具体结合是无法被证明的。[117] 据称证明官僚机构权力正当性的任何努力都具有两方面的任务。一方面说明这种权力受到某种客观性、某种共有价值限制。另一方面表明官僚机构并未窒息自我表现，并未否定个性 394
的主观价值。这些说法每一个都是另一个“危险的补充”，不断威胁蚕食另一个的领域。下述引语就记录了由此给多元主义造成的张力。

> 多元主义设想的主观性问题是为了确保所有相关的主观因素都被包罗在决策过程中；否则该过程就是不合法的。客观性问题是为了确保冲突的结果不会超越立法框架的限度……不会造成费时耗力的冲突；否则决策过程就会产生混乱。[118]

主观性与客观性之间的扭曲本身在参与者的选择、赋予其观点的权重以及这种集团发挥作用的规则中得到了体现。例如，参与者的选择涉及利益集团参与决策过程的主观主张与行政部门从事工作的客观需要之间的微妙平衡。赋予参与者观点的权重取决于人们将其视作纯粹追求自己狭隘部门利益的派别，还是官僚阶层应服务的“大众”的集体化身。倘若以前面的主观方式认识集团，那么行政官员就应被赋予更大的、偏离其观点的自由。

弗鲁克鼓吹的进路是参与式民主。这种民主模式并未声称要“解决”社会生活的问题。民主被视作人民“为自己创立生活于其中的组织化存在形式”[119] 的过程。人类与社会关系的标志是相互依赖与转

〔116〕 Ibid. 59；另见如 p. 146。

〔117〕 G. E. Frug，‘The Ideology of Bureaucracy in American Law’，97 *Harv. L. Rev.* 1276，1286 (1984).

〔118〕 Frug，‘The Ideology of Bureaucracy in American Law’，p. 1361.

〔119〕 Ibid. 1295－6，1386.

化，对制度进行转变以防止形成新的支配关系与等级制度的能力是其核心组织论题。这一设想与前述正面引征之巴伯设想的关联是显而易见的。

这一主客观冲突造成的张力本身可以被视作自由主义民主的产
395 物，其方式类似图施奈特评论宪法理论时描述的那样。这一论点如下。

巴伯认定自由主义民主中有三种倾向在发挥作用：无政府主义、现实主义与极简主义。[120] 无政府主义倾向视人为生活于自然自由状态下的自主存在。这种所有人都拥有的自由存在自我毁灭的风险，要确保不出现霍布斯式的设想就需要进行保护。现实主义倾向提出创设主权者以阻止个体之间的这种“战争”。不过，这种创立活动本身在取消一种对自由的威胁的同时却以另一种取而代之。如何控制国家权力的过度行使呢？无政府主义与现实主义倾向之间的张力带来了第三种倾向，即极简主义。政治活动被视作无法共同和平生活的自主人类之间的关系，通过限制放弃个人自由、保障某些权利的方式防卫无节制的国家权力。不信任纯粹的多数派权力，努力通过制衡与鼓励多元联合的方式控制这种权力。

据此观之，主客观二分法造成的难题体现了自由主义理论本身存在的竞争性张力。[121] 因而我们关注保护主观性就体现了自由主义民主的无政府主义倾向。主观性、个性的观念源自无政府主义倾向，这种倾向将人视作只接受对其独立性最低限制的自主个体，给这种独立性规定限制的官僚机构权力必须加以限制。客观性体现了现实主义与极简主义倾向的混合。自然状态的危险使得有必要确立主权者。主权者的正当性随着公民权的扩大而增加，下述论点的说服力也会增加，
396 即由官僚阶层代表实施的立法机关意志昭示着客观公正的结果。客观性的这种现实主义主张本身必然会被极简主义的倾向加以缓和。除了由选民本身提供的概括性保护之外，还必须对保护者规定某些限制。获得公民权支持的立法意志将体现客观的解决方案这一信念仍然给下

[120] *Strong Democracy*, ch. 1. J. Rawls 在 *A Theory of Justice* (Oxford, 1973), 228－30, 240－1, 497－8 中基本上承认这些倾向。

[121] 关于自由主义如何依赖主体与客体区分的哲学讨论，见 M. J. Sandel, *Liberalism and the Limits of Justice* (1982); M. J. Sandel, 'The Procedural Republic and the Unencumbered Self', 12 *Pol. Theory*, 81 (1984); 比较 C. Fried, 'Liberalism, Community and the Objectivity of Values', 96 *Harv. L. Rev.* 960 (1983)。

述可能留下了空间，即这可能不适当地损害个体的主观自主性因而要求有相关机制对这一权力进行限制。

（三）关于激进批评的评价

前面已经考察了关于公法的激进批评。[122] 这里简要归纳一下其论点的精髓，因为其对理解此后的讨论很重要。

关于自由主义之激进批评及其对公法的后果取决于对政治理论结构的理解。当揭示了这些结构特征之后，前述批评的力量也就削弱了。

任何政治理论都具有德沃金所谓的构成性与派生性政治立场。[123] 构成性立场指的是因其自身之故而受到重视的政治立场，“因而倘若无法充分保障该立场或程度有所降低，都会造成整体政治安排相应的损失”。某个具体理论可能由多个构成性立场组成，没有任何一个是绝对的；这些立场彼此之间可能存在冲突。派生性立场是实现构成性目标的策略。因而某一理论认为自由企业值得重视，可能并非因为其本身，而是作为实现效率这一构成性立场的机制。这一二分法具有三个方面的意义。

首先，确定某种具体政治理论的支持者真正支持其构成性立场显然是至关重要的。例如，是否自由主义真得忠于图施奈特运用的价值中立裁判就非常可疑。罗尔斯与德沃金的道义论自由主义自然强调国
家不应牺牲其他可能的善的观念而吹捧某种具体善的观念。不过就法 397
院具有保护与促进原初状态下达成合意之正义原则的作用而言，其必然要求法院就诸如两种自由发生冲突时的相对重要性作出价值判断。[124]

其次，就实现构成性主张的最佳方式而言，任何政治理论都会存在分歧。可以最好地实现功利主义、共和主义或自由主义之核心目标的策略或派生性立场，总是一个争论不休的问题。构成某一政治理论核心的构成性立场并不必然规定其据以实现的某种具体派生性策略，不过可能将某些选择排除。即便具体政治理论仅具有或据称仅具有一种构成性立场时，就实现预期目标的最佳派生策略而言仍会存在相当的分歧。

〔122〕 参见前文第九章第二节。

〔123〕 R. Dworkin, *A Matter of Principle* (1985), 185, 408 n. 1.

〔124〕 参见前文第八章第三节（一）1，第九章第四节（三）。

再次，实际形成的具体派生性策略事实上会体现构成性目标之内的竞争性张力或倾向。我们已经看到某个政治理论可能由多个构成性立场组成，而当确定更具体的派生性策略时就必须对其进行权衡。每个这种抽象的构成性立场本身就是某些对抗性倾向的产物，而所产生的更具体的规则则有赖于这些倾向之间的混合。巴伯关于自由主义下无政府主义、现实主义与极简主义三种倾向的描述就可以作为该观念的例证。毫无疑问某些人会不同意赋予这些标签的具体含义。不过重要的在于竞争性倾向这一观念，诸如罗尔斯等尽管并没有明确运用这些标签，但得出了同样的要点。[125] 任何政治理论都有一个或多个构成性立场，而任何政治理论都具有前述意义上的竞争性倾向，这些倾向会塑造更具体的策略，就派生性策略作出的决定就会体现那些倾向之间的权衡。

因此，关于自由主义与公法的激进批评必须以两个假设之一为根
398 据。一个假设可能是不同的政治理论不会像自由主义那样遭受竞争性倾向的折磨。这一论点是经不住检验的。不同的政治理论，诸如图施奈特[126]与弗鲁克[127]两人支持的强势民主，具有其自身的构成性立场，而且具有自身的竞争性倾向。此等理论固有之倾向的具体混合将影响关于具体派生性策略的决定。这一平衡或混合过程的性质是存在争议的，而且正如下文表明的那般，其与自由主义本身之下的过程同样复杂。

激进批评潜在的另一个假设是自由主义下的具体倾向在某些方面存在“缺陷”，而这些缺陷在某种替代理论中是不存在的。现在这可能对也可能不对，但该问题从未以此进行过讨论。要维持这样一种论点，就需要对自由主义以及某种替代理论的哲学基础进行详细分析。这就需要人们以目前尚未有过的方式考察这些理论的实体或内容。

但激进批评实际上还是有价值的。其有助于我们看到当把构成性原则转换为更具体的法律术语时可运用的派生性策略的宽泛性。解构传统法律学说并且展示其内在张力的这一过程亦具有启发性，而且也有裨益。尽管如此，就其他政治理论会使我们的选择比较不复杂而言，自由主义并不对此“负责”。任何政治理论都具有构成性的立场；

[125] *A Theory of Justice*, pp. 228－30, 240－1, 497－8.

[126] *Red, White and Blue*, p. 315.

[127] ‘The Ideology of Bureaucracy in American Law’, pp. 1295－6, 1386.

任何政治理论都具有影响该理论的对抗性倾向。这些倾向的具体权衡会影响我们就派生性策略的选择，包括具体的法律学说。

（四）强势民主与公法

1. 宪法。前面已经给出了巴伯拒绝接受宪法性审查的原理，并且对其进行了批评。[128] 正如前述，在此理论中是可以确定宪法性审查 399
的作用的，但既然巴伯本人明确否定这样一种进路，这样的工作就是很虚假的。此外，任何这种臆断都可能违背他本人对以权利为基础的论点的排斥。因此重点应放在巴伯的分析对行政法的寓意及其对前述激进批评的启发。

不过，简要评析巴伯的方案缺少宪法性裁判对前述激进的宪法批评还是很重要的。这一点的精髓如下，即强势民主主义者否定宪法性审查并未消除据称困扰自由主义民主的问题，而只是转移了其制度焦点。

有必要区分就多数派行为规定限制的原理与这一限制借以实现的制度中介。自由主义民主理论是以下述信念为依据的，即当前的多数派不应有能力干预某些权利，而且让司法机关协助防止这一点。然后就必须设计这种司法作用的界限以防止司法专制。强势民主理论同样是以应对多数派的行为范围进行限制这一假设为根据的，但其支持者回避依靠诸如法院等外部机关，而是把希望寄托于内部的自我管制与冲突转化。尽管存在着各种分散冲突的技术，但必然还会存在就多数派是否有权从事某些行为存在分歧的情形，例如立法结果构成了对少数派利益的歧视。

通过拒绝赋予法院任何宪法性审查的功能，强势民主可以成功避免界定司法机关在此情形中的适当宪法作用的问题。不过，结果不是避免就立法行为的正当范围作出“判断”，而是转换了此类批评的制度焦点。批评将来自立法机关内部和/或外部的集团，这些集团会提出详尽的论点说明为何其认为可以批评相关的结果。

与自由民主主义者依靠法院实现外部控制相比，这一过程有两个 400
特征值得注意。一个特征是强势民主下的批评同样源自外在于当前多数派的“集团”。当然，这里任何这种集团都不拥有法院那样的正式

〔128〕 见前文第十一章第三节（一）。

权力。这是显而易见的。不过，法院并不拥有垄断宪法对话的地位，我们假定的批判性集团进行的正是这种活动。这种批判性活动的实际影响取决于具体的环境，视情形而言其发挥的权力比司法机关或大或小。这一过程另一个值得注意的特征是必须或隐或显地确定这种外部批评之正当范围的限度，必须就下述问题作出某种评价，即要服从这种批评的多数派行为形式（例如该问题是否具有宪法意义）；外部集团的动机（例如确定其是受对公共利益的关注促动还是试图维持其狭隘的私人利益）；如何提出其主张（例如能否通过游说、非暴力反抗等进行）；以及提出的主张在实体方面的正确性。

强势民主主义者拒绝宪法性审查使其能够回避有关司法机关作用的原理与界限等棘手问题。不过，当其他社会机构提出多数派行为的正当范围时，就无法再阻止同类的问题了。

2. 行政法。那么，根据前面所述，强势民主如何使机构权力正当化呢？在此制度下，行政法应“是什么样呢”？关于正当性问题的回应似乎是不言而喻的。毕竟，难道公民参与与直接自我立法不就是整个事业的关键吗？公民行动、自我立法与程序既为该一般理论亦为其中机构权力的具体运用提供了证明。

由于三个相关的原因，可以说该问题远比这复杂。首先必须明确强势民主下的紧张关系。前面已经考察了自由民主理论中相互作用的
401 倾向，可以说强势民主亦具有自身的竞争性倾向，这些倾向可以被描述为个体主义、调和与社群主义的。其次，强势民主下存在的某些官僚机构致使无法做到直接、笼统的公民参与。这些机构的决策应如何正当化并不是不言而喻的。这一问题的回应可以说取决于选择三种倾向中的哪一种。再次，即便在可以做到公民更直接自我立法的制度结构下，可以说仍会存在竞争性倾向之间的张力。就公民自我立法实际需要的内容而言，这一张力的存在会得出非常不同的解释。

现在让我们看一下强势民主固有的三个倾向。个体主义的要素可以描述如下。尽管个体被视作与其同伴与社会互动的社会性存在，但其具有自身的利益与关注的问题这一点亦获得了承认。这些利益或关注的问题并非纯粹根据经济或物质的方式进行阐述的，而且可能部分是个体此前与社会其他公民互动的结果。尽管如此，在此过程的任何具体阶段，个体都具有其希望表达的观点与价值。因为强势民主主张不存在笼统的、证明整个计划的独立理由，具体重点就被放在“投入的均衡化”上。每个人的观点都被赋予了平等的起点，而不考虑其此

前的认识论地位。[129] 根据巴伯本人的主张，民主对话对我所谓之个体主义目标的功能就在于利益表达、自主与自我表现的维持以及说服。[130]

调和的倾向则具有下述含义。其中一个因素就是巴伯所谓的相互依存关系的考察。[131] 交谈被视作塑造共同基础的对话过程，其目的是发现跨越观念冲突的语言，而同时足以经受各方的追究检验。另一
个调和因素就是巴伯提到的亲善关系。[132] 这包括进行交谈以促进理 402
解他人的能力并因而促进合意与共性的形成。政治辩论议程的设定本身就会起到调和的功能。该议程并非预先被视作固定不变的，强大的精英集团亦不能僭越。这一议程是开放而且灵活的，是可以对迥异的个体观念进行分析的机制。总之，调和倾向的功能是促进选择方案表述、跨越观点差异、建立共同基础。

社群主义倾向体现的是前述两种张力的解决方案。在巴伯看来，最终的目的在于建设共同体，发展“能够真正进行公共思考与政治判断并因而能够根据真正共同福祉设想共同未来”[133] 的公民集合。社群主义倾向还体现了面临关于采取什么行为的不同观点时选择与行动的必要性。[134] 强势民主的目的在于通过公民参与转化这种冲突，但是承认当不存在普遍共同设想时就需要作出决断。强势民主以不断质疑、重新解释与重新评估为重点，目的就在于防止具体的共同设想变得僵化而且对参与过程产生免疫力。

这些倾向的关联方式部分取决于强势民主下的组织结构形式。某些公共官僚机构似乎可以继续存在。正如我们所见，巴伯坚持认为现代世界必然会看到强势民主的制度化以及与之相伴的规模与技术问题。就强势民主的方案而言，某些诸如公民通讯合作社等新的官僚机构实际上具有核心地位。其他诸如联邦通讯委员会与联邦贸易委员会等现有机构将继续发挥重要功能。这些例子并没有穷尽在参与式民主
下继续发挥作用之官僚机构的范围。这些机构在强势民主下的具体功 403
能很可能不同于其在自由民主秩序下的作用。[135] 这正是我们下一步

〔129〕 Barber, *Strong Democracy*, pp. 134, 135, 190, 192.

〔130〕 当然，说服亦可以为社群主义的目标服务。

〔131〕 *Strong Democracy*, pp. 182, 183.

〔132〕 *Strong Democracy*, pp. 182, 187 – 90.

〔133〕 Ibid. 197.

〔134〕 Ibid. 134 – 5.

〔135〕 另见 G. E. Frug, ‘Why Neutrality?’, 92 *Yale L. J.* 1591 (1983)。

要考察的内容。

既然某些行政机构在直接民主不可行的情况下还会继续存在，就必须存在某种机制告诉人们谁有权参与行政机构的进程，该行政机构是否受外部控制，这些控制形式为何，该行政机构与政府以及不同行政机构之间关系的属性是什么。这些以及其他大量问题都有待解决。任何解决方案都会体现潜在的政治理论或是关于该理论的解释。在强势民主的框架下，这些规则可能采取什么形式呢？当然，这是假设，但还是可以进行适当的猜测。

在笼统的层面上，应重视公民对相关行政机关决策过程的参与。这既因为公民行动对该理论而言处于核心地位，亦因为其坚持认为不存在证明政治决定有效性的独立根据。尽管如此，仍应为行政机关本身保留某些权力。有关实用性的考量会给公民参与的范围规定界限。此外还有确保对话结果与现有条例以及立法规定的总体框架保持一致的问题。

显然，关于三种倾向的不同解释可以合起来得出不同的强势民主行政法设想。这里可以简要说明三种这样的解释。一种选择是将主要重点置于在行政机关结构范围内最大化地保持公民参与与自我立法，由此会产生使公民参与机会最优化的规则，而且任何行为在被宣称为共同目标之前在行政机关内都有大量的对话机会。因此，个体主义的倾向获得了高度重视，调和过程可能被拉长而且是多中心的，而社群主义目标的实现则相对缓慢。

第二种选择的支持者可能不愿意承认就具体问题参与行政机关过
404 程的那些人总能很好地促进前述共同设想。权力的不平等可能会使行政机关不适当地倾向某个具体结论。因此他们会认为应赋予行政机关主持者更大的裁量权以偏离参与者提供的意见，并且/或者应给那些力量比较弱的集团提供援助以使决策过程的投入真正均衡化。他们还认为，公共行动的必要性意味着行政机关必须对集会的长短与形式保持相当的控制。因而这三种倾向的混合与第一种选择不同。就其体现了公共行动的必要性而言，社群主义因素被赋予了更高的地位，就其体现了实际的实体结果而言，社群主义因素是参与者信念与行政机关官员本身观点的混合。这一调和过程的形式同样会随着行政机关官员被赋予更大的、就推导模式规定限度的权力而有所不同。

第三种选择的支持者的出发点多少有些不同，官僚机构的正当性是“自上而下授权”与“自下而上授权”结合的结果。前者源于该行政机关是由国家立法机关建立的，可能还以公民复决的方式获得支持；后者源于公民通过抽签、邻里集会等等选择依靠该行政机关。公共福祉的首要保卫者成了行政机关本身。社群主义倾向就据此作出相应的解释，而且当接受公民介入具体决定时，强势民主的个体主义与调和倾向都是根据该背景进行解释的。此外，根据所实施之任务的性质，不同行政机关的情形可能倾向于不同的选择。

人们可能认为关于强势民主下三种倾向的不同解释只会影响到继续存在的公共官僚机构，而更直接进行自我的统治机构则不受这种张力影响。这是错误的，同样的问题还是需要解决的。下面让我们温故以便知新。

参与式民主是20世纪60年代学生要求民主社会组织（SDS）的
核心论题之一。[136] 他们的设想与巴伯的观点非常类似。政治活动应 405
具有典型的推导性质。具有社会意义的决策应通过公共集团作出；政治活动就是共同确立可接受的社会关系模式的方法；就是要引导人们走出孤立进入共同体；对立的观点应当加以组织以便解释作出的选择并且促进日标的实现；工作应当鼓励独立、尊重他人以及社会责任感；应当实行产业民主。

学生要求民主社会组织尝试将共同体行动方案作为转变美国社会的方式。这些方案指向的具体目标是帮助与动员穷人。为了最大化这些方案的影响，就应在这种社会团体之间建立联系，并且与其他激进集团联合起来。这样困境就变得很明显了。参与式民主与自我统治机构假定不存在由精英集团支配的组织结构。不过，组织性的规则似乎需要某种“劳动分工，其中组织者享有权力与信息方面的特权”[137]。

学生要求民主组织的主要组织性问题源自下述事实，即根据参与式的修辞招募新成员，而且试图按照此等修辞即足以创建非压迫性的平等社会那般从事政治工作。在地方分支的运作中，这通常意味着避免以选举的方式产生领导阶层（以反精英主义的名义），依靠长期的、非定式的群众集会（以个体参与的名义）而且缺少认真的战略思考（以自发性的名义）。这一运作模式的实际结果如下：由个体或派系精英进行操纵，因为不存在严格界定的领导责任这些人的运作不受约

〔136〕例如见 R. L. Hanson，*The Democratic Imagination in America*：*Conversations with our Past*（1985），pp. 298－309。

〔137〕Ibid. 305.

束；大量新成员醒悟到无法参与被操纵的群众集会，而且没有机会通过其他结构性的参与形式在政治方面进行发展；认真的激进分子则感到沮丧，因为既没有严肃的组织形式，也没有长久的方案。[138]

强势民主三种倾向之间的张力在这一引语中得到了体现。最初的
406 志向类似前述第一种选择。个体主义与参与式要素获得了高度重视；调和的程序被拉长而且是开放结构式的，结果社群主义的目标实现缓慢或可能根本无法实现。这一引语还揭示了当其志向在实际运作中发生扭曲时可能导致的功能紊乱结果。

这一例子无法简单地以特定历史环境的产物为由进行打发，其体现了任何自我统治机构都不得不作出的选择形式。巴伯本人就清楚这一点。[139] 他谈到了强势民主下难以解决的领导阶层属性，承认其与自我统治对立而且蚕食个体的自主性。尽管如此，领导阶层仍被视作既不可避免又是必需的。之所以不可避免，是因为自然形成的领导阶层的不可避免性植根于人类经历、表述与个性方面的差异，甚至最富平均主义性的共同体都具有这一特点。领导阶层之所以必要，是因为其可以发挥引导人民走向更大程度自我统治的必要"过渡性"作用；因为"尽管自然领导阶层具有滞后性的效果但仍可以促进参与性机构良好运作的作用"；因为其可以通过促进社会凝聚性与共同体而起到道德方面的作用。

因而我们假定的邻里集会等等其运作并不是不言而喻的。领导阶层的作用既不可避免而且又是必要的，但同样因为可能导致精英主义并且阻碍讨论而存在危险，所以必须进行分析。其中的推导过程形式也必须进行分析，同样还必须考察应当规定之结构的范围以及相关对话的安排，认真思考由此带来的社群主义目标应在多大程度上被视作孤立的或更宽泛行动方案的组成部分。这些以及其他许多此类问题的回答最终都取决于人们如何认识构成强势民主的个体主义、调和与社群主义倾向之间的相互关系。

前述讨论试图评估的是参与式民主下行政法的作用与方向。这里可以得出某些结论。自由主义民主理论很可能被其中的无政府主义、现实主义与极简主义倾向困扰，这些倾向本身可能导致不同的解释并
407 因而产生大量关于官僚机构与行政法的所谓正当化理由。不过，倘若

[138] Ibid. 306.

[139] *Strong Democracy*, pp. 238–9.

认为强势民主不存在内在张力就是错误的。诸如公民行动、自我立法、转变、相互依赖以及参与过程等笼统论题并未对如何组织与规定机构权力提供单一的、不言而喻的答案。这些论题提供了分析框架，其解决方案则取决于具有争议性的、如何解释与平衡强势民主下的三种倾向的假设。当然，这并不是要否定自由主义与参与式民主模式之间存在的实际差别，而是说倘若我们要遵循参与式民主的路径，等待我们的特殊问题与困扰自由主义民主的那些问题是同样棘手的。

（五）赋权民主与公法

1. 宪法与豁免权。前面已经描述了赋权民主下存在的一般权利制度。[140] 这里出现了四个与豁免权的性质和适用相关的重要问题。

首先，宪法性审查本身的存在并不十分明确。改革后的政制“要求”[141] 存在豁免权，寓意在于可以用其宣布侵犯豁免权的政府行为无效。不过，这一点并未得到明确阐明，而且如下文所述，这种权利与支撑整个制度的转变之间存在潜在的冲突。下述讨论假定可以通过某种宪法性审查保护这种权利。

其次，不同豁免权的排列或优先次序并不明确。前述关于自由主义与公法的讨论揭示传统公民自由与其他“基本物品”保护之间的关系是该理论最复杂的问题之一。[142] 公民自由优于福利请求权的理由仍是罗尔斯命题存在的一个难点。

相形之下，昂格尔就两类主要豁免权之间的优先次序并没有提供 408
多少指导：即传统公民自由与福利权。这一点之所以特别成问题，是因为昂格尔命题的性质使其冲突的可能性非常高。打破稳定分支的活动很可能侵犯某些公民自由而促进个体的福利。这种情形并不是难以想象的。

那些打破稳定分支的主持者可能将打破既有权力秩序视作不断通向赋权民主或维持赋权民主的组成部分。他们确定有必要剥夺某些巨型金融帝国的部分财产，这会促进实现赋权民主的经济目标，而这本身还会促进提供作为豁免权之组成部分的福利权。[143] 他们还确定这

〔140〕 参见第十一章第二节（二）。

〔141〕 例如 Unger, *False Necessity*, pp. 514, 516, 524。

〔142〕 参见前文第八章第二节（三）。

〔143〕 Unger, *False Necessity*, pp. 528 – 9.

种操作要成功就要在某种程度上限制那些反对这种发展的人的言论与结社权。他们担心那些当前拥有财力的人会运用这种力量发动昂贵的游说让人们相信当前的安排是明智的。为了促进福利权的实现可否以这种方式限制公民自由呢?

或许可以说，在前述例证当中实际上两种豁免权之间并不存在冲突。昂格尔明确说这种权利不能被作为镇压的工具或保护社会秩序对抗修正的手段。[144] 或许可以说那些反对打破稳定分支之活动的人就是试图这样做，因而事实上不能以这种方式运用其公民自由。

这一反驳并未解决前述张力。那些反对打破稳定分支之活动的人，无论在前述例证还是许多其他可以提供的例证当中，可能真诚地认为进行转变会降低对个体的赋权。他们可能真心希望说服其他人相信这种情形而且期望运用公民自由实现该目的。

于是就有两种可能的结果。或者人们主张任何运用公民自由对抗
409 打破稳定分支支持之变革的努力都是不正当的，意即人们这是在试图巩固既有的等级制度。因此打破稳定的分支可以限制这种自由而不会侵犯宪法上的保障措施。不过，此种结论实际上会导致该政府分支非常强大，而且严重限制豁免权的范围。或者人们必须确定公民自由与福利权之间的优先次序，假定相关变革会促进后者的实现。

前述讨论自然会带来关于豁免权的第三个问题。这就是这种权利(无论公民自由还是福利权)与打破稳定的进程的关系。昂格尔承认豁免权与打破稳定的进程之间存在一定的张力；不过这一张力曾否解决并不明确。

赋权民主的两个方面之间存在张力是很明显的。一方面，豁免权在某种程度上“无法进行修正”[145]。“在最初阐述时就豁免权就被尽可能严格地进行了界定”，“在行使时其被重新界定的空间与法律适用者的解释自由固有的空间相同”[146]。结果是“醒目地确定了各项豁免权之间的界限”，而权利拥有者则能“自信地区分法律保护与不保护其主张运用这种权利的实际情形”[147]。另一方面，豁免权必须满足两项消极的标准：必须不能提供压制工具，而且不能保护社会秩序对抗

〔144〕 Ibid. 516.

〔145〕 Ibid. 515.

〔146〕 Ibid. 530.

〔147〕 Ibid.

修正。[148] 倘若豁免权产生了前述任何结果之一，就不可能实现打破稳定的进程。显而易见，实现前述清晰性、确定性与明确性与倘若转变过程要取得成功就需要存在的易变性之间存在着令人不安的张力。

这一张力所谓的解决方案如下，其论点的精髓是要重新界定支撑豁免权的安全感的含义。因而，就一端而言，这种安全是由“具体生活方式的不可捉摸组成的，这里的生活方式是由某个集团在规定明确的共同体与等级秩序中的地位界定的”[149]。就另一端而言，这种安全 410
可以被解释为下面这样一组权利，这些权利对社会秩序其他部分的主要要求就在于其可以被不断地质疑与修正。[150] 不过在“由这两端界定的谱系”上存在着多种不同的情形。赋权民主的豁免权和统一财产权的关系与财产权和等级制度的关系是相同的。这种豁免权使个体就自身地位具有基本的自信，从而能够无畏地参与冲突与转换的过程，这种冲突与转换正是赋权民主下共同体决策的标志。[151]

不过这并未解决前述张力。人们可以承认支撑宪法权利的安全感可以按照不同的方式进行界定。但前述张力之所以仍然没有解决则是因为昂格尔本人的体系赋予豁免权的作用。这些豁免权是为了保护个体对抗压迫与经济剥夺的极端情形，而且在某种程度上确定与明确地实现这一点。不过，它们不能成为压迫或阻止修正的面具。然而，它们越是确定与明确，就越是必然会阻碍转变。赋予打破稳定分支的权力越大，豁免权就会越弱小，就越不可能实现被赋予的功能。个体对确定自己与他人交往的明确界限不再有把握；亦无法确信法律会保护其权利行使的情形。[152]

就某些方面而言，关于豁免权的最后一个问题是最重要的。正如前文所述，赋予这种权利的内容受到了期望实现的制度结构的严格限制。个体无法成功地主张其安全感需要秉有统一的财产权或请求具体工作的权利；亦无法主张生活在具有诸如稳定性与可预期性等法治属性的静态政治体下会有更大的赋权感觉。在赋权民主下，并非任何事情都是易于实现的，个体无法成功地提出以权利为基础 411

[148] Ibid. 516.

[149] Unger, *False Necessity*, p. 515.

[150] Ibid.；另见 pp. 525 - 8。

[151] Ibid. 524, 530.

[152] Ibid. 530.

的论点，这种论点与在赋权民主下具有核心地位的赋权感是不一致的。

2. 宪法、行政法与打破稳定的权利。从前述分析显然可以看到打破稳定的分支与打破稳定的权利在赋权民主中占有重要地位。这一新政府分支的活动造成了两方面的难题。

第一个问题是该机关与其他更传统的政府分支相比其宪法组织地位如何。打破稳定的分支要拥有重组主要机构以及重建社会的宽泛权力。这些功能不是被赋予既有的司法机关，而是被赋予为此目的特别设计的新机关。[153] 倘若其他政府机关无法“抵制与侵犯这一矫正性机关的管辖范围，该机关就会成为最重要的国家权力”；然而其他这些权力分支的抵制肯定不能“说是自 18 世纪的传统继承而来的职能权限严格分配，即制衡的例证”[154]。

不过，打破稳定的分支与其他政府机关之间的关系的准确性质并不明确。考虑到该新分支具有宽泛的权力以及前述给其规定某些控制的必要性，亦很难想象它们如何共存。这种冲突可能在两种不同的情景下产生。

一方面，因为打破稳定的分支自己主动与既有等级制度作对，所以可能产生冲突。这种主动性可能没有获得立法机关的授权，而且很明显该新分支被期望能够以这种方式运作。实际上其建立的原理正是普通立法机关不太适合承担这一任务；立法机关关心的是对既有权力秩序与党派竞争短期的微调而非长期的系统介入。[155] 然而倘若打破
412 稳定的分支以这种方式运作，就会遭遇就宪法性审查与司法机关干涉主义政策之正当性提出的传统主张。[156] 这些问题可能会因为新机关并非法院这一事实而被加剧，至少当法院采取这种行动时还有可能就所提议之变革的可取性提出对抗性的主张。打破稳定的分支是否亦应受制于这种程序性规则并不明确，而且这种规则不容易适应该机关的结构。

另一方面，打破稳定的分支与传统政府机关之间可能产生冲突的

〔153〕 参见前文第十一章第二节（二）2。

〔154〕 Unger, *False Necessity*, p. 453.

〔155〕 Ibid. 452 - 3.

〔156〕 另外见 Unger, *False Necessity*, p. 451，昂格尔将司法机关赋予禁止令救济方面的作用与诸如学校、医院等组织的作用进行了类比。

情形是，前者认为后者正被希望巩固其地位的具体权力秩序侵蚀。该新机关的目标就是要“剥夺保护这种地位的、处于萌芽状态的特权”[157]。不过实现该目标的模式并不明确，似乎宪法在某些情形下会规定一种复决权。在其他情形下，只有当“得到选民或宽泛的中间代表组织认可”时，打破稳定分支的权力运用方会产生效果。当该新机关的活动与立法机关的决定发生冲突时就是如此。[158]

打破稳定分支的下述决定必然会带来相当大的问题，即立法机关正遭到侵蚀、“救济措施”的选择以及实现救济措施的法律方法。这些问题最终源于试图创立的组织具有宽泛的自主行动权力，不具有通常党派政治活动的缺陷但又受制于这些政治机关的某种控制。这种混合不容易做到，而且可能不可行。

与当前讨论相关的第二个问题是打破稳定之权利的属性与界限。这两点对于理解赋权民主下的公法都具有重要意义。

打破稳定之权利的属性有些不同于通常赋予“权利”一词的含义。打破稳定的权利并不会直接带来诸如在其他领域存在的相关义务。这种权利的根据既不是详细阐明的协议的结果，也不是国家单方规定的义务；其实际上源自对宪法方案的基本信守以及将这种信守置于危险当中的实践之间的互动。[159] 此外，该权利的领域没有明确的 413
界限。

打破稳定的权利并不是要确定个体权利拥有者可以为所欲为的固定裁量领域，而是要防止集团之间反复出现的、制度化的关系陷入某种被禁止的封闭与压制活动。所以，相关的控制性映象就在于在具体情境中强制性地瓦解复杂的集体安排，而非警醒地卫护个体不受限制的裁量领域。[160]

前述描述有助于澄清这种权利的性质。这些权利是由某个公共机构，即打破稳定的分支在推行其重建活动时运用的。不过，这一制度的某些核心特征仍然不够清楚。个体是否可以向该机关投诉；是否可以建议其采取某种行动；是否可以对其活动提出异议；或是否可以要求其为拟进行的干预行为提供充分依据，这些都不明确。

[157] Ibid. 533.
[158] Ibid.
[159] Ibid. 535.
[160] Ibid.

打破稳定之权利的界限是十分重要的。这些界限的存在本身就体现了前述转变性活动的界限。[161] 对于赋权民主的建立而言，某些社会经济条件的存在被认为是必要的，而且倘若该制度要具有实效，就需要某种权利机制。打破稳定的行为就意图使社会朝这些目标发展，就是要清除妨碍这些目标实现的固有等级制度，监控新的机制以确保新的支配关系不会不受变革影响。不过打破稳定的权利不能作为下述主张的根据，即相关政治体会偏好与先前某些社会经济制度或权利安排相关的赋权观念。即便在技术上能够向打破稳定的部门或法院提出这种论点，也是会遭到拒绝的。公民被告知他们或者其子女[162]最终会认识到新制度带来的赋权观念的意义。公民应当放弃回归既往的安全
414 观念，豁免权或打破稳定的权利制度不会给这种向往提供任何帮助。

3. 行政法与经济制度。前面已经讨论了就赋权民主而言具有核心地位的经济制度的实施机构。[163] 前述讨论还揭示为了实现其宣称的目标这种机构必须拥有的宽泛权力。[164] 由此产生的具有行政法属性的问题，这里因为篇幅所限无法进行充分的讨论。不过可以提示一下必须解决的问题的形式。

就受投资基金之运作支配的个体或公司而言，显然必须就其程序权利的范围与属性作出决定。这必须包括多种情形。程序权利的问题会在资本拍卖与循环过程中出现，同样当就公司规模作出决定以便将资本交还基金本身时，亦会出现程序权利的问题。

同样还有就基金本身之运作规定的实体控制范围作出决定的问题。公司能否主张法院对该基金作出的分配决定进行严格审查？为确保其与中央投资基金规定的范围保持一致，司法机关可以在多大程度上审查这种复杂的分配决定？倘若要使作为赋权民主先锋的机关不会成为新的支配关系之源，就必须解决这些以及其他大量此类问题。

五、结语

这里并不想总结前述全部论点，不过要强调三点。

〔161〕 参见前文第十一章第三节（二）1。

〔162〕 Unger, *False Necessity*, p. 514.

〔163〕 参见前文第十一章第二节（二）2，第三节（二）3。

〔164〕 参见前文第十一章第三节（二）3。

首先，反复重申“参与式民主”这一短语好像其具有不言而喻的含义一般是没有什么意义的。共和主义、强势民主与赋权民主都需要越来越多地投身参与，但这种参与的性质因为这些理论在许多重要方面都彼此不同而迥然有别。只有揭示这些理论详细的规范基础，密切 415
关注其制度化实现需要的条件，方能就其是否可取或可行作出判定。只有当完成这一点时，方能就此等制度下的公法形式作出结论。[165]

其次，下述观念是经不住检验的，即可以提出某种易变性居于核心地位、任何事情都易于实现的民主制度。虽然方式不同，但这一论题在巴伯与昂格尔的著作中都是显而易见的，不过却因更密切地关注其推理与其自身理论的规定而遭到了掩盖。两种理论都基于某种具体善的观念，该观念给转变性的事业规定了限制。提供这种观念基础的心理与规范假设本身都是存在争议的。

最后，可以得出对法律学说更笼统的一点关注。学说形式的可操作性是批判法学研究对公法情境以外其他领域提出之批评的标准论题。[166] 不过，前述以及前一章的讨论都表明，根据更仔细的检验，任何民主理论都具有自己的内部倾向，这些倾向可以多种方式结合起来得出各种不同的结论。法律学说体现的是最终在某点作出的具体结论。因而倘若我们要推行更激进的选择，就不应假装这种参与式设想会免于据称困扰自由主义民主的那种学说冲突。这里的冲突与自由主义下存在的冲突不同，这些冲突实际上源于给予具体参与式民主观各 416
种倾向的对立性解释。

〔165〕 其他关于参与式民主或协商民主的观念可以参见下述文献，Cohen and Rogers, *On Democracy*, and J. Cohen, ‘The Economic Basis of Deliberative Democracy’, 6 *Social Philosophy and Policy*, 25 (1988)。因为篇幅有限，这里无法详细检验哈贝马斯的观点，*Legitimation Crisis*, *trans.* T. *McCarthy* (1976) 和 *The Theory of Communicative Action*, *trans.* T. *McCarty* (1984)。任何这种检验都必须包括详细考察该论的规范内容、其制度化实现需要的社会经济条件，认真描述据称由其产生的公法结果。

〔166〕 例如 M. Kelman, ‘Trashing’, 36 *Stan. L. Rev.* 293 (1984); J. Singer, ‘The Player and the Cards: Nihilism and Legal Theory’, 94 *Yale L. J.* 997 (1985); J. Boyle, ‘The Politics of Reason: Critical Legal Studies and Local Social Thought’, 133 *U. Pa. L. Rev.* 685 (1985)。

参考文献
BIBLIO GRAPHY

ACKERMAN, B., 'The Storrs Lectures: Discovering the Constitution', 93 *Yale L. J.* 1013-72 (1984).

—— 'Beyond Carolene Products', 98 *Harv. L. Rev.* 713-46 (1985).

ALLEN. C. K., *Law and Orders* (3rd edn., London, 1965).

AGCER, R., GOLDRICH D., and SWANSON B., *The Rulers and the Ruled* (New York, 1964).

ALEXANDER, K. J. W., 'The Economic Case against Independence', in D. N. MacCormick (ed.), *The Scottish Debate* (Oxford, 1970), chs. 10, 11a.

ALMONO, G. A., and VERSA, S., *The Civic Culture* (Boston, 1965).

AMAN, A. C., 'Administrative Law in a Global Era: Progress, Deregulatory Change and the Rise of the Administrative Presidency', 73 *Corn. L. Rev.* 1101-247 (1988).

ANSON, W. R., *Law and Custom of the Constitution*, ed. M. L. Gwyer (5th edn., Oxford, 1922).

APPLEBY, J., *Capitalism and a New Social Order: The Republican Vision of the* 1790*s* (New York, 1984).

ARBLASTER, A., *The Rise and Decline of Western Liberalism* (Oxford, 1984).

——*Democracy* (Milton Keynes, 1987).

ARNOLO, R. D., *Congress and Bureaucracy: A Theory of Influence* (New Haven, 1979).

AREEDA, P., *Antitrust Analysis* (3rd edn., Boston, 1981).

ARNULL, A., 'The Single European Act' (1986) 11 *E. L. R.* 358-63.

ARTHURS, H. W., 'Rethinking Administrative Law: A Slightly Dicey Business' (1979) 17 *Osgoode Hall L. J.*, 1-45.

——*Without the Law: Administrative Justice and Legal Pluralism in Nineteenth Century England* (Toronto, 1985).

ASIMOW, M., 'Delegated Legislation: United States and United Kingdom' (1983) 3 *O. J. L. S.* 253-76.

AUSTIN, J., *The Province of Jurisprudence Determined*, ed. H. L. A. Hart

(London, 1955).

BACHERACH, P., *The Theory of Democratic Elitism: A Critique* (London, 1967).

——and BARATZ, M. S., 'Two Faces of Power', in W. E. Connolly (ed.), *The Bias of Pluralism* (New York, 1969), ch. 3.

BAGEHOT, W., *The English Constitution*, ed. R. H. S. Grossman (Glasgow, 1963).

BAILYN, B., *The Ideological Origins of the American Revolution* (Cambridge, Mass., 1967).

——*The Origins of American Politics* (New York, 197o).

BALDWIN, R., 'A British Independent Regulatory Agency and the "Sky-train" Decision' [1978] *P. L.* 57-81.

BALDWIN, R., 'The Next Steps: Ministerial Responsibility and Government by Agency' (1988) 51 *M. L. R.* 622-8.

——and HAWKINS, K., 'Discretionary Justice: Davis Reconsidered' [1984] *P. L.* 570-99.

——and HOUGHTON, J., Circular Arguments: The Status and Legitimacy of Administrative Rules [1986] *P. L.* 239-84.

——and MCCRUDDEN, C., *Regulation and Public Law* (London, 1987).

BARBER, B., *Strong Democracy: Participatory Politics for a New Age* (Berkeley, 1984).

BARENDT, E., *Freedom of Speech* (Oxford, 1985).

BARKER, A. (ed.), *Quangos in Britain* (London, 1982).

BARKER, E., *Reflections on Government* (Oxford, 1942).

BARRY, B., *Sociologists, Economists and Democracy* (London, 1970).

BEATSON, J., 'Legislative Control of Administrative Rulemaking: Lessons from the British Experience', 12 *Corn. I. L. J.* 199-226 (1979).

BEITH, A., 'Prayers Unanswered: A Jaundiced View of the Parliamentary Scrutiny of Statutory Instruments' (1981) 34 *Parliamentary Affairs*, 165-73.

BELL, D., *The Coming of Post-Industrial Society* (New York, 1973).

BELLAH, R. N., MADSEN, R., SULLIVAN, W. M., SWIDLER, R, A., and TIPTON, S. M., *Habits of the Heart* (Berkeley, 1985).

BELOFF, M., and PEELE, G., *The Government of the United Kingdom: Political Authority in a Changing Society* (2nd edn., London, 1985).

BELSEY, A., 'The New Right, Social Order and Civil Liberties', in R. Levitas (ed.), *The Ideology, of the New Right* (Cambridge, 1986), ch. 6.

BENTLEY, A. F., *The Process of Government* (Cambridge, Mass., 1908; repr.

1949).

BERELSON, B., et al., *Voting* (Chicago, 1954).

BERLE, A. A., *Power Without Property* (New York, 1959).

BERNSTEIN, R., *Beyond Objectivism and Relativism: Science, Hermeneutics, and Praxis* (Oxford, Lq83).

BERTHOFF, R., 'Independence and Attachment, Virtue and Interest: From Republican Citizen to Free Enterpriser, 1787—1837', in R. L. Bushman, N. Harris, D. Rothman, M. Solomon, S. Thernstrom (eds.), *Uprooted Americans: Essays to Honor Oscar Handlin* (Boston, 1979), 97-124

——and MURRIN, J. M., 'Feudalism, Communalism and the Yeoman Freeholder', in S. G. Kurtz and J. H. Hutson (eds.), *Essays on the American Revolution* (Chapel Hill, 1973) 256-88.

BERTRAN, C., 'Decision-Making in the EEC: The Management Committee Procedure', (1967—8) 5 CML Rev., 246-64.

BEVIER, L., 'Money and Politics: A Perspective on the First Amendment and Campaign Finance Reform', 73 *Cal. L. Rev.* 1045-90 (1985).

BICKEL, A. M., *The Least Dangerous Branch* (New Haven, 1962).

——*The Supreme Court and the Idea of Progress* (New Haven, 1978).

BIRCH, A. H., *Representative and Responsible Government* (London, 1964).

——*Political Integration and Disintegration in the British Isles* (London, 1977).

BIRKENSHAW, P., HARDEN, I., and LEWIS, N., *Government by Moonlight: The Hybrid Parts of the State* (London, 1990).

BOGDANOR, V., *Devolution* (Oxford, 1979).

——*The People and the Party System* (Cambridge, 1981).

BORK, R. H., 'The Rule of Reason and the Per Se Concept: Price Fixing and Market Division I', 74 *Yale L. J.* 774-847 (1965).

—— 'The Rule of Reason and the Per Se Concept: Price Fixing and Market Division II', 75 *Yale L. J.* 373-475 (1966).

—— 'Neutral Principles and Some First Amendment Problems', 47 *Ind. L. J.* 1-35 (1971).

BOTTOMORE, T., *Elites and Society* (London, 1964).

BOURN, J., *Management in Central and Local Government* (London, 1979).

BOYLE, J., 'The Politics of Reason: Critical Legal Studies and Local Social Thought', 133 *U. Pa. L. Rev.* 685-780 (1985).

BRAYBROOKE, D., and LINDBLOM, C. E., *A Strategy of Decision* (New York, 1963).

BREBNER, J. B., 'Laissez-faire and State Intervention in Nineteenth-Century

Britain' (1948) 8 *Jnl. of Econ. Hist.* 61.

BRENNAN, G., and BUCHANAN, J. M., *The Reason of Rules* (Cambridge, 1985).

BREST, P., 'The Misconceived Quest for the Original Understanding', 60 *Boston U. L. Rev.* 204-38 (1980).

—— 'The Substance of Process', 42 *Ohio St. L. J.* 131-42 (1981).

—— 'Constitutional Citizenship', 34 *Clev. St. L. Rev.* 175-97 (1986).

—— 'Further Beyond the Republican Revival: Toward Radical Republicanism', 97 *Yale L. J.* 1623-31 (1988).

BREYER, S. G., 'Vermont Yankee and the Courts' Role in the Nuclear Energy Controversy', 91 *Harv. L. Rev.* 1833-45 (1978).

——*Regulation and its Reform* (Cambridge, Mass., 1982).

——and STEWART, R. B., *Administrative Law and Regulatory Policy: Problems, Text and Cases* (2nd edn., Boston, 1985).

BRILMAYER, L., 'Carolene, Conflicts and the Fate of the "Inside-Outsider"', 134 *U. Pa. L. Rev.* 1291-334 (1986).

BRITTAN, S., *The Role and Limits of Government* (London, 1983).

BROWN, R. G. S., and STEEL, D. R., *The Administrative Process in Britain* (2nd edn., London, 1979).

BRYCE, J., *Modern Democracies* (New York, 1921).

BUCHANAN, J. M., *The Limits of Liberty: Between Anarchy and Leviathan* (Chicago, 1975).

—— 'Comment', 18 *J. L. E.* 903-5 (1975).

——*Freedom in Constitutional Contract* (Texas, 1978).

BUCHANAN, J. M., *Liberty, Market and State: Political Economy in the 1980s* (Brighton, 1986).

——and TULLOCK, G., *The Calculus of Consent* (Ann Arbor, 1962; repr. 1965).

BURNHAM, J., *The Managerial Revolution* (London, 1942).

BYSE, G., 'Vermont Yankee and the Evolution of Administrative Procedure: A Somewhat Different View', 91 *Harv. L. Rev.* 1823-32 (1978).

CALVERT, H. (ed.), *Devolution* (London, 1975).

CAMPBELL, A., 'The Single European Act and the Implications' (1986) 35 *I. C. L. Q.* 932-9.

CAMPBELL, C. (ed.), *Do We Need a Bill of Rights?* (London, 1980).

CAMPBELL, T., *The Left and Rights: A Conceptual Analysis of the Idea of Socialist Rights* (London, 1983).

CANE, P., 'Standing, Legality, and the Limits of Public Law' [1981] *P. L.* 322-39.

CARR, C. T., *Delegated Legislation* (Cambridge, 1921).

——*Concerning English Administrative Law* (Oxford, 1941).

CARSON, G. D., *Group Theories of Politics* (London, 1978).

CAWSON, A., *Corporatism and Welfare* (London, 1982).

——*Corporatism and Political Theory* (Oxford, 1986).

——and SAUNDERS, P., 'Corporatism, Competitive Politics and Class Struggle', in R. King (ed.), *Capital and Politics* (London, 1983), ch. 1.

CHAYES, A., 'The Role of the Judge in Public Law Litigation', 89 *Harv. L. Rev.* 1281-316 (1976).

CHESTER, N., *The English Administrative System* (1780—1870) (Oxford, 1981).

CLARK, T. N. (ed.), *Community, Structure and Decision Making: Comparative Analysis* (San Francisco, 1968).

COHEN, J., 'The Economic Basis of Deliberative Democracy', 6 *Social Philosophy, and Policy*, 25 (1988).

——and ROGERS, J., *On Democracy: Towards a Transformation of American Society* (New York, 1983).

CONNOLLY, W. E., 'The Challenge to Pluralist Theory', in W. E. Connolly (ed.), *The Bias of Pluralism* (New York, 1969), ch. 1.

—— (ed.), *The Bias of Pluralism* (New York, 1969).

—— 'Legitimacy and Modernity', in W. E. Connolly (ed.), *Legitimacy and the State* (Oxford, 1984), introduction.

—— (ed.), *Legitimacy and the State* (Oxford, 1984).

CORNFORD, J. (ed.), *The Failure of the State* (London, 1975).

COSGROVE, R. A., *The Rule of Law: Albert Venn Dicey, Victorian Jurist* (London, 1980).

COURTNEY, L., *The Working Constitution of the United Kingdom* (London, 1901).

COWLING, M. (ed.), *Conservative Essays* (London, 1978).

CRAIG, P. P., 'Discretionary Power in Modern Administration', in M. Bullinger (ed.), *Verwaltungsermessen im modernen Staat* (Baden-Baden, 1986), 79-111.

——*Administrative Law* (2nd edn., London, 1989).

CRAIG, P. P., 'Bentham, Public Law and Democracy' [1989] *P. L.* 407-27.

CRAMTON, R. C., 'The Why, Where and How of Broadened Public Participation in the Administrative Process', 60 *Geo. L. J.* 525 – 50 (1971 – 2).

—— 'A Comment on Trial-Type Hearings in Nuclear Power Plant Siting', 58 *Va. L. Rev.* 585 – 99 (1972).

CRAVEN, E. (ed.), *Regional Devolution and Social Policy* (London, 1975).

DAHL, R. A., *A Preface to Democratic Theory* (Chicago, 1956).

——*Who Governs?* (New Haven, 1961),

——*Polyarchy: Participation and Opposition* (New Haven, 1971).

——*Dilemmas of Pluralist Democracy* (New Haven, 1982).

——*A Preface to Economic Democracy* (Cambridge, 1985).

——and LINDBLOM, C. E., *Politics, Economics and Welfare* (New York, 1953). DAINTITH, T. C., 'Kilbrandon: The Ship that Launched a Thousand Faces?' (1974) 37 *M. L. R.* 544 – 55.

—— 'Regulation by Contract: The New Prerogative' (1979) *C. L. P.* 41 – 64.

—— 'Legal Analysis of Economic Policy' (1982) 9 *Jnl. Law and Soc.* 191.

—— 'The Executive Power Today: Bargaining and Economic Control', in J. L. Jowell and D. Oliver (eds.), *The Changing Constitution* (2nd edn., Oxford, 1989), ch. 8.

DALTON, C., 'An Essay in the Deconstruction of Contract Doctrine', 94 *Yale L. J.* 997 – 1114 (1985).

DANIELS, N., 'Equal Liberty and Unequal Worth of Liberty', in N. Daniels (ed.), *Reading Rawls* (Oxford, 1975), ch. 11.

—— (ed.), Reading Rawls (Oxford, 1975).

DAVIES, A., 'Patronage and Quasi-Government: Some Proposals for Reform', in A. Barker (ed.), *Quangos in Britain* (London, 1982), ch. 10.

DAVIES, K. C., *Discretionary Justice: A Preliminary Inquiry* (Urbana, 1969).

DE SMITH, S. A., 'The Prerogative Writs' (1951) 11 *C. L. J.* 40 – 56.

—— 'Wrongs and Remedies in Administrative Law' (1952) 15 *M. L. R.* 189 – 208.

——*Judicial Review of Administrative Action* (4th edn., London, 1980).

DEUTSCH, J. G., 'Neutrality, Legitimacy, and the Supreme Court: Some Intersections between Law and Political Science', 20 *Stan. L. Rev.* 169 – 261 (1968).

DICEY, A. V., *Lectures on the Relation Between Law and Public Opinion in England During the Nineteenth Century* (London, 1905).

—— 'The Development of Administrative Law in England' (1915) 31 *L. Q. R.* 148 – 53.

——*An Introduction to the Study of the Law of the Constitution* (10th edn., London, 1959).

DIGGINS, J. P., *The Lost Soul of American Politics: Virtue, Self-Interest and the Foundations of Liberalism* (Boston, 1984).

DIVER, C. S., 'Policymaking Paradigms in Administrative Law', 95 *Harv. L. Rev.* 393－434 (1981).

DOWNS, A., *An Economic Theory of Democracy* (New York, 1957).

DREWRV, G. (ed.), *The New Select Committees: A Study of the* 1979 *Reforms* (Oxford, 1985).

DRUKER, H. and BROWN, G., *The Politics of Nationalism and Devolution* (London, 1980).

——DUNLEAVY, P., GAMBLE, A., and PEELE, G., (eds.), *Developments in British Politics* 2 (London, 1986).

DUNCAN, G. (ed.), *Democratic Theory and Practice* (Cambridge, 1983).

——and LUKES, S., 'The New Democracy', *Political Studies*, 11 (1963) 156.

DUNLEAVY, P., and HUSBANDS, C. T., *British Democracy at the Crossroads: Voting and Party Competition in the* 1980*s* (London, 1985).

DUNN, J., 'Unger's Politics and the Appraisal of Political Possibility', 81 *Nw. U. L. Rev.* 732－50 (1987).

DWORKIN, R., 'The Original Position', in N. Daniels (ed.), *Reading Rawls* (Oxford, 1975), ch. 2.

——*Taking Rights Seriously* (London, 1977).

—— 'Liberalism', in S. Hampshire (ed.), *Public and Private Morality* (Cambridge, 1978), 113－43.

—— 'What is Equality? Part 2. Equality of Resources' (1981) 10 *Phil. & Pub Affairs*, 283－345.

——*A Matter of Principle* (Cambridge, Mass., 1985).

——Law's Empire (London, 1986).

—— 'What is Equality? Part 4. *Political Equality*', 22 *Univ. of San Francisco L. Rev.* 1－30 (1987－8).

DYE, T. R., and ZEIGLER, L. H., *The Irony of Democracy* (7th edn., Pacific Grove, 1987).

EASTERBROOK, F. H., 'Foreword: The Court and the Economic System', 98 *Harv. L. Rev.* 4－60 (1984).

EHRLICH, S., *Pluralism On and Off Course* (Oxford, 1981).

EISENBERG, M. A., 'Participation, Responsiveness and the Consultative Process', 92 *Harv. L. Rev.* 410－32 (1978).

ELLIOTT, M., 'The Control of Public Expenditure', in J. L. Jowell and D. Oliver (eds.), *The Changing Constitution* (2nd edn., Oxford, 1989), ch. 7.

ELY, J. H., *Democracy and Distrust: A Theory of Judicial Review* (Cambridge, Mass., 1980).

EPSTEIN, D. F., *The Political Theory of the Federalist* (Chicago, 1984).

EPSTEIN, R. A., Takings: *Private Property and the Power of Eminent Domain* (Cambridge, Mass., 1985).

FARINA, C. R., 'Statutory Interpretation and the Balance of Power in the Administrative State', 89 *Col. L. Rev.* 452 – 528 (1989).

FAYOL, H., *General and Industrial Management* (London, 1949).

FENNO, R. F., *Congressmen in Committees* (Boston, 1973).

FERGUSON, R. B., and PAGE, A. C., 'Pay Restraint: The Legal Constraints' (1978) 128 N. L. J. 515.

FIGGIS, J. N., *Churches in the Modern State* (London, 1913).

FINER, S. E., *Anonymous Empire* (2nd edn., London, 1966).

——*Adversary Politics and Electoral Reform* (London, 1975).

FINNIS, J., *Natural Law and Natural Rights* (Oxford, 1980).

FIORINA, M. P., *Congress: Keystone of the Washington Establishment* (New Haven, 1977).

FISS, O., 'Free Speech and Social Structure', 71 *Iowa L. Rev.* 1405 – 25 (1986).

FRASER, D., *Power and Authority in the Victorian City* (Oxford, 1979).

——*Evolution of the British Welfare State* (London, 1973).

FRIED, C., 'Liberalism, Community and the Objectivity of Values', 96 *Harv. L. Rev.* 960 – 8 (1983).

FRIEDMAN, M., and FRIEDMAN, R., *Free to Choose* (New York, 1980).

FRUG, G. E., 'The Ideology of Bureaucracy in American Law', 97 *Harv. L. Rev.* 1276 – 388 (1984).

—— 'Why Neutrality?', 92 *Yale L. J.* 1591 – 601 (1983).

FULLER, L. L., 'Mediation: Its Forms and Functions', 44 *S. Cal. L. Rev.* 305 – 39 (1971).

—— 'The Forms and Limits of Adjudication', 92 *Harv. L. Rev.* 353 – 409 (1978).

GALLIGAN, D. J., 'The Nature and Function of Policy within Discretionary Power' [1976] *P. L.* 332 – 57.

——*Discretionary Powers: A Legal Study of Official Discretion* (Oxford, 1986).

GALSTON, W. A., 'False Universality: Infinite Personality and Finite Existence in Unger's Politics', 81 *Nw. U. L. Rev.* 751－65 (1987).

GAMBLE, A., 'The Political Economy of Freedom', in R. Levitas (ed.), *The Ideology of the New Right* (Cambridge, 1986), ch. 1.

——*The Free Economy and the Strong State* (London, 1988).

GANZ, G., *Government and Industry* (Abingdon, 1977).

——*Quasi-Legislation: Recent Developments in Secondary Legislation* (London, 1987).

GELLHORN, E., 'Public Participation in Administrative Proceedings', 81 *Yale L. J.* 359－404 (1971－2).

GEWIRTH, A., *Reason and Morality* (Chicago, 1987).

——*Human Rights* (Chicago, 1982).

GIERKE, O. VON, *Political Theories of the Middle Ages*, ed. F. W. Maitland (Cambridge, 1900).

——*Natural Law and the Theory of Society* (1500—1800), ed. E. Barker (Cambridge, 1950).

GIRVETZ, H. K., *Democracy and Elitism* (New York, 1967).

GOLDTHORPE, J. H. (ed.), *Order and Conflict in Contemporary Capitalism* (Oxford. 1984).

GORDON, D. M., 'The Relation of Facts to Jurisdiction' (1929) 45 *L. Q. R.* 459－93.

—— 'Observance of Law as a Condition of Jurisdiction' (1931) 47 *L. Q. R.* 386－410, 557－87.

—— 'Jurisdictional Fact: An Answer' (1966) 82 *L. Q. R.* 515－24.

GRAY, J., *Liberalism* (Milton Keynes, 1986).

GREEN, L., *The Authority of the State* (Oxford, 1988).

GRIFFITH, J. A. G., *The Politics of the Judiciary* (3rd edn., Manchester, 1977). GUTMANN, A., 'Communitarian Critics of Liberalism' (1985) 14 *Phil. & Pub. Affairs*, 308－22.

HABERMAS, J., *Legitimation Crisis, trans. T. McCarth* (London, 1976).

——*The Theory of Communicative Action*, trans. T. McCarthy (London, 1984).

HAGUE, D. C., MACKENZIE, W. J. M., and BARKER, A. (eds.) *Public Policy and Private Interests: The Institutions of Compromise* (London, 1975).

HALéVY, E., The Growth of Philosophic of Radicalism (London, 1928).

HANSON, R. L., Tile Democratic Imagination in America: Conversations with our Past (Princeton, 1985).

HARDEN, L., and LEwis, N., *The Noble Lie: The British Constitution and the Rule of Law* (London, 1986).

HARLOW, C., and RAWLINGS, R., *Law and Administration* (London, 1984).

HARRINGTON, J., 'The Commonwealth of Oceana', in *The Political Works of James Harrington*, ed. J. G. A. Pocock (Cambridge, 1977).

HARRISON, M. I. (ed.), *Corporatism and the Welfare State* (London, 1984).

HARRISON, R. J., *Pluralism and Corporatism* (London, 1980).

HART, H. L. A., *The Concept of Law* (Oxford, 1961).

—— 'Rawls on Liberty and its Priority', in N. Daniels (ed.), *Reading Rawls* (Oxford, 1975), ch. 10.

—— 'Bentham on Legal Rights', in A. W. B. Simpson (ed.), *Oxford Essays in Jurisprudence* (2nd ser.; Oxford, 1973), ch. 7.

—— 'Are there any Natural Rights?', in J. Waldron (ed.), *Theories of Rights* (Oxford, 1984), ch. 3.

HARTER, P. J., 'Negotiating Regulations: A Cure for Malaise', 71 *Geo. L. J.* 1-118 (1982).

HARTLEY, T. C., *The Foundations of European Community Law* (2nd edn., Oxford, 1988).

HARTZ, L. B., *The Liberal Tradition in America: An Interpretation of American Political Thought since the Revolution* (New York, 1955)

HAYEK, F. A., *The Road to Serfdom* (London, 1944).

——*The Constitution of Liberty* (London, 1960).

HENDERSON, E. G., *Foundations of English Administrative Law* (Cambridge, Mass., 1963).

HEUSTON, R. F. V., *Essays in Constitutional Law* (2nd edn., London, 1964).

HOBBES, T., *Leviathan, ed. M. Oakesh0tt* (Oxford, 1946).

HOFSTADTER, R., *The Idea of a Party System: The Rise of Legitimate Opposition in the United States*, 1780—1840 (Berkeley, 1970).

HOLM, R., and ELLIOTT, M., 1688—1988: *Time for a New Constitution* (London, 1988).

HORWITZ, M. J., 'Republicanism and Liberalism in American Constitutional Thought', 29 *Wm. & Mary L. Rev.* 57-74 (1987-8).

HOVENKAMP, H., *Economics and Federal Antitrust Law* (St Paul, 1985).

HUME, D., *David Hume: Writings on Economics, ed. E. Rotwein* (Edinburgh, 1970).

HUNTER, F., *Community Power Structure* (Chapel Hill, 1953).

IPPOLITO, D. S., and WALKER, T. G., *Political Parties, Interest Groups and Public.*

Policy: Group Influence in American Politics (New Jersey, 1980).

JACOBSON, A., 'The Private Use of Public Authority: Sovereignty and Associations in the Common Law', 29 *Buffalo L. Rev.* 599-665 (1980).

JACOBSON, G. C., *The Politics of Congressional Elections* (2nd edn., Boston, 1987).

JACONELLI, J., *Enacting a Bill of Rights* (Oxford, 1980).

JAFFE, L. L., *Judicial Control of Administrative Action* (Boston, 1965).

——and HENDERSON, E. G., 'Judicial Review and the Rule of Law: Historical Origins' (1956) 72 *L. Q. R.* 345-64.

JENNINGS, I., *The Law and the Constitution* (London, 1933; 5th edn., 1959).

JERGESEN, A. D., 'The Legal Requirement of Consultation' [1978] *P. L.* 290-315.

JESSOP, B., 'Corporatism, Parliamentarism and Social Democracy', in P. C. Schmitter and G. Lehmbruch (eds.), *Trends toward Corporatist Intermediation* (Beverly Hills, 1979), ch. 7.

——BONNETT, K., BROMLEY, S., and LING, T., *Thatcherism* (Cambridge, 1988).

JOHNSON, N., *In Search of the Constitution: Reflections on State and Society in Britain* (Oxford, 1977).

—— 'Editorial: Quangos and the Structure of British Government' (1979) 57 *Pub. Adm.* 379.

—— 'Accountability, Control and Complexity: Moving Beyond Ministerial Responsibility', in A. Barker (ed.), *Quangos in Britain* (London, 1982), ch. 12.

JOWELL, J. L., *Law and Bureaucracy*, (New York, 1975).

—— 'Bargaining in Development Control' (1977) *J. P. L.* 414-33.

—— 'Limits of Law in Urban Planning' (1977) *C. L. P.* 63-83.

——and LESTER, A., 'Beyond Wednesbury: Substantive Principles of Administrative Law' [1987] *P. L.* 368-82.

——and—— 'Proportionality: Neither Novel nor Dangerous', in J. L. Jowell and D. Oliver (eds.), *New Directions in Judicial Review* (London, 1988), 51-72.

JOWELL, J. L., and OLIVER, D. (eds.), *New Directions in Judicial Review* (London, 1988).

—— (eds.), *The Changing Constitution* (2nd edn., Oxford, 1989).

KARIEL, H., *The Decline of American Pluralism* (Stanford, 1961).

—— (ed.), *Frontiers of Democratic Theory* (New York, 1970).

KAVANAGH, D., 'Political Behaviour and Political Participation', in G. Parry (ed.), *Participation in Politics* (Manchester, 1972), ch. 5.

——*Thatcherism and British Politics: Tire End of Consensus?* (Oxford, 1987).

KEELING, D., 'Beyond Ministerial Departments: Mapping the Administrative Terrain: Quasi-Governmental Agencies' (1976) 54 *Pub. Adm.* 161－75.

KELLAS, J. G., *The Scottish Political System* (3rd edn., Cambridge, 1984).

KELMAN, M., 'Trashing', 36 *Stan L. Rev.* 293－348 (1984).

——*A Guide to Critical Legal Studies* (Cambridge, Mass., 1987).

—— 'On Democracy-Bashing: A Skeptical Look at the Theoretical and 'Empirical' Practice of the Public Choice Movement', 74 *Virg. L. Rev.* 199－273 (1988).

KETCHAM, R. (ed.), *The Anti-Federalist Papers and the Constitutional Convention Debates* (New York, 1986).

KIMBER, R. H., and RICHARDSON, J. J. (eds.), *Pressure Groups in Britain: A Reader* (London, 1974).

KING, R. (ed.), *Capital and Politics* (London, 1983).

KORNHAUSER, W., *The Politics of Mass Society*, (London, 1960).

KRAMNICK, I., 'Republican Revisionism Revisited', 87 *Am. Hist. Rev.* 629－64 (1982).

KROUSE, R. W., 'Classical Images of Democracy in America: Madison and Tocqueville', in G. Duncan (ed.), *Democratic Theory and Practice* (Cambridge, 1983), ch. 5.

KYMLICKA, W., *Liberalism, Community, and Culture* (Oxford, 1989).

LANDES, W., and POSNER, R., 'The Independent Judiciary in an Interest-Group Perspective', 18 *J. L. E.* 875－901 (1975).

LASKI, H. J., *Studies in the Problem of Sovereignty* (New Haven, 1g17).

——*Authority in the Modern State* (New Haven, 1919).

——*The Foundations of Sovereignty* (London, 1921).

——*A Grammar of Politics* (4th edn., New Haven, 1938).

LATHAM, E., *The Group Basis of Politics* (Ithaca, 1952).

LESTER, A., 'Fundamental Rights: the United Kingdom Isolated' [1984] *P. L.* 46－72.

LEVITAS, R., 'Competition and Compliance: The Utopias of the New Right', in R. Levitas (ed.), *The Ideology of the New Right* (Cambridge, 1986), ch. 3.

—— (ed.), *The Ideology of the New Right* (Cambridge, 1986).

LEWIS, N., 'IBA Programrne Contract Awards' [1975] *P. L.* 317－40.

LINDBLOM, C. E., *The Intelligence of Democracy*, (New York, 1965).

—— *Politics and Markets* (New York, 1977).

LINDSAY, A. D., *The Essentials of Democracy* (London, 1929).

LIPSET, S., *Political Man* (London, 1960).

LIVELY, J., *Democracy* (Oxford, 1975).

LLOYD of HAMPSTEAD, LORD, *Introduction to Jurisprudence* (4th edn., London, 1979).

LOUGHLIN, M., *Local Government in the Modern State* (London, 1986).

——GELFAND, M. D., and YOUNG, K. (eds.), *Half a Century of Municipal Decline* 1935 – 1985 (London, 1985).

LOW, S., *The Governance of England* (London, 1904).

LOWELL, A. L., *The Government of England* (New York, 1908).

LOWI, T. J., *The End of Liberalism: Ideology, Policy and the Crisis of Public Authority* (New York, 1969).

——*The End of Liberalism: The Second Republic of the United States* (2nd edn., New York, 1979).

—— (ed.), *Legislative Politics U. S. A.* (3rd edn., New York, 1973).

LUBENOW, W. C., *The Politics of Government Growth: Early Victorian Attitudes to State Intervention* (1833—1948) (Newton Abbot, 1971).

LUCAS, J., *The Principles of Politics* (Oxford, 1966).

——*Democracy and Participation* (Harmondsworth, 1976).

LUKES, S., *Individualism* (Oxford, 1973).

LYONS, D., *The Forms and Limits of Utilitarianism* (Oxford, 1965).

—— 'Constitutional Interpretation and Original Meaning', 4 *Social Philosophy and Policy*, 75 (1986).

MAASS, A., *Congress and the Common Good* (New York, 1983).

McAUSLAN, J. P. W. B., *The Ideologies of Planning Law* (Oxford, 1980).

—— 'Administrative Law, Collective Consumption and Judicial Policy' (1983) 46 *M. L. R.* 1 – 20.

——and McELDOWNEY, J. (eds.), *Law, Legitimacy and the Constitution* (London, 1985).

MacCALLUM, G. C., 'Legislative Intent', 75 *Yale L. J.* 754 – 87 (1960).

McCLUSKEY, LORD, *Law, Justice and Democracy* (London, 1987).

MacCORMICK, D. N., 'Independence and Constitutional Change', in D. N. MacCORMICK (ed.), *The Scottish Debate* (Oxford, 1970), ch. 4.

—— (ed.), *The Scottish Debate* (Oxford, 1970).

—— 'Rights in Legislation', in P. M. S. Hacker and J. Raz (eds.), *Law, Morality and Society* (Oxford, 1977), ch. 11.

——*Legal Right and Social Democracy* (Oxford, 1982).

MacCORMICK, I. S. M., 'The Case for Independence', in D. N. MAcCormick (ed.), *The Scottish Debate* (Oxford, 1970), ch. 7.

McCORMICK, R. E., and TOLLISON, R. D., *Politicians, Legislation and the Economy: An Inquiry into the Interest-Group Theory of Government* (Norwall, Mass., 1981).

McCoy, D. R., *The Elusive Republic: Political Economy in Jeffersonian America* (Chapel Hill, 1980).

MacDONAGH, O., 'The Nineteenth-Century Revolution in Government: A Reappraisal', *Historical Journal*, 1/1 (1958) 52.

MacDONALD, R. A., 'Judicial Review and Procedural Fairness in Administrative Law: II', (1980－1) 26 *McGill L. J.* 1－44.

MATER, J. R., 'Promoting Public-Regarding Legislation through Statutory Interpretation: An Interest Group Model', 86 *Col. L. Rev.* 223－68 (1986).

—— 'Transaction Costs and Normative Elements of the Public Choice Model: An Application to Constitutional Theory', 74 *Virg. L. Rev.* 471－518 (1988).

McGREW, A. G., and WILSON M. J. (eds,), *Decisionmaking: Approaches and Analysis* (Manchester, 1982).

MacINTYRE, A., *After Virtuc* (2nd cdn., London, 1984).

——*Whose Justice? Which Rationality?* (London, 1988).

McKECHNIE, W. S., *The New Democracy and the Constitution* (London, 1912; repr. 1971).

McLEAN, I., *Dealing in Votes* (Oxford, 1982).

——*Public Choice: An Introduction* (Oxford, 1987).

MacPHERSON, C. B., *The Political Theory, of Possessive Individualism: Hobbes to Locke* (Oxford, 1962).

——*Democratic Theory*, (Oxford, 1973).

——*The Lift and Times of Liberal Democracy* (Oxford, 1977).

MAINE, H. S., *Popular Government* (London, 1885).

MAITLAND, F. W., *Collected Papers* (Cambridge, 1911).

MAKIELSKI, S. J., *Pressure Politics in America* (New York, 1980).

MANDEVILLE, B., *The Fable of the Bees*, ed. J. P. Harth (Harmondsworth, 1970).

MARQUAND, D., 'The Paradoxes of Thatcherism', in R. Skidelsky (ed.), *Thatcherism* (London, 1988), ch. 9.

MARSHALL, G., *Constitutional Theory* (Oxford, 1971).

——*Constitutional Conventions* (Oxford, 1984).

MASHAW, J. L., *Bureaucratic Justice* (New Haven, 1983).

——*Due Process in the Administrative State* (New Haven, 1985)

MAYHEW, D. R., *Congress: The Electoral Connection* (New Haven, 1974).

MERCER, J., *Scotland: The Devolution of Power* (London, 1978).

MICHELMAN, F. L., 'In Pursuit of Constitutional Welfare Rights: One View of Rawls' Theory of Justice', 121 *U. Pa. L. Rev.* 962 (1973).

—— 'Formal and Associational Aims in Procedural, Due Process', in J. R. Pennock and J. W. Chapman (eds.), *Due Process: Nomos* 18 (New York, 1977), ch. 4.

—— 'Politics and Values or What's Really Wrong with Rationality Review?', 13 *Creighton L. Rev.* 487 (1979).

—— 'Foreword: Traces of Self-Government', 100 *Harv. L. Rev.* 4-77 (1986).

—— 'Possession vs. Distribution in the Constitutional Idea of Property', 72 *Iowa L. Rev.* 1319-50 (1987).

MICHELMAN, F. I., 'Law's Republic'. 97 *Yale L. J.* 1493-537 (1988).

MICHELS, R., *Political Parties: A Sociological Study of the Oligarchical Tendencies of Modern Democracy*, trans. E. and C. Paul (New York, 1962).

MIDDLEMAS, K., *Politics in Industrial Society* (London, 1979).

MILBRATH, L. W., *Political Participation: How and Why do People get Involved in Politics?* (Chicago, 1965).

MILIBAND, R., *Capitalist Democracy in Britain* (Oxford, 1982).

MILL, J. S., *Utilitarianism, On Liberty, and Considerations on Representative Government*, ed. H. B. Acton (London, 1972).

MILLER, A. S., *The Modern Corporate State: Private Governments and the American Constitution* (New York, 1976).

MILLER, D., 'The Competitive Model of Democracy', in G. Duncan (ed.), *Democratic Theory and Practice* (Cambridge, 1983), ch. 9.

MILLS, C. W., *The Power Elite* (New York, 1956).

MITCHELL, J. D. B., *Constitutional Law* (2nd edn., Edinburgh, 1968).

MOODLE, G. C., and STUDDERT-KENNEDY, G., *Opinions, Publics and Pressure Groups* (London, 1970).

MORAWETZ, T., 'Persons without History: Liberal Theory and Human Experience', 66 *Boston U. L. Rev.* 1013-37 (1986).

MOSCA, G., *The Ruling Class* (New York, 1939).

MUELLER, D., *Public Choice* (Cambridge, 1979).

NAGEL, T., 'Rawls on Justice', in N. Daniels (ed.), *Reading Rawls* (Oxford, 1975), ch. 1.

NEWMAN, O., *The Challenge of Corporatism* (London, 1981).

NICHOLLS, D., *Three Varieties of Pluralism* (London, 1974).

——*The Pluralist State* (London, 1975).

NISKANEN, W. A., *Bureaucracy and Representative Government* (Chicago, 1971).

NOWAK, J. E., ROTUNDA, R. D., and NELSON YOUNG, J., *Constitutional Law* (3rd edn., St Paul, 1986).

NOZICK, R., *Anarchy, State, and Utopia* (Oxford, 1974).

NUTTALL, R. L., SCHEUCH, E. K., and GORDON, C., 'On the Structure of Influence', in T. N. Clark (ed.), *Community Structure and Decision Making: Comparative Analysis* (San Francisco, 1968), 349–400.

OFFE, C., *Contradictions of the Welfare State*, *ed. J. Keane* (London, 1984).

OLSON, M., *The Logic of Collective Action: Public Goods and the Theory of Groups* (Cambridge, Mass., 1965).

THE OMEGA FILE (Adam Smith Institute, 1985).

OSTROGORSKI, M., *Democracy and the Organization of Political Parties*, *trans. F. Clarke* (London, 1970).

PANITCH, L., 'The Development of Corporatism in Liberal Democracies', in P. C. Schmitter and G. Lehmbruch (eds.), *Trends toward Corporatist Intermediation* (Beverly Hills, 1979), ch. 5.

PAREKH, B. (ed.), *Jeremy Bentham: Ten Critical Essays* (London, 1974).

PARETO, V., *The Mind and Society*, *trans. A. Livingston* (New York, 1935).

PARKER, R. D., 'The Past of Constitutional Theory—and its Future', 42 *Ohio St. L. J.* 223–59 (1981).

PARRIS, H., 'The Nineteenth-Century Revolution in Government: A Reappraisal Reappraised', *Historical Journal*, 3 (1960) 17.

——*Constitutional Bureaucracy: The Development of British Central Administration since the Eighteenth Century* (London, 1969).

PARRY, G., *Political Elites* (London, 1969).

—— 'The Idea of Political Participation', in G. Parry (ed.), *Participation in Politics* (Manchester, 1972), ch. 1.

—— (ed,), *Participation in Politics* (Manchester, 1972).

PATEMAN, C., *Participation and Democratic Theory* (Cambridge, 1970).

PENNOCK, J. P., and Chapman, J. W. (eds.), *Due Process: Nomos* 18 (New York, 1977).

PERRY, M., 'Substantive Due Process Revisited: Reflections on (and beyond) Recent Cases', 71 *Nw. U. L. Rev.* 417–69 (1977).

—— 'Interpretativism, Freedom of Expression, and Equal Protection', 42 *Ohio*

St. L, J. 261 - 317 (1981).

——*The Constitution, the Courts and Human Rights* (New Haven, 1982).

PHILIP, A. B., *The Welsh Question: Nationalism in Welsh Politics*, 1945—1970 (Cardiff, 1975).

PIERCE. R., 'Chevron and its Aftermath: Judicial Review of Agency Interpretation of Statutory Provisions', 41 *Vand. L. Rev.* 301 - 14 (1988).

POCOCK, J. G. A., *Politics, Language and Time* (New York, 1971).

——*The Machiavellian Moment: Florentine Political Thought and the Atlantic Republican Tradition* (Princeton, 1975).

——*Virtue, Commerce and History* (Cam bridge, 1985).

POLSBY, N., *Community Power and Political Theory: A Further Look at Problems of Evidence and Inference* (2nd edn., New Haven, 1980).

POSNER, R., 'Economics, Politics and the Reading of Statutes and the Constitution', 49 *U. Chi. L. Rev.* 263 - 91 (1982).

——and EASTERBROOK, F. H., *Antitrust* (2nd edn., St Paul, 1981).

POTTER, A., *Organized Groups in British National Politics* (London, 1961).

PRESTHUS, R., *Men at the Top* (New York, 1964).

PROSSER, T., 'Towards a Critical Public Law' (1982) 9 *Jnl. Law &Soc.* 1 - 19.

——*Nationalized Industries and Public Control* (Oxford, 1986).

——*The Privatization of Public Enterprises in France and Great Britain: The State, Constitutions and Public Policy* (EUI Working Paper No. 88/364; 1988).

QUELLER, D. E., *The Venetian Practice: Reality versus Myth* (Urbana, 1986).

RAWLINGS, H., *Law and the Electoral Process* (London, 1988).

RAWLS, J., *A Theory of Justice* (Oxford, 1973).

—— 'Fairness to Goodness' (1975) 84 *Philosophical Review*, 536 - 54.

—— 'Kantian Constructivism in Moral Theory' (1980) 77 *Journal of Philosophy*, 515 - 72.

—— 'Social Unity and Primary Goods', in A. Sen and B. Williams (eds.), *Utilitarianism and Beyond* (Cambridge, 1982), ch. 8.

—— 'Justice as Fairness: Political not Metaphysical' (1985) 14 *Phil. & Pub. Affairs*, 223 - 5.

—— 'The Basic Liberties and their Priority', in S. M. McMurrin (ed.), *Liberty, Equality and Law* (Utah and Cambridge, 1987), 1 - 87.

—— 'The Idea of an Overlapping Consensus' (1987) 70. *J. L. S.* 1 - 25.

—— 'The Priority of Right and Ideas of the Good' (1988) 17 *Phil. & Pub. Af-*

fairs, 251 – 76.

—— 'The Domain of the Political and Overlapping Consensus', 64 *N. Y. U. L. Rev*, 233 – 55 (1989).

RAZ, J., 'The Rule of Law and its Virtue' (1977) 93 *L. Q. R.* 195 – 211.

—— 'Legal Rights' (1984) 40 J. *L. S.* 1 – 21.

——*The Morality of Freedom* (Oxford, 1986).

—— 'Facing Up: A Reply', 62 S. *Cal. L. Rev.* 1153 – 235 (1989).

REDLICH, J., *The Procedure of the House of Commons: A Study of its History and Present Form* (London, 1908).

——HIRST, F., and KEITH-LUCAS, B., *The History of Local Government in England* (2nd edn., London, 1970).

REICH, C., 'The New Property', 73 *Yale L. J*, 733 – 87 (1964).

RESNICK, D., 'Due Process and Procedural Justice', in J. R. Pennock and J. W. Chapman (eds.), *Due Process: Nomos* 18 (New York, 1977), ch. 7.

RICHARDSON, J. J., and JORDAN, A. G., *Governing under Pressure* (Oxford, 1985).

RIDGES, E. W., *Constitutional Law of England, ed. S. E. Williams* (3rd edn., London, 1922).

ROBBINS, C., *The Eighteenth-Century Commonwealthman: Studies in the Transmission, Development and Circumstance of English Liberal Thought from the Restoration of Charles II until the War with the Thirteen Colonies* (Cambridge, Mass., 1959).

ROBERTS, D., *Victorian Origins of the British Welfare State* (New Haven, 1960).

ROBINSON, A., 'The House of Commons and Public Expenditure', in S. A. Walkland and M. Ryle (eds.), *The Commons Today* (London, 19B1), ch. 7.

ROBSON, W., *Justice and Administrative Law: A Study of the British Constitution* (London, 1928).

ROSSITER, C. (ed.), *The Federalist Papers* (New York, 1961).

RUBINSTEIN, A., *Jurisdiction and Illegality* (Oxford, 1975).

RYLE, M., 'Supply and Other Financial Procedures', in S. Walkland (ed.), *The House of Commons in the Twentieth Century* (Oxford, 1979), ch. 7.

SALISBURY, R., 'Why no Corporatism in America?', in P. C. Schmitter and G. Lehmbruch (eds.), *Trends toward Corporatist Intermediation* (Beverly Hills, 1979), ch. 8.

SANDEL, M. J., *Liberalism and the Limits of Justice* (Cambridge, 1982).

SANDEL, M. J., 'The Procedural Republic and the Unencumbered Self', 12 *Pol.*

Theory, 81 – 96 (1984).

—— (ed.), *Liberalism and its Critics* (Oxford, 1984).

SAPHIRE, R. B., 'Specifying Due Process Values: Toward a More Responsive Approach to Procedural Protection', 127 *U. Pa. L. Rev.* 111 – 95 (1978).

SARTORI, G., *Democratic Theory* (New York, 1965).

SAX, J. L., 'The (Unhappy) Truth about NEPA', 26 *OKL. L. Rev.* 239 – 48 (1973).

SCARMAN, Sir L., *English Law—The New Dimension* (London, 1974).

SCHATTSCHNEIDER, E. E., *The Semi-Sovereign People: A Realist's View of Democracy in America* (New York, 1960).

SCHAUER, F., *Free Speech: A Philosophical Enquiry* (Cambridge, 1980).

SCHINDLER, P., 'The Problems of Decision-Making by Way of the Management Committee Procedure in the European Economic Community' (1971) 8 *C. M. L. Rev.* 184 – 205.

SCHMITTER, P. C., 'Still the Century of Corporatism', in P. C. Schmitter and G. Lehmbruch (eds.), *Trends toward Corporatist Intermediation* (Beverly Hills, 1979), ch. 1.

—— 'Modes of Interest Intermediation and Models of Societal Change in Western Europe', in P. C. Schmitter and G. Lehmbruch (eds.), *Trends toward Corporatist Intermediation* (Beverly Hills, 1979), ch. 3.

SCHMITTR, P. C., and LEHMBRUCH, G. (eds.), *Trends toward Corporatist Intermediation* (Beverly Hills, 1979).

——*Patterns of Corporatist Policy-Making* (London, 1982).

SCHUMPETER, J., *Capitalism, Socialism and Democracy* (London, 1942).

SCRUTON, R., *The Meaning of Conservatism* (2nd edn., London, 1984).

SELf, P. J. O., *Administrative Theories and Politics: An Inquiry, into the Structure and Process of Modern Government* (2nd edn., London, 1977).

SELZHICK, P., *T. V. A. and the Grass Roots: A Study in the Sociology of Formal Organisation* (New York, 1949).

SHALHOPE, R. E., 'Republicanism and Early American Historiography', 39 *Wm. & Marl. Q.* 334 – 56 (1982).

SHAPIRO, D. L., 'The Choice of Rulemaking or Adjudication in the Development of Administrative Policy', 78 *Harv. L. Rev.* 921 – 72 (1965).

—— 'Some Thoughts on Intervention before Courts, Agencies, and Arbitrators', 81 *Harv. L. Rev.* 721 – 72 (1968).

SHONFIELD, A., Modern Capitalism: *The Changing Balance of Public and Private Power* (London, 1965).

SIMMIE, J., *Power, Property and Corporatism: The Political Sociology of Planning* (London, 1981).

SIMON, H., *Administrative Behavior* (2nd edn., New York, 1957).

SIMPSON, A. W. B. (ed.), *Oxford Essays in Jurisprudence* (Oxford, 1973).

SIMPSON, D., 'Independence: The Economic Issues', in D. N. MacCormick (ed.), *The Scottish Debate* (Oxford, 1970), chs. 9, 11b.

SINGER, J., 'The Player and the Cards: Nihilism and Legal Theory', 94 *Yale L. J.* 1-70 (1984).

SKIDELSKY, R. (ed.), *Thatcherism* (London, 1988).

SMITH, B. L., and HAGUE, D. C. (eds.), *The Dilemma of Accountability in Modern Government* (London, 1971).

STEWART, R. B., 'The Reformation of American Administrative Law', 88 *Harv. L. Rev.* 1667-813 (1975).

—— 'Vermont Yankee and the Evolution of Administrative Procedure', 91 *Harv. L. Rev.* 1805-22 (1978).

—— 'Regulation, Innovation and Administrative Law: A Conceptual Framework', 69 *Calif L. Rev.* 1256-377 (1981).

—— 'Regulation in a Liberal State: The Role of Non-Commodity Values', 92 *Yale L. J.* 1537-90 (1983).

——and SUNSTEIN, C. R., 'Public Programs and Private Rights', 95 *Harv. L. Rev.* 1193-322 (1982).

STIGLER, G., 'The Theory of Economic Regulation', 2 *Bell J. of Econ. & Mgmt. Sci.* 3 (1971).

STORING, H., *What the Anti-Federalists Were For* (Chicago, 1981).

—— (ed.), *The Complete Anti-Federalist* (Chicago, 1981).

STOURZH, G., *Alexander Hamilton and the Idea of Republican Government* (Stanford, 1970).

STREECK, W., and SCHMITTER, P. C. (eds.), *Private Interest Government: Beyond Market and State* (London, 1985).

SULLIVAN, E. T., and HOVENKAMP, H., *Antitrust Law, Policy and Procedure* (Charlottesville, 1984).

SULLIVAN, L. A., *Antitrust* (St Paul, 1977).

SUNSTEIN, C. R., 'Public Values, Private Interests, and the Equal Protection Clause' (1982) *Sup. Ct. Rev.* 127-66.

—— 'Deregulation and the Hard-Look Doctrine' (1983) *Sup. Ct. Rev.* 177-213.

—— 'Naked Preferences and the Constitution', 84 *Col. L. Rev.* 1689-732

(1984).

—— 'Interest Groups in American Public Law', 38 *Stn L. Rev.* 29 – 87 (1985).

—— 'Legal Interference with Private Preferences', 53 *U. Chi. L. Rev.* 1129 – 74 (1986).

—— 'Constitutionalism After the New Deal', 101 *Harv. L. Rev.* 421 – 510 (1987).

—— 'Beyond the Republican Revival', 97 *Yale L. J.* 1539 – 90 (1988).

—— 'Disrupting Voluntary Transactions', in J. W. Chapman and J. R. Pennock (eds.), *Markets and Justice: Nomos* 31 (New York, 1989), ch. 10.

TAYLOR, A. J., *Laissez-faire and State Intervention in Nineteenth Century Britain* (London 1972).

TAYLOR, C., 'Hegel and Politics', in M. J. Sandel (ed.), *Liberalism and its Critics* (Oxford, 1984), ch. 9.

TRIBE, L. H., *American Constitutional Law* (2nd edn., New York, 198B).

—— 'The Puzzling Persistence of Process-Based Constitutional Theories', 89 *Yale L. J.* 1063 – 80 (1980).

——*Constitutional Choices* (Cambridge, Mass., 1985).

TRUMAN, D. B., *The Governmental Process* (New York, 1951).

—— 'The American System in Crisis', *Pol. Sci. Quart.* 481 (1959).

TSOUKALIS, L. (ed.), *The European Community: Past, Present and Future* (Oxford, 1983).

TULLOCK, G., *The Politics of Bureaucracy* (Washington DC, 1965).

TURPIN, C., *Government Contracts* (London, 1972).

TUSHNET, M. V., 'Darkness on the Edge of Town: The Contributions of John Hart Ely to Constitutional Theory', 89 *Yale L. J.* 1037 – 62 (1980).

—— 'Following the Rules Laid Down: A Critique of Interpretivism and Neutral Principles', 96 *Harv. L. Rev.* 781 – 827 (1983).

——*Red, White and Blue: A Critical Analysis of Constitutional Law* (Cambridge, Mass., 1988).

UNGER, R. M., *Knowledge and Politics* (New York, 1975).

——*Law in Modern Society* (New York, 1976).

—— 'The Critical Legal Studies Movement', 96 *Harv. L. Rev.* 563 – 675 (1983).

——*Social Theory: Its Situation and its Task* (Cambridge, 1987).

——*Fade Necessity: Anti-Necessitarian Social Theory, in the Service of Radical Democracy* (Cambridge, 1987).

——*Plasticity into Power: Comparative Historical Studies on the Institutional*

Conditions of Economic and Military, Success (Cambridge, 1987).

VAN ALSTYNE, W. W., 'The Demise of the Right-Privilege Distinction in Constitutional Law', 81 *Harv. L. Rev.* 1439－64 (1968).

VICKERS, J., and YARROW, G., *Privatization: An Economic Analysis* (Cambridge, Mass., 1988).

VINING, J., *Legal Identity* (New Haven, 1978).

WADE, H. W. R., 'The Basis of Legal Sovereignty', (1955) *C. L. J.* 172－97.

WALDRON, J., *Nonsense upon Stilts: Bentham, Burke, Marx and the Rights of Man* (London, 1987).

—— 'Autonomy and Perfectionism in Raz's Morality of Freedom', 62 S. *Cal. L. Rev.* 1098－152 (1989).

WALDRON, J. (ed.), *Theories of Rights* (Oxford, 1984).

WALKLAND, S. (ed.), *The House of Commons in the Twentieth Century* (Oxford, 1979).

——and RYLE, M. (eds.), *The Commons in the Seventies* (London, 1977).

WALLINGTON, P., and McBRIDE, J., *Civil Liberties and a Bill of Rights* (London, 1976).

WASS, SIR D., *Government and the Governed* (London, 1984).

WECHSLER, H., 'Toward Neutral Principles of Constitutional Law', 73 *Harv. L. Rev.* 1－35 (1959).

WELLINGTON, H. H., 'Common Law Rules and Constitutional Double Standards: Some Notes on Adjudication', 83 *Yale L. J.* 221－311 (1973).

—— 'The Nature of Judicial Review', 91 *Yale L. J.* 486－520 (1982).

WELLMAN, C., *Welfare Rights* (Totowa, 1982).

WESTON, C. C., *English Constitutional Theory and the House of Lords* (London, 1965).

WILLS, G., *Explaining America: The Federalist* (New York, 1981).

WILLSON, F. M. G., 'Ministries and Boards: Some Aspects of Administrative Development since 1832' (1955) 33 *Pub. Adm.* 43－58.

WILSON, G. K., *Interest Groups in the United States* (Oxford, 1981).

WOLFF, R. P., *The Poverty of Liberalism* (Boston, 1968).

WOLL, P., *Congress* (Boston, 1985).

WOOD, G. S., *The Creation of the American Republic*, 1776－1787 (Chapel Hill, 1969).

—— (ed.), *The Rising Glory of America*, 1760－1820 (New York, 1971).

WOOTTON, G., *Interest Groups, Policy and Politics in America* (Englewood Cliffs, NJ, 1985).

WRIGHT, C. A., *Law of Federal Courts* (4th edn., St Paul, 1983).

WRIGHT, Judge Skelly, 'Beyond Discretionary Justice', 81 *Yale L. J.* 575 - 97 (1972).

ZANDER, M., *A Bill of Rights?* (3rd edn., London, 1985).

索 引

INDEX

（索引页码为原书页码，即本书页边码）

Public Law and Democracy in the United Kingdom and the United States of America / P. P. Craig
ISBN：0-19-825637-X

Public Law and Democracy in the United Kingdom and the United States of America was originally published in English in 1990. This translation is published by arrangement with Oxford University Press and is for sale in the Mainland (part) of the People's Republic of China only.

《英国与美国的公法与民主》英文版于 1990 年首次出版。本书由牛津大学出版社授权中国人民大学出版社出版，仅限中华人民共和国境内销售发行。

图书在版编目（CIP）数据

英国与美国的公法与民主/［英］保罗·P·克雷格著；毕洪海译.
北京：中国人民大学出版社，2007
（当代世界学术名著/法学译丛·公法系列/姜明安主编）
ISBN 978-7-300-08849-5

Ⅰ.英…
Ⅱ.①克…②毕…
Ⅲ.①公法-研究-英国②公法-研究-美国
Ⅳ.D956.1　D971.2

中国版本图书馆 CIP 数据核字（2007）第 201875 号

当代世界学术名著
法学译丛·公法系列
主　　编　姜明安
执行主编　李洪雷
英国与美国的公法与民主
［英］保罗·P·克雷格（Paul P. Craig）著
毕洪海　译

出版发行	中国人民大学出版社		
社　　址	北京中关村大街 31 号	**邮政编码**	100080
电　　话	010－62511242（总编室）		010－62511398（质管部）
	010－82501766（邮购部）		010－62514148（门市部）
	010－62515195（发行公司）		010－62515275（盗版举报）
网　　址	http://www.crup.com.cn		
	http://www.ttrnet.com(人大教研网)		
经　　销	新华书店		
印　　刷	河北三河市新世纪印务有限公司		
规　　格	155 mm×235 mm　16 开本	**版　　次**	2008 年 1 月第 1 版
印　　张	23.75 插页 2	**印　　次**	2008 年 1 月第 1 次印刷
字　　数	368 000	**定　　价**	38.00 元
